포토샵과 일러스트레이터를 이용한
변인의 감성
illustration

ILLUSTRATION GALLERY

◆ 낯선시계

◆ 나르시시즘

◆ 음악

BBOYAN'S ILLUSTRATION GALLERY

◆ 봄

◆ 동물원

◆ 새해의 정오

◆ 생활의 발견

BBOYAN'S ILLUSTRATION GALLERY

◆ 겨울여행

◆ 가을

◆ 저녁식사

◆ 가을의 서정

BBOYAN'S ILLUSTRATION GALLERY

◆ 루이14세의 여인 – 라발리에르

◆ 루이14세의 여인 – 맹트농

◆ 옹고롱고 숲

◆ 수학놀이_01

◆ 수학놀이_02

지은이 뽀얀(김은혜)

빛깔이 보기 좋게 하아얀~, 너무 뿌옇지도 않은 보드라운 느낌의 빛깔을 의미하는 '뽀얀'. 따뜻한 마음을 그림으로 표현하고 싶은 제 마음을 잘 표현해 주는 것 같아 선택한 예명입니다.

홍익대학교 디지털미디어디자인학과, 홍익대학교 일반대학원 영상디자인과를 졸업하고 프리랜서 일러스트레이터 & 그래픽디자이너로 활동 중입니다. 웹, 광고, 모바일, 편집, 패키지, 영상, 벽화, 팬시, 도서 등 다양한 분야에서 활동하고 있으며 현재는 (주)드림웨스트 픽쳐스에서 아트 디렉터로 일하고 있습니다.

강의 홍익대, 계원조형예술대학, 디자인정글아카데미, 한국사이버대학교, 그린아카데미, 디노마드
저서 뽀얀의 일러스트 하우스 by 포토샵 (2007), 뽀얀 미술사 거장을 만나다 by 포토샵 (2010), 크리에이티브 아트웍 4 (2011)
홈페이지 www.bboyan.com   **블로그** blog.naver.com/dodo8418

뽀얀의 감성 일러스트레이션

초판발행 2012년 11월 01일
3쇄발행 2015년 09월 04일

지은이 뽀얀(김은혜) / **펴낸이** 김태헌
펴낸곳 한빛미디어(주) / **주소** 서울시 마포구 양화로 7길 83 한빛미디어(주) 실용출판부
전화 02-336-7129 / **팩스** 02-336-7124
등록 1999년 6월 24일 제10-1779호 / **ISBN** 978-89-7914-966-1   13000

책임편집 임규근 / **기획** 김희정 · 장용희 / **편집** 장용희
디자인 표지 김연정, 내지 천승훈
영업 김형진, 김진불, 조유미 / **마케팅** 박상용, 서은옥

이 책에 대한 의견이나 오탈자 및 잘못된 내용에 대한 수정 정보는 한빛미디어(주)의 홈페이지나 아래 이메일로 알려주십시오. 잘못된 책은 구입하신 서점에서 교환해 드립니다. 책값은 뒤표지에 표시되어 있습니다.

한빛미디어 홈페이지 www.hanbit.co.kr / **이메일** ask@hanbit.co.kr

Published by HANBIT Media, Inc. Printed in Korea
Copyright © 2012 김은혜 & HANBIT Media, Inc.
이 책의 저작권은 김은혜와 한빛미디어(주)에 있습니다.
저작권법에 의해 보호를 받는 저작물이므로 무단 복제 및 무단 전재를 금합니다.

지금 하지 않으면 할 수 없는 일이 있습니다.
책으로 펴내고 싶은 아이디어나 원고를 메일(writer@hanbit.co.kr)로 보내주세요.
한빛미디어(주)는 여러분의 소중한 경험과 지식을 기다리고 있습니다.

뽀얀의 감성
illustration
With. 포토샵 + 일러스트레이터

뽀 얀(김은혜) 지음

◆ 프롤로그

누구나 그릴 수 있고,
누구나 더 다양한 스타일을 가질 수 있다

산뜻한 바람 한 줌에 춤추는 단풍의 소리, 푸른 창공을 나는 잠자리 떼의 노래가 들리는 아름다운 소출의 계절! 10월의 어느 가을 날입니다. 2007년 《뽀얀의 일러스트 하우스 by 포토샵》과 2010년 《뽀얀 미술사 거장을 만나다》에 이어 2012년 《뽀얀의 감성 일러스트레이션》으로 조금은 더 성숙해진 모습으로 다시 만나 뵙게 되었습니다.

첫 책을 출간한 후 5년이라는 시간을 돌이켜보면 많은 일들이 있었습니다. 그림 그리는 것이 마냥 즐거워 벅찬 가슴으로 일했던 사회 초년생 시절, 눈물 콧물 다 빠지도록 울고 웃으며 정신없이 지내던 시간들이 스치듯 지나갑니다. 두근거렸던 과거를 곱씹어 보면 오래된 다이어리를 발견한 것처럼 그리움에 울렁입니다. 후회했던 일, 고민했던 일들도 참 많았지만 그 모든 순간이 '뽀얀'을 성장시키는 밑거름이 되었고 강하게 만드는 힘이 되었던 것 같습니다. 이제는 힘든 일을 휴지 조각처럼 날려버리는 방법과 그 시련이 행복의 순간과 결코 섞일 수 없다는 사실을 알았으니까요.

이번 책에서는 《뽀얀 미술사 거장을 만나다》의 어려운 예제 구성으로 인해 여러분에게 가깝게 다가가지 못한 부분을 채우기 위해 노력했습니다. 그래서 '누구나 그릴 수 있고, 누구나 더 다양한 스타일을 가질 수 있다' 라는 취지에 초점을 맞췄습니다. 그러나 단순히 프로그램의 기능들을 설명하는 매뉴얼 책이 아니기 때문에 초보자에게는 약간 어려울 수 있습니다. 하지만 Part 1과 Part 2의 기본 트레이닝을 꼼꼼하게 공부하시면 어느 정도 기초적인 기능들은 쉽게 습득하실 수 있습니다. 또한 CS6 버전의 새로운 기능을 추가하여 앞서 출간한 책들에 미처 싣지 못한 노하우들도 함께 익힐 수 있도록 했습니다.

이 책의 가장 큰 특징은 그림을 그릴 때 꼭 필요한 포토샵과 일러스트레이터의 알짜배기 기능들을 소개하고, 그 기능을 이용해 손 느낌 나는 디지털 일러스트레이션을 표현하는 것입니다. 이 책에서 포토샵과 일러스트레이터의 모든 기능을 알 수는 없지만, 그림을 그릴 때 주요하게 사용한 기능들을 어디에 어떻게 활용할 수 있는지 익히고, 더불어 다양한 예제를 통해 다양한 회화 기법을 배울 수 있을 것입니다.

'나이가 많은데 그림을 이제부터 시작해도 늦지 않을까요?', '어떻게 하면 일러스트레이터가 될 수 있나요?', '그림을 잘 그리려면 어떻게 해야 하죠?' 그동안 독자들에게 가장 많이 받은 질문들입니다. 중요한 것은 포기하지 않는 것입니다. 빠르게 달리면 자칫 넘어질 수 있고, 더디게 가다 보면 아예 멈춰 버릴 수 있습니다. 문제에 대해 염려하지 말고, 문제를 해결하기 위해 내가 당장 할 수 있는 일이 무엇인지 고민하셨으면 좋겠습니다. 작은 노력을 한 '오늘'이 '내일'이 되고 내일들이 모여 '미래'가 만들어집니다.

이 책을 쓰기 위해 인도해 주신 하나님과 사랑한다는 말로는 부족한 엄마·아빠, 쌍둥이 동생 은주, 선배였지만 이제 남편이 된 든든한 잠뽀, 기도로 항상 응원해 준 교회 식구들, 너무 수고해 준 용희 씨, 그리고 한빛미디어 모든 식구들에게 정말 감사드립니다.
이 책이 여러분에게 따뜻한 선물이 되기를 바라며….

2012년 10월 지은이 **뽀얀**

◆ 이 책의 구성

기본기 트레이닝

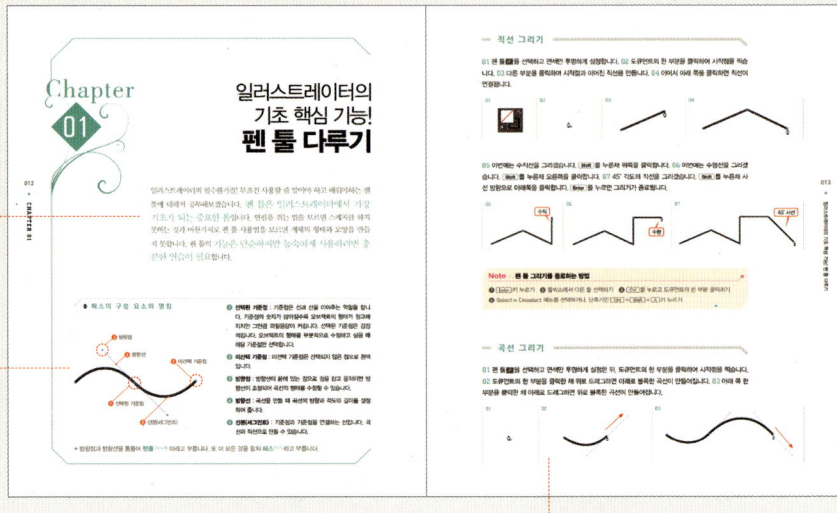

● **필수 기능 설명**
해당 챕터에서 배울 기능의 개념을 간략히 정리했습니다.

● **구성 요소 알아보기**
필수 기능의 구성 요소와 명칭을 미리 보기를 통해 확실히 알려 줍니다.

● **기능 실습**
필수 기능을 자유자재로 사용할 수 있도록 기능 따라 하기 과정을 제공합니다.

● **Point Skill & 예제 파일**
예제에 사용되는 포인트 스킬과 예제 파일, 완성 파일을 알려 줍니다.

강점 활용

● **실습 제목**
이번에 실습할 예제의 특징을 소개합니다.

● **필수 기능 활용**
필수 기능을 활용하여 어떤 특징을 지닌 그림을 그릴지 소개합니다.

● **Step by Step**
일러스트를 완성하는 과정을 보여 줍니다.

● **완성 이미지**
완성 이미지를 보여 줍니다.

Step by Step

예제 파일
실습에 사용할 파일을 알려 줍니다.

실습 순서
예제를 따라 하는 순서를 알려 줍니다.

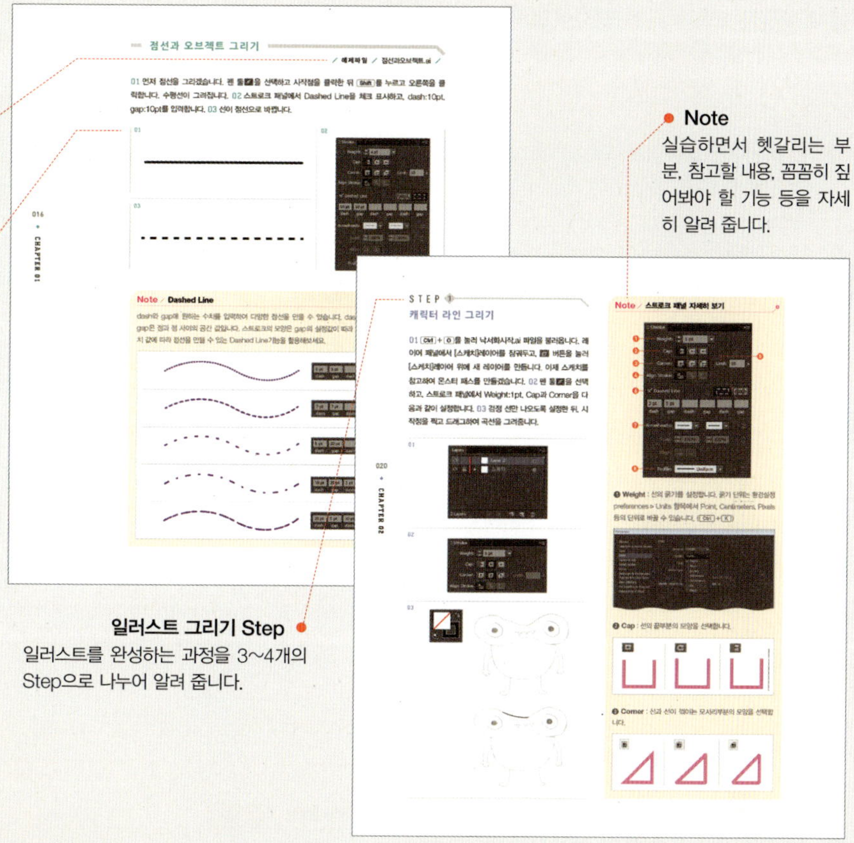

일러스트 그리기 Step
일러스트를 완성하는 과정을 3~4개의 Step으로 나누어 알려 줍니다.

Note
실습하면서 헷갈리는 부분, 참고할 내용, 꼼꼼히 짚어봐야 할 기능 등을 자세히 알려 줍니다.

심화 활용 예제 제공

포토샵과 일러스트레이터를 조금 더 자유자재로 활용하고 싶으신 분들을 위해 '심화 활용 예제'를 PDF 파일로 제공합니다. 다음에 설명하는 '예제 파일 다운로드' 과정을 통해 심화 활용 예제를 다운로드받아 다양한 심화 예제를 공부할 수 있습니다.

◆ 패턴타로카드

◆ 기하학 도형

◆ 눈 내리는 날

◆ 수채화 인물

◆ 판타지 공간

◆ 그레이디언트 새

예제 파일을 다운로드하는 방법

예제 파일은 한빛미디어 웹사이트의 자료실에서 쉽게 다운로드할 수 있습니다.

❶ 한빛미디어 웹사이트(www.hanbit.co.kr)에 접속한 후, 화면 오른쪽에 있는 [부록/학습자료] 배너를 누릅니다.

❷ 부록/학습 자료 화면에 있는 검색 창에 도서명(뽀얀의 감성 일러스트레이션)을 입력하고 [도서 검색] 버튼을 누릅니다. 화면 아래에 입력한 도서가 나타나면 오른쪽에 있는 [다운받기] 버튼을 누릅니다.

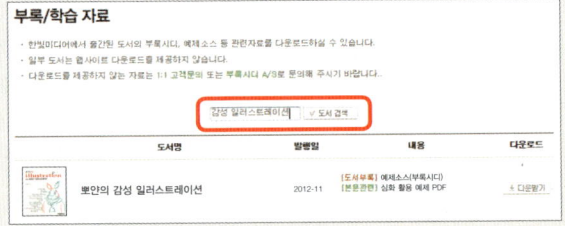

❸ 회원이라면 아이디와 비밀번호를 입력하고 [로그인] 버튼을 누릅니다. 비회원이라면 [비회원 인증] 항목에 이메일 주소를 입력하고 [확인] 버튼을 누릅니다.

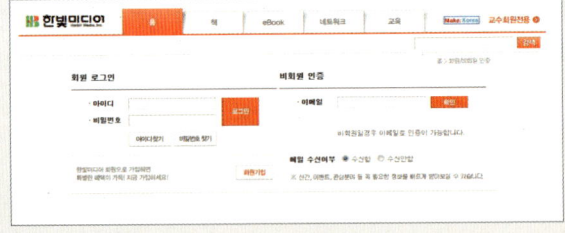

❹ 자료 다운로드 화면에서 책 표지 아래에 있는 [다운받기] 버튼을 누르면 본문 예제 파일과 심화 활용 예제 PDF를 다운로드할 수 있습니다.

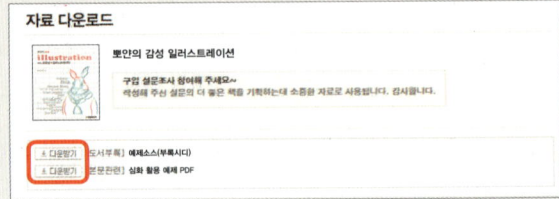

◆ 예제 파일의 구성

예제 파일은 실습할 때 필요한 소스 이미지와 완성 이미지를 부(Part)와 장(Chapter)별로 담아 두었습니다. 본문 예제를 실습할 때마다 각 부(Part)와 장(Chapter)에 있는 이미지를 불러와 사용합니다.

◆ 필자가 따로 제작한 소스(포토샵소스들)는 포토샵 프로그램을 통해 실행되기 때문에 해당 파일을 포토샵 프로그램 폴더 안으로 옮겨야 합니다. 옮기는 방법은 해당 파일을 그대로 복사(Ctrl + C)하여 지정된 폴더 안에 그대로 붙여넣기(Ctrl + V)하면 됩니다.

뽀얀물번짐.abr 파일	C:\Program Files \Adobe\Adobe Photoshop CS6\Presets\Brushes
뽀얀브러시.abr 파일	C:\Program Files \Adobe\Adobe Photoshop CS6\Presets\Brushes
뽀얀패턴.pat 파일	C:\Program Files \Adobe\Adobe Photoshop CS6\Presets\Patterns

CONTENTS

PART 1
PHOTOSHOP 기본기 트레이닝, 이 기능만은 꼭 활용하자!

CHAPTER 01 /	그림을 그릴 때 가장 중요한 브러시	024
CHAPTER 02 /	합성의 스타일리스트! 레이어 블렌딩 모드	041
CHAPTER 03 /	색상 조절의 마법사! 이미지 보정	046
CHAPTER 04 /	지우는 대신 숨겨주는 레이어 마스크	055
CHAPTER 05 /	이미지를 자유롭게 변형할 수 있는 편집 기능 Free Transform, Content-Aware Scale, Puppet Warp	061
CHAPTER 06 /	색상 계획에 도움을 주는 쿨러(Kuler)	066
CHAPTER 07 /	알짜배기! 나만의 포토샵 소스 만들기	076

PART 2
ILLUSTRATOR 기본기 트레이닝, 이 기능만은 꼭 활용하자!

CHAPTER 01 /	일러스트레이터의 핵심 기능! 펜 툴	100
CHAPTER 02 /	자유로운 선과 예술적 터치 효과를 연출하는 브러시 툴	111
CHAPTER 03 /	막강한 채색 기능 이미지 트레이스와 라이브 페인트	128
CHAPTER 04 /	오브젝트에 변화를 주는 패스 파인더	137
CHAPTER 05 /	다양한 효과를 연출하는 어피어런스	144
CHAPTER 06 /	채색의 고민을 덜어주는 컬러 가이드	150
CHAPTER 07 /	나만의 알짜배기 소스 만들기 + 라이브러리 펼쳐보기	160

PART 3
PHOTOSHOP 강점을 적극 활용한 일러스트 드로잉

CHAPTER 01 / 수작업 느낌의 그림일기 그리기   186
         POINT SKILL   브러시 툴 · Adjustment

CHAPTER 02 / 연필화 느낌의 카메라 그리기   196
         POINT SKILL   브러시 툴 · Hue/Saturation

CHAPTER 03 / 망점 효과를 이용해 팝아트 풍의 캐릭터 그리기   204
         POINT SKILL   Kuler 패널 · PhotoCopy 필터 · Halftone Pattern 필터

CHAPTER 04 / 목탄화 느낌의 풍경화 그리기   212
         POINT SKILL   Content-Aware Move 툴 · Chalk&Charcoal 필터 · Replace Color · Photo Filter

CHAPTER 05 / 수채화 느낌의 딸기 타르트 그리기   222
         POINT SKILL   브러시 툴 · 브러시 패널

CHAPTER 06 / 아크릴 느낌의 여우 그리기   230
         POINT SKILL   선택 영역 툴 · Add Noise 필터

CHAPTER 07 / 부드러운 느낌의 오일 파스텔 소녀 그리기   242
         POINT SKILL   브러시 툴 · 레이어 스타일

CHAPTER 08 / 판화 느낌의 새 그리기   250
         POINT SKILL   레이어 마스크 · 반전 모드 · 브러시 패널

CHAPTER 09 / 붓 결이 살아있는 수묵화 그리기   256
         POINT SKILL   브러시 툴 · 브러시의 Flow 옵션 · Mask 기능

CHAPTER 10 / 섬세한 머릿결을 가진 인물 그리기   264
         POINT SKILL   브러시 패널 · 브러시 제작하기 · 블렌딩 모드

CHAPTER 11 / 바람에 일렁이는 물결 효과 그리기   274
         POINT SKILL   혼합 브러시 툴 · Displace 필터 · Wave 필터

CHAPTER 12 / 투명하고 맑은 느낌의 주스병 그리기   284
         POINT SKILL   블렌딩 모드 · Glass 필터 · Emboss 필터 · 레이어 스타일

CONTENTS

PART 4
ILLUSTRATOR 강점을 적극 활용한 일러스트 드로잉

CHAPTER 01 / 낙서화 느낌의 몬스터 그리기 — 300
POINT SKILL 펜 툴 · 도형 툴 · Scribble Effect

CHAPTER 02 / 동그란 동물 얼굴 그리기 — 308
POINT SKILL 펜 툴 · 도형 툴 · Round Corners

CHAPTER 03 / 카툰체 토끼 그리기 — 316
POINT SKILL Art Brush · Live Paint

CHAPTER 04 / 심벌 장식이 있는 웨딩 편지지 만들기 — 324
POINT SKILL Pattern Brush · 심벌 툴 · Clipping Mask

CHAPTER 05 / 셀 애니메이션 스타일의 캐릭터 그리기 — 338
POINT SKILL Art Brush · Live Paint

CHAPTER 06 / 먹음직스러운 토마토 파스타 그리기 — 348
POINT SKILL Art Brush · 그레이디언트 · stylize effect

CHAPTER 07 / 손 맛 나는 사과 그리기 — 358
POINT SKILL 도형 툴 · 변형 툴 · Bristle brush · 물방울 툴 · Flatten Transparency

CHAPTER 08 / 불투명 수채화 느낌의 양념통 그리기 — 366
POINT SKILL Live Trace · Live Paint · 브러시 툴

CHAPTER 09 / 질감이 살아 있는 캐릭터 그리기 — 374
POINT SKILL 펜 툴 · 도형 툴 · 물방울 브러시 툴 · 마스크

CHAPTER 10 / 패턴을 이용한 팬시 일러스트 그리기 — 388
POINT SKILL 펜 툴 · 도형 툴 · 패턴 라이브러리

CHAPTER 11 / 패턴을 이용한 포장지 만들기 — 400
POINT SKILL 펜 툴 · 그리드 · 패턴 라이브러리

CHAPTER 12 / 블럽 브러시를 이용한 풍경화 그리기 — 412
POINT SKILL 블럽 브러시 툴 · 지우개 툴 · 스무드 툴 · 그레이디언트

PART 5

포토샵+일러스트레이터를 활용한 일러스트 드로잉

CHAPTER 01 / 3D를 이용하여 실사 느낌의 커피 컵 만들기 — 424
POINT SKILL 펜 툴 · 3D Revolve · 패스 도형 툴 · Adjustment · 블러 필터 · Warp

CHAPTER 02 / 일주일이 즐거운 주간 스케줄 표 만들기 — 438
POINT SKILL 표 툴 · Live Paint · 브러시 툴 · 레이어 스타일 · 패스 도형 툴

CHAPTER 03 / 영화의 장면을 이용하여 포스터 만들기 — 453
POINT SKILL Live Trace · Live Paint · 브러시 툴 · Free Transform · 블렌딩 모드 · Select Stroke

INDEX + PHOTOSHOP 단축키 + ILLUSTRATOR 단축키

PDF

포토샵 심화 예제

CHAPTER 01 / 패턴이 있는 타로카드 만들기
POINT SKILL 마술봉 툴 · Guide Line · Select Modify · Select Stroke · Halftone Screen

CHAPTER 02 / 신비롭게 반짝이는 기하학 도형 만들기
POINT SKILL 블렌딩 모드 · 레이어 마스크 · Fiber 필터 · Motion Blur 필터

CHAPTER 03 / 눈 내리는 따뜻한 배경 그리기
POINT SKILL 레이어 마스크 · 알파 채널 · Cloud Filter 외 다수의 필터

일러스트레이터 심화 예제

CHAPTER 01 / 수채화 느낌의 인물 그리기
POINT SKILL Watercolor brush · 6D Art Pen Brush

CHAPTER 02 / 신비한 판타지 공간 표현하기
POINT SKILL Scatter Brush · 심벌 툴 · Stylize effect · Rucker&Bloat Effect · 컬러 가이드 · Creative Gradient Mesh · 메시 툴 · Transparency 마스크 모드 · Make Clipping Mask

CHAPTER 03 / 그레이디언트로 은은한 색감의 새 그리기
POINT SKILL 그레이디언트 · 펜 툴 · 도형 툴 · Rucker&Bloat Effect · Pathfinder

굿 디자인 BEST SITE

PHOTOSHOP
기본기 트레이닝,
이 기능만은 꼭 활용하자!

포토샵은 합성과 편집의 귀재라고 불릴 만큼

다양한 합성 모드와 보정 기능을 제공합니다.

또한 손 느낌 나는 브러시를 제공하여 회화적인 그림을

그릴 수 있게 도와줍니다.

브러시만 잘 사용해도 드로잉의 80%는 완성됐다고 할 정도로

포토샵에서 브러시가 차지하는 비중은 상당히 높습니다.

여러분이 기본으로 익힐 기능은 7가지입니다.

초반의 기능 설명을 충분히 숙지하신 뒤,

본문 중간 중간에 있는 예제를 따라 해 보시기 바랍니다.

브러시 · 레이어 블렌딩 모드 · 이미지 보정 · 레이어 마스크
Free Transform, Content-Aware Scale, Puppet Warp · 쿨러 · 나만의 포토샵 소스 만들기

Chapter 01

그림을 그릴 때 가장 중요한
브러시

브러시는 그림을 그리는 데 있어 가장 기초가 되는 중요한 툴입니다. 브러시는 종류에 따라 그림의 느낌이 달라지며 다양한 스타일을 만들 수 있습니다. 포토샵 CS5 버전부터 혼합 브러시와 강모 브러시가 출현하면서 수작업 느낌을 내주는 페인팅 기능이 더욱 강화되었습니다. 포토샵에서 기본적으로 제공하는 브러시 외에 브러시를 직접 등록하여 사용할 수 있으며 브러시 패널을 이용해 세부 옵션을 조절하여 사용할 수 있습니다.

◆ **브러시 툴의 옵션바와 브러시 창 살펴보기**

포토샵에서 브러시는 붓의 역할을 합니다. 붓은 특징에 따라 납작한 붓, 둥근 붓, 뾰족한 붓, 세밀한 붓 등이 있습니다. 필요에 따라 다양한 모양과 사이즈를 선택하여 사용하는 것이 좋습니다. 포토샵에서 제공하는 다양한 브러시를 이용해 모양과 사이즈를 자유자재로 조절하여 사용해 보세요.

❶ **Brush** : 브러시의 모양, 크기, 강도를 선택합니다.
❷ : 브러시 패널 창을 엽니다.
❸ **Mode** : 브러시의 혼합 모드를 선택합니다.
❹ **Opacity** : 브러시가 칠해지는 투명도를 조절합니다.
❺ : 태블릿의 필압에 따라 투명도를 조절합니다.
❻ **Flow** : 브러시 자체 질감의 투명도를 조절합니다. 브러시가 한 번에 분사되는 양이라고 이해하면 쉽습니다.
❼ : 에어 브러시로 그린 것처럼 뿌연 효과를 줍니다. 브러시로 한 곳을 계속 누르면 색이 사방으로 점점 퍼져나갑니다.
❽ : 태블릿의 필압에 따라 브러시 크기를 조절합니다. 브러시 패널의 Pen pressure를 선택하는 것과 같습니다.

◆ **필압** : 태블릿 펜을 누르는 손의 힘과 각도에 따라 선의 굵기와 형태가 달라집니다. 태블릿이 있는데도 필압이 적용되지 않는다면 '태블릿 드라이버'를 설치해야 합니다.

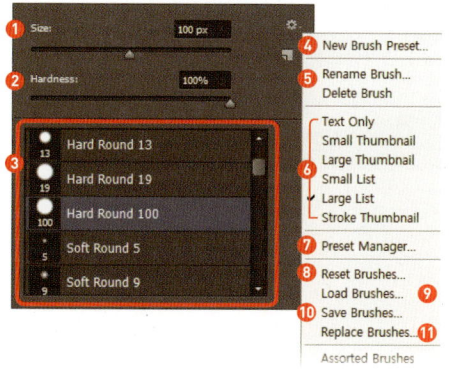

❶ **Size** : 브러시 크기를 조절합니다.
❷ **Hardness** : 브러시 강도를 조절합니다.
❸ **Select Brush** : 원하는 브러시 종류를 선택합니다.
❹ **New Brush Preset** : 설정한 브러시의 상태를 저장하여 브러시 목록에 추가합니다.
❺ **Rename/Delete Brush** : 브러시 이름을 변경하거나 브러시를 삭제합니다.
❻ 브러시 보기 형식을 설정합니다.
❼ **Preset Manager** : 창을 띄워, 브러시 종류를 한꺼번에 관리합니다.
❽ **Reset Brushes** : 브러시 종류를 초기 설정으로 바꿉니다.
❾ **Load Brushes** : 브러시 목록을 불러옵니다.
❿ **Save Brushes** : 브러시 목록을 저장합니다.
⓫ **Replace Brushes** : 브러시 목록을 다른 브러시 목록으로 대체합니다.

브러시 패널

브러시 패널을 Brush Presets 창이라고 부르기도 합니다. Brush Presets에는 총 12개의 메뉴가 있습니다. 다양한 기능을 설정할 수 있는 7개의 메뉴와 브러시 속성을 조절할 수 있는 5개의 메뉴가 있습니다. 다양한 브러시의 속성을 조절하여 사용하거나 새로운 브러시를 만들고 변형하여 저장할 수 있습니다.

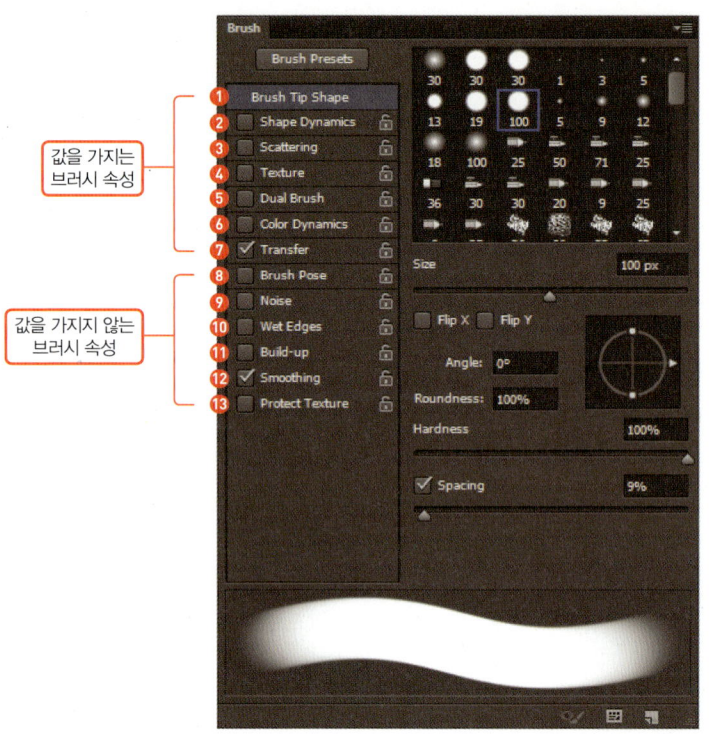

Note / 브러시 패널 열기

❶ Window ▷ Brushes 메뉴를 선택합니다.
❷ F5 를 누릅니다.
❸ 브러시 툴 상단 옵션바의 ▣ 버튼을 누릅니다.

1. Brush Tip Shape

브러시 모양을 선택하고, 크기, 각도, 폭, 간격 등을 조절 할 수 있습니다.

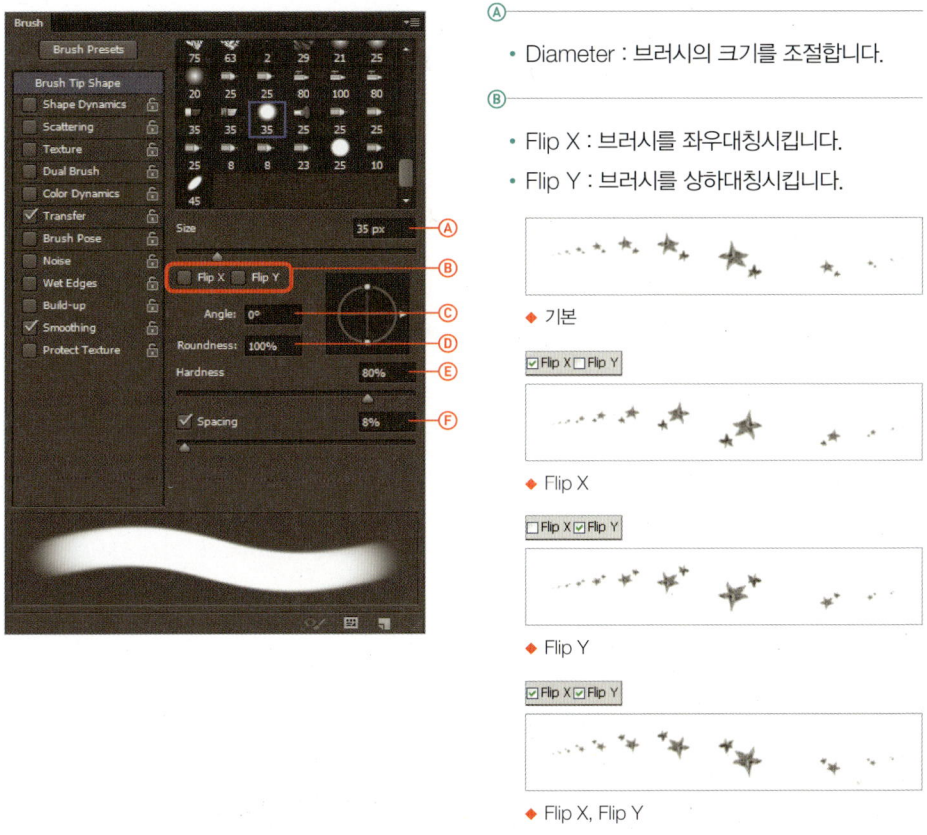

- Diameter : 브러시의 크기를 조절합니다.

- Flip X : 브러시를 좌우대칭시킵니다.
- Flip Y : 브러시를 상하대칭시킵니다.

◆ 기본

◆ Flip X

◆ Flip Y

◆ Flip X, Flip Y

- Angle : 브러시의 각도를 변경합니다.

◆ 100°   ◆ 90°

- Roundness : 브러시의 폭을 조절합니다.

◆ 100%   ◆ 50%

- Ⓔ Hardness : 브러시 경계와 테두리의 선명도를 설정합니다. 100%가 가장 딱딱하고 뚜렷하며, 값이 작을수록 부드럽고 뿌옇게 변합니다.

◆ 100%   ◆ 5%

- Ⓕ Spacing : 브러시 점들의 간격을 조절합니다. 1%에 가까울수록 메모리를 많이 사용하기 때문에 속도가 느려질 수 있습니다.

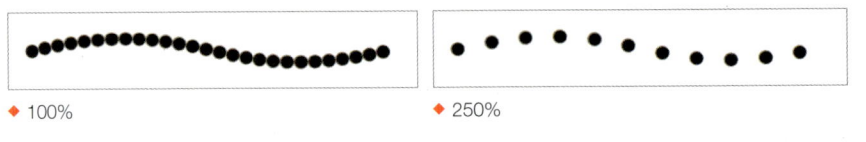

◆ 100%   ◆ 250%

2. Shape Dynamics

브러시 모양을 다양하게 바꿀 수 있습니다.

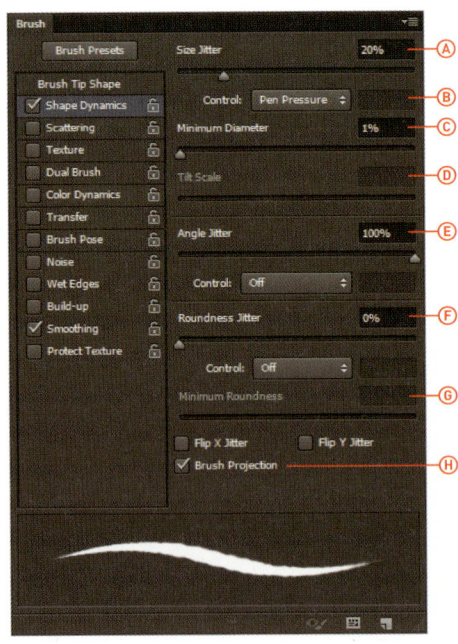

- Ⓐ Size Jitter : 브러시의 울퉁불퉁한 정도(흐트러짐)를 만듭니다. Minimum Diameter 값의 영향을 받습니다.

◆ 0%

◆ 80%

- Control : 압력 감지 기능을 보여주는 총 5개의 세부 메뉴가 있습니다. 브러시의 속성을 다양한 변수로 표현해 줍니다. 태블릿이 연결되지 않으면 비활성화되며, 태블릿을 연결했을 때의 기본 설정은 Pen Pressure입니다.

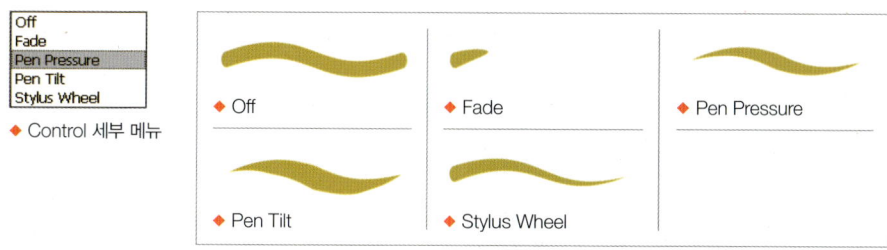

◆ Control 세부 메뉴

- Minimum Diameter : 브러시 시작과 끝의 굵기를 조절합니다.

◆ 0% ◆ 50%

- Tilt Scale : Cotrol이 Pen Tilt일 때 활성화됩니다. Tilt 사이즈를 조절합니다.

- Angle Jitter : 브러시의 각도를 변수로 표현합니다.

◆ 0% ◆ 80%

- Roundness Jitter : 브러시의 폭을 변수로 표현합니다.

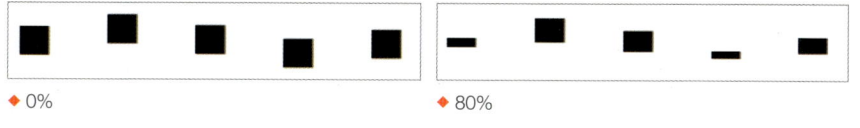

◆ 0% ◆ 80%

- Minimum Roundness : Roundness Jitter가 값을 가질 때 활성화됩니다. Roundness의 둥근 정도를 조절합니다.

- Brush Projection : 박스를 체크하면 태블릿의 기울기와 회전이 감지되어 시시각각 작업 화면에 브러시 형태 정보가 바뀌어 표현됩니다.

3. Scattering

브러시가 흩뿌려지는 정도를 조절합니다.

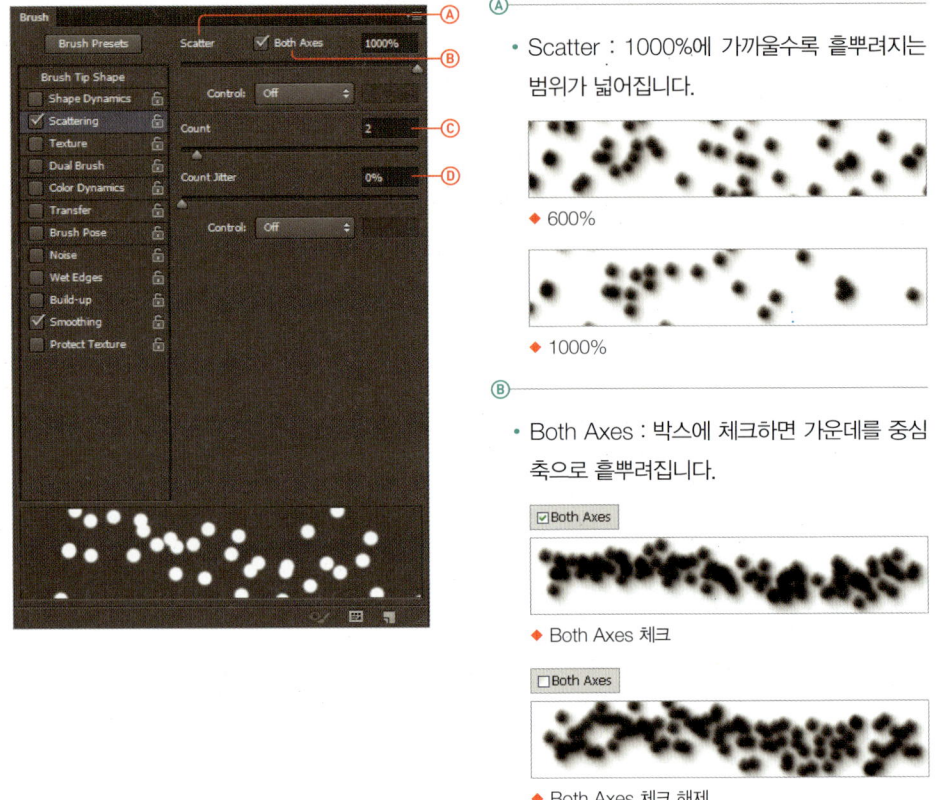

- Scatter : 1000%에 가까울수록 흩뿌려지는 범위가 넓어집니다.

◆ 600%

◆ 1000%

- Both Axes : 박스에 체크하면 가운데를 중심축으로 흩뿌려집니다.

◆ Both Axes 체크

◆ Both Axes 체크 해제

- Count : 해당 수치만큼 브러시 점들이 곱해져 흩뿌려집니다. 만약 점의 개수가 20개라면 Count 값이 2일 때 20*2=40, Count 값이 4일 때 20*4=80개의 점이 생깁니다.

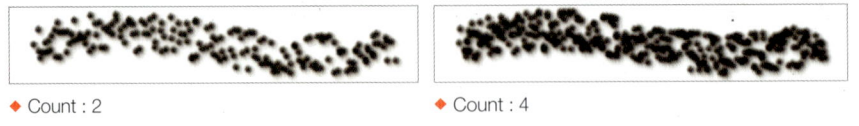

◆ Count : 2   ◆ Count : 4

- Count Jitter : 브러시의 위치를 변수로 표현합니다.

4. Texture

브러시에 패턴을 추가합니다.

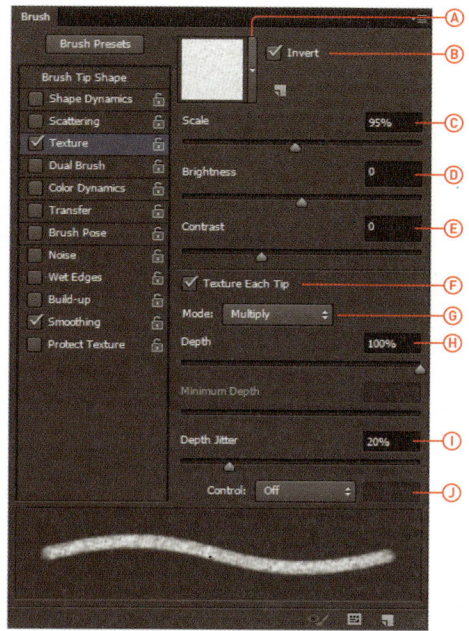

- Ⓐ
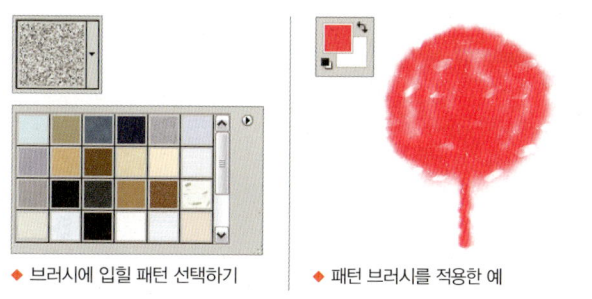
- 패턴 브러시 선택 창 : 브러시에 입힐 패턴을 선택합니다. 특정 부분에 패턴을 입힐 때 유용하게 사용할 수 있습니다.

  ◆ 브러시에 입힐 패턴 선택하기　　◆ 패턴 브러시를 적용한 예

- Ⓑ
- Invert : 패턴의 색상을 반전시킵니다.

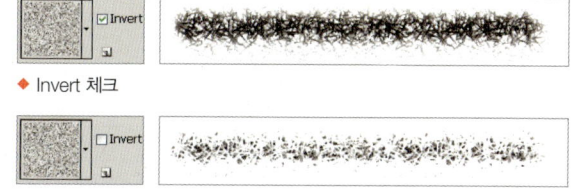

◆ Invert 체크

◆ Invert 체크 해제

- Ⓒ
- Scale : 패턴의 크기를 조절합니다.

- Ⓓ
- Brightness : 패턴의 밝기를 조절합니다.

- Ⓔ
- Contrast : 패턴의 대비를 조절합니다.

- Ⓕ
- Texture Each Tip : 박스에 체크하면 Mode, Depth, Minimum Depth, Depth Jitter 메뉴가 활성화됩니다.

- Ⓗ
- Depth : 패턴의 깊이를 조절합니다.

- Ⓖ
- Mode : 10개의 모드 중 패턴 그대로의 모양을 살려 그리고 싶으면 subtract를 선택합니다.

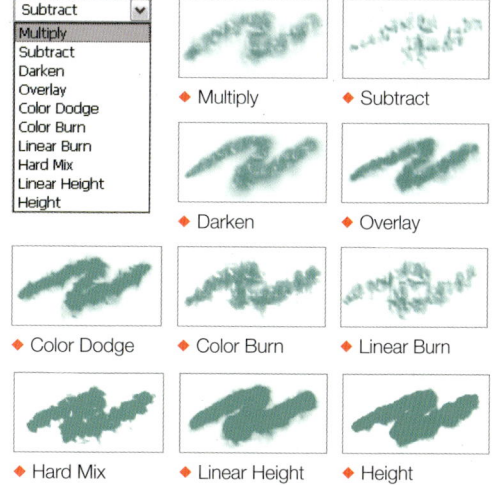

◆ Multiply　　◆ Subtract

◆ Darken　　◆ Overlay

◆ Color Dodge　◆ Color Burn　◆ Linear Burn

◆ Hard Mix　◆ Linear Height　◆ Height

- Minimum Depth : 패턴이 적용되는 최소의 크기를 설정합니다.

- Depth Jitter : 패턴을 변수로 표현합니다. 불규칙한 패턴을 만들어 줍니다.

5. Dual Brush

브러시 모양을 중복해서 설정합니다. 서로 다른 브러시의 속성을 혼합하여 새로운 브러시를 만들 수 있습니다.

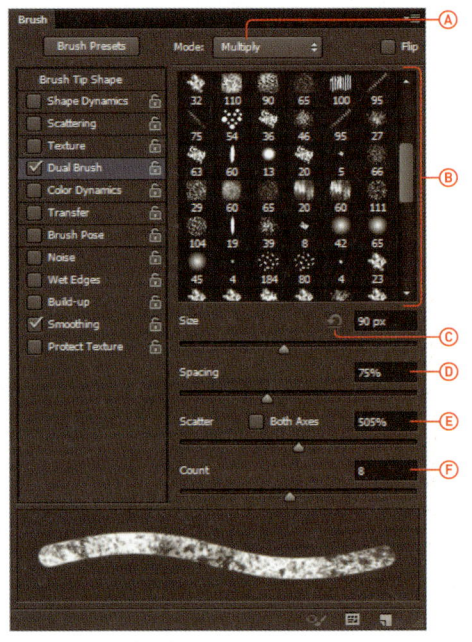

- Mode : 총 8개의 모드가 있습니다. Dual Brush를 선택했을 때 적용되는 방법을 선택합니다.

- 브러시 선택 : Dual Brush를 적용시킬 브러시를 선택합니다.

◆ Hard Round 브러시

◆ Charcoal Flat 브러시

◆ Dual Brush가 적용된 예

- Size : 더블 브러시의 사이즈를 조절합니다.

- Spacing : 더블 브러시의 간격을 설정합니다.

- Scatter : 더블 브러시의 흩뿌려지는 정도를 조절합니다.

- Count : 해당 수치만큼 브러시 점들이 곱해져 흩뿌려집니다. 수치가 높으면 농도가 진해지고 수치가 낮으면 농도가 약해집니다.

6. Color Dynamics

브러시 색상을 좀 더 다양하게 설정합니다.

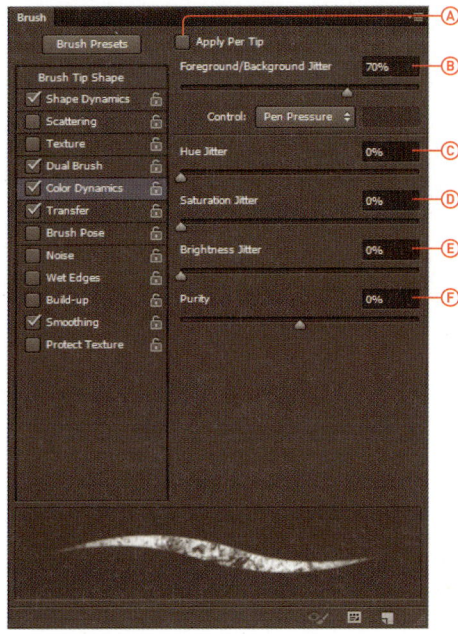

- Apply Per Tip에 체크하면 전경색과 후경색 사이의 색들이 한 번의 터치에 다양하게 칠해집니다.

- Apply Per Tip에 체크하지 않으면 터치를 줄 때마다 전경색과 후경색을 혼합한 하나의 색이 매번 바뀌어 칠해집니다.

◆ 첫 번째 터치

◆ 두 번째 터치

◆ 세 번째 터치

- Foreground / Background Jitter : 전경색과 후경색 사이의 색들이 혼합되어 표현됩니다. 수치가 낮을수록 전경색과 가까운 색들의 혼합이 나타납니다.

◆ 전경색과 후경색

◆ 20%

◆ 100%

- Hue Jitter : 색상의 변수를 만듭니다.

◆ 전경색과 후경색

◆ 20%

◆ 100%

• Saturation Jitter : 채도의 변수를 만듭니다.

◆ 전경색과 후경색

◆ 20%

◆ 100%

• Brightness Jitter : 명도의 변수를 만듭니다.

◆ 전경색과 후경색

◆ 20%

◆ 100%

• Purity : 채도의 감소와 증가를 만듭니다.

7. Other Dynamics

브러시가 칠해지는 투명도와 자체 질감의 투명도를 조절합니다.

8. Brush Pose

브러시의 가로, 세로 획의 지정된 기울기, 회전, 필압 등의 설정을 기본 값으로 둘지, 변화 값을 줄지 정합니다. Overrride 항목을 모두 체크하면 기울기, 회전, 필압 등의 설정이 default 상태가 되어 변화 값이 적용되지 않습니다.

9. Noise

브러시 경계 부분에 미세한 노이즈를 추가합니다.

◆ 기본

◆ Noise 적용 예

10. Wet Edges

물에 젖은 브러시 효과를 내줍니다. 수채화 느낌에 가깝게 표현됩니다.

◆ 기본

◆ Wet Edges 적용 예

11. Build-up

에어 브러시 스타일에 build-up 효과를 줄 수 있습니다. 마우스 왼쪽 버튼을 누른 채 마우스를 움직이지 않아도 색상이 흩뿌려지는 효과가 나타납니다.

12. Smoothing

부드러운 느낌을 추가합니다. 브러시 성질에는 별다른 영향을 주지 않습니다.

13. Protect Texture

브러시에 적용된 패턴을 보호해 줍니다. 브러시 성질에는 별다른 영향을 주지 않습니다.

Note / 강모 브러시 세부 속성 살펴보기

강모 브러시는 실제 붓 모양을 가진 브러시입니다. 태블릿 펜의 기울기를 감지해서 각도에 따라 브러시의 효과가 다르게 나타납니다. Brush Tip Shape 메뉴를 선택하면 강모 브러시만의 독특한 세부 옵션을 볼 수 있습니다.

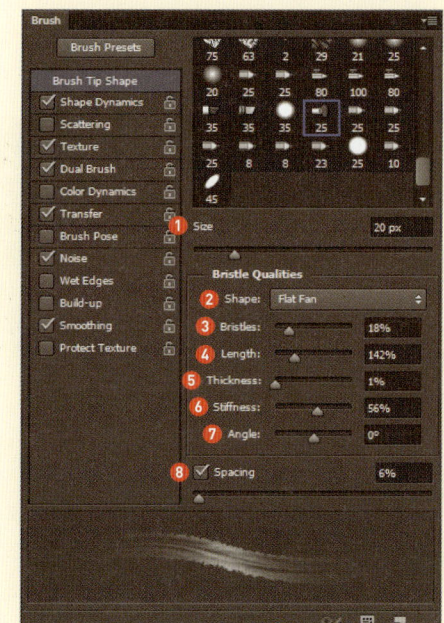

❶ **Size** : 브러시 크기를 조절합니다.
❷ **Shape** : 총 10가지 다양한 스타일의 브러시 획 모양을 지정합니다. 브러시 자체가 바뀌지는 않습니다.
❸ **Bristles** : 강모의 조밀도를 조절합니다.
❹ **Length** : 강모의 길이를 조절합니다.
❺ **Thickness** : 강모의 폭을 조절합니다.
❻ **Stiffness** : 강모의 부드럽고 딱딱한 정도의 유연성을 조절합니다.
❼ **Angle** : 마우스로 채색할 때 브러시 끝의 각도를 조절합니다.
❽ **Spacing** : 브러시 획에 나타나는 브러시 자국 사이의 거리를 설정합니다.

혼합 브러시

혼합 브러시 툴의 옵션바

혼합 브러시는 CS5 버전부터 새로 생긴 기능으로 색상과 색상끼리 자연스럽게 혼합해 줍니다. 색상 값 없이 이미지 색상을 문질러 혼합하거나 처음 터치를 준 부분의 색상을 브러시로 불러와 혼합할 수 있습니다. 특히 사진 이미지에 혼합 브러시 툴을 이용하면 수작업 느낌의 회화적인 그림으로 만들 수 있습니다.

1. **Brush** : 브러시의 모양, 크기, 강도를 선택합니다.

2. ■ : 브러시 패널 창을 엽니다.

3. **Current Brush Load** : 브러시의 색상과 모양을 불러와 채색합니다.

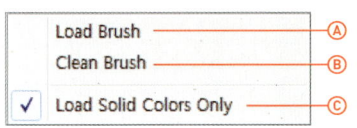

◆ 원본

Ⓐ

Load Brush
전경색으로 지정한 브러시의 색을 주요색으로 설정하여 채색합니다.

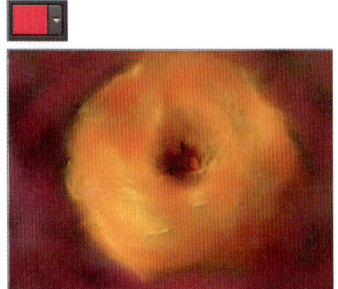

Ⓑ

Clean Brush
브러시의 색을 없앱니다.

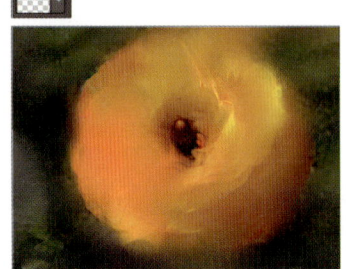

Ⓒ

Load Solid Colors Only

- 체크 O : [Alt]를 눌렀을 때 이미지의 한 색만 추출함

- 체크 X : [Alt]를 눌렀을 때 찍은 부근의 색 전체가 선택됨

4. ■버튼을 누르면 브러시로 채색할 때 전경색으로 지정한 브러시 색을 불러와 혼합하거나, 붓질하는 자리의 색감을 자동으로 불러와 혼합합니다.

5. ■버튼을 누르면 브러시로 터치를 준 뒤 남아있는 브러시의 색상을 지워서 색상 없이 기존의 색을 혼합하거나 붓질하는 자리의 색감만을 깔끔하게 혼합합니다.

6. Mode : 브러시의 혼합 모드를 선택합니다. 색이 혼합되는 방식을 다양하게 설정할 수 있습니다.

7. Mode의 세부 옵션입니다.
    - Wet : 브러시의 젖은 정도를 조절합니다. 값이 클수록 색상끼리 잘 혼합됩니다.
    - Load : 불러오는 물감의 양을 조절합니다. 값이 낮을수록 빨리 건조되어 짧은 터치를 만듭니다.
    - Mix : 이미지의 기본 색상과 브러시의 색상이 섞이는 비율을 조절합니다. Wet의 수치 값에 따라 혼합되는 양의 영향을 받습니다.
    - Flow : 브러시 자체 질감의 투명도를 조절합니다. 브러시가 한 번에 분사되는 양이라 이해하면 쉽습니다.

8. ■ : 에어 브러시로 그린 것처럼 뿌연 효과를 줍니다. 브러시로 한 곳을 계속 누르면 색이 사방으로 점점 퍼져나갑니다.

9. Sample All Layers : 항목을 체크하면 사용한 브러시를 불러옵니다. 레이어 패널의 레이어가 여러 개일 경우, [Alt]를 눌러 모든 레이어의 브러시를 불러올 수 있습니다.

10. ■ : 태블릿의 필압에 따라 브러시 크기를 조절합니다. 브러시 패널의 Pen Pressure를 선택하는 것과 같습니다.

히스토리 브러시와 아트 히스토리 브러시

/ 예제파일 / 히스토리브러시.JPG /

히스토리 브러시■는 히스토리 팔레트처럼 전 단계로 돌아가게 해 주는 기능을 갖고 있습니다. 원본 이미지를 기억해 두었다가 브러시로 문지른 부위만 복구되기 때문에 부분적으로 수정할 때 편리하게 이용됩니다. 아트 히스토리 브러시■는 회화적인 느낌의 필터를 사용한 것처럼 이미지를 변형시켜 줍니다. 총 10개의 스타일을 적용시킬 수 있습니다.

01 `Ctrl` + `O` 를 눌러 '히스토리브러시.JPG' 파일을 불러옵니다. 02 `Ctrl` + `U` 를 눌러 Hue/Saturation 창을 띄운 뒤, Colorize에 체크하고 아래와 같이 입력합니다. 03 빨간색 계열로 이미지가 변경됩니다.

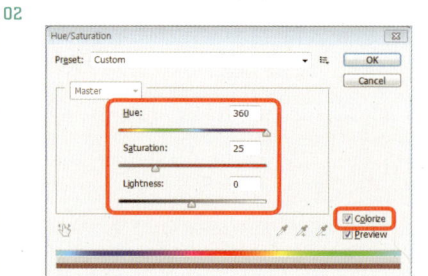

04 Window ▷ History 메뉴를 선택하여 히스토리 패널 창을 엽니다. 그림을 열고 Hue/Saturation 값을 적용시킨 과정이 기록된 것을 확인할 수 있습니다. 05 이번에는 `Ctrl` + `U` 를 눌러 Hue/Saturation 창을 띄운 뒤, Hue 값만 180으로 입력한 뒤 OK합니다. 06 파란색 계열의 이미지로 변합니다. 07 히스토리 패널에 [Hue/Saturation]이 기록됩니다.

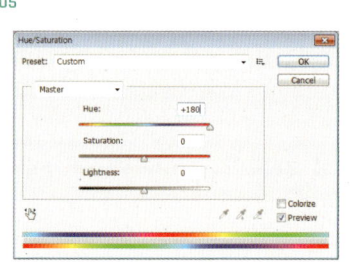

08 히스토리 패널의 두 번째 단계인 [Hue/Saturation]의 박스에 체크합니다. 표시가 생깁니다. 히스토리 브러시 와 같은 모양입니다. 09 히스토리 브러시 툴을 선택한 뒤 전체를 문질러 주세요. 10 히스토리 패널에서 체크한 단계로 되돌아가 빨간색 계열의 이미지로 복구됩니다.

> **Note** / 히스토리 패널과 함께 이용하는 히스토리 브러시(History Brush)와 아트 히스토리 브러시(Art History Brush)
>
> 히스토리 패널은 작업 순서를 담아 놓은 곳입니다. 마우스로 클릭하고 손을 떼는 순간 작업이 자동으로 기록되지요. 왼쪽 체크 박스를 체크하면 히스토리 브러시 모양이 생깁니다. 히스토리 브러시로 문지르면 체크했던 단계로 돌아가게 해 줍니다. 즉, 히스토리 브러시가 체크된 히스토리 패널의 단계는 히스토리 브러시로 문지를 때 보여지게 됩니다. 히스토리 브러시 대신 아트 히스토리 브러시를 사용해도 체크해 놓은 단계의 이미지로 복구됩니다. 하지만 아트 히스토리 브러시는 회화 느낌의 터치가 가미됩니다.

11 이번에는 아트 히스토리 브러시를 사용해 보도록 하겠습니다. 히스토리 패널에서 원본 이미지인 [히스토리브러시JPG]의 체크 박스를 체크합니다. **12** 아트 히스토리 브러시 를 선택한 뒤, 상단의 옵션바에서 Style을 Dab으로 지정하고, 브러시 사이즈를 10으로 줄입니다. **13** 전체를 문질러 주세요. 작은 점 모양의 터치가 가미된 이미지로 완성됩니다.

> **Note** / 아트 히스토리 브러시 옵션바와 브러시 스타일 자세히 보기
>
> ❶ **Style** : 브러시 스타일을 선택합니다. 총 10개의 브러시 스타일에 따라 다양한 회화적인 느낌을 낼 수 있습니다.

❷ **Area** : 브러시 터치의 중심부터 바깥까지의 효과 영역을 정해주는 기능입니다. 값이 작을수록 효과 영역이 좁아지고, 값이 커질수록 효과 영역이 넓어집니다.

❸ **Tolerance** : 브러시 효과가 적용되는 범위를 색상의 차이로 설정해 줄 수 있습니다.

브러시의 Opacity와 Flow

- Opacity : 브러시가 칠해지는 투명도를 조절합니다. 값이 작을수록 투명해지고, 값이 클수록 불투명해집니다.
- Flow : 브러시 자체 질감의 투명도를 조절합니다. 브러시가 한 번에 분사되는 양이라 이해하면 쉽습니다. 값이 작을수록 질감이 흐려지고, 값이 클수록 질감이 진해집니다.

1. 이 두 가지 기능은 서로 비슷해 보이지만 확연히 다른 특징을 지니고 있습니다. Opacity만 30%로 줄였을 때, Flow만 30%로 줄였을 때의 그림을 서로 비교해 보세요.

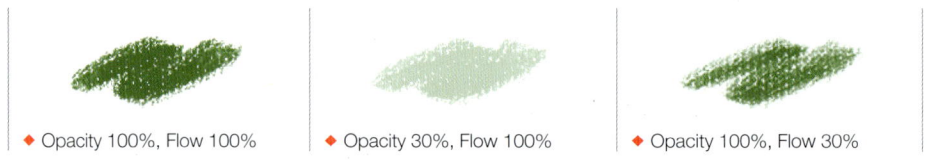

◆ Opacity 100%, Flow 100%   ◆ Opacity 30%, Flow 100%   ◆ Opacity 100%, Flow 30%

Opacity 30%에서 색상이 전체적으로 흐려진 것을 확인할 수 있습니다. Flow 30%에서 브러시가 본래 가진 질감이 흐려진 것을 확인할 수 있습니다.

2. 아래 그림에서 Opacity만 25%로 줄였을 때, Flow만 25%로 줄였을 때의 느낌을 서로 비교해 보세요.

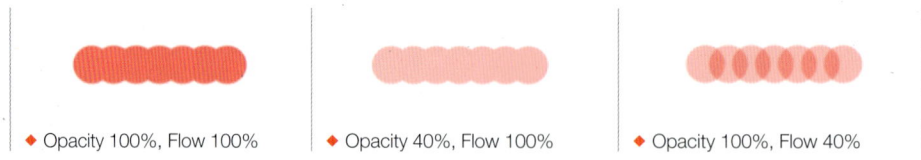

◆ Opacity 100%, Flow 100%   ◆ Opacity 40%, Flow 100%   ◆ Opacity 100%, Flow 40%

Opacity 25%에서 터치된 색상이 전체적으로 투명해진 것을 확인할 수 있습니다. 반면 Flow 25%에서도 전체적으로 투명해지긴 했으나 사이사이 겹쳐진 부분이 나타납니다. Flow는 터치를 이루는 점들의 투명도입니다. 즉 하나의 점마다 투명도가 조절되었기 때문에 겹친 부분의 색상은 50%의 Flow의 값을 가지게 된 것이지요. 점이 모여 선을 이룬다는 사실을 알고 계시죠? Flow는 브러시 자체 질감의 투명도인 것을 기억해 두세요.

합성의 스타일리스트!
레이어 블렌딩 모드

Chapter 02

블렌딩 모드는 레이어를 다양한 형태로 합성하는 방법들입니다. 이미지의 명도, 채도, 색상 등을 변화시켜 다양하고 독특한 효과를 줄 수 있습니다. 블렌딩 모드는 레이어에도 있지만 브러시 툴, 히스토리 브러시 툴, 그레이디언트 툴, 페인트 툴, 도장 툴의 세부 옵션에도 있습니다.

블렌딩 모드의 속성을 이해하여 합성 연습을 하다보면 어떤 느낌이 나올지 예상할 수 있습니다.

◆ 블렌딩 모드 살펴보기

❶ 기본
- Normal
- Dissolve

❷ 어둡게
- Darken
- Multiply
- Color Burn
- Linear Burn
- Darker Color

❸ 밝게
- Lighten
- Screen
- Color Dodge
- Linear Dodge (Add)
- Lighter Color

❹ 명암 대비 더하기
- Overlay
- Soft Light
- Hard Light
- Vivid Light
- Linear Light
- Pin Light
- Hard Mix

❺ 보색 효과
- Difference
- Exclusion
- Subtract
- Divide

❻ 색의 3속성 더하기
- Hue
- Saturation
- Color
- Luminosity

❶ **기본** : 이미지를 그대로 두거나 흩뿌려지게 만듭니다.

❷ **어둡게** : 전체적으로 어두워집니다.

❸ **밝게** : 전체적으로 밝아집니다.

❹ **명암 대비 더하기** : 명암 대비가 확실해지는 조명 효과입니다.

❺ **보색 효과** : 강한 보색 효과를 만듭니다.

❻ **색의 3속성 더하기** : 명도, 채도, 색상이 더해집니다.

아래에 [Back] 레이어와 [합성] 레이어로 이루어진 이미지가 있습니다. 이제부터 [합성] 레이어의 모드를 바꿔보겠습니다. 이미지가 어떻게 변하는지 눈여겨보면서 블렌딩 모드를 이해해 보도록 합시다.

◆ Back 이미지

◆ 합성 이미지

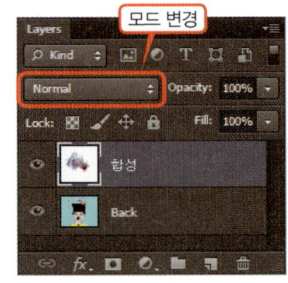

◆ 레이어 구성

◆ **Normal**
레이어에 어떤 영향도 미치지 않습니다. 원래의 색상 그대로 보여줍니다.

◆ **Dissolve**
이미지를 픽셀별로 분해하여 흩뿌려지는 것처럼 표현합니다. Opacity의 수치가 낮을수록 픽셀의 수가 적어지고, 밀집도는 낮아집니다.

◆ **Darken**
이미지의 밝은 부분에만 색상이 혼합되어 어둡게 처리합니다.
Lighten mode와는 반대입니다.

◆ **Multiply**
상위 레이어와 하위 레이어가 서로 겹치는 합성 모드입니다. 흰색은 투명하게 인식되어, 겹쳐지는 색을 그대로 표현해줍니다.
Screen mode와 반대입니다.

◆ **Color Burn**
번 툴처럼 겹쳐지는 이미지의 색상, 채도를 강하게 표현해줍니다. 흰색은 투명해집니다.
Color Dodge mode와 반대입니다.

◆ **Linear Burn**
흰색을 제외한 모든 색의 명도를 감소시켜 전체적으로 어둡게 변합니다.
Linear Dodge mode와 반대입니다.

◆ **Darken Color**
두 이미지 중 어두운 이미지의 색상을 나타냅니다.
Lighter Color mode와 반대입니다.

◆ **Lighten**
색이 밝으면 섞이고 어두우면 투명해집니다. 이미지를 전체적으로 밝게 표현해줍니다.
Darken mode와는 반대입니다.

◆ **Screen**
밝은 색 부분이 서로 혼합되어 겹쳐진 부분을 더 밝게 표현해줍니다. 검정색은 투명하게 인식되어, 겹쳐지는 색을 그대로 표현해줍니다.
Multiply mode와 반대입니다.

◆ **Color Dodge**
닷지 툴처럼 겹쳐지는 이미지의 색상은 밝게, 채도는 약하게 표현해줍니다. 검정색은 투명하게 인식되어, 겹쳐지는 색을 그대로 표현해줍니다.
Color Burn mode와 반대입니다.

◆ **Linear Dodge(Add)**
검은색을 제외한 모든 색의 밝기를 높여줍니다.
Linear Burn mode와 반대입니다.

◆ **Lighter Color**
두 이미지 중 밝은 이미지의 색상을 나타냅니다.
Darken Color mode와 반대입니다.

◆ **Overlay**
Multiply와 Screen을 합친 효과입니다.
상위 레이어와 하위 레이어가 서로 반반씩 겹쳐지는 느낌입니다. 밝은 색은 더 밝게, 어두운 색은 더 어둡게 만듭니다.

◆ **Soft Light**
부드러운 조명을 비추는 것처럼 색이 부드럽게 섞입니다. 회색보다 밝으면 더 밝게, 회색보다 어두우면 더 어둡게 만듭니다.

◆ **Hard Light**
Soft Light mode와 비슷하지만 좀 더 강한 조명을 비추는 것처럼 표현됩니다. 색이 강하게 섞입니다. 검은색이나 흰색 모두에 아무런 변화가 없습니다.

◆ **Vivid Light**
50% Gray 보다 밝으면 대비가 감소되어 밝아지고, 50% Gray 보다 어두우면 대비가 증가되어 어두워집니다. 전체적으로 변색된 느낌이 듭니다.

◆ **Linear Light**
50% Gray 보다 밝으면 밝아지고, 50% Gray 보다 어두우면 어두워집니다. 밝기의 대비를 명확하게 해줍니다.

◆ **Pin Light**
Darken 모드와 Lighten 모드가 합쳐진 효과입니다. 검은색이나 흰색 모두에 아무런 변화가 없습니다.

◆ **Hard Mix**
거칠게 혼합되어 색상 대비가 커집니다.

◆ **Difference**
상위 레이어와 하위 레이어의 밝기를 기준으로 이미지의 밝은 부분이 강한 보색으로 표현됩니다. 검은색일 때 아무런 변화가 없습니다.

◆ **Exclusion**
Difference 모드와 비슷하지만 좀 더 부드럽고 약하게 표현됩니다.

◆ **Divide**
기본 색상에서 혼합 색상을 나눠 밝게 만듭니다.

◆ **Subtract**
기본 색상에서 혼합 색상을 빼 어둡게 만듭니다.

◆ **Hue**
하위 레이어의 색상을 상위 레이어 색상으로 바꿔줍니다. 색상 값만 변합니다.

◆ **Saturation**
상위 레이어의 채도가 하위 레이어에 영향을 줍니다. 하위 레이어의 명도와 색상이 상위 레이어의 채도에 더해져서 나타납니다.

◆ **Color**
하위 레이어의 명도가 상위 레이어에 영향을 줍니다. 상위 레이어의 채도와 색상이 하위 레이어의 명도에 더해져서 나타납니다.

◆ **Luminosity**
Color mode와 반대입니다. 상위 레이어의 명도가 하위 레이어에 영향을 줍니다. 하위 레이어의 채도와 색상이 상위 레이어의 명도에 더해져서 나타납니다.

색상 조절의 마법사!
이미지 보정

포토샵에는 이미지의 색감, 채도, 명도, 조명 등을 보정할 수 있는 기능이 있습니다. Image ▷ Adjustment 메뉴를 이용하거나 Adjustment 패널을 이용합니다. Adjustment 메뉴를 이용하면 이미지에 직접 영향을 주기 때문에 차후 수정이 불가피합니다. 하지만 Adjustment 메뉴를 이용하면 레이어 패널에서 원본 이미지 위에 조정 레이어가 새로 추가되어 작업할 수 있습니다. 원본 이미지가 그대로 보존되기 때문에 수정이 용이합니다. Adjustment 패널에 없는 기능이 Image ▷ Adjustment 메뉴에 있으니 살펴보고 연습해 보세요.

◆ Adjustment 메뉴

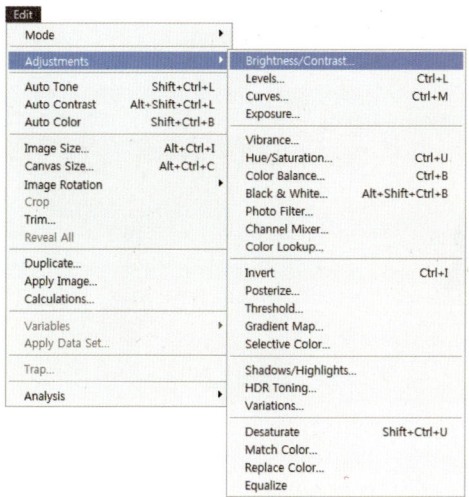

◆ Properties 패널

포토샵 CS6에 추가된 패널입니다. 조정 레이어와 마스크의 옵션을 설정합니다.

◆ Brightness/Contrast 옵션

◆ Adjustment 패널의 보정 버튼

❶ 밝기 보정

- Brightness/Contrast : 밝기와 명도 대비 조절
- Levels : 명암 조절
- Curves : 커브선을 이용하여 세밀하게 명암 조절
- Exposure : 빛의 노출 설정
- Vibrance : 계조의 손실 없이 채도 조절

❷ 색 보정

- Hue/Saturation : 색상, 명도, 채도 동시 조절
- Color Balance : 색상 혼합 조절
- Black&White : 명암 조절로 무채색 이미지 만들기
- Photo Filter : 은은한 색상 필터 추가
- Channel Mixer : 채널을 수정하여 이미지 색상 변경
- Color Lookup : 포토샵 CS6에 추가된 보정 기능으로, 새로운 색감을 이용해 색상의 통일감을 맞춰줌

❸ 특수 보정

- Invert : 색상 반전
- Posterize : 이미지의 색상 수를 줄임
- Threshold : 흑백의 단계를 조절하여 흑백 이미지로 만듦
- Selective Color : 이미지의 색상 별로 색상 비율 조정
- Gradient Map : 이미지에 그레이디언트 합성

Levels를 이용하여 명암 대비 조절하기

/ 예제파일 / 소녀들.JPG /

01 Ctrl + O를 눌러 '소녀들.JPG' 파일을 불러옵니다. Ctrl + L을 눌러 Levels 창을 띄웁니다.
02 검은색 슬라이드를 오른쪽으로 흰색 슬라이드를 왼쪽으로 움직입니다. 빈칸에 다음과 같이 값을 입력해도 됩니다.
03 어두운 영역과 밝은 부분의 대비가 강한 이미지가 되었습니다.

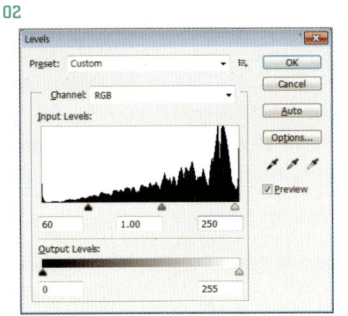

Note / Levels 창 살펴보기

Levels 창에서 이미지 전체의 명도를 조절할 수 있습니다.

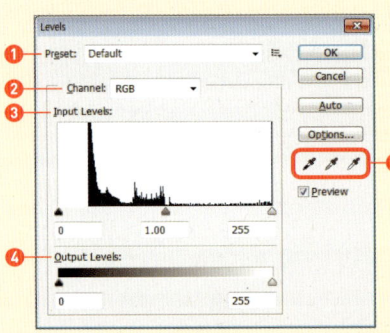
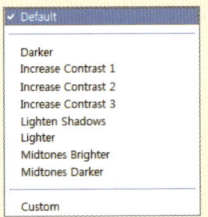

❶ **Preset** : 미리 설정해 놓은 Levels 설정 값을 선택하여 적용시킬 수 있습니다.

❷ **Channel** : R(빨강), G(초록), B(파랑) 채널별로 명암 분포도를 확인하고 조절할 수 있습니다.
❸ **Input Level** : 이미지에 분포된 명암 대비를 조절합니다.
 • a : 어두운 부분 (shadow) • b : 중간 부분 (Midtones) • c : 밝은 부분 (Highlight)
❹ **Output Levels** : 이미지의 전체 색상 밝기를 조절합니다.
❺ **색상 스포이드** : 검은색 스포이드는 어두운 부분을, 회색 스포이드는 중간 부분을, 흰색 스포이드는 밝은 부분을 지정할 수 있습니다. 지정된 영역별로 이미지를 보정합니다.

Hue/Saturation으로 선 색 바꾸기

/ 예제파일 / 할아버지.JPG /

색상(Hue), 채도(Saturation), 명도(Lightness) 값을 한 번에 조절할 수 있습니다. Colorize를 체크하면 흑백을 컬러로 바꿀 수 있으며, 이미지 전체의 색상 값을 크게 변화시킬 수 있습니다.

01 [Ctrl] + [O]를 눌러 '할아버지.JPG' 파일을 불러옵니다. [Ctrl] + [U]를 눌러 Hue/Saturation 창을 띄웁니다. **02** Colorize에 체크하고 Hue는 220, Saturation은 70, Lightness를 40으로 설정한 뒤 OK합니다. **03** 검은색 선이 파란색으로 바뀝니다.

01

02
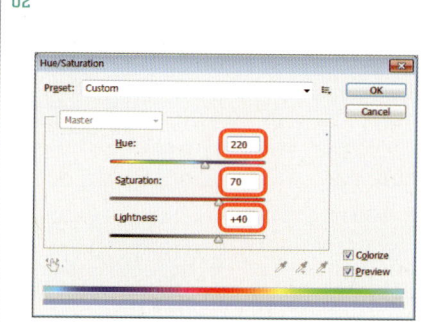

03

Note / Hue의 색상 값 범위

Hue 항목에서 조정할 수 있는 값의 범위는 -180에서 +180까지입니다.
기준이 되는 중심 슬라이드 값은 '0'이며 슬라이드 바를 좌·우로 움직여 주면, 변화되는 색상 값을 알 수 있습니다.

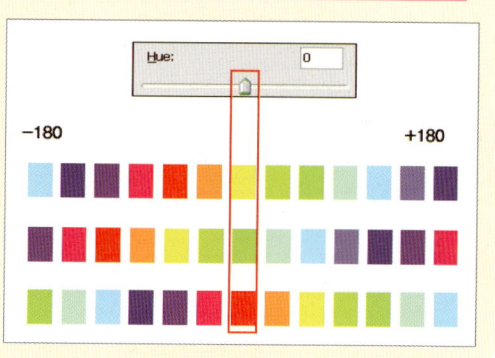

Color Balance로 색상 변경하기

예제파일 / 하트.JPG

Color Balance를 이용하면 톤 별로 정밀한 색상 변경이 가능합니다.

01 Ctrl + O 를 눌러 '하트.JPG' 파일을 불러옵니다. Ctrl + B 를 눌러 Color Balance 창을 띄웁니다. **02** Color Levels에 -100, 100, -100을 차례대로 입력합니다.

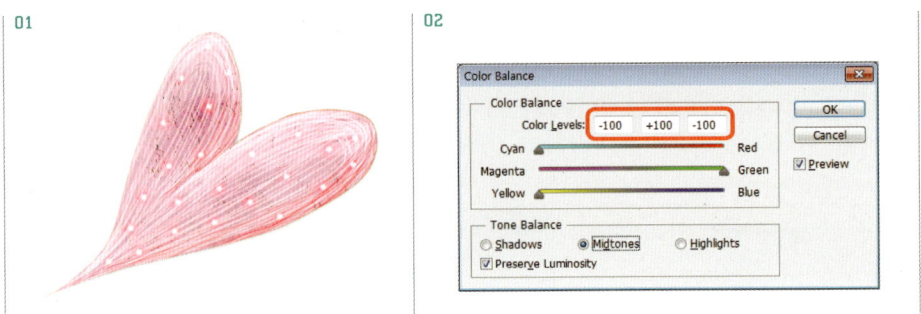

03 Color Balance 창 하단의 Tone Balance에서 Shadow 항목을 선택합니다. Color Levels에 -62, 100, -70을 차례대로 입력합니다. **04** Tone Balance에서 Highlights 항목을 선택합니다. Color Levels에 -4, 8, 2를 차례대로 입력합니다. **05** 연두색 하트가 되었습니다.

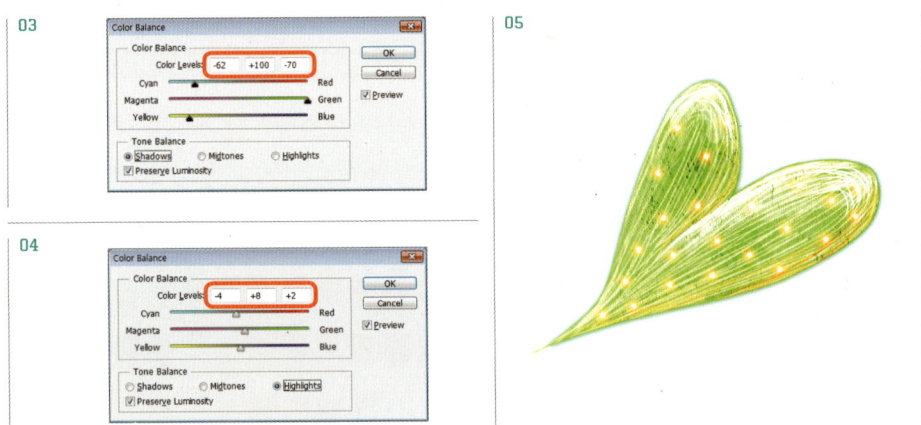

> **Note / Color Balance의 Tone 분류**
>
> Shadow(어두운 부분), Midtones(중간 부분), Highlight(가장 밝은 부분) 총 세 부분으로 나뉩니다. 각각의 항목을 선택하여 컬러바를 조절하면 톤별로 세밀한 색상 변경이 가능합니다.

Photo Filter로 은은한 색상 더하기

Photo Filter는 마치 컬러 렌즈를 끼고 사물을 바라본 것과 같이 색상이 은은하게 표현되는 기능입니다.

Image ▷ Adjustment ▷ Photo Filter 메뉴를 선택합니다. Photo Filter 창에서 다양한 색 필터를 선택하여 이미지의 색상을 변화시켜 보세요.

◆ 원본

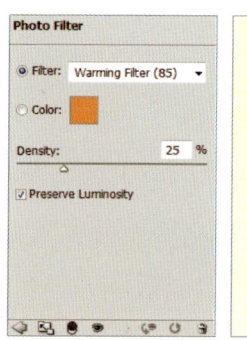 
◆ warming Filter(85)

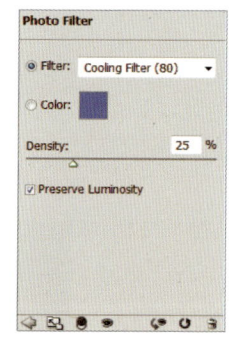 
◆ Cooling Filter(80)

◆ Green

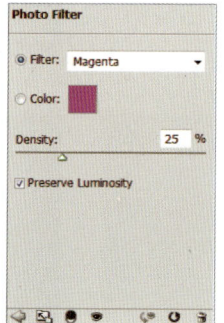 
◆ Magenta

Color Lookup 기능을 이용하여 자동 색감 적용하기

Color Lookup 기능은 새로운 색감을 로드하여 색상의 통일감을 맞춰주는 기능으로 색감 전체에 변화를 주어 다양한 느낌을 표현하고 싶을 때 사용하면 좋습니다. Image ▷ Adjustment ▷ Color Lookup 메뉴를 선택합니다. 3DLUT File에서 다양한 Color Lookup을 선택하여 이미지의 색상에 변화를 줘 보세요.

◆ 원본

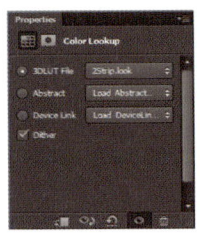 

◆ 2Strip.look

◆ Candlelight.CUBE

◆ FoggyNight.3DL

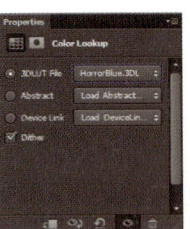 

◆ HorrorBlue.3DL

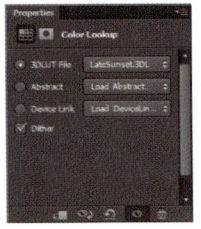

◆ LateSunset.3DL

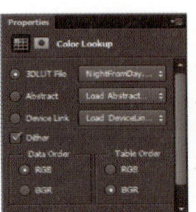 

◆ NightFromDay.CUBE

무채색의 고급스러운 이미지 만들기

무채색은 채도가 없는 색으로 흑백의 명암 단계만 나타나는 색입니다. 컬러를 흑백으로 만드는 다섯 가지 방법을 소개합니다.

1. 임의의 이미지 파일을 불러옵니다. Image ▷ Adjustments ▷ Desaturate 메뉴를 선택합니다(Shift + Ctrl + U).

2. Image ▷ Adjustments ▷ Hue/Saturation 메뉴를 선택합니다(Ctrl + U). Saturation 슬라이드 바를 왼쪽 끝으로 옮겨 줍니다.

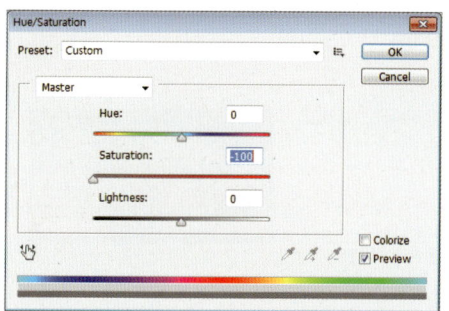
◆ Saturation : -100

◆ 흑백 그림 완성

3. Image ▷ Adjustments ▷ Channel Mixer 메뉴를 선택합니다. Monochrome 박스에 체크합니다.

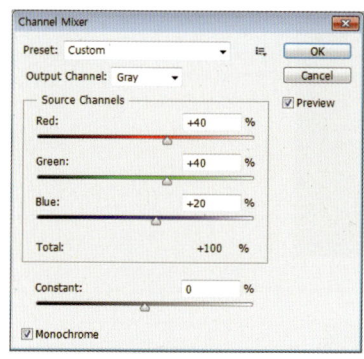
◆ Monochrome 박스 체크

◆ 흑백 그림 완성

4. Image ▷ Mode ▷ Grayscale 메뉴를 선택하여 이미지 모드를 변경합니다.

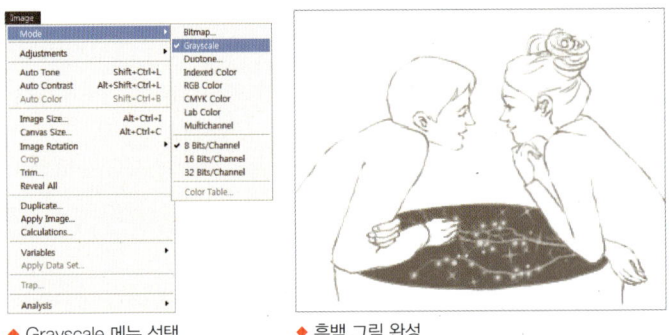

◆ Grayscale 메뉴 선택   ◆ 흑백 그림 완성

> **Note / Gray scale 모드**
>
> 그레이 스케일 모드로 변경되면 검은색과 흰색 사이의 색만 사용할 수 있습니다. 컬러 패널에서 빨간색을 선택해도 회색으로 전환되어 선택됩니다.
>
>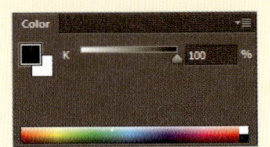

5. 유채색 계열의 배경색이 입혀진 레이어 위에 새 레이어를 만든 뒤, 무채색 계열로 색을 입힙니다. 레이어 모드를 Color, Hue, Saturation 중 하나로 바꿔 줍니다. 아래 레이어에 있던 유채색 그림이 흑백으로 바뀝니다.

◆ 원본   ◆ 새 레이어 만든 뒤 검은색 입히기

◆ 레이어 모드 : Hue   ◆ 레이어 모드 : Saturation   ◆ 레이어 모드 : Color   ◆ 흑백 그림 완성

지우는 대신 숨겨주는 레이어 마스크

Chapter 04

우리는 감기에 걸렸을 때 마스크로 입과 코를 가립니다. 포토샵에서도 레이어를 가려 주는 마스크 기능이 있습니다. 지워야 할 부분이나 흐릿하게 표현하고 싶은 부분을 지우개로 지우지 않고 마스크를 씌워 작업하면 수정하기가 편합니다. 마스크는 삭제 개념이 아닌 숨기기의 개념이기 때문이죠. 레이어 마스크는 필요 없는 부분을 가리기 위해 사용합니다. 검은색은 가리는 부분, 흰색은 다시 보이는 부분으로 브러시로 칠하면 됩니다.

필요 없는 부분 가려주기

예제파일 / mask.psd

01 Ctrl + O 를 눌러 'mask.psd' 파일을 불러옵니다. **02** 레이어 패널 하단의 ▣ 버튼을 누르면 링크 표시가 생기면서 해당 레이어에 마스크가 씌워집니다. **03** 브러시 툴을 선택한 뒤 전경색으로 검은색 #000000을 후경색으로 흰색 #FFFFFF을 설정합니다. **04** 검은색 브러시는 가리는 역할을 합니다. 새싹 부분을 모두 칠해서 가려 주세요.

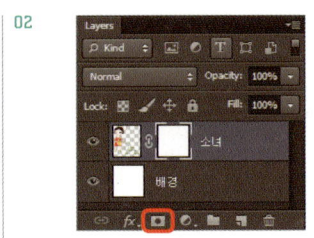
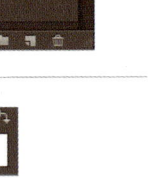

Note / 전경색을 검은색, 후경색을 흰색으로 설정한 이유

마스크를 씌운 뒤 칠할 수 있는 색은 흑백입니다. 검은색은 100% 가려주고, 흰색은 다시 보여 줍니다. 회색은 50%정도 가려지겠죠? 검은색으로 칠하다가 잘못 가려진 부분은 흰색을 칠해 복구하는 작업을 해야 합니다. X 를 누르면 전경색과 후경색이 서로 교차되기 때문에 검은색과 흰색을 맞바꿔 사용할 수 있어 편리합니다.

05 마스크를 보면 칠할 부분이 검은색으로 표시되는 것을 확인할 수 있습니다. **06** X 를 눌러 후경색과 전경색을 맞바꿔 주세요. 흰색이 전경색으로 바뀝니다. **07** 흰색으로 새싹 부분을 모두 칠하면 다시 복구됩니다. **08** 레이어 패널의 마스크를 확인해 보면 다시 흰색으로 채워졌습니다.

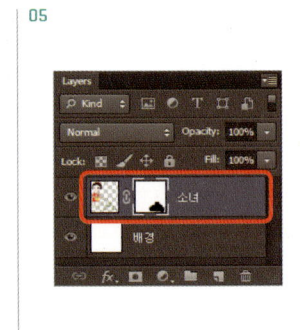

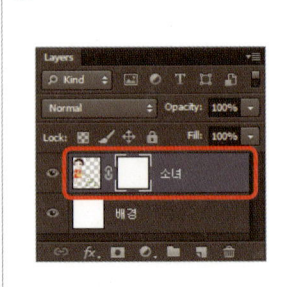

레이어 클리핑 마스크 씌우기

예제파일 / mask.psd

클리핑 마스크는 하나의 레이어 이미지 영역에 다른 레이어 이미지 영역들을 한정시킬 때 사용합니다. Layer ▷ Layer Clipping Mask 메뉴를 선택하거나 Alt + Ctrl + G 를 누릅니다. 또는 Alt 를 누른 채 마스크를 적용할 레이어와 레이어 사이에 마우스 커서를 가져가면 클리핑 마스크 보조 아이콘이 나타납니다. 이때 마우스를 눌러주면 클리핑 마스크 효과가 적용됩니다. 마스크를 없애고 싶다면 다시 Alt + Ctrl + G 를 누릅니다.

01 레이어 패널 하단의 ▢ 버튼을 눌러 새 레이어를 만듭니다. 02 그레이디언트 툴 ▢ 을 선택한 뒤 상단 옵션바에서 그레이디언트 막대를 더블 클릭하여 03 Gradient Editor 창을 띄웁니다. 하단의 집 모양 스펙트럼을 각각 눌러 파란색 #0072BC과 분홍색 #F16C7C으로 설정한 뒤 OK합니다. 04 위에서 아래로 드래그하여 파란색과 분홍색 사이의 그레이디언트를 만들어 줍니다.

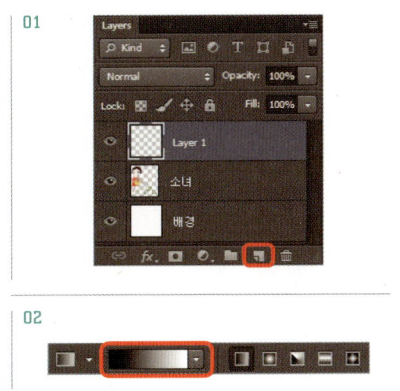
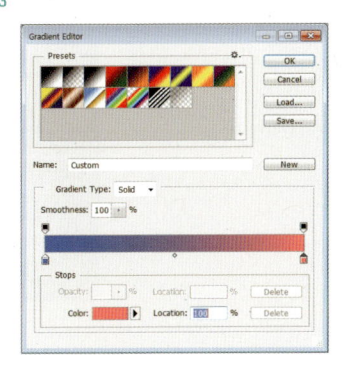

05 Alt + Ctrl + G 를 눌러 클리핑 마스크를 씌웁니다. 그림을 마우스로 드래그하면 그레이디언트로 색이 입혀집니다. 06 그레이디언트 효과가 적용된 [Layer 1] 레이어가 [소녀] 레이어의 영역 안에 포함된 것을 확인할 수 있습니다.

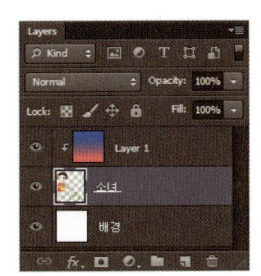

마스크 영역만 보이기, 일시적으로 비활성화하기, 영역 선택하기

◆ 원본

• **마스크 영역만 보이기**
Alt 를 누른 채 마스크를 누릅니다. 마스크 영역만 보입니다.

• **마스크 영역 일시적으로 비활성화하기**
Shift 를 누른 채 마스크를 누릅니다. 빨간색 X표시가 생기면서 마스크가 적용되지 않은 상태의 이미지를 보여줍니다.

• **마스크 영역 선택하기**
Ctrl 을 누른 채 마스크를 누릅니다. 마스크의 흰색 영역이 선택 영역으로 지정됩니다.

은은한 물결 만들기

예제파일 은은한물결-시작.psd, 물결.jpg, 은은한물결-완성.jpg

01 Ctrl + O 를 눌러 '은은한물결-시작.psd', '물결.jpg' 파일을 불러옵니다. 02 이동 툴을 선택한 뒤, 물결 이미지를 은은한물결-시작.psd 작업 창에 드래그하여 붙입니다.

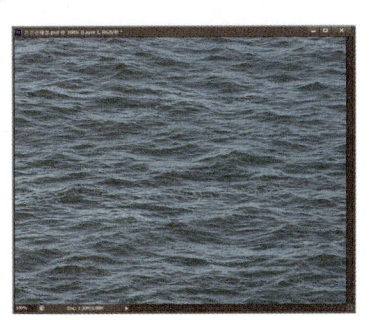

03 물결 이미지를 작업 화면에 맞춰 자르겠습니다. 자르기 툴로 화면 전체를 드래그한 뒤, Enter 를 누릅니다. 04 [Layer 1] 레이어의 Opacity를 70%로 설정합니다. 하단의 [은은한배경] 이미지가 흐릿하게 보입니다. 땅 부분이 보이도록 물결 이미지를 일부분 지우겠습니다. 사각 선택 툴로 땅 부분을 클릭 드래그한 뒤, 05 Delete 를 눌러 이미지를 지웁니다.

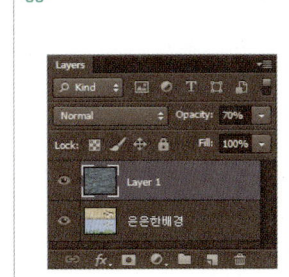

06 레이어 패널 하단의 ■버튼을 누르면 링크 표시가 생기면서 마스크가 씌워집니다. 07 그레이디언트 툴■을 선택한 뒤 08 위에서 아래로 드래그하여 흰색과 검은색 사이의 그레이디언트를 만들어 줍니다.

09 아래로 갈수록 물결이 점점 진해집니다. 10 [Layer 1] 레이어 모드를 Hard Light로 변경합니다. 은은한 물결이 완성되었습니다.

Note / Hard Light 모드
색이 강하게 섞여 강한 조명이 비추는 것처럼 표현됩니다.

이미지를 자유롭게 변형할 수 있는 편집 기능
Free Transform, Content-Aware Scale, Puppet Warp

Chapter 05

자유 변형(Free Transform) 박스와 Content aware 기능은 오브젝트에 다양한 변형을 적용시킬 때 사용합니다. 자유 변형 박스의 8개의 조절점을 드래그하여 이미지의 사이즈나 각도, 위치 등을 바꿀 수 있습니다. Content aware scale 기능은 CS5 버전부터 생긴 기능으로 이미지 일부분의 비율을 보전하면서 나머지 부분의 사이즈를 조절할 수 있습니다. 두 기능 모두 사진 편집을 할 때 유용하게 쓰일 수 있으니 꼭 알아 두는 것이 좋습니다.

◆ 편집 기능 살펴보기

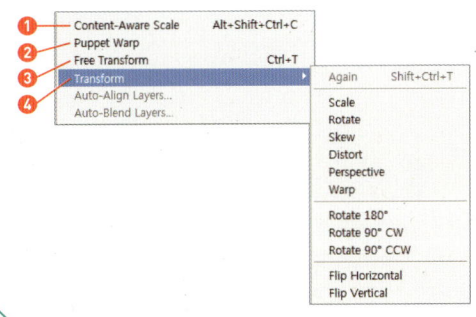

① **Content-Aware Scale** : 이미지의 일부분 비율을 보전하면서 나머지 부분의 사이즈를 조절합니다(Alt + Shift + Ctrl + C).

② **Puppet Warp** : 이미지를 그물망처럼 쪼갠 뒤, 고정점을 추가하여 모양을 변경시킵니다.

③ **Free Transform** : 자유 변형 박스를 띄워 Transform 기능을 이용할 수 있습니다(Ctrl + T).

④ **Transform**
  · Again : 이미지에 적용했던 변형 중 가장 최근에 쓴 기능을 다시 적용할 때 사용합니다(Shift + Ctrl + T).

자유변형(Free Transform) 박스

◆ 원본

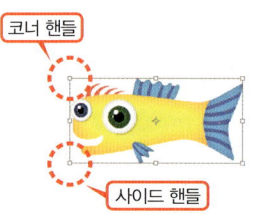

코너 핸들
사이드 핸들

◆ **Scale**
이미지 사이즈를 조절합니다.
Shift + Alt 누른 채 드래그하면 중심을 기준으로 사이즈변경

◆ **Rotate**
이미지를 회전시킵니다.
Shift 를 누른 채 조절점을 드래그하면 15도씩 변형 가능

◆ **Skew**
이미지의 기울기를 변형하여 비대칭시킵니다.
비율을 맞추려면 Shift + Alt 누른 채 조절점 드래그

◆ **Distort**
이미지를 왜곡시킵니다.
비율을 맞추려면 Ctrl + Alt 누른채 조절점 드래그

◆ **Perspective**
원근감을 유지하며 이미지를 변형시킵니다.
비율을 맞추려면 Ctrl + Shift 누른 채 조절점 드래그

◆ **Warp**
조절점 드래그, 선 늘리기

◆ **Rotate 180**
원근감을 유지하며 이미지를 변형시킵니다.

◆ **Rotate 90 CW**
이미지를 시계 방향으로 90도 회전시킵니다.

◆ **Rotate 90 CCW**
이미지를 반시계 방향으로 90도 회전시킵니다.

◆ **Flip Horizontal**
수평선을 기준으로 이미지를 좌우대칭시킵니다.

◆ **Flip Vertical**
수직선을 기준으로 이미지를 상하대칭시킵니다.

Content-Aware Scale

❶ Content-Aware Scale로 사이즈 조절하기

Edit ▷ Content-Aware Scale 메뉴를 선택합니다(Alt + Shift + Ctrl + C). 이 기능으로 사이즈를 줄이면 물고기의 눈과 지느러미가 보존되고 몸체만 줄어드는 것을 확인할 수 있습니다. Transform의 Scale 기능으로 사이즈를 줄인 이미지와 비교해 보세요.

◆ Content-Aware Scale   vs   Transform ▷ Scale

❷ Content-Aware Fill로 지우고 싶은 부분 자연스럽게 채우기

／ 예제파일 ／ Content-Aware Fill.psd ／

01 Ctrl + O 를 눌러 'Content-Aware Fill.psd' 파일을 불러옵니다. **02** 올가미 툴 을 선택한 뒤, 상단 옵션바에서 ■버튼을 선택합니다. 인물 테두리 안쪽 면을 드래그하여 선택 영역으로 지정합니다.

03 Shift + F5 를 눌러 Fill 창을 띄웁니다. Use를 Content-Aware로 선택한 뒤 OK합니다. **04** 선택 영역으로 지정한 부분이 지워지고 주위 배경이 자동으로 채워집니다.

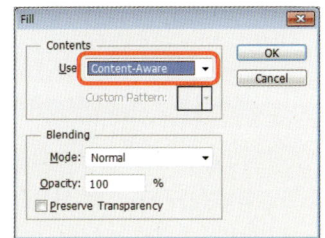 

> **Note** / 올가미 툴 제대로 이용하기
>
> 올가미 툴 로 선택 영역을 추가할 때 Shift 를 누르면 올가미 툴 아이콘 옆으로 '+' 표시가 나타납니다. 이때 추가하고 싶은 부분을 클릭하면 됩니다. 선택 영역을 빼고 싶을 때는 Alt 를 누르고 있으면 올가미 툴 아이콘 옆으로 '-' 표시가 나타납니다. 이때 빼고 싶은 부분을 클릭해 주시면 됩니다.

Puppet Warp

1 Pupprt Warp으로 부분적으로 늘리기

01 Edit ▷ Puppet Warp 메뉴를 선택하면 메시가 만들어집니다. **02** 메시 위를 눌러 고정점을 다음과 같이 추가합니다.

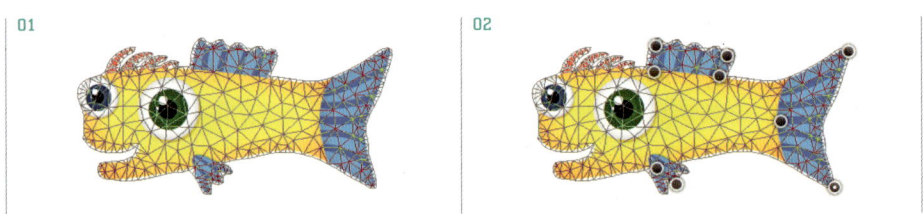

03 지느러미와 꼬리 끝의 고정점을 움직이면 **04** 지느러미와 꼬리가 부분적으로 늘어나는 것을 확인할 수 있습니다.

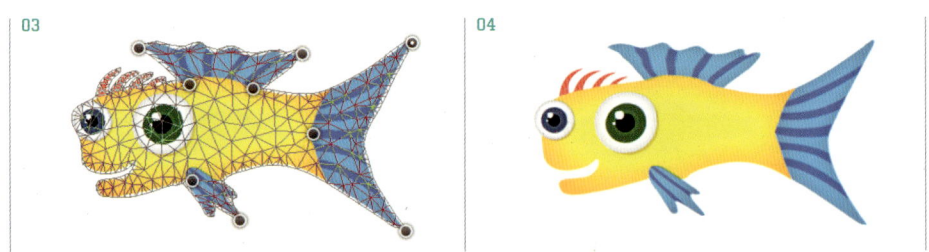

2 Pupprt Warp으로 누워있는 인물 세우기

/ 예제파일 / puppet warp.psd /

Puppet Warp도 Content-Aware Scale 기능과 함께 포토샵 CS5부터 생긴 기능으로 이미지를 그물망처럼 쪼갠 뒤, 고정점을 추가하여 모양을 변경시켜줍니다. 사람의 관절과 같은 구실을 하는 고정점을 추가하면 구부러뜨리거나 뒤트는 변형이 가능합니다.

01 Ctrl + O 를 눌러 'puppet warp.psd' 파일을 불러옵니다. [1] 레이어가 선택된 상태에서 Edit ▷ Puppet Warp 메뉴를 선택하여 02 그물망 메시를 만듭니다. 03 메시 선을 누르면 그 위치에 고정점을 만들 수 있습니다. 인물의 허리에 고정점을 추가합니다.

> **Note**
> Puppet Warp 기능은 레이어가 분리된 psd 파일에만 적용됩니다.

04 인물의 이마, 목, 팔 아랫 부분, 발을 추가로 클릭하여 고정점을 만들어 줍니다. 05 새로 만들어 준 고정점을 클릭 드래그하여 조금씩 오른쪽 위로 이동시킵니다. 고정점이 이동하면서 인물이 자연스럽게 꺾입니다. 06 Enter 를 누르면 변형된 상태가 최종적으로 적용됩니다. 누워있던 인물들이 서 있는 모습이 되었습니다.

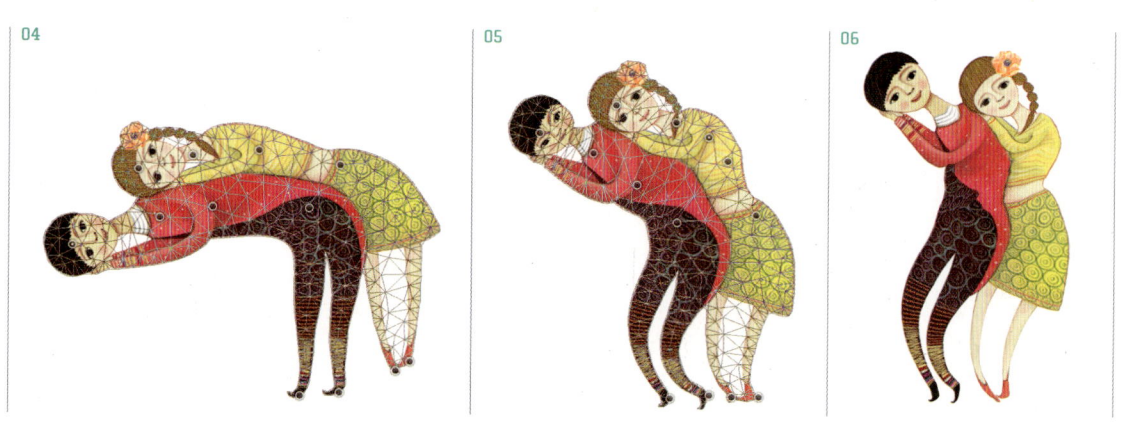

> **Note** / 고정점 삭제하기
> Alt 를 누르고 고정점을 클릭하면 기준점이 사라집니다.

색상 계획에 도움을 주는 쿨러(Kuler)

색을 어떻게 쓰고, 어떻게 배색해야 할지 고민된다면 Adobe 사에서 운영하는 쿨러 사이트(http://kuler.adobe.com)에 방문해 보세요. 전 세계 디자이너들이 등록한 수만 개의 색상 테마를 검색할 수 있고 마음에 드는 배색을 포토샵으로 불러와 사용할 수도 있습니다. Window ▷ Extensions ▷ Kuler 메뉴를 선택하면 쿨러 패널이 열립니다. 쿨러 패널은 쿨러 사이트와 연결된 공간으로 쿨러 사이트의 축소판이라고 보시면 됩니다. 쿨러를 통해 자신의 색상 테마를 자유롭게 만들어 저장하거나 다른 사용자와 공유할 수 있습니다. 수많은 색상 테마를 구경하면서 배색 공부도 하고, 색상 계획도 세워 보세요.

◆ 쿨러 패널 자세히 보기

Browse 탭

① 키워드로 테마 찾기

② 테마별 색상 찾기

③ 기간별 테마 보기

④ 선택한 테마 편집하기

⑤ 선택한 테마 스와치 패널에 추가하기

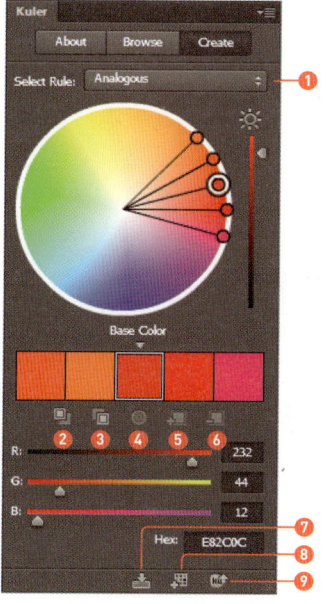

Create 탭

① **Select Rule** : 컬러 배합 규칙 선택하여 새로운 테마 만들기

② ■ : 현재 전경색을 기본 색상으로 추가

③ ■ : 현재 후경색을 기본 색상으로 추가

④ ■ : 테마의 다른 색상에 영향을 줌

⑤ ■ : 새로운 색상을 테마에 추가

⑥ ■ : 새로운 색상을 테마에서 삭제

⑦ 선택한 테마 저장

⑧ 선택한 테마 스와치 패널에 추가하기

⑨ 선택한 테마 쿨러에 업로드

키워드로 검색해서 색상 추가하기

01 쿨러 패널 브라우저(Browser) 탭의 검색란에 'Natural'을 적은 뒤 Enter 를 치면 **02** 쿨러 사이트의 정보를 불러옵니다. **03** 키워드와 연관된 색상군이 나타납니다. 아래 그림은 Natural로 검색하여 나온 화면입니다.

04 원하는 색상 테마를 찾았다면 스와치 패널에 추가할 수 있습니다. 두 번째 색상 테마인 sustainable design을 선택한 뒤, 쿨러 패널 하단의 ￼버튼을 누릅니다. **05** 스와치 패널에 sustainable design 배색이 불러와집니다.

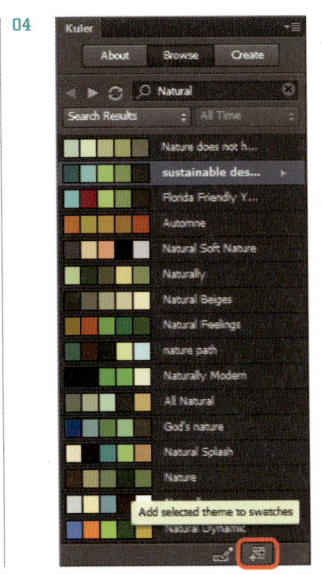 

Note / 색상 테마 수정하기

❶ 수정하고 싶은 색상 테마를 선택한 뒤, 더블 클릭하거나 쿨러 패널 하단의 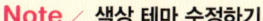 버튼을 누릅니다.
❷ Create 탭이 열리고 다섯 개의 색상 배색이 나타납니다.
❸ Base Color로 선택되어진 중간색은 색상환에서 큰 동그라미로 표현됩니다. 동그라미를 움직이면 색이 변경됩니다.
❹ 다른 색도 같은 방법으로 색상을 수정할 수 있습니다.

웹사이트에서 쿨러 이용하기

01 쿨러 사이트(http://kuler.adobe.com)에 방문하여 검색란에 'elegant'를 적은 뒤 검색 버튼을 누릅니다.

> **Note** / 테마별 색상 찾기
>
> 색상 테마를 4가지로 분류하여 찾을 수 있습니다.
>
>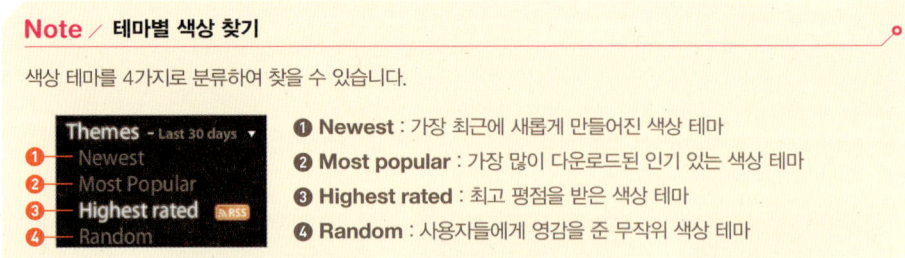
>
> ❶ **Newest** : 가장 최근에 새롭게 만들어진 색상 테마
> ❷ **Most popular** : 가장 많이 다운로드된 인기 있는 색상 테마
> ❸ **Highest rated** : 최고 평점을 받은 색상 테마
> ❹ **Random** : 사용자들에게 영감을 준 무작위 색상 테마

02 'elegant' 키워드로 검색된 배색들이 나타납니다. 이중에서 제일 상단의 Elegant Flannel 배색이 큰 사이즈로 사이트의 상단에 나타납니다. ■ 버튼을 누릅니다. **03** 자세한 색상 값과 컬러 코드를 볼 수 있는 화면으로 바뀝니다.

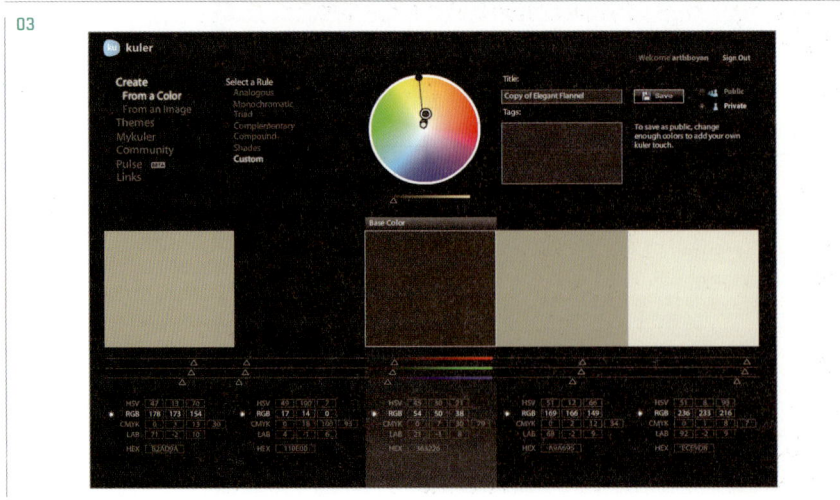

04 Select a Rule의 항목 중 Monochromatic 메뉴를 선택합니다. 채도와 밝기에 변화를 준 색상으로 배색이 바뀝니다. 다른 메뉴도 클릭하여 다양한 배색을 비교해 보세요.

Note / Select a Rule

❶ **Analogous** : 기본 색상과 인접한 색상을 추출하여 배색

❷ **Monochromatic** : 한 가지 색상을 중점으로 채도와 밝기에 변화를 주어 가벼운 색상으로 배색

❸ **Triad** : 기본 색상을 중심으로 세 가지 대비되는 색상으로 배색

❹ **Complementary** : 기본 색상에 인접한 두 가지 색상과 색상환 반대에 있는 두 가지 보색으로 배색

❺ **Compound** : 여러 색상을 결합하여 다채로운 색상으로 배색

❻ **Shades** : 기본 색상을 기준으로 서로 밝기가 유사한 미묘한 차이의 색상으로 배색

❼ **Custom** : 사용자 지정으로 자유롭게 배색

05 첫 번째 색상의 컬러 표준 값인 HEX의 코드를 복사하여 06 포토샵의 Color Picker 창에 붙여 넣습니다. 같은 색상이 표시되는 것을 확인할 수 있습니다. 07 스와치 패널 하단의 ■ 버튼을 눌러 08 색상을 추가합니다.

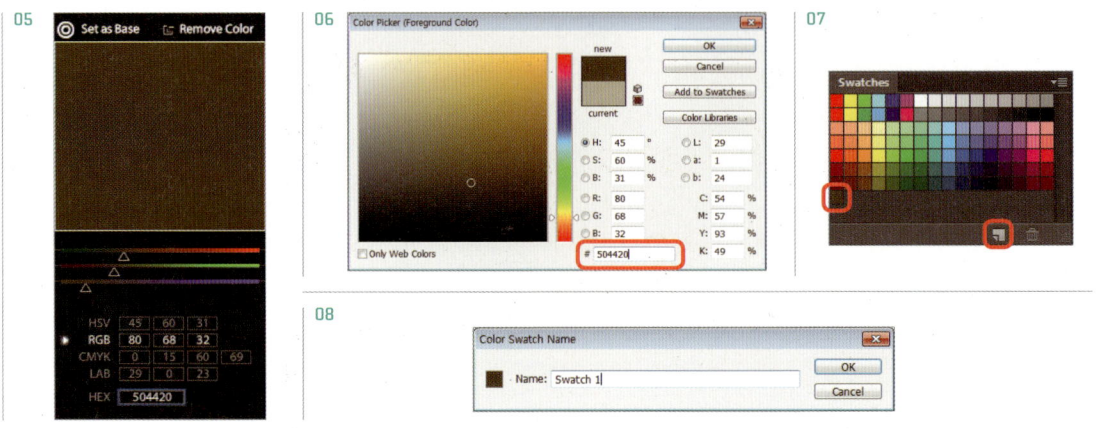

09 나머지 색도 같은 방법으로 스와치 패널에 추가합니다.

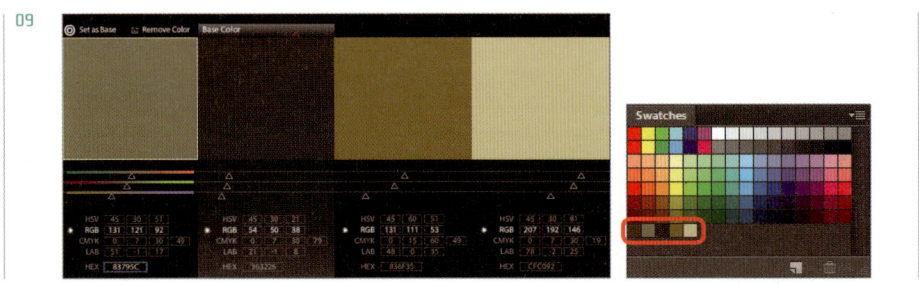

Note / 마음에 드는 배색 파일 다운로드받기

쿨러 사이트에서는 ase 파일 형태로 배색 조합을 다운로드받을 수 있습니다. 다운로드받기 위해서는 Adobe ID와 Password가 필요합니다. 회원가입은 무료이니 Adobe 사이트에서 가입하시길 바랍니다.

❶ 우측 상단의 Sign In 링크를 누릅니다.

❷ ID와 Password를 입력한 뒤 Go 버튼을 누릅니다.

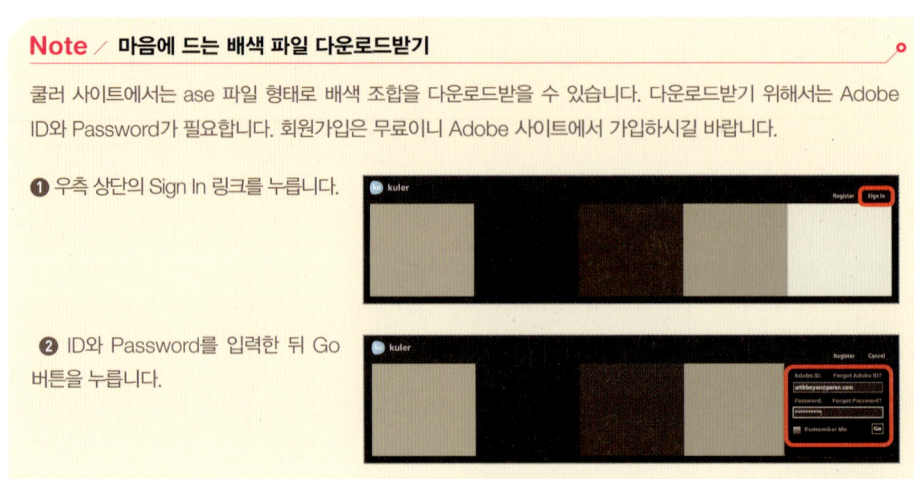

❸ Agree 버튼을 누르면 ❹ 사이트 화면에 없던 ■, ■ 버튼이 생깁니다. ■ 버튼을 누르면 배색 즐겨찾기를 할 수 있고, ■ 버튼을 누르면 배색 파일을 컴퓨터에 저장할 수 있습니다.

❺ ■ 버튼을 누른 뒤, 바탕화면에 저장해 보세요.

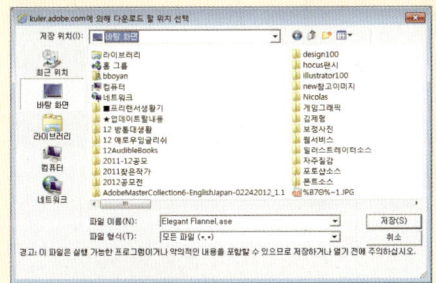 

❻ 스와치 패널의 ■ 버튼을 눌러 방금 바탕화면에 저장한 Elegant Flannel.ase 파일을 불러옵니다.

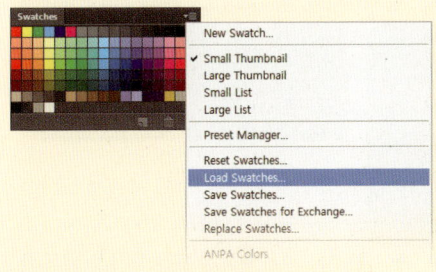 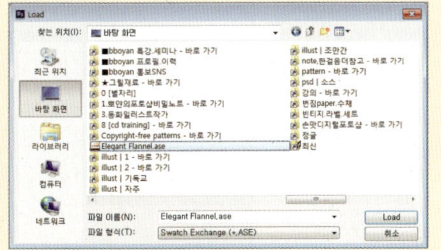

❼ 스와치 패널에 Elegant Flannel 배색이 불러와집니다.

데스크탑에서 쿨러 이용하기

쿨러 사이트와 포토샵의 쿨러 패널을 이용하여 컬러 테마를 검색했던 것을 데스크탑에서도 이용할 수 있는 방법이 있습니다. 데스크탑에 'kuler desktop(AIR)' 프로그램을 설치하여 ase 파일로 저장한 뒤, 포토샵과 일러스트레이터의 스와치 패널에서 ase 파일을 불러와 사용할 수 있습니다.

01 쿨러 사이트에서 왼쪽 하단의 Links를 클릭합니다. kuler content 안에 'kuler desktop(AIR)'을 클릭하여 프로그램을 다운로드받습니다. **02** 다운로드받은 프로그램을 더블 클릭합니다.

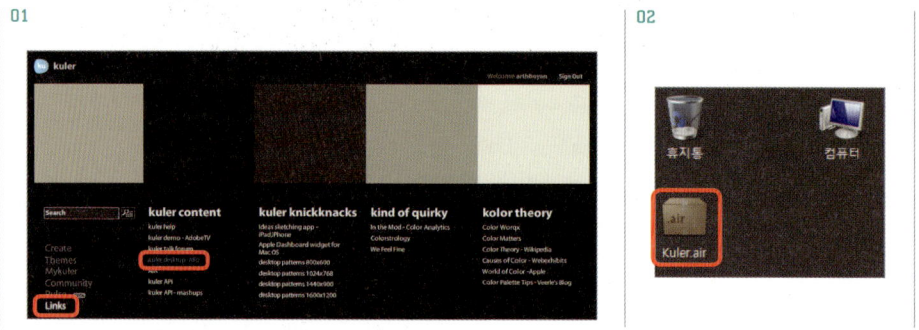

03 쿨러 프로그램을 설치합니다.

04 설치된 프로그램을 열면 다음과 같은 창이 열립니다. **05** 검색란에 'warm'을 적은 뒤 [Enter]를 치면 warm과 관련된 색상 테마 목록이 나옵니다. **06** 두 번째 테마인 Warm Mexican Combo를 클릭하면 컬러바 아래에 버튼 세 개가 나타납니다. 중간의 ■버튼을 누릅니다. Adobe ID와 Password를 입력한 뒤 Go 버튼을 누릅니다.

07 다시 ■버튼을 누른 뒤, ■버튼을 눌러 ase 파일로 저장합니다. **08** Warm Mexican Combo.ase 파일이 바탕화면에 저장된 것을 확인합니다.

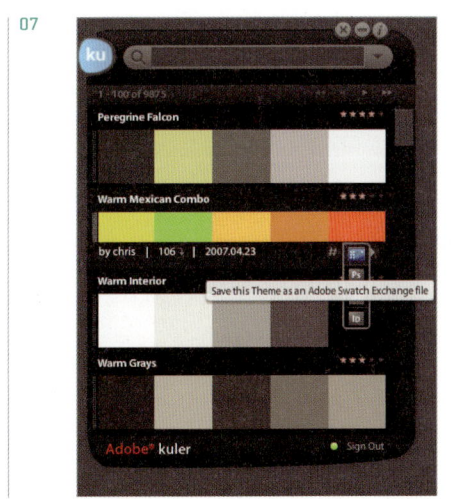

> **Note / 쿨러 데스크탑의 버튼**
>
> ❶ # : 색상의 컬러 표준 값인 HEX의 코드를 복사합니다. 메모장을 열어, Ctrl + V 를 누르면 다음과 같이 5개의 컬러 코드 값이 붙습니다.
>
>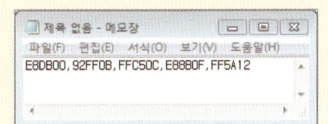
>
> ❷ ■ : 색상 테마를 ase 파일로 저장합니다. 다운로드받기 위해서는 Adobe ID와 비밀번호가 필요합니다. 회원가입은 무료이니 Adobe 사이트에서 가입하시길 바랍니다.
>
> ❸ ▶ : 쿨러 사이트로 이동합니다.

알짜배기!
나만의 포토샵 소스 만들기

디자이너에게 소스는 디자인을 완성시키는데 꼭 필요한 재료입니다. 음식을 만들 때 식재료가 좋으면 음식이 더 맛있듯이 디자인 재료 역시 완성도 있는 디자인 작업을 위해 중요합니다. 포토샵에서 기본적으로 제공하는 소스 외에 자신이 자주 사용하는 나만의 소스를 만들어 두면 필요할 때 꺼내 쓸 수 있어 시간을 단축할 수 있습니다. 이제부터 디자인 작업에 주요하게 쓰이는 브러시, 패턴, 그레이디언트 소스들을 만들어 보고 포토샵의 필수 기능들을 익혀 보도록 하겠습니다.

브러시 소스 만들기

1 사진을 이용하여 브러시 만들기

예제파일 / 나뭇잎.jpg, 나뭇잎배경완성.psd

01 Ctrl+O를 눌러 '나뭇잎.jpg' 파일을 불러옵니다. **02** Ctrl+U를 눌러 Hue/Saturation 창을 띄운 뒤, Saturation 값을 -100으로 설정합니다. **03** 나뭇잎 색이 회색으로 바뀝니다.

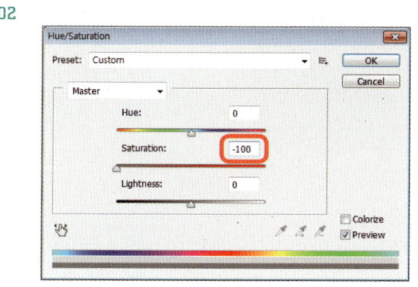

04 Ctrl+L을 눌러 Levels 창을 띄운 뒤, Input Levels 칸에 90, 1.00, 200을 입력하고 OK합니다. **05** 나뭇잎의 명암 대비가 확실해집니다. **06** Edit ▷ Define Brush Preset 메뉴를 선택합니다. **07** 이름을 다음과 같이 설정한 뒤 OK합니다.

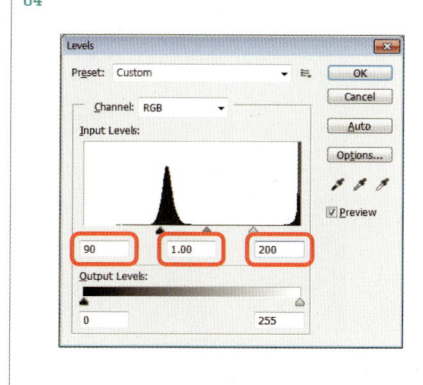

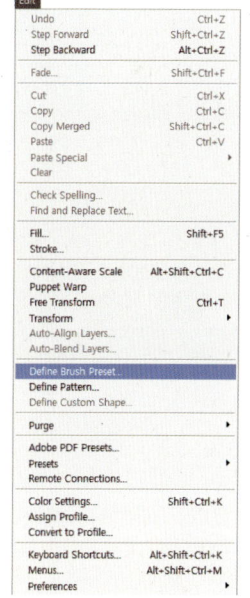

08 작업 창에서 마우스 오른쪽 버튼을 눌러 브러시 창을 띄웁니다. 브러시가 등록된 것을 확인할 수 있습니다. 09 나뭇잎이 흩날리는 배경을 만들어 보겠습니다. Ctrl + N 을 눌러 가로 1600pixel, 세로 1200pixel의 새 도큐먼트를 만듭니다.

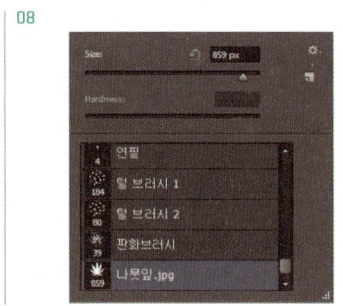

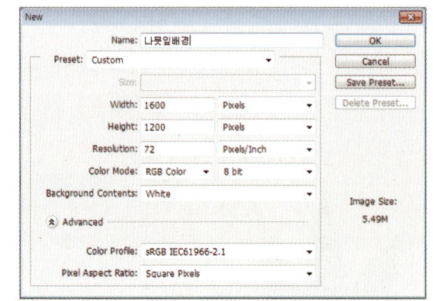

10 F5 를 눌러 Brush 패널을 열고, Brush Tip Shape에서 Size와 Spacing 값을 다음과 같이 조절합니다. 11 Shape Dynamics를 체크한 뒤, Size Jitter와 Angle Jitter 값을 다음과 같이 조절합니다. 12 Scattering에 체크한 뒤, Scatter 값과 Count 값을 다음과 같이 조절하고 Both Axes에 체크합니다. 흩뿌려지는 나뭇잎이 완성되었습니다.

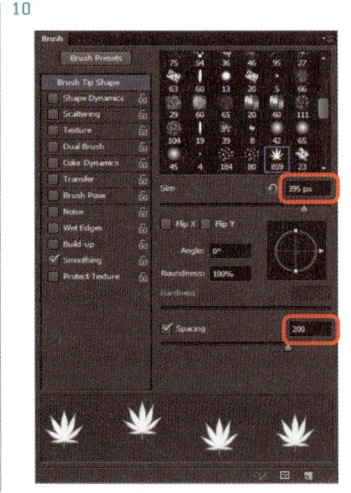

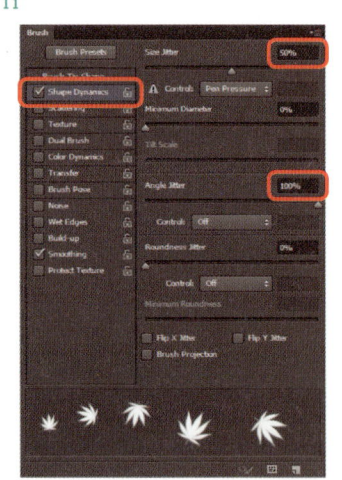

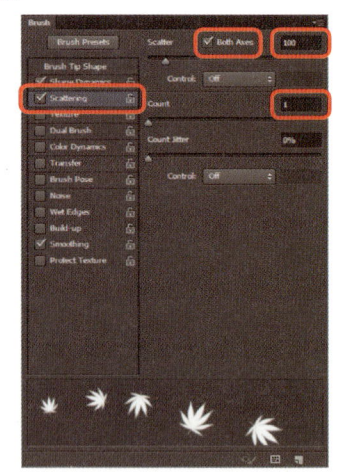

13 전경색을 짙은 녹색 #34401B으로 설정한 뒤, **14** `Ctrl` + `Delete` 를 눌러 배경색을 입힙니다. **15** 레이어 패널 하단의 버튼을 눌러 새 레이어를 만듭니다. **16** 전경색을 주황색 #F7941D으로 설정한 뒤, **17** 브러시 툴을 선택하고 드래그하여 나뭇잎이 사방으로 퍼지게 그려줍니다.

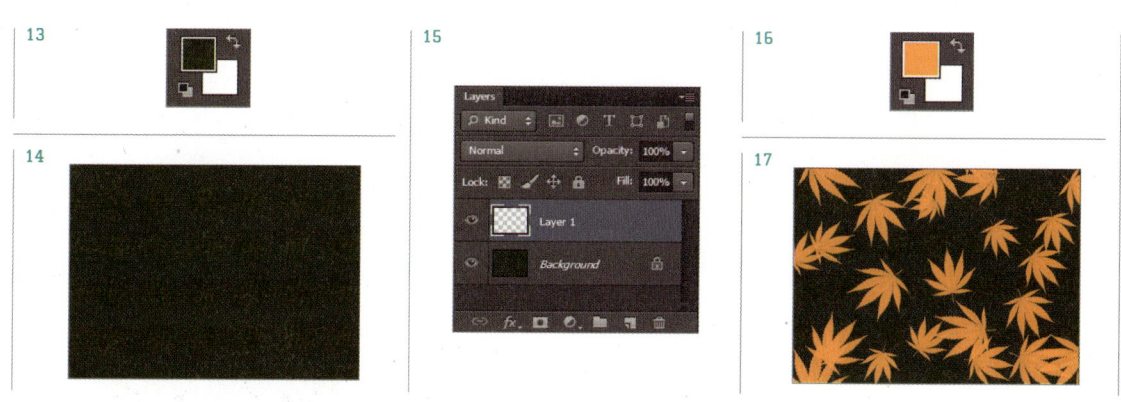

Note / 브러시를 등록할 때 유의할 점

브러시로 등록하고자 하는 개체의 색상은 꼭 검은색이어야 합니다. 회색의 개체를 브러시로 등록하면 브러시의 Opacity를 100%로 설정하더라도 완전히 불투명해지지 않습니다. 브러시로 등록할 때 흰색을 투명하게 인식하기 때문에 흰색이 섞여 있는 회색은 완전히 불투명한 상태가 아닌 반투명한 상태로 등록되는 것입니다. 흰색 바탕에 검은색 개체를 바로 그린 뒤, 브러시로 등록해도 무방합니다. 검은색만 브러시로 등록되기 때문입니다.

◆ 회색 개체를 브러시로 등록   ◆ Opacity : 100%

◆ 검은색 개체를 브러시로 등록   ◆ Opacity : 100%

❷ 도형 패스 툴을 이용하여 브러시 만들기

/ 예제파일 / 도형패스툴브러시.psd, 도형배경완성.jpg

01 Ctrl + N을 눌러 가로 500pixel, 세로 500pixel의 새 도큐먼트를 만듭니다. 02 도형 패스 툴을 선택한 뒤 Fill 색을 파란색 #00AEEF으로 설정합니다. 그런 다음 Shape의 ■버튼을 누른 뒤 ✱버튼을 눌러 Artistic Textures 메뉴를 선택합니다. 03 다음과 같은 도형 패스가 보입니다. Artistic2 패스를 선택합니다.

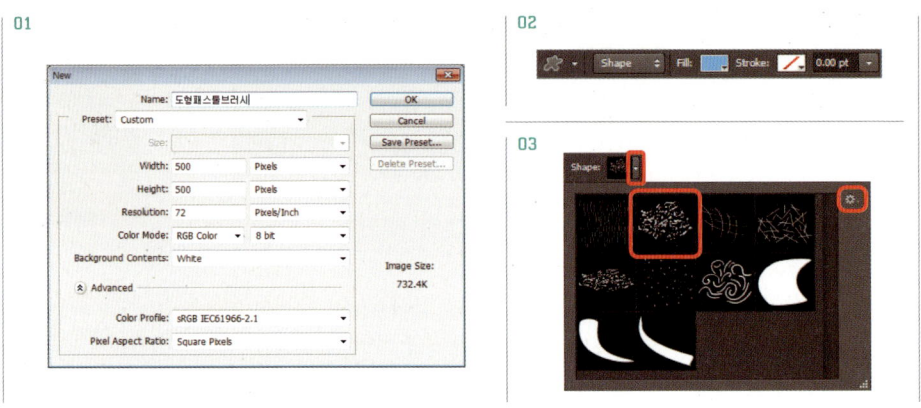

04 도큐먼트에서 드래그하여 도형 패스를 만듭니다. 05 레이어 패널에 [Shape 1] 레이어가 새로 생성됩니다. 06 브러시로 등록하겠습니다. Edit ▷ Define Brush Preset 메뉴를 선택합니다. 이름을 다음과 같이 설정한 뒤 OK합니다.

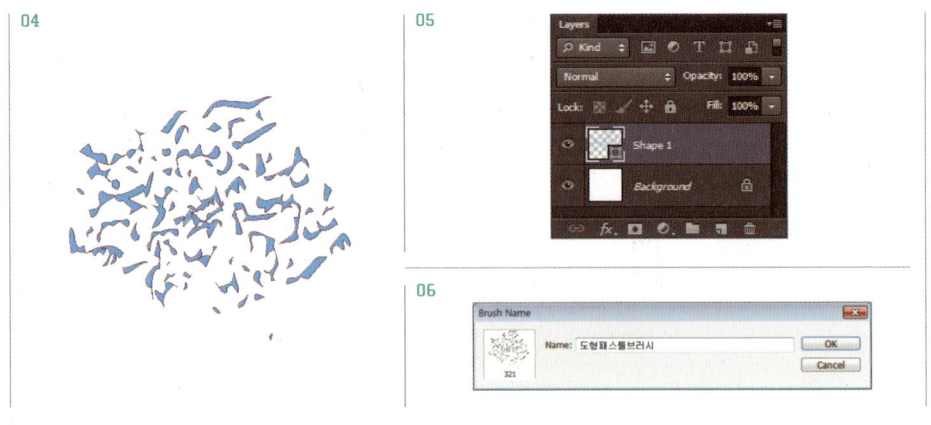

07 브러시의 속성을 조절하여 질감이 살아 있는 브러시를 만들겠습니다. F5 를 눌러 브러시 패널을 엽니다. Shape Dynamics에 체크한 뒤 Size Jitter, Angle Jitter, Roundness Jitter, Minimum Roundness 값을 다음과 같이 조절합니다. 08 Scattering에 체크한 뒤 Count 값을 5로 설정합니다.

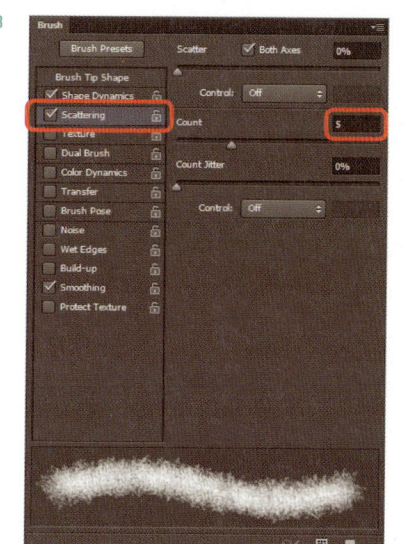

09 Texture에 체크한 뒤 ▼버튼을 눌러 Artist Surfaces 메뉴를 선택하여 새로운 패턴 목록을 불러옵니다.
10 Watercolor 패턴을 선택합니다. 흩뿌려지는 은은한 질감의 브러시가 완성됩니다.

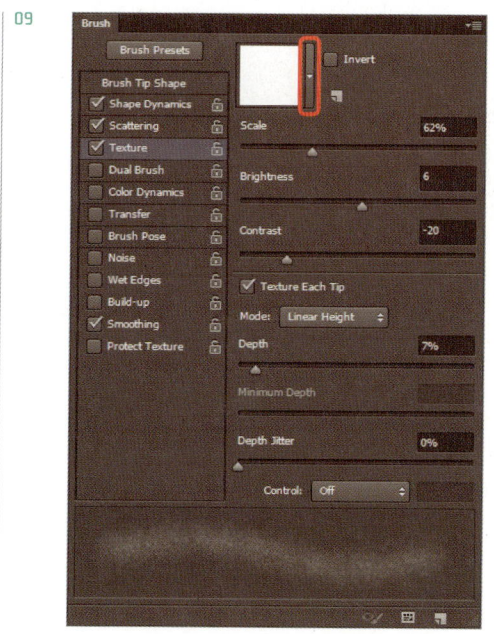

11 수채화 느낌의 작은 물방울들이 뿌려진 은은한 배경을 만들어보겠습니다. Ctrl + N 을 눌러 가로 800pixel, 세로 600pixel의 새 도큐먼트를 만듭니다. **12** 브러시 툴을 선택한 뒤 외각 테두리를 드래그하여 채색해 줍니다. **13** Opacity를 줄여 여러 번 리터칭하여 다양한 색이 조화롭게 섞인 배경을 완성시킵니다.

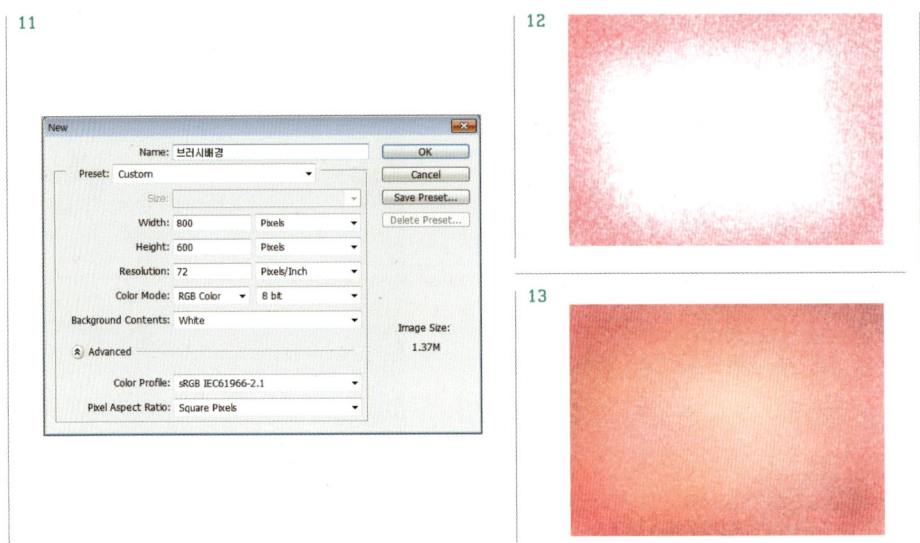

Note / 브러시 패널을 통해 만든 브러시 등록하고 저장하기

브러시 패널 오른쪽 상단의 버튼을 눌러 New Brush Preset 버튼을 누릅니다. 이름을 정한 뒤 작업 창에서 마우스 오른쪽 버튼을 눌러 브러시가 추가되었는지 확인합니다. 브러시 창의 버튼을 눌러 Save Brushs를 해줍니다. 브러시 패널을 통해 수정하거나 새로 만든 브러시는 이와 같은 과정을 통해 꼭 저장해 두시기 바랍니다. 브러시를 저장하지 않고 포토샵을 닫으면 목록에 추가한 브러시라 할지라도 사라집니다.

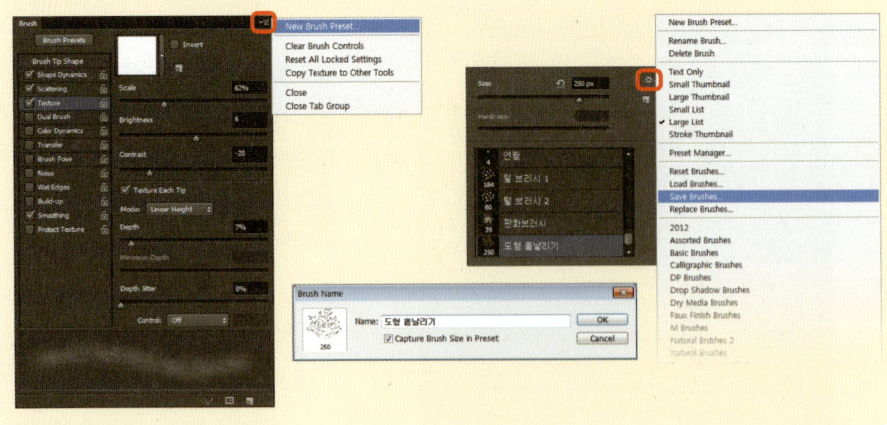

패턴 소스 만들기

1 땡땡이 패턴 만들기

예제파일 / 땡땡이패턴.psd

01 Ctrl + N 을 눌러 가로 200pixel, 세로 200pixel의 새 도큐먼트를 만듭니다. **02** 레이어 패널 하단의 버튼을 눌러 새 레이어를 만듭니다.

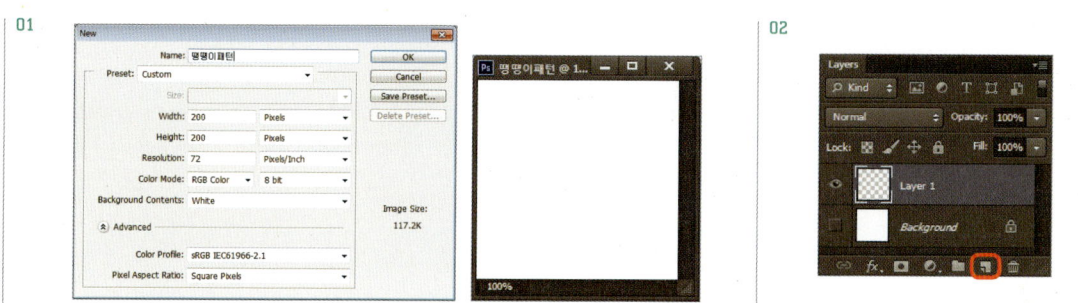

03 브러시 툴을 선택한 뒤 Hard Round Pressure 브러시를 선택합니다. **04** 정 중앙을 클릭하여 원을 하나 만듭니다.

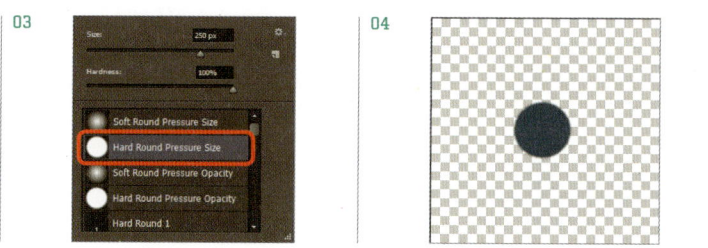

05 Filter ▷ Other ▷ Offset 메뉴를 선택합니다. **06** Horizontal, Vertical을 모두 100pixel로 설정한 뒤 Warp Around 항목을 체크합니다. **07** 원이 좌우 상하로 밀려나가 모서리에 반복되어 나타납니다. **08** 브러시 툴로 다시 정 중앙에 원을 만듭니다.

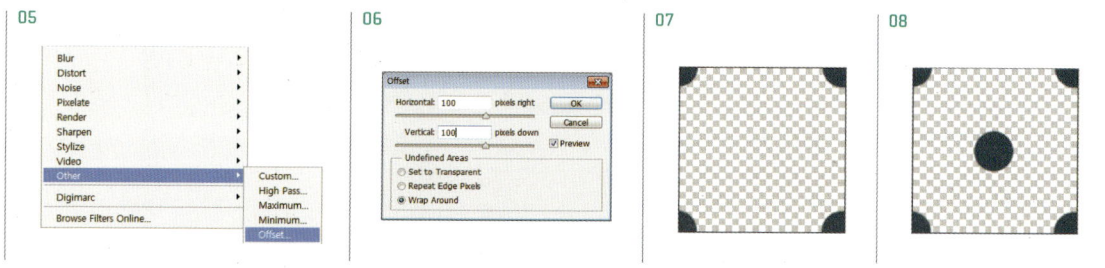

Note / Offset Filter

❶ **Horizontal** : 좌우로 이미지를 밀어내거나 연장시킵니다. 좌우대칭.
❷ **Vertical** : 상하로 이미지를 밀어내거나 연장시킵니다. 상하대칭.
❸ **Undefined Areas** : 이동한 영역에 적용시킬 방법을 선택합니다.
　ⓐ Set to Transparent : 바탕은 그대로 있고, 선택한 이미지만 밀어냅니다.
　ⓑ Repeat Edge Pixel : 선택된 이미지의 가장자리를 반복해서 밀어냅니다.
　ⓒ Warp Around : 밀려낸 이미지 부분이 반대 방향으로 밀려나옵니다.

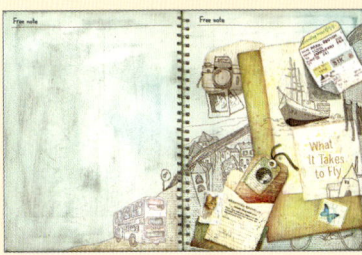

◆ 원본

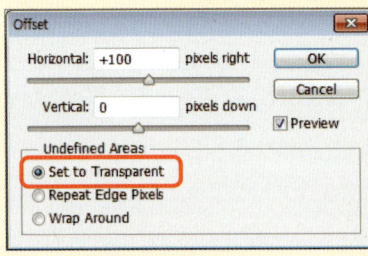 

◆ 이미지를 오른쪽으로 밀어냅니다.

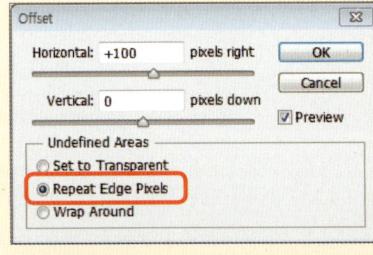 

◆ 이미지의 가장자리를 오른쪽으로 반복하여 연장시킵니다.

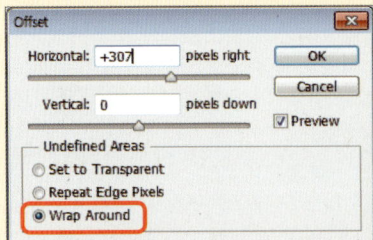 

◆ 오른쪽으로 밀려난 이미지의 부분이 반대방향으로 밀고 나옵니다.

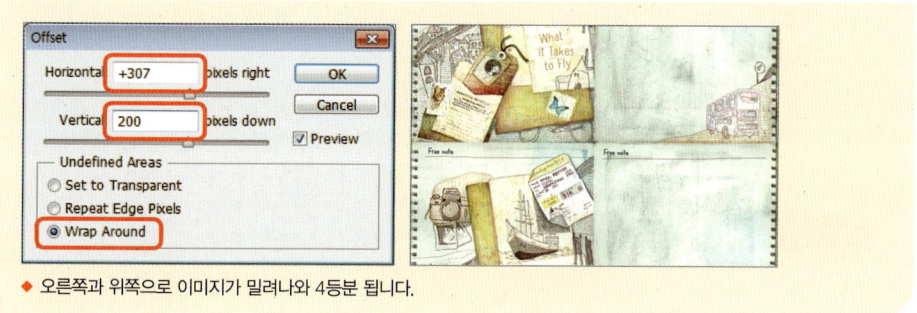

◆ 오른쪽과 위쪽으로 이미지가 밀려나와 4등분 됩니다.

09 Edit ▷ Define Pattern 메뉴를 선택합니다. Pattern Name 창이 나타납니다. **10** '땡땡이 패턴'으로 이름 지은 뒤 OK합니다. **11** 패턴을 적용시킬 새로운 작업 창을 만들겠습니다. Ctrl + N 을 눌러 가로 1600pixel, 세로 1600pixel의 새 도큐먼트를 만듭니다.

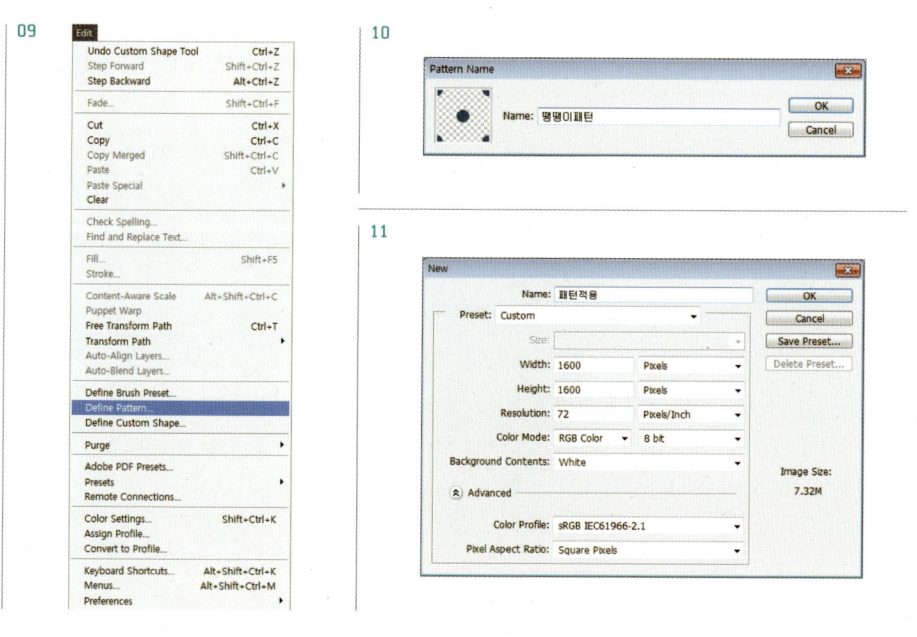

12 페인트 툴 을 선택한 뒤 상단의 옵션바에서 Pattern을 지정하고 방금 만든 땡땡이 패턴을 선택합니다. 13 도큐먼트를 클릭하면 땡땡이 패턴이 입혀집니다.

14 패턴의 색상도 변경해 보고, 이와 같은 방법을 이용하여 다른 패턴도 만들어 보세요.

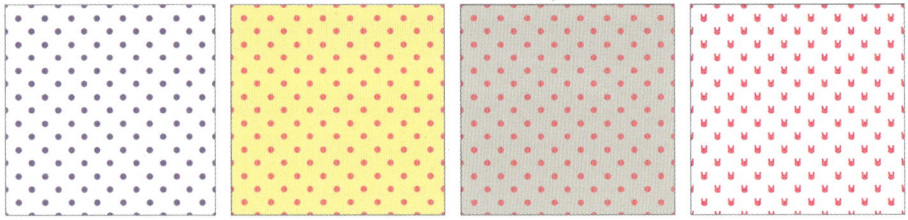

② 도형 패스 툴을 이용하여 패턴 만들기

예제파일 / 도형패스패턴.psd

01 Ctrl + N 을 눌러 가로 200pixel, 세로 200pixel의 새 도큐먼트를 만듭니다. 02 레이어 패널 하단의 버튼을 눌러 새 레이어를 만듭니다. 03 도형 패스 툴 을 선택하고 Fill을 분홍색 #F673AD으로 설정합니다. 다시 Shape의 버튼을 누른 뒤 버튼을 눌러 Tiles 메뉴를 선택하면 다음과 같은 도형 패스가 보입니다.

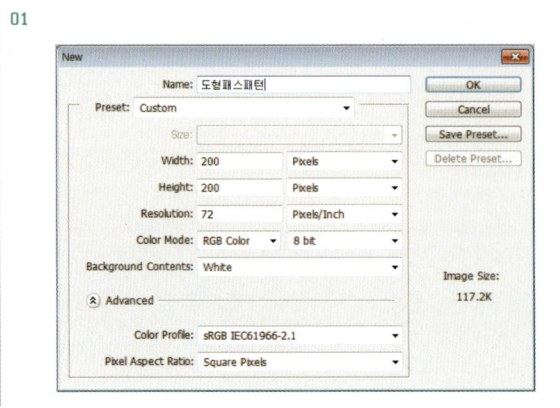
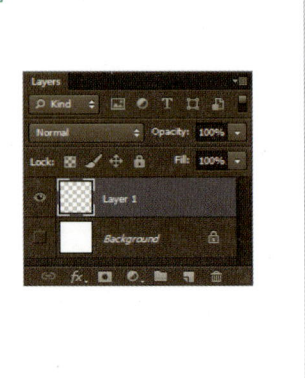

03

04 도큐먼트에서 클릭 드래그하여 아래와 같은 도형 패스를 만듭니다. 05 패턴으로 등록하겠습니다. Edit ▷ Define Pattern 메뉴를 선택합니다. 06 이름을 다음과 같이 설정한 뒤 OK합니다.

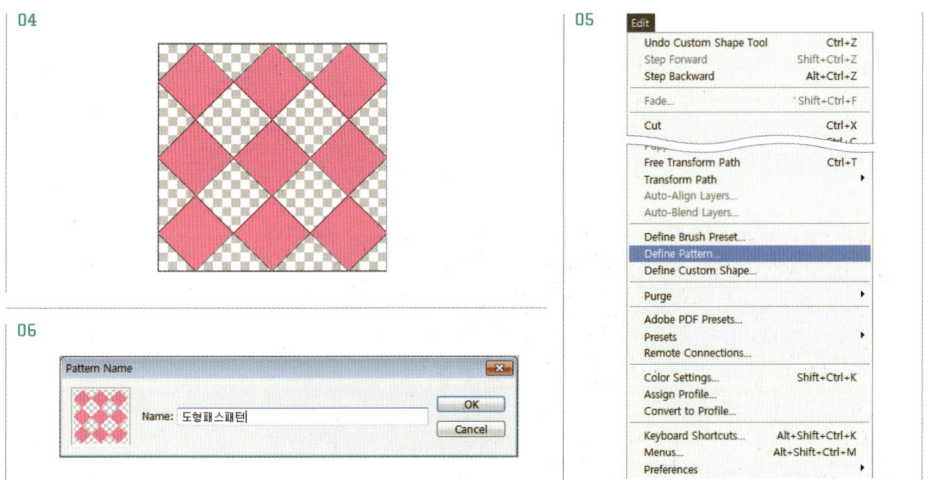

07 패턴을 적용시킬 새로운 작업 창을 만들겠습니다. [Ctrl]+[N]을 눌러 가로 1600pixel, 세로 1600 pixel의 새 도큐먼트를 만듭니다. 08 페인트 툴을 선택한 뒤 상단의 옵션바에서 Pattern을 지정하고 방금 만든 도형 패스 패턴을 선택합니다. 09 도큐먼트를 클릭하면 체크 패턴이 입혀집니다.

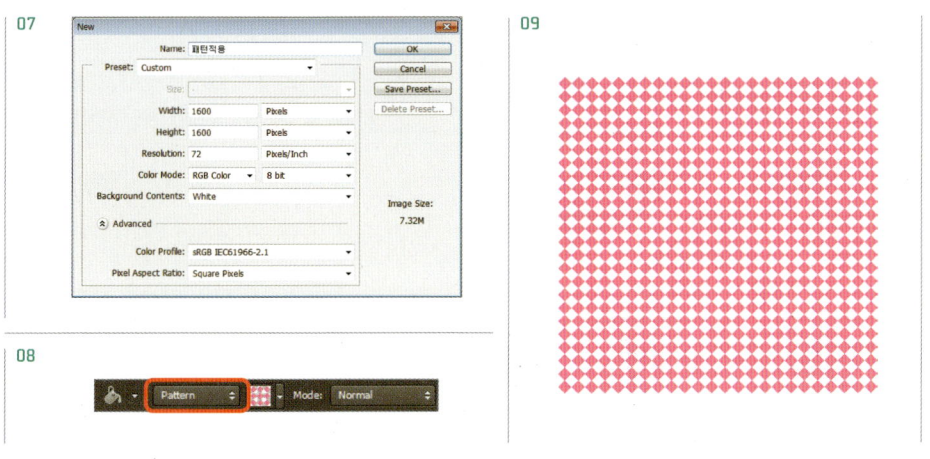

10 패턴의 색상도 변경해 보고, 이와 같은 방법을 이용하여 다른 패턴도 만들어 보세요.

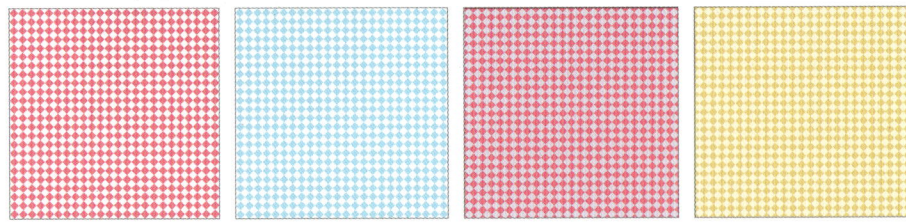

Note / 도형 패스 모두 보기

도형 패스 툴 상단 옵션바에서 ■버튼을 누르면 다음과 같이 도형 패스가 보입니다. ✻을 누르면 도형 패스 목록이 나타납니다. All을 선택합니다. 포토샵에서 기본적으로 제공하는 모든 도형 패스가 보입니다.

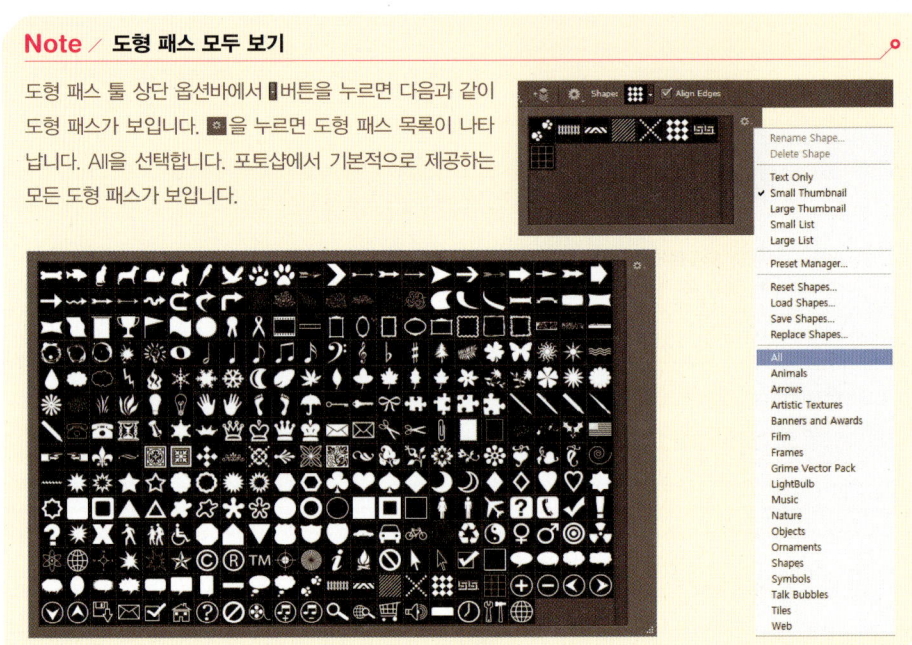

③ Pattern Overlay로 옵션 조절하기

예제파일 / 물방울.psd, 물방울완성.psd

01 Ctrl + O 를 눌러 '물방울.psd' 파일을 불러옵니다. 02 [3] 레이어를 선택한 뒤 하단의 fx.버튼을 눌러 03 Pattern Overlay 메뉴를 선택합니다.

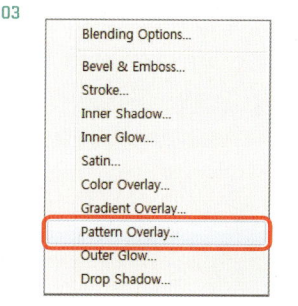

04 Pattern의 버튼을 눌러 **05** 포토샵에서 기본적으로 제공하는 Pattern 목록을 엽니다. Texture Fill 메뉴를 선택합니다. **06** 제일 첫 번째 패턴인 Cloud를 선택하고 Blend Mode를 Overlay로 지정합니다.

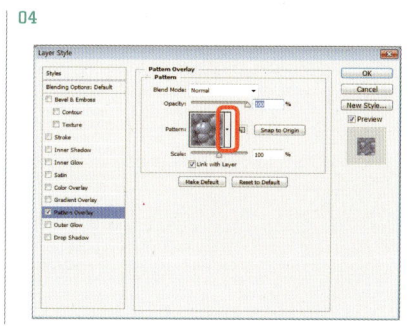
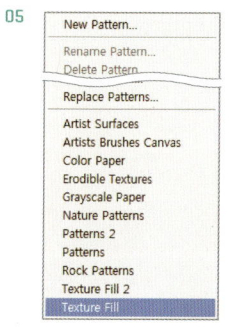
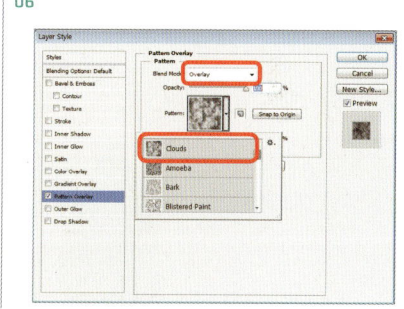

07 빨간색 물방울에 구름 패턴이 입혀집니다. **08** [2] 레이어를 선택한 뒤 하단의 fx 버튼을 눌러 Pattern Overlay 메뉴를 선택합니다. **09** Frozen Rain을 선택하고, Blend Mode를 Soft Light로 지정합니다. Scale을 50%로 설정한 뒤 OK합니다.

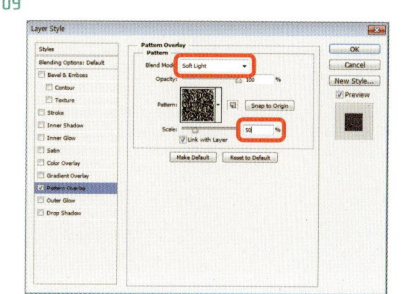

10 노란색 물방울에 비 패턴이 입혀집니다. **11** [1] 레이어를 선택한 뒤 하단의 ￼ 버튼을 눌러 Pattern Overlay 메뉴를 선택합니다. **12** Screen Door를 선택하고, Opacity를 30%로 설정합니다.

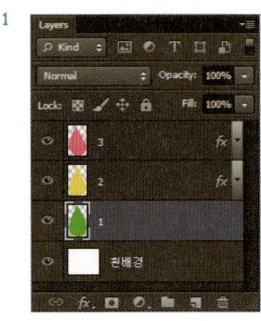

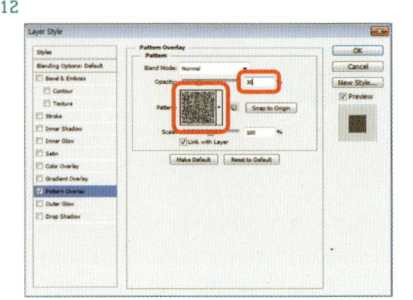

13 녹색 물방울에 흐릿한 질감이 입혀집니다.

그레이디언트로 무지개 소스 만들기

그레이디언트는 둘 이상의 색상 또는 같은 색상을 가진 둘 이상의 농도 사이에 점진적으로 색을 혼합시키는 기능입니다. 그레이디언트를 이용하면 무지개의 일곱 가지 색이 변화되는 과정도 자연스럽게 만들 수 있습니다.

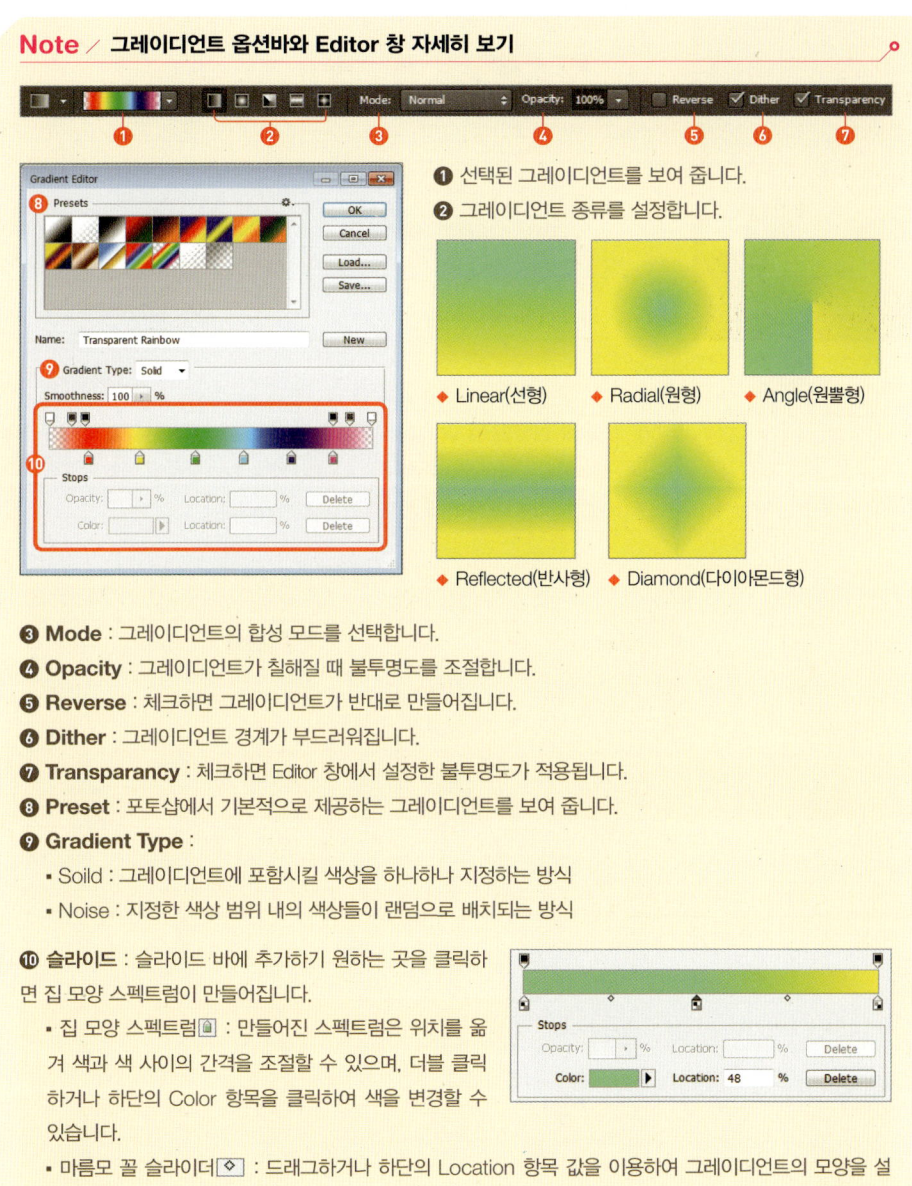

❶ 선택된 그레이디언트를 보여 줍니다.
❷ 그레이디언트 종류를 설정합니다.
  ◆ Linear(선형) ◆ Radial(원형) ◆ Angle(원뿔형)
  ◆ Reflected(반사형) ◆ Diamond(다이아몬드형)

❸ **Mode** : 그레이디언트의 합성 모드를 선택합니다.
❹ **Opacity** : 그레이디언트가 칠해질 때 불투명도를 조절합니다.
❺ **Reverse** : 체크하면 그레이디언트가 반대로 만들어집니다.
❻ **Dither** : 그레이디언트 경계가 부드러워집니다.
❼ **Transparency** : 체크하면 Editor 창에서 설정한 불투명도가 적용됩니다.
❽ **Preset** : 포토샵에서 기본적으로 제공하는 그레이디언트를 보여 줍니다.
❾ **Gradient Type** :
  ▪ Soild : 그레이디언트에 포함시킬 색상을 하나하나 지정하는 방식
  ▪ Noise : 지정한 색상 범위 내의 색상들이 랜덤으로 배치되는 방식
❿ **슬라이드** : 슬라이드 바에 추가하기 원하는 곳을 클릭하면 집 모양 스펙트럼이 만들어집니다.
  ▪ 집 모양 스펙트럼 : 만들어진 스펙트럼은 위치를 옮겨 색과 색 사이의 간격을 조절할 수 있으며, 더블 클릭하거나 하단의 Color 항목을 클릭하여 색을 변경할 수 있습니다.
  ▪ 마름모 꼴 슬라이더 : 드래그하거나 하단의 Location 항목 값을 이용하여 그레이디언트의 모양을 설정합니다.

/ **예제파일** / 무지개그레이디언트.psd, 무지개그레이디언트완성.jpg

01 Ctrl + O 를 눌러 '무지개그레이디언트.psd' 파일을 불러옵니다. **02** 그레이디언트 툴을 선택한 뒤 상단의 그레이디언트 바를 클릭하여 Gradient Editor 창을 띄웁니다. **03** 버튼을 눌러 Special Effects 메뉴를 선택합니다.

01

02
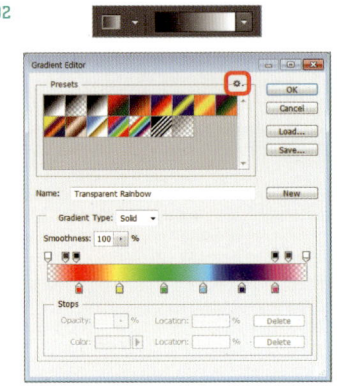

03
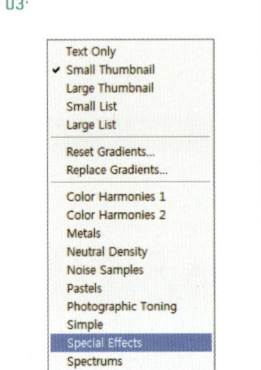

04 Russell's Rainbow 그레이디언트를 선택한 뒤 **05** 슬라이드 바에서 노란색과 빨간색 집 모양 스펙트럼 사이를 클릭하여 새로운 집 모양 스펙트럼을 만들어 줍니다. Color 항목에서 주황색으로 변경합니다. **06** 파란색 집 모양 스펙트럼의 왼쪽을 클릭한 뒤 보라색 스펙트럼을 추가합니다.

04
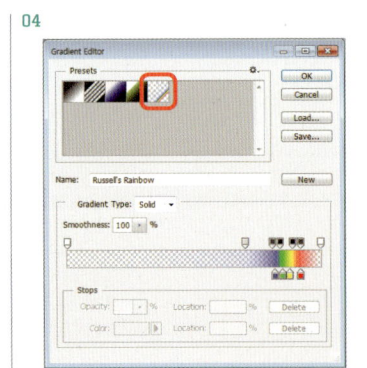

05
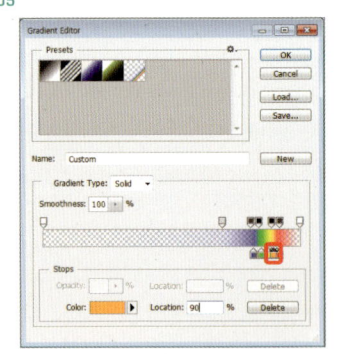

06
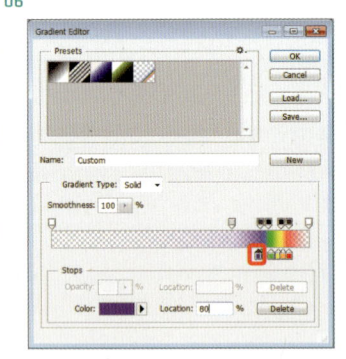

07 이제 그레이디언트를 새로 등록하겠습니다. '무지개'라 이름을 짓고 New 버튼을 누릅니다. **08** 그레이디언트가 추가됩니다. **09** 무지개 그레이디언트를 선택한 뒤 Gradient Editor 창을 닫습니다. 그레이디언트 옵션바에서 원형을 선택합니다.

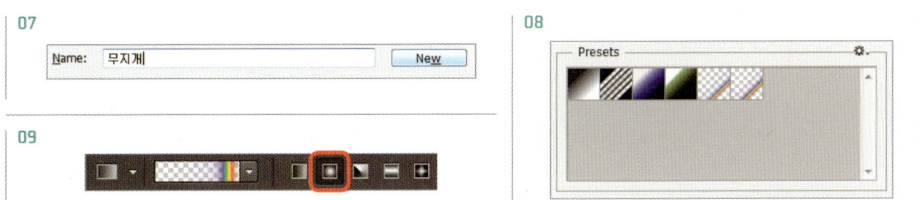

10 레이어 패널에서 ■ 버튼을 눌러 [배경] 레이어 위에 새 레이어를 만듭니다. **11** 왼쪽에서 오른쪽으로 드래그하여 다음과 같은 원형 무지개를 만듭니다. **12** Filter ▷ Blur ▷ Gaussian Blur 메뉴를 선택합니다.

13 Radius 값을 10pixel로 설정한 뒤 OK합니다. **14** [Layer 1]의 레이어 모드를 Screen으로 변경합니다. **15** 빛에 산란되어 퍼지는 듯한 무지개가 완성되었습니다.

16 불필요한 아랫부분은 지우개 툴 로 지워 마무리합니다.

> **Note / Gaussian Blur**
>
> 이미지를 흐리게 하거나 부드럽게 처리하는 필터입니다. Radius는 흐려지는 범위로 값이 커질수록 더욱 흐려집니다.

Preset Manager 이용하기

Preset Manager 창은 Brushes, Swatches, Gradients, Styles, Patterns, Custom Shapes, Tools 창에서 보조 버튼을 눌러 나타나는 메뉴 중 Preset Manager 메뉴를 선택하여 띄울 수 있습니다. 이외에 Contours는 창이 따로 존재하지 않으므로, Layer Style 창을 열어 세부 옵션의 Contours 항목에 있는 삼각 보조 버튼을 눌러 열 수 있습니다. 예를 들어, 브러시들을 관리하고 싶을 때 Preset Manager 창을 열어 브러시 목록의 순서와 이름을 손쉽게 변경할 수 있으며, 추가하고 싶은 브러시를 불러오고 저장할 수 있습니다. 브러시를 하나하나 선택해서 삭제하지 않아도 됩니다. [Shift]를 누른 채 삭제하고 싶은 브러시를 전체 선택한 뒤 [Delete] 버튼을 누르면 됩니다.

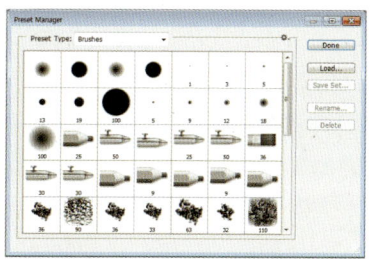
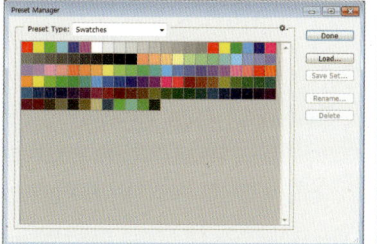

◆ Brushes ◆ Swatches ◆ Gradients

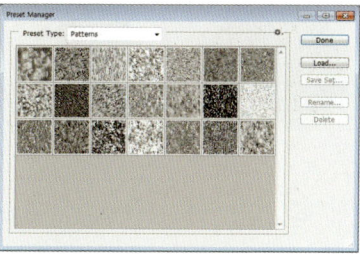
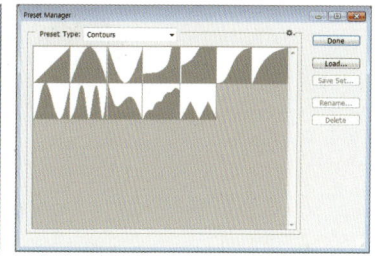

◆ Styles ◆ Patterns ◆ Contours

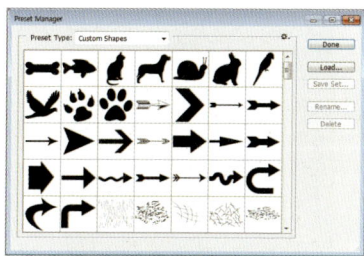
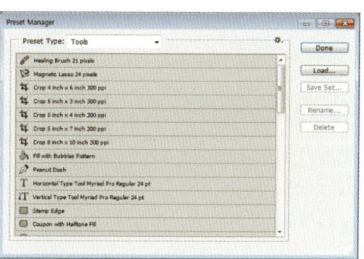

◆ Custom Shapes ◆ Tools

Note / **Contours**

Contours는 Curve 값에 대한 데이터 값으로 창이 따로 존재하지 않으며, Layer Style의 Bevel&Emboss, Inner Shadow, Inner Glow, Satin, Outer Glow, Drop Shadow의 옵션 설정에서 사용합니다.

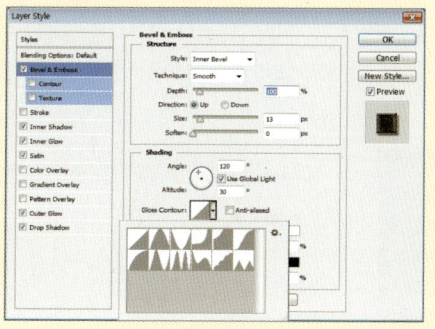

/ 예제파일 / 물퍼짐.psd /

브러시를 새로 등록하고 Preset Manager 창을 이용하여 브러시 목록을 관리해 보겠습니다.
01 Ctrl + O 를 눌러 '물퍼짐.psd' 파일을 불러옵니다. 02 사각 선택 툴■로 첫 번째 개체를 선택 영역으로 지정합니다. 03 Edit ▷ Define Brush Preset 메뉴를 선택하여 브러시로 등록합니다. 04 마우스 오른쪽 버튼을 눌러 브러시 창을 띄웁니다. 브러시가 등록되었는지 확인합니다. Ctrl + D 를 눌러 선택 영역을 해제합니다.

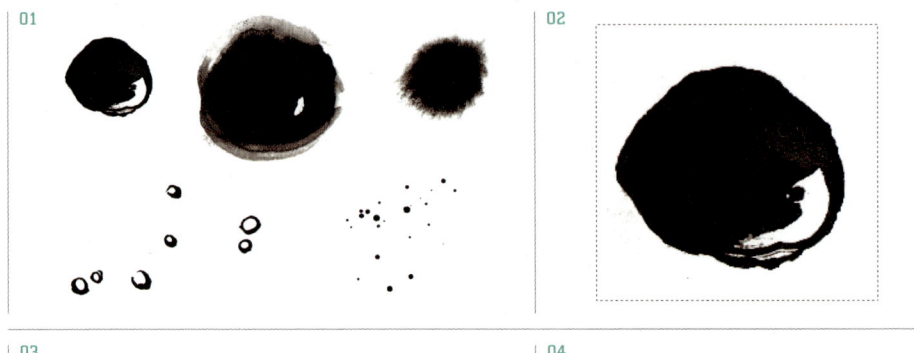

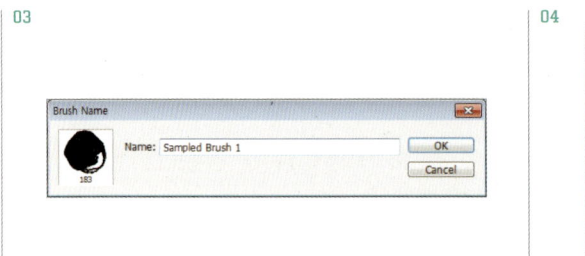

05 같은 방법으로 나머지 개체도 브러시도 등록합니다. 마우스 오른쪽 버튼을 눌러 브러시 창을 띄워 브러시가 등록되었는지 확인합니다. 06 ✱ 버튼을 눌러 Preset Manager 메뉴를 선택합니다. Preset Manager 창이 열리면 첫 번째 브러시를 선택한 뒤, Shift 를 누른 채 마지막 브러시를 선택합니다. 07 Delete 버튼을 눌러 선택한 브러시들을 삭제합니다. 다섯 개의 브러시만 남습니다.

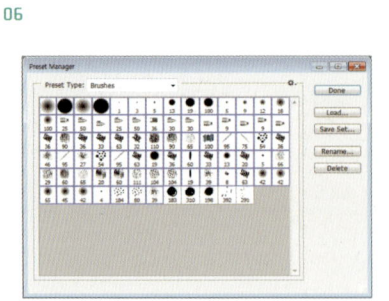

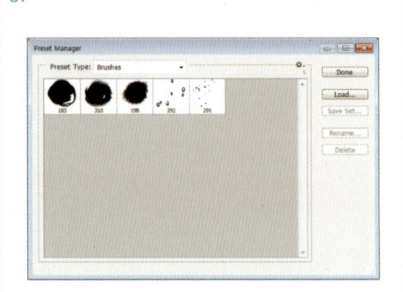

08 브러시의 이름을 변경하겠습니다. [Shift]를 눌러 브러시를 전체 선택한 뒤 왼쪽의 [Rename...] 버튼을 누릅니다. Brush Name 창이 뜨면 '물번짐1'로 이름을 적습니다. 09 이어서 다음 브러시의 Brush Name 창이 뜹니다. '물번짐2'로 이름을 적습니다. 10 같은 방법으로 '물번짐5'까지 이름을 적습니다.

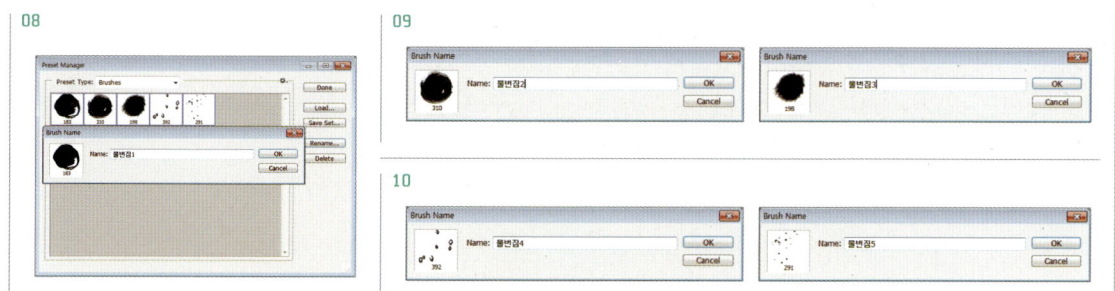

11 [Done] 버튼을 눌러 Preset Manager 창을 닫습니다. 마우스 오른쪽 버튼을 눌러 브러시 창을 띄웁니다. 브러시가 다섯 개만 남았고, 이름도 변경된 것을 확인할 수 있습니다. ✻ 버튼을 눌러 Save Brushes 메뉴를 선택합니다. 12 바탕화면에 '물번짐.abr'로 저장합니다.

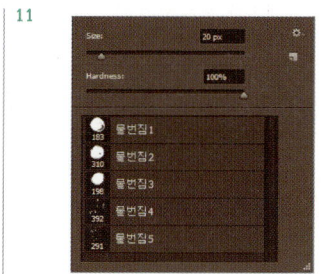
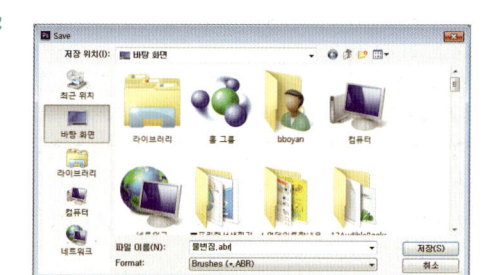

ILLUSTRATOR
기본기 트레이닝,
이 기능만은 꼭 활용하자!

일러스트레이터는 곡선과 직선 형태의
선 패스, 원과 사각형, 삼각형과 같은 도형 패스를 이용하여
벡터 작업을 하는 것이 특징입니다.
패스를 만들어주는 펜 툴의 사용법을 모르면
일러스트레이터를 사용할 수 없다고 말할 수 있을 정도로
무조건 사용할 줄 알아야 하는 기능입니다.
이제부터 펜 툴을 포함한 그림을 그릴 때
중요하게 다뤄지는 7가지 기능에 대해 공부해 보도록 하겠습니다.
초반의 기능 설명을 충분히 숙지하신 뒤,
본문 중간 중간에 있는 예제들도 꼭 익히고 넘어가도록 합시다.

펜 • 브러시 • 이미지 트레이스, 라이브 페인트 • 패스 파인더 • 어피어런스
컬러 가이드 • 소스 만들기, 라이브러리 펼쳐보기

Chapter 01

일러스트레이터의 핵심 기능!
펜 툴

일러스트레이터에서 빠질 수 없는 필수 툴! 무조건 사용할 줄 알아야 하고 배워야하는 펜 툴에 대해서 공부해 보겠습니다. 펜 툴은 일러스트레이터에서 가장 기초가 되는 중요한 툴입니다. 연필을 쥐는 법을 모르면 스케치를 하지 못하는 것과 마찬가지로 펜 툴 사용법을 모르면 그리고 싶은 개체의 형태와 모양을 만들지 못합니다. 펜 툴의 기능은 단순하지만 능숙하게 사용하려면 충분한 연습이 필요합니다.

◆ **패스의 구성 요소와 명칭**

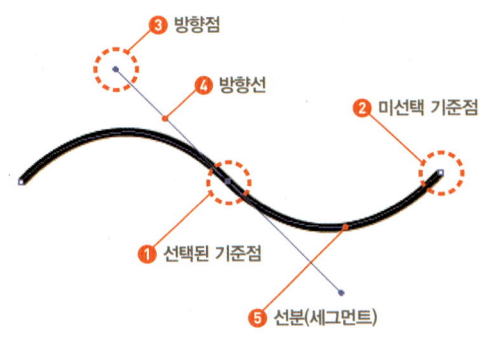

❶ **선택된 기준점** : 기준점은 선과 선을 이어주는 역할을 합니다. 기준점의 숫자가 많아질수록 오브젝트의 형태가 정교해지지만 그만큼 파일 용량이 커집니다. 선택된 기준점은 검은색입니다. 오브젝트의 형태를 부분적으로 수정하고 싶을 때는 해당 기준점만 선택합니다.

❷ **미선택 기준점** : 미선택 기준점은 선택되지 않은 점으로 흰색입니다.

❸ **방향점** : 방향선의 끝에 있는 점으로 점을 잡고 움직이면 방향선이 조절되어 곡선의 형태를 수정할 수 있습니다.

❹ **방향선** : 곡선을 만들 때 곡선의 방향과 각도와 길이를 설정하여 줍니다.

❺ **선분(세그먼트)** : 기준점과 기준점을 연결하는 선입니다. 곡선과 직선으로 만들 수 있습니다.

◆ 방향점과 방향선을 통틀어 **핸들** Handle 이라고 부르며, 이 모든 것을 합쳐 **패스** Path 라고 합니다.

직선 그리기

01 펜 툴을 선택하고 면 색을 투명하게 설정합니다. 02 도큐먼트의 한 부분을 클릭하여 시작점을 찍습니다. 03 다른 부분을 클릭하여 시작점과 이어진 직선을 만듭니다. 04 이어서 아래 쪽을 클릭하면 직선이 연결됩니다.

05 이번에는 수직선을 그리겠습니다. Shift 를 누른 채 위쪽을 클릭합니다. 06 이번에는 수평선을 그리겠습니다. Shift 를 누른 채 오른쪽을 클릭합니다. 07 45° 각도의 직선을 그리겠습니다. Shift 를 누른 채 사선 방향으로 아래쪽을 클릭합니다. Enter 를 누르면 그리기가 종료됩니다.

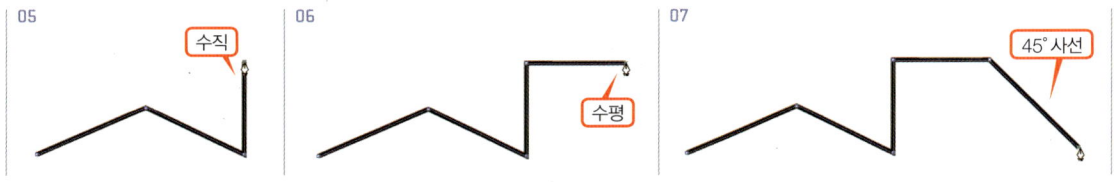

> **Note** 펜 툴 그리기를 종료하는 방법
> ❶ Enter 누르기 ❷ 툴 박스에서 다른 툴 선택하기 ❸ Ctrl 을 누르고 도큐먼트의 빈 부분 클릭하기
> ❹ Select ▷ Deselect 메뉴를 선택하거나, 단축키(Ctrl + Shift + A) 누르기

곡선 그리기

01 펜 툴을 선택하고 면 색을 투명하게 설정한 뒤 도큐먼트의 한 부분을 클릭하여 시작점을 찍습니다. 02 도큐먼트의 한 부분을 클릭한 채 위로 드래그하면 아래로 볼록한 곡선이 만들어집니다. 03 아래쪽 한 부분을 클릭한 채 아래로 드래그하면 위로 볼록한 곡선이 만들어집니다.

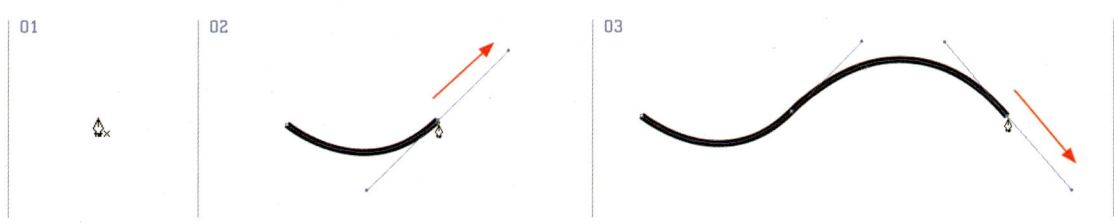

04 이번에는 방향점을 조절하여 곡선을 이어 그려 보겠습니다. **05** 아래쪽 방향점을 클릭하고 Alt 를 누른 채 위로 드래그하면 방향선이 위로 꺾입니다. **06** 오른쪽을 클릭하면 위로 볼록한 곡선이 완성됩니다. 곡선은 방향선의 방향과 각도에 영향을 받기 때문에 방향선을 수정해야 하는 일이 많습니다. Alt 를 누른 채 방향선을 수정할 수 있다는 점 꼭 기억해두세요.

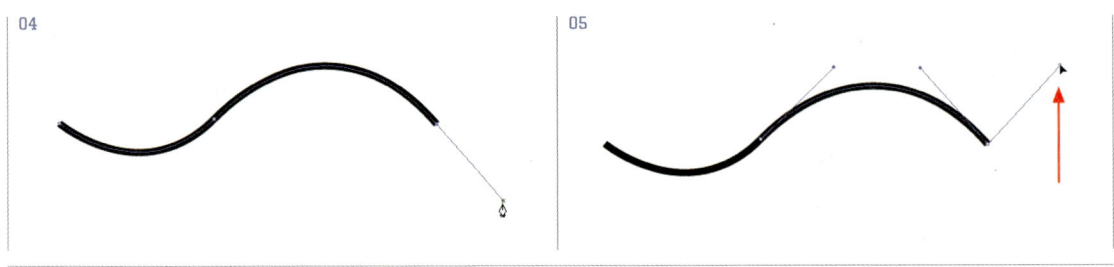

Note / 방향선에 따른 곡선 그리기

❶ 끝점을 찍을 때 클릭만 하면 방향선이 만들어지지 않아, 이어서 그리게 될 곡선 모양을 조절하는데 한계가 있습니다.

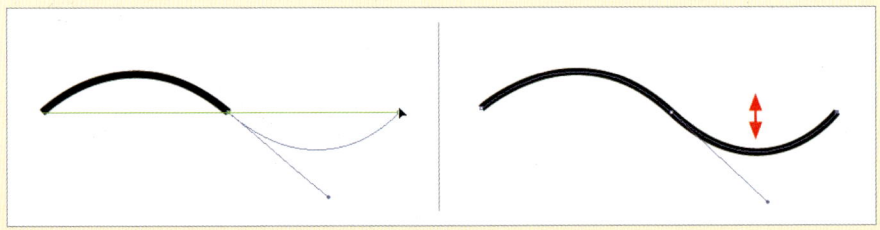

❷ 끝점을 찍을 때 클릭 드래그하면 방향선이 만들어져, 이어서 그리게 될 곡선 모양의 폭을 더 넓게 설정할 수 있어 곡선의 다양한 형태를 만들 수 있습니다.

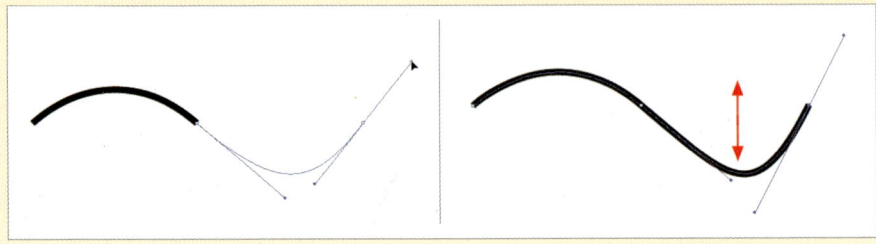

■ 닫힌 패스 그리기

01 펜 툴 을 선택하고 면 색을 투명하게 설정한 뒤 도큐먼트의 한 부분을 클릭하여 시작점을 찍습니다.
02 03 04 다른 곳을 클릭합니다. 클릭한 곳끼리 연결되어 직선이 만들어집니다.

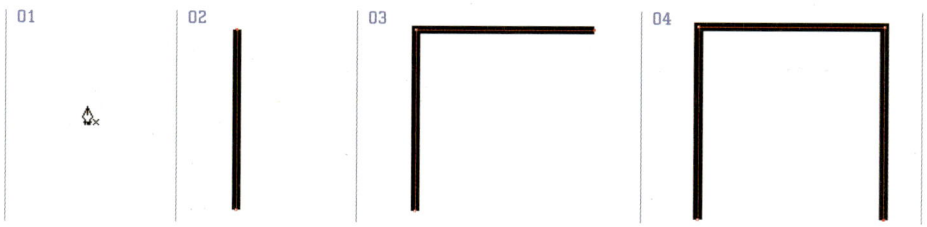

05 시작점에 마우스를 갖다 대면 커서가 모양으로 바뀝니다. **06** 시작점을 클릭하면 직선이 연결되어 닫힌 패스가 만들어지고, 그리기가 종료됩니다.

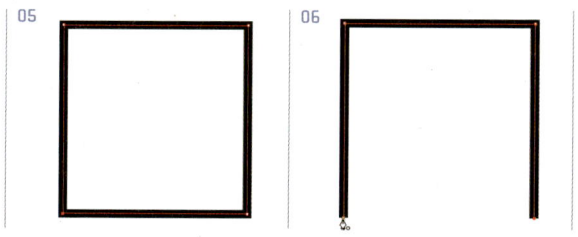

Note / 열린 패스와 닫힌 패스

❶ 열린 패스
패스의 시작점과 끝점이 만나지 않고 따로 떨어져 있는 패스입니다. 열린 패스에서도 면 색과 선 색을 만들 수 있지만, 작업 중 왜곡되거나 문제가 생길 수 있습니다. 패스의 면을 만들어 색을 입힐 계획이라면 되도록 닫힌 패스로 작업하는 것이 좋습니다.

❷ 닫힌 패스
패스의 시작점과 끝점이 일치하는 패스입니다. 열린 패스의 시작점과 끝점을 연결하면 닫힌 패스로 만들 수 있습니다. 면(Fill)과 선(Stroke)을 가진 오브젝트를 만들 때 사용합니다.

직선과 곡선을 함께 그리기

01 직선을 그린 뒤 02 아래 쪽 한 부분을 클릭한 채 아래로 드래그하여 곡선을 그려줍니다.

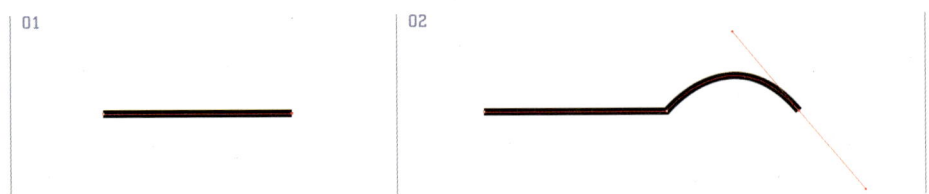

03 이번에는 앞서 그린 곡선에 직선을 이어 그려 보겠습니다. 곡선의 끝점에 마우스를 갖다 대면 커서가 모양으로 바뀝니다. 이때 기준점을 클릭하면 방향선의 한쪽이 사라집니다. 04 다른 곳을 클릭하면 직선이 이어지고, 05 클릭 드래그하면 다시 곡선을 그릴 수 있습니다.

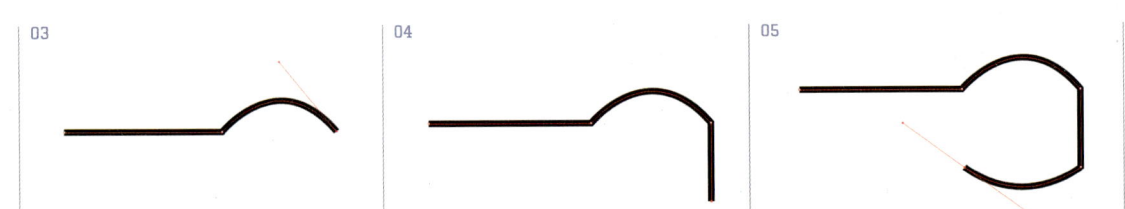

패스 수정하기

/ 예제파일 / 패스수정하기.ai /

1 직접 선택 툴을 이용하여 패스 수정하기

01 Ctrl + O 를 눌러 '패스수정하기.ai' 파일을 불러옵니다. 직접 선택 툴로 상단의 기준점을 선택합니다. 02 클릭 드래그하거나 ↓ 를 눌러 03 기준점을 아래로 옮깁니다.

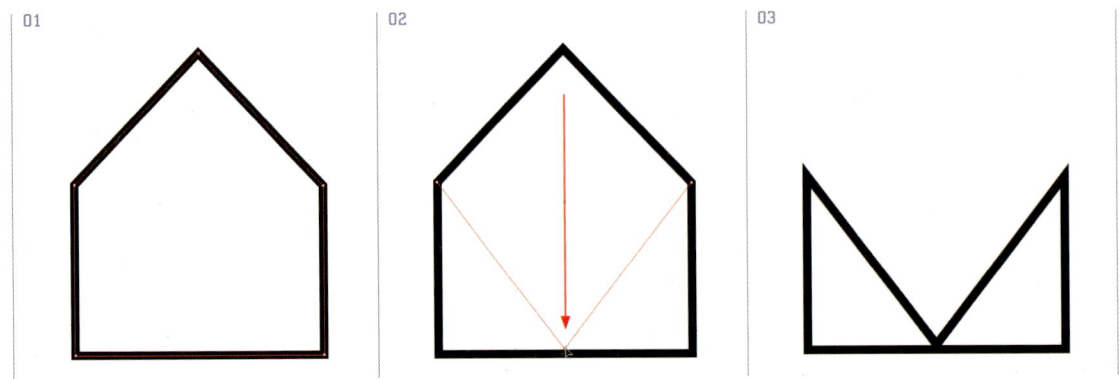

❷ 기준점 추가 툴과 기준점 삭제 툴을 이용하여 패스 수정하기

01 펜 툴 을 길게 눌러 기준점 삭제 툴 을 선택합니다. 이 툴은 기준점을 삭제하여 형태를 단순하게 변형시키거나 작업하는 과정에서 불필요하게 생기는 점들을 삭제해 줍니다. **02** 별의 왼쪽 기준점을 클릭, **03** 오른쪽 기준점을 클릭하여 도형을 단순화시킵니다.

04 오브젝트를 변형할 때 기준점이 부족하다면 원하는 형태로 만들 수 없습니다. 별모양의 도형으로 완성시켜 보겠습니다. 펜 툴 을 길게 눌러 기준점 추가 툴 을 선택합니다. 기준점 추가 툴 로 다음과 같이 양쪽 선분의 중간지점을 각각 클릭합니다. **05** 직접 선택 툴 로 추가한 기준점을 왼쪽으로 클릭 드래그합니다. **06** 같은 방법으로 오른쪽 기준점도 이동시켜 완성합니다.

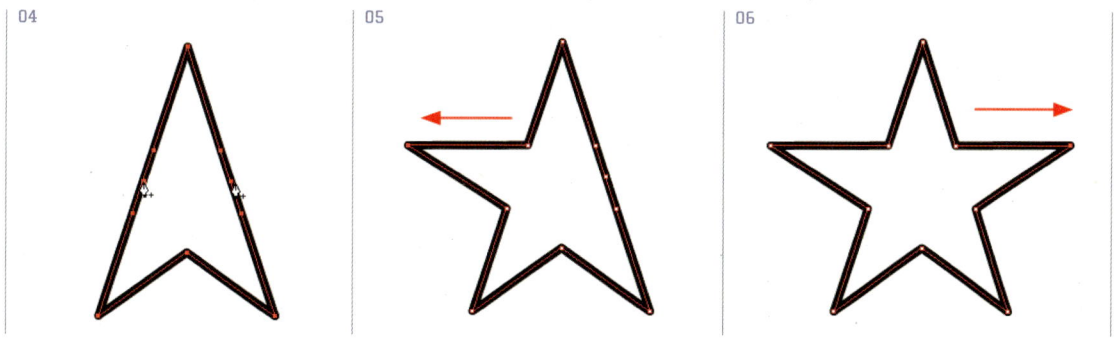

❸ 올가미 툴을 이용하여 패스 수정하기

01 [Shift]를 누른 채 드래그하면 선택 영역을 더하여 선택할 수 있습니다. **02** 올가미 툴 로 꽃의 왼쪽 상단의 기준점을 드래그하여 선택한 뒤 [Shift]를 누른 채 오른쪽 상단의 기준점을 드래그하여 선택합니다. 왼쪽과 오른쪽 기준점이 함께 선택됩니다. **03** 클릭 드래그하거나 [↑]를 눌러 기준점을 위로 옮깁니다.

04 올가미 툴 로 꽃의 왼쪽 하단의 기준점과 오른쪽 하단의 기준점을 선택합니다. **05** 클릭 드래그하거나 ↓를 눌러 기준점을 아래로 옮깁니다.

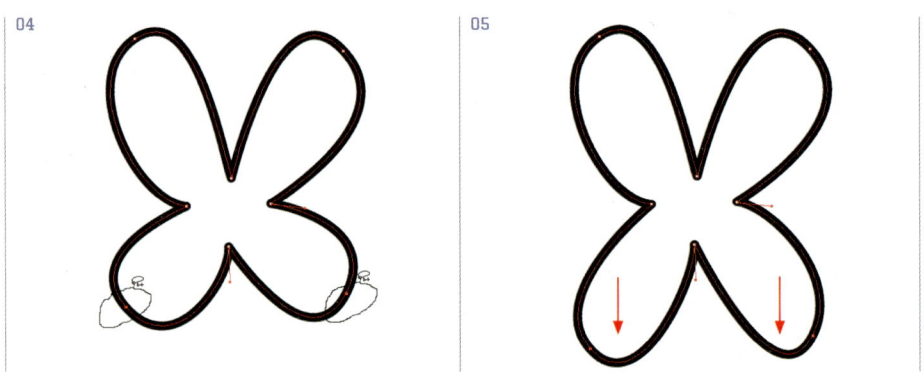

4 기준점 전환 툴을 이용하여 직선을 곡선으로 수정하기

01 펜 툴 을 길게 눌러 기준점 전환 툴 을 선택합니다. **02** 직선으로 연결된 꼭짓점(기준점)을 클릭하고 오른쪽 방향으로 클릭 드래그합니다. **03** 방향선이 생기면서 직선이 곡선이 되었습니다.

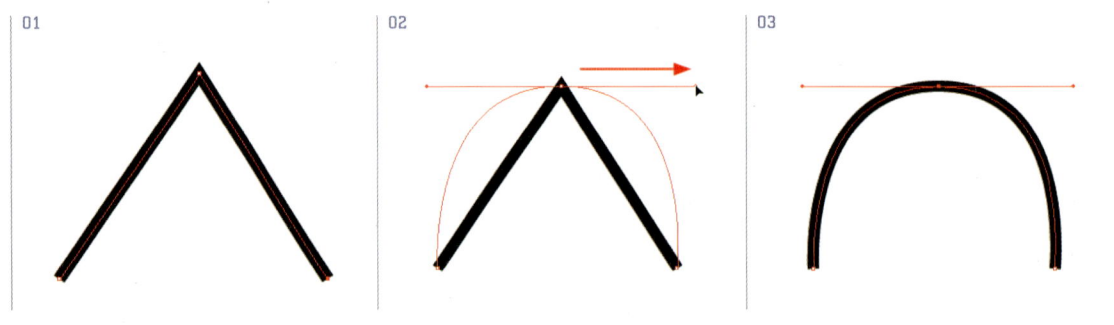

> **Note** / 단축키를 이용하여 선택 툴이나 직접 선택 툴로 바꾸기
>
> 펜 툴이나 다른 툴을 사용하는 도중에 선택 툴이나 직접 선택 툴로 바꾸고 싶을 때, 굳이 툴 박스에서 선택하지 않고 쉽게 바꿀 수 있는 방법이 있습니다. 어떤 툴이든 사용 중에 Ctrl 을 누르면, 누르고 있는 동안은 선택 툴이나 직접 선택 툴로 바뀝니다. 가장 최근 사용한 툴이 선택 툴과 직접 선택 툴 중 어떤 것이냐에 따라 Ctrl 을 눌렀을 때 다르게 나타납니다.

점선과 오브젝트 그리기

/ 예제파일 / 점선과오브젝트.ai /

01 먼저 점선을 그리겠습니다. 펜 툴을 선택하고 시작점을 클릭한 뒤 Shift 를 누르고 오른쪽을 클릭합니다. 수평선이 그려집니다. **02** 스트로크 패널에서 Dashed Line에 체크하고, dash를 10pt, gap을 10pt로 설정합니다. **03** 선이 점선으로 바뀝니다.

> **Note** / Dashed Line
>
> dash와 gap에 원하는 수치를 입력하여 다양한 점선을 만들 수 있습니다. dash는 선으로 표현될 길이이며, gap은 점과 점 사이의 공간 값입니다. 스트로크의 모양은 gap의 설정 값에 따라 더욱 다양하게 변경됩니다. 수치 값에 따라 점선을 만들 수 있는 Dashed Line 기능을 활용해 보세요.

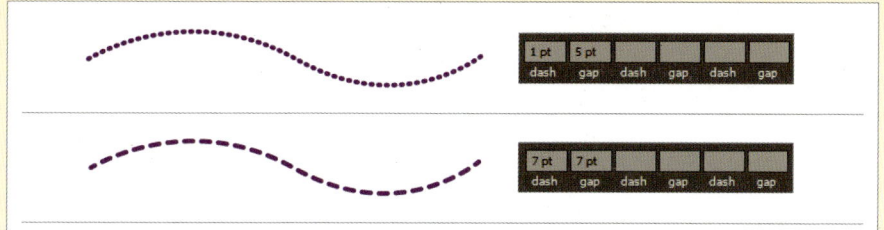

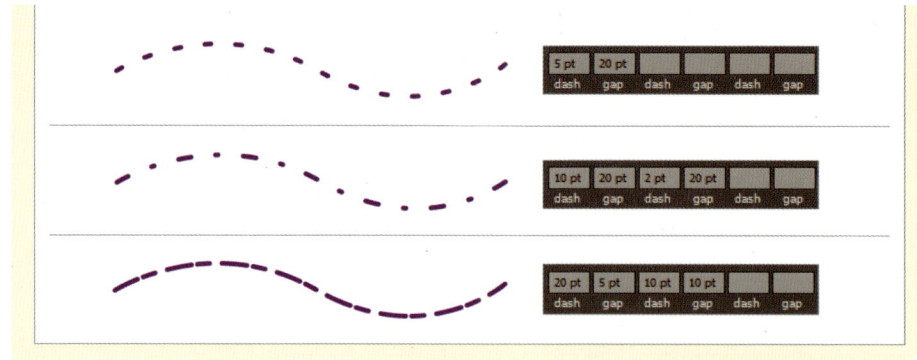

이번에는 면 색과 선 색을 설정하여 간단한 오브젝트를 그리겠습니다. 선 색을 검은색 #000000, 면 색을 노란색 #FFF200으로 설정합니다. 스트로크 패널에서 굵기를 4pt로 설정하고, 선의 끝 모양을 ⊂으로 모서리 모양을 ⌐으로 선택합니다. 연한색 선을 참고하여 따라 그립니다.

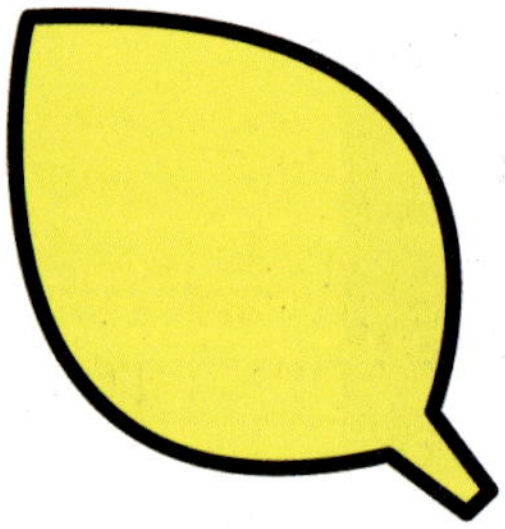

◆ 닫힌 나뭇잎 형태 완성하기

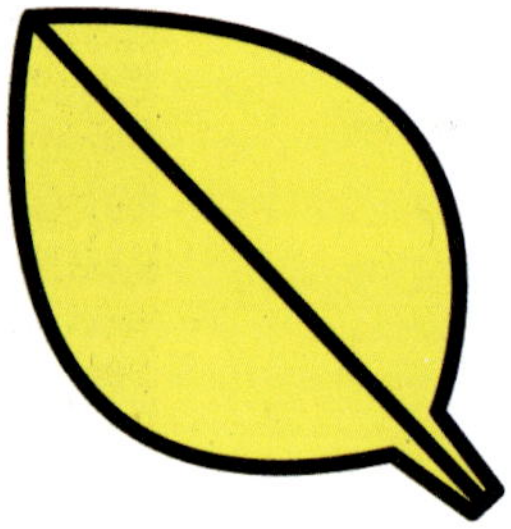

◆ 가운데 줄 긋기

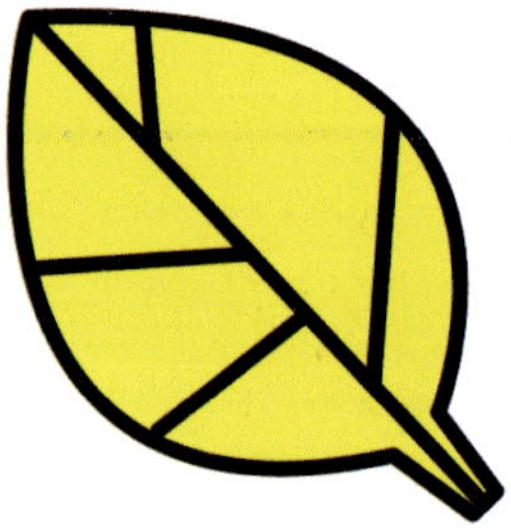

◆ 다른 줄도 그려 나뭇잎 완성

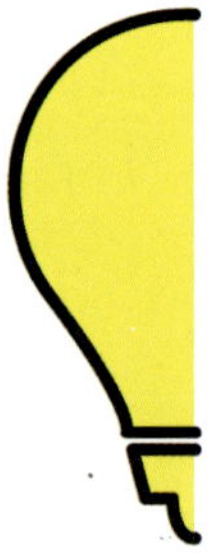

◆ 한쪽 면만 그리기

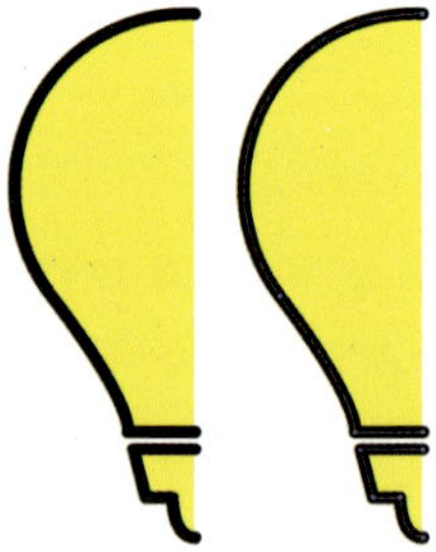

◆ Ctrl + C , Ctrl + V 를 눌러 복제하기

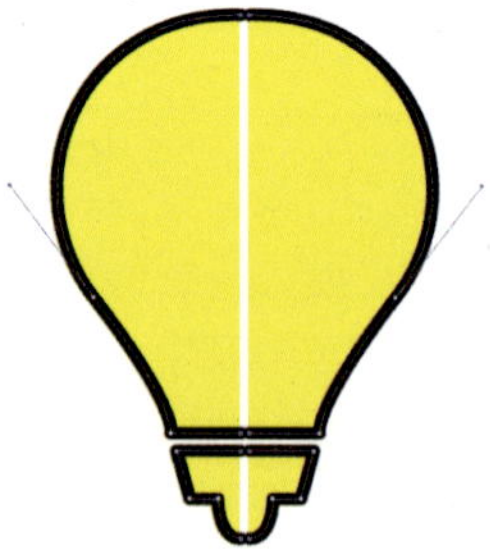

◆ 복제면을 반전시킨 뒤 직접 선택 툴로 기준점 클릭하기

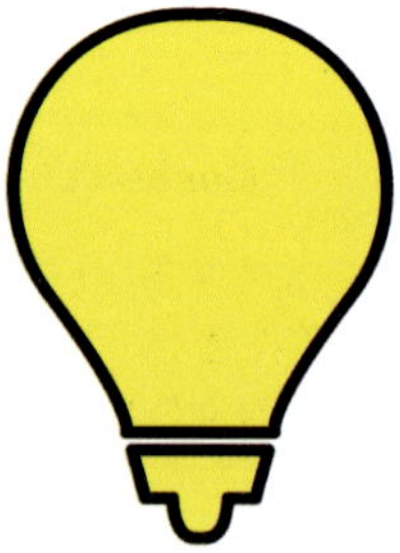

◆ 전구 완성

Note / 오브젝트 복제하기

전구와 같이 좌우 대칭이 되는 오브젝트는 반쪽만 그린 뒤 복제하여 사용하시면 시간을 단축할 수 있습니다. 한쪽 면을 완성하여 복제한 뒤 기존의 면과 복제된 면의 수직과 수평 라인을 맞춰 최대한 가까이 둡니다. 직접 선택 툴 로 이어줄 기준점을 클릭하여 선택한 뒤 [Ctrl]+[J]를 누르면 빈 공간 없이 서로 연결됩니다. 이때 이어줄 기준점은 두 개만 선택할 수 있습니다. 전구에서는 서로 이어줄 부분이 네 부분이므로 직접 선택 툴로 이어줄 기준점을 클릭하여 선택한 뒤 [Ctrl]+[J]를 누르는 과정을 4번 반복해야 합니다.

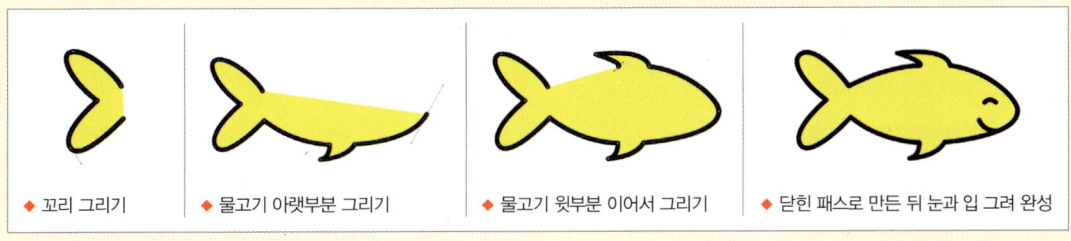

◆ 꼬리 그리기　　◆ 물고기 아랫부분 그리기　　◆ 물고기 윗부분 이어서 그리기　　◆ 닫힌 패스로 만든 뒤 눈과 입 그려 완성

Note / 스트로크 패널 자세히 보기

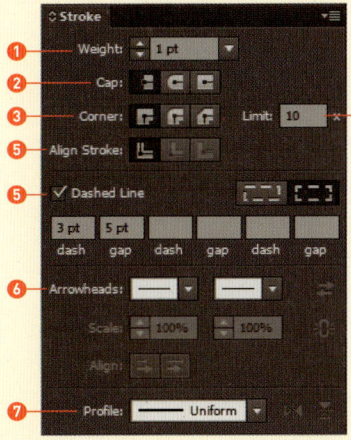

❶ **Weight** : 선의 굵기를 설정합니다. 굵기 단위는 환경설정 preferences ▷ Units 항목에서 Point, Centimeters, Pixels 등의 단위로 바꿀 수 있습니다([Ctrl]+[K]).

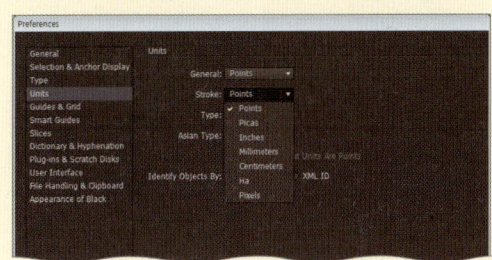

❷ **Cap** : 선의 끝 모양을 선택합니다.

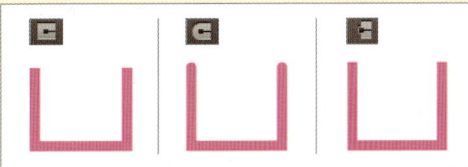

❸ **Corner** : 선과 선이 꺾이는 모서리 모양을 선택합니다.

❺ **Align Stroke** : 선을 패스의 중앙, 안쪽, 바깥쪽으로 조정할 것인지 결정합니다.

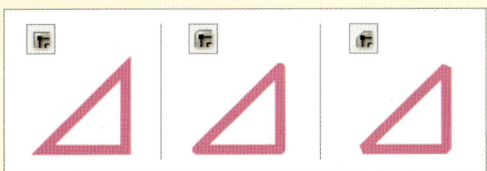

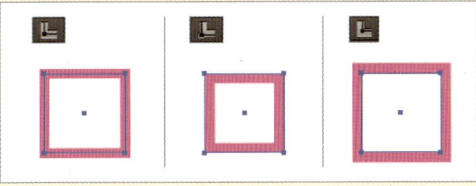

❹ **Limit** : 각진 모양의 모서리를 깎아냅니다.

❻ **Dashed Line** : 점선을 만들어 줍니다.
- dash : 점선 길이   ▪ gap : 점선과 점선 마디 사이의 간격

❼ **Arrowheads** : 선에 다양한 화살표 효과를 줍니다.
❽ **Profile** : 선에 다양한 스타일을 적용합니다.

SOS › 스트로크 패널이 보이지 않으면 Window ▷ Stroke 메뉴를 선택합니다. (Ctrl + F10)

Note / Variable Width Profile

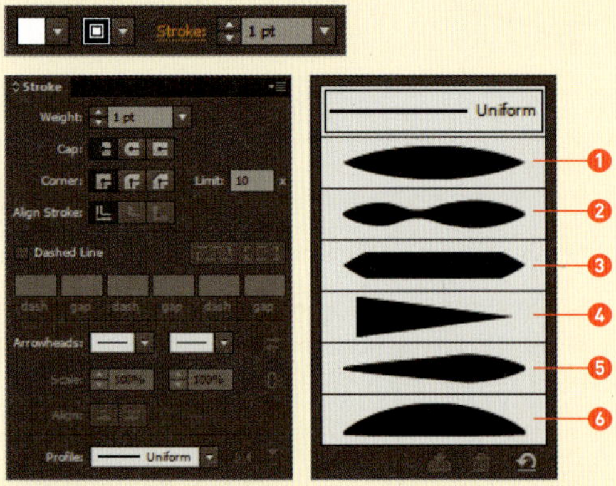

일러스트레이터 CS5부터 스트로크 패널에 'Variable Width Profile' 이라는 새로운 옵션이 생겼습니다.

Width Profile은 스타일리시한 패스를 만들어주는 일종의 스트로크 스타일로 보시면 되는데요. 총 6개가 있습니다. CS5 이전 버전을 사용하시는 분들은 Width Profile의 모양대로 패스를 만든 뒤, Art Brush로 등록하여 사용하시면 같은 느낌을 연출하실 수 있습니다.

❶ **Width Profile 1**

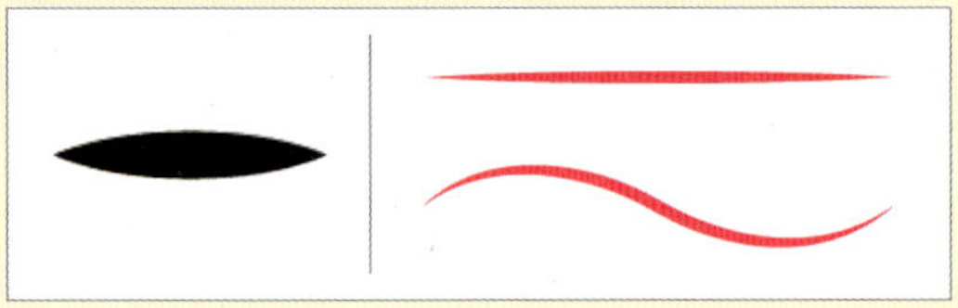

❷ **Width Profile 2**

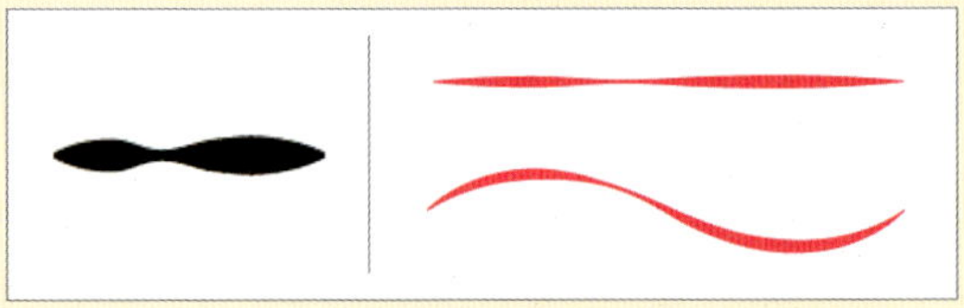

❸ **Width Profile 3**

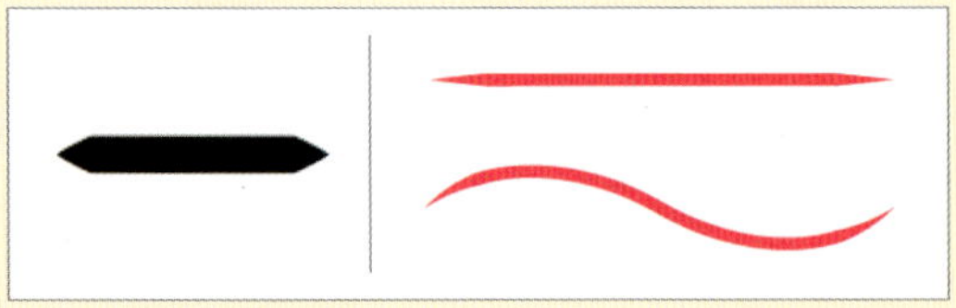

❹ **Width Profile 4**

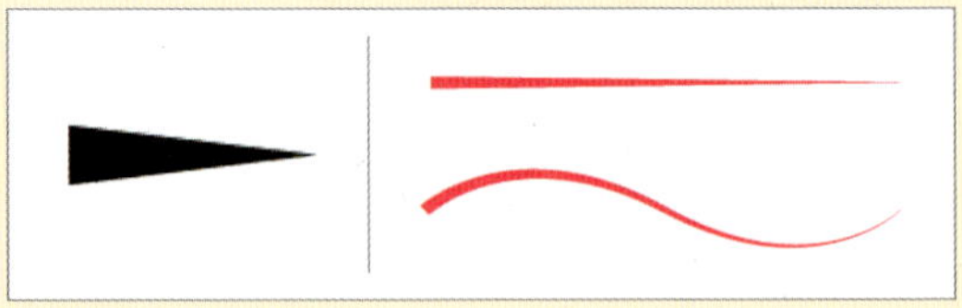

❺ **Width Profile 5**

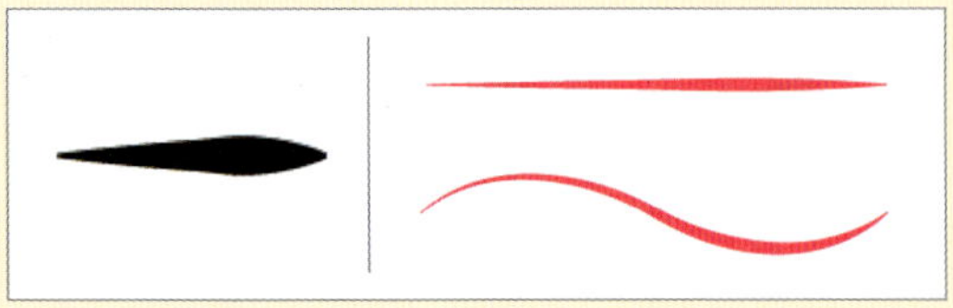

❻ **Width Profile 6**

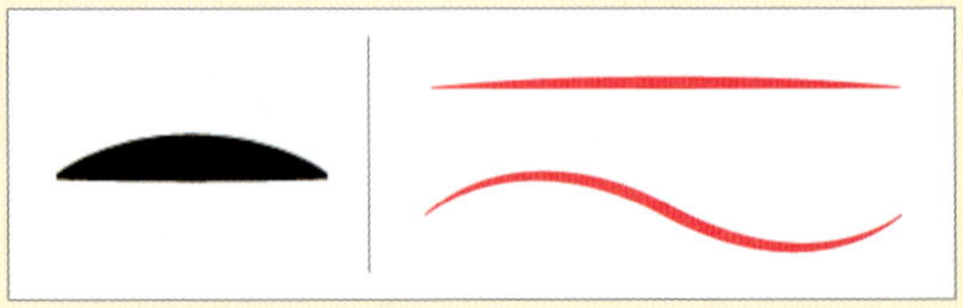

자유로운 선과 예술적 터치 효과를 연출하는
브러시 툴

Chapter 02

일러스트레이터에서 기본으로 제공하는 브러시는 Calligraphic Brush, Scatter Brush, Art Brush, Bristle Brush, Pattern Brush로 총 다섯 가지입니다. 이밖에도 태블릿의 필압과 연동되어 두께가 정해지는 6D Art Brush와 그림을 그릴 때 마다 생성된 면을 합쳐 칠할 수 있는 Blob Brush가 있습니다. 일러스트레이터에서는 각각의 브러시 종류마다 등록되어 있는 브러시 개수가 다양하여 드로잉 느낌을 다르게 연출할 수 있습니다. 또한 필요에 따라 자신이 만든 브러시를 소스로 등록할 수 있으며 언제든지 편집이 가능합니다.

◆ 브러시 패널 기능 버튼

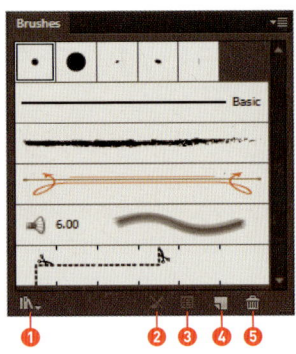

① **브러시 라이브러리** : 일러스트레이터에서 기본적으로 제공하는 다양한 브러시 목록이 담긴 라이브러리입니다. 브러시들을 한눈에 볼 수 있습니다.

② **브러시 리무버** : 브러시 효과가 적용된 오브젝트를 선택하고 브러시 리무버 버튼을 누르면 브러시 효과가 사라집니다.

③ **브러시 옵션** : 브러시 효과가 적용된 오브젝트를 선택하고 브러시 옵션 버튼을 누르면 브러시들의 세부 기능을 조절할 수 있습니다.

④ **새 브러시 등록** : 브러시를 새로 추가하여 등록할 수 있습니다.

⑤ **브러시 삭제** : 브러시를 삭제합니다.

◆ 브러시 종류

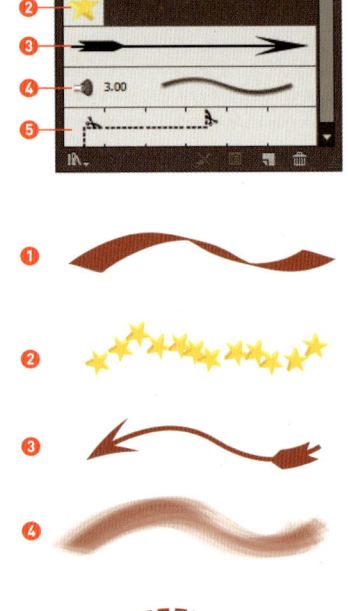

브러시를 종류별로 분류하면 5가지입니다. 각각의 성격과 특징을 파악하여 어울리는 느낌을 오브젝트에 적용시켜 보세요.

① **Calligraphic** : 서예 붓 효과를 내주는 브러시입니다. 요즘은 캘리그래피라는 용어가 디자인 글씨 작업을 할 때 손 느낌이 나는 글씨체라는 의미로 사용되고 있습니다. 캘리그래피 브러시를 사용하면 사이즈, 각도, 둥근 정도를 자유롭게 조절하여 자유로운 선을 그릴 수 있습니다. 태블릿을 함께 사용하면 브러시의 필압까지 설정할 수 있어 실제 붓으로 칠하는 느낌을 얻을 수 있습니다.

② **Scatter** : 패스 라인을 기준으로 흩뿌리는 효과를 주는 브러시입니다. 사이즈, 간격, 흩뿌려지는 범위, 각도 등의 옵션을 설정할 수 있습니다. 흩날리는 꽃잎, 나뭇잎, 물방울, 꽃과 같은 개체가 반복되어야 한다면 스케터 브러시를 사용하세요. 아트 브러시로 등록된 개체는 드래그 한 번으로 모양이 유지된 상태로 주욱 길게 이어지는 효과를 볼 수 있습니다.

③ **Art** : 다양한 예술적 터치 효과를 주는 브러시입니다. 회화 재료라고 할 수 있는 목탄, 연필, 쵸크, 펜, 잉크, 수채화 물감 등으로 그림을 그린 듯한 느낌을 줄 수 있습니다. 재료의 특성을 잘 살려 터치를 줄 수 있어 수작업 느낌과 가장 가까운 효과를 연출합니다.

④ **Bristle Brush** : 강모, 털 느낌을 내주는 브러시입니다. 붓으로 칠하는 것처럼 칠한 면의 시작과 끝이 약간 갈라져 있으며, 색이 부드럽게 섞이는 것이 특징입니다. 붓 모양에 따라 다양한 느낌으로 채색되는 효과를 얻을 수 있으며, 겹쳐 칠할 때 사용하면 좋습니다.

⑤ **Pattern** : 등록된 패턴이 패스 라인을 기준으로 적용되는 브러시입니다. 외각 프레임을 만들거나 액자를 만들 때 사용합니다. 상하좌우 같은 무늬가 반복되는 패턴과는 달리, 패스 라인에 따라 패턴이 만들어지기에 부분적으로 사용합니다.

Calligraphic Brush로 캘리그래피 글씨쓰기

예제파일 / 브러시1.ai

1 캘리그래피 브러시로 흘림체 모양의 손글씨 쓰기

01 가로세로의 폭이 같은 브러시 대신 폭 차이가 큰 브러시를 선택하면 굵기의 변화가 있는 손글씨를 만들 수 있습니다. 02 먼저 펜 툴로 영화 '웰컴투 동막골' 타이틀을 흘림체 모양으로 획을 그려 줍니다. 글자가 어색하다면 직접 선택 툴을 이용하여 수정합니다.

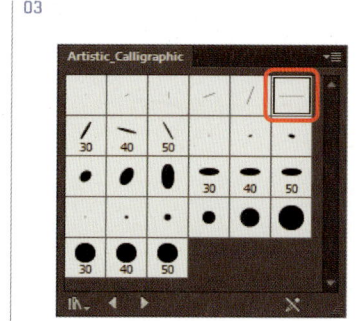

03 브러시 패널의 하단에 있는 브러시 라이브러리 버튼을 눌러, Artistic 메뉴 안에 있는 Artistic_Calligraphic 메뉴를 선택하여 창을 띄웁니다. 04 '20pt. Flat' 브러시를 클릭하여 브러시 패널에 등록합니다. 05 선택 툴로 만들어진 글자 획을 드래그하여 전체 선택합니다. '20pt. Flat' 브러시를 클릭하여 브러시 효과를 적용시킵니다. 가로 폭은 얇고 세로 폭은 넓은 글씨가 완성되었습니다.

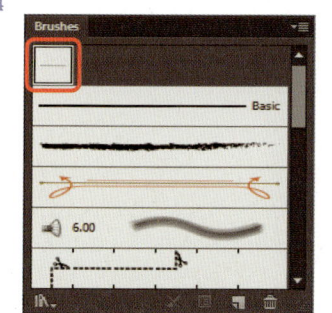

2 태블릿으로 강약이 느껴지는 손글씨 쓰기

01 태블릿을 이용하면 캘리그래피 브러시의 필압을 조절하여 사용할 수 있습니다. 먼저 Artistic_Calligraphic 목록에 있는 '10pt. Round' 브러시를 클릭하여 브러시 패널에 등록합니다. 02 등록된 '10pt. Round' 브러시를 더블 클릭합니다. 03 Calligraphic Brush Options 창이 뜹니다. Size 항목에서 Pressure를 선택하고 변화 값을 각각 10pt로 동일하게 설정합니다.

01 02 03

04 태블릿의 힘을 조절하여 자연스럽게 드래그합니다. 강한 힘으로 누르면 굵은 선이 나오고, 약한 힘으로 누르면 얇은 선이 나옵니다. 획의 굵기 변화와 이어지고 끊어지는 부분을 미리 생각하고 선을 그려주는 것이 좋습니다. 쓰고 싶은 글자를 연습해 보세요.

04

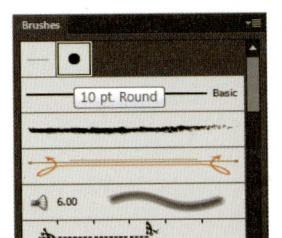
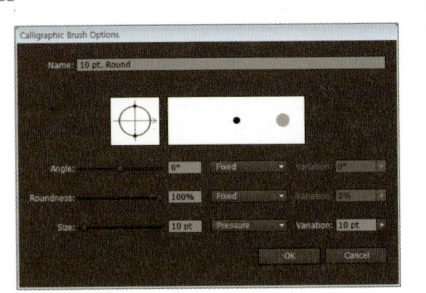

Note / Calligraphic Brush & 6D Art Brush

Calligraphic Brush는 펜의 압력에 의해 필압이 조절되도록 기본 설정이 되어있지 않습니다. 필압에 의한 선을 그리고 싶을 때는 Calligraphic Brush Options 창을 띄워 Size를 Pressure로 변경해서 사용해야 합니다. 하지만 6D Art Brush는 태브릿의 필압에 두께가 정해지도록 미리 설정되어 있는 브러시입니다. 필압에 의한 선을 그리고 싶을 때 Calligraphic Brush 대신 6D Art Brush 브러시를 사용하면 Options 창에서 설정을 변경해야하는 수고로움을 줄일 수 있습니다. (6D Art Brush에 대한 자세한 내용은 121P를 참고하세요.)

Note / CS6 사용자라면 Grunge brushes vector pack 브러시로 붓 선의 느낌을 내 보세요.

브러시 패널의 하단에 있는 브러시 라이브러리 버튼을 눌러 Vector Packs 메뉴 안에 있는 Grunge brushes vector pack 메뉴를 각각 선택하여 창을 띄웁니다. 펜 툴로 먼저 '캘리그래피' 획을 그려 줍니다.

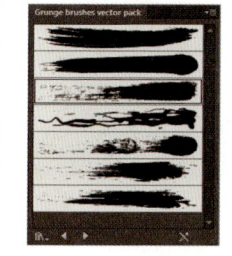

'ㅋ'을 선택하고 'Grunge Brush Vector Pack 01' 브러시를 선택합니다. 굵기는 0.2pt로 설정합니다. 같은 방법으로 획을 선택하고 Grunge Brush Vector Pack 목록에 있는 브러시들을 다양하게 선택하여 브러시 효과를 적용시켜 보세요.

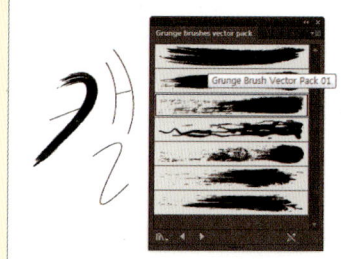

브러시가 가지고 있는 터치의 느낌이 다르기 때문에 획마다 어떤 브러시 효과가 어울리는지 적용시켜보고 가장 잘 어울리는 느낌을 최종적으로 선택하여 완성시킵니다.

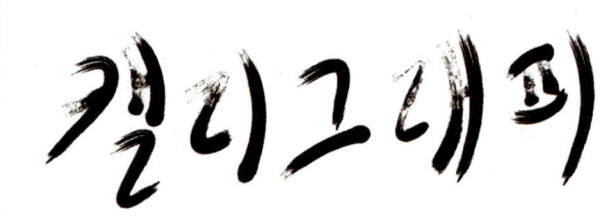

Scatter Brush로 흩어지는 개체 그리기

예제파일 / 브러시2.ai

1 크리스마스 트리 그리기

01 다각형 툴을 선택한 뒤 화면을 클릭하여 Polygon 창을 띄웁니다. **02** Radius를 4mm, Sides를 3으로 설정한 뒤 OK합니다. **03** 면 색을 녹색 #2E6151으로 설정합니다. 녹색 삼각형이 만들어집니다. **04** 삼각형의 중간 지점에 커서를 가져가면 더하기 표시가 생깁니다. 이때 지점을 클릭하여 기준점을 추가합니다.

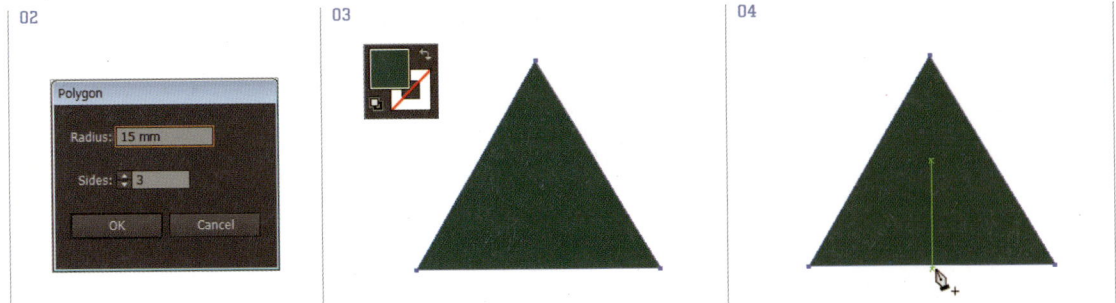

05 직접 선택 툴로 추가한 기준점을 위쪽으로 클릭 드래그합니다. 만들어진 도형을 브러시 패널에 드래그해 넣습니다. **06** New Brush 창이 뜨면 Scatter Brush 항목에 체크한 뒤 OK합니다. **07** 이름을 '크리스마스 트리'로 입력한 뒤 Size를 Tilt로 변경하고 슬라이드바에서 100%와 200%로 각각 설정합니다. Spacing은 40%로 설정한 뒤 OK합니다.

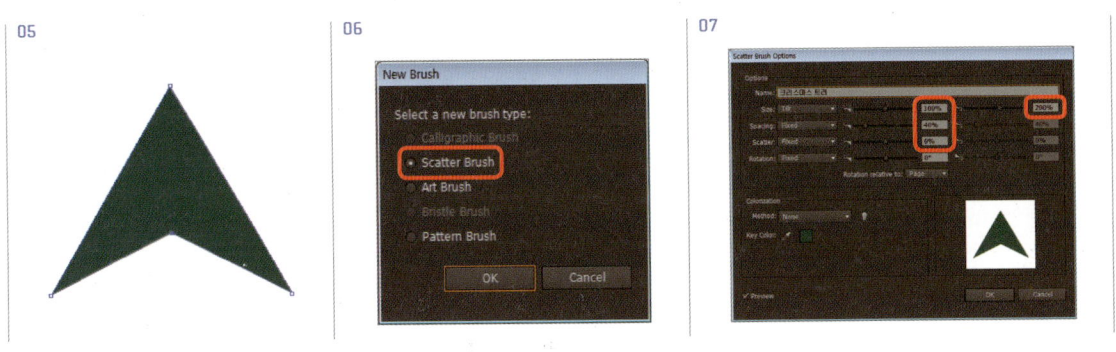

08 만들어진 브러시를 적용시켜 보겠습니다. 선 색만 설정한 뒤 펜 툴로 세로 라인을 그립니다. **09** 세로 라인이 선택된 상태에서 브러시 패널에 등록된 '크리스마스 트리' 브러시를 선택합니다. **10** 세로 라인을 따라 반듯하게 흩어진 트리가 생겼습니다. **11** 마지막으로 줄기를 그려 나무를 완성시킵니다.

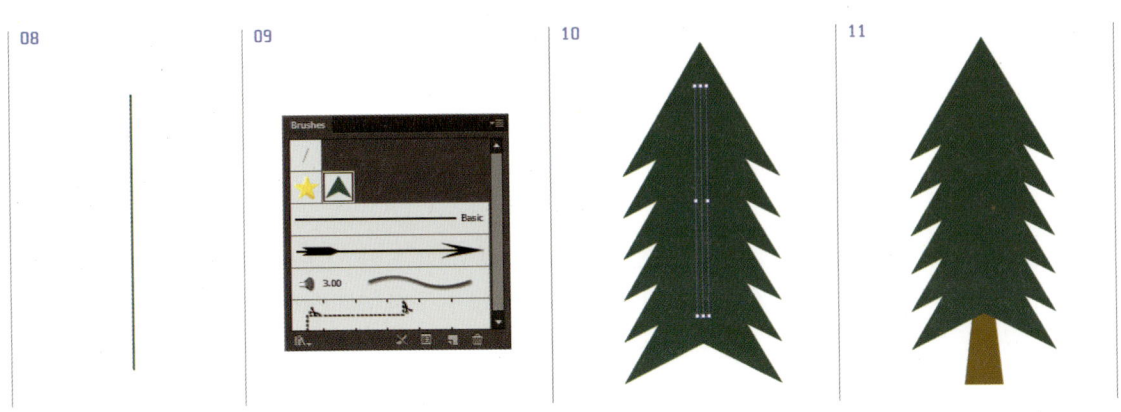

② 흩날리는 꽃 그리기

01 면 색을 분홍색 #F8BBD5으로 설정한 뒤 별 툴로 별을 그립니다. **02** Effect ▷ Distort&Transform ▷ Pucker&Bloat 메뉴를 선택합니다. **03** 50을 입력하고 OK합니다. 별이 꽃 모양으로 변했습니다.

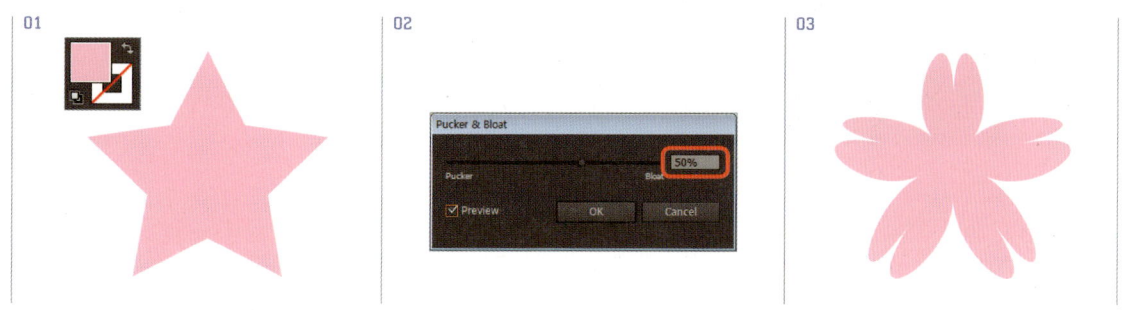

> **Note / Pucker & Bloat**
> Pucker에 가까울수록 기준점을 기준으로 오므린 모양으로 바깥 부분이 뾰족해지고, Bloat에 가까울수록 바깥 부분이 볼록해집니다.

04 원형 툴로 꽃 중앙에 두 개의 원을 만든 뒤 **05** Object ▷ Expand Appearance 메뉴를 눌러 패스를 꽃 형태에 맞게 확장합니다. 선택 툴로 꽃 전체를 드래그하여 선택합니다. **06** 브러시 패널에 드래그해 넣으면 New Brush 창이 뜹니다. Scatter Brush 항목에 체크한 뒤 OK합니다.

07 이름을 '흩날리는 꽃'으로 입력한 뒤 Size, Spacing, Scatter, Rotation 모두 Random으로 설정하고 40, 60, -150, +80을 입력합니다. **08** 만들어진 브러시를 적용시켜 보겠습니다. 브러시 툴을 선택한 뒤 곡선 모양으로 드래그해 줍니다. 곡선 모양을 따라 꽃이 흩날리듯 뿌려집니다. **09** 같은 방법으로 브러시로 화면을 드래그하여 흩날리는 꽃을 그린 뒤 Opacity 값을 다르게 설정하여 투명도를 조절해 보세요. **10** Ctrl + Y 를 누르면 브러시로 드래그한 자취, 즉 패스 아웃라인을 볼 수 있습니다.

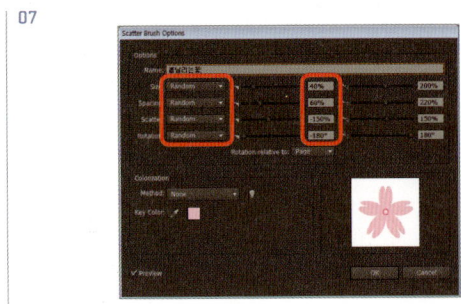

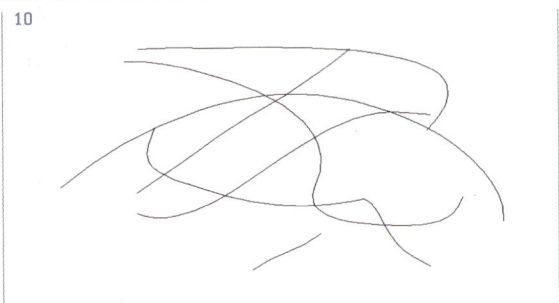

Art Brush로 예술적인 터치 느낌의 라인 일러스트 그리기

/ 예제파일 / 브러시3.ai /

01 Ctrl + O 를 눌러 '브러시3.ai' 파일을 불러옵니다. 02 브러시 패널 하단에 있는 브러시 라이브러리 버튼을 눌러 03 Artistic 메뉴 안에 있는 ChalkCharcoalPencil, Ink, Paintbrush, ScrollPen, Water color 메뉴를 각각 선택하여 창을 띄웁니다.

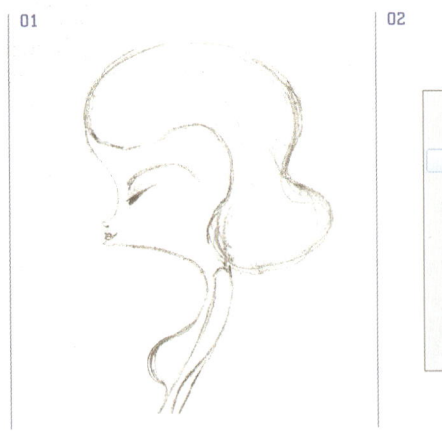
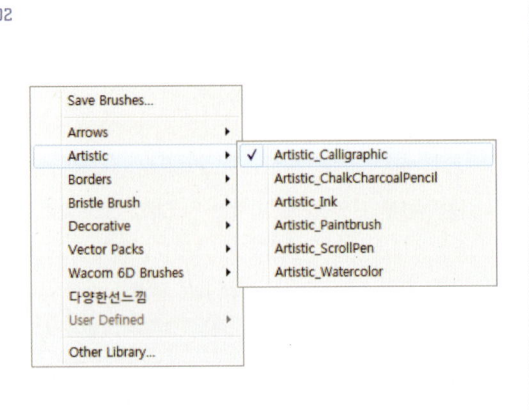

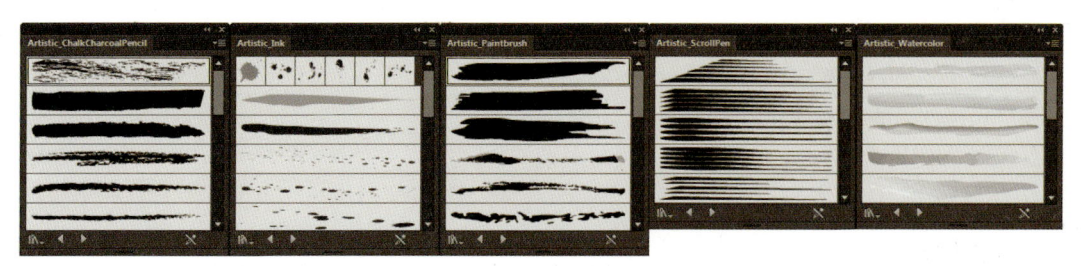

04 선 색을 빨간색 **#CF1D5C**로 설정합니다. 펜 툴로 스케치를 참고하여 패스 라인을 그립니다. 터치감을 표현하기 위해 끊어서 그리는 부분도 있어야 합니다. **05** 패스 라인 사이에 약간의 공간이 생길 수 있도록 띄어 그립니다. **06** 팔과 머리의 패스 라인도 다른 패스 라인과 닿지 않게 띄어 그립니다.

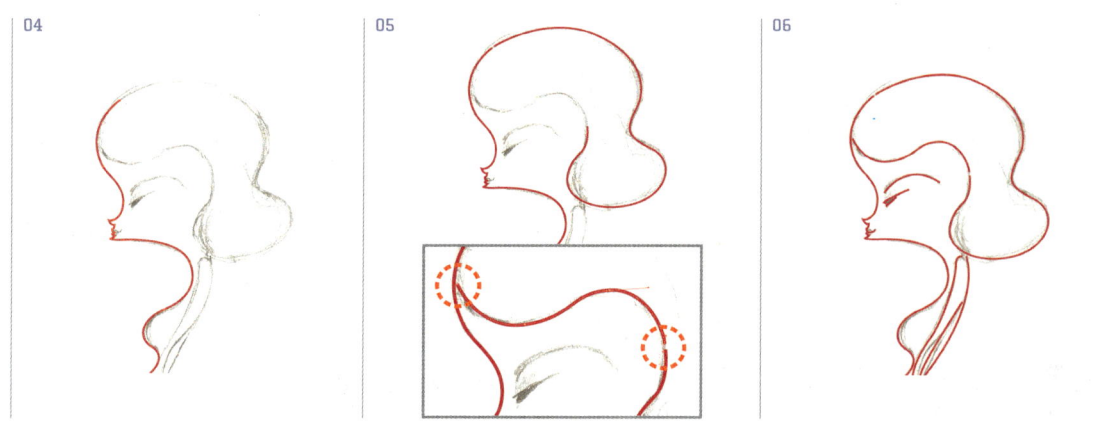

07 선택 툴로 만들어진 개체를 드래그하여 전체 선택합니다. ChalkCharcoalPencil 브러시 중 'Charcoal-Pencil' 브러시를 클릭합니다. 패스를 따라 브러시 효과가 적용됩니다. **08** 이번에는 Artistic_Ink브러시 중 'Fountain Pen' 브러시를 선택하여 브러시 효과를 적용시킵니다.

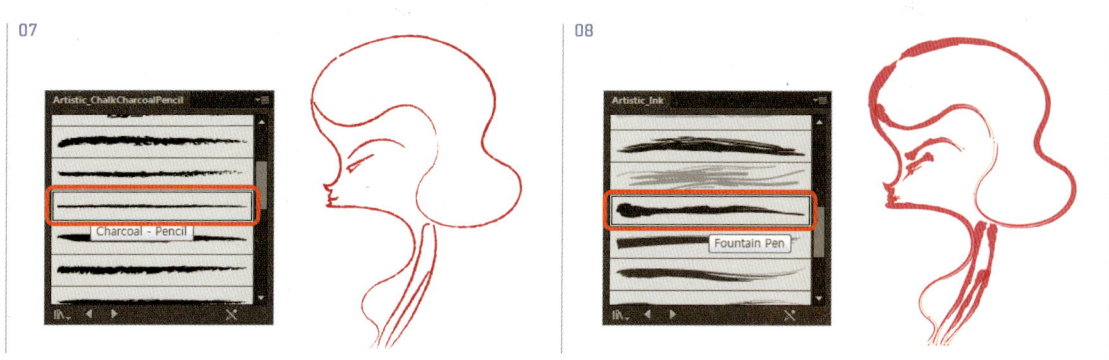

09 Artistic_Paintbrush 브러시 중 'Dry Brush 1' 브러시를 선택하여 브러시 효과를 적용시킵니다.
10 Artistic_ScrollPen 브러시 중 'Scroll Pen 10' 브러시를 선택하여 브러시 효과를 적용시킵니다.
11 마지막으로 Artistic_Watercolor 브러시 중 'Watercolor-Blend' 브러시를 선택하여 브러시 효과를 적용시킵니다.

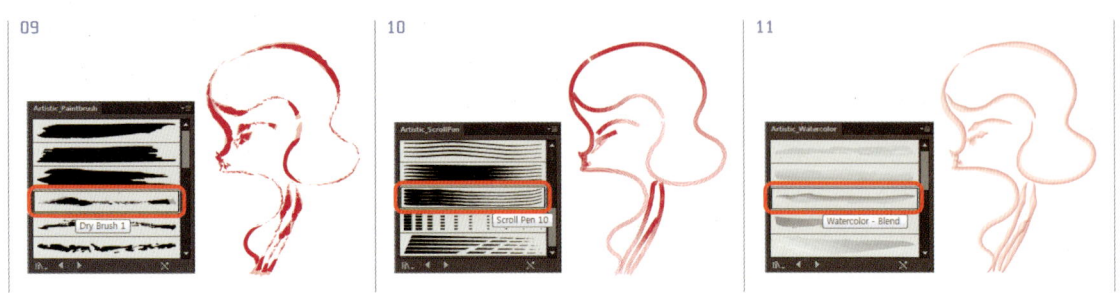

Bristle Brush로 부드러운 깃털 그리기

/ 예제파일 / 브러시4.ai /

01 브러시 라이브러리 버튼 을 눌러 Bristle Brush 메뉴 안에 있는 Bristle Brush Library 메뉴를 선택합니다. bristle 브러시 목록이 있는 창이 열립니다. **02** 'Liner' 브러시를 선택한 뒤 대각선 방향의 긴 선을 하나 그립니다. **03** 'Deerfoot' 브러시를 선택합니다. 선 양쪽으로 뻗어있는 털을 그립니다.

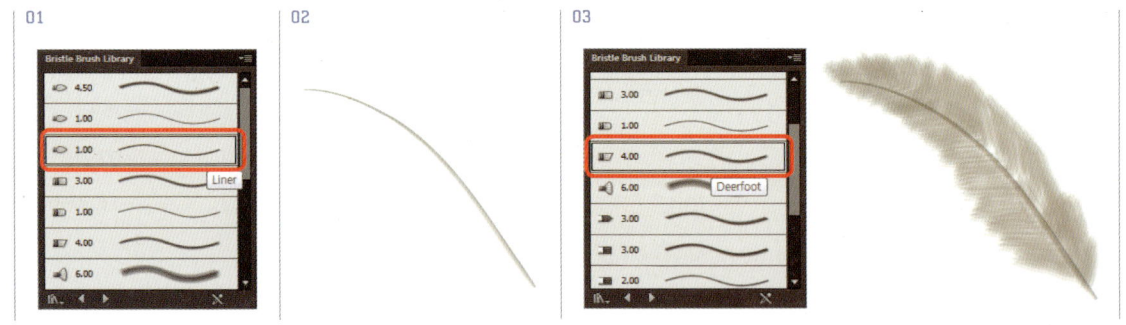

04 다양한 색을 이용하여 털들이 서로 겹쳐질 수 있도록 여러 번 덧칠합니다. **05** 대각선으로 길게 이어진 가운데 있는 선의 밝은 부분을 찾아 흰색 #FFFFFF으로 채색합니다. 보드라운 질감이 느껴지는 깃털이 완성되었습니다.

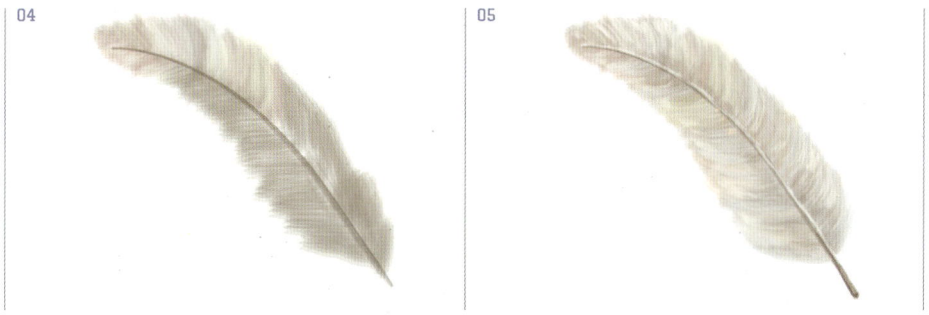

Pattern Brush로 사각 프레임 만들기

/ 예제파일 / 브러시5.ai /

01 패턴 브러시를 만들기 위해서는 먼저 패턴 이미지를 제작하고 스와치 패널에 등록해야 합니다. Ctrl + O 를 눌러 '브러시5.ai' 파일을 불러옵니다. 예제에서는 두 개의 패턴 이미지를 만들어 사용하겠습니다. 펜 툴로 분홍색 #DC58A0 풀을 그립니다. 02 좀 더 연한 분홍색 #EDC0CB을 선택한 뒤 엇갈린 모양으로 풀을 그립니다. 03 같은 방법으로 여러 개의 풀을 추가로 그립니다. 정사각형이 있다고 가정했을 때, 정사각형 테두리 안에 풀이 위치할 수 있도록 그려 줍니다. 첫 번째 패턴 이미지가 완성되었습니다.

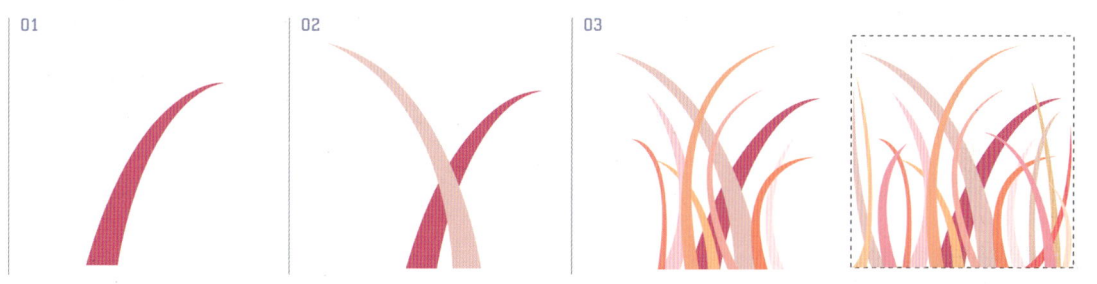

04 두 번째 패턴 이미지를 만들겠습니다. 이번에도 정사각형 테두리가 있다고 가정하고 오른쪽 하단의 모서리 부분에서 풀이 뻗어나가게끔 그려 줍니다. 풀의 색상, 각도, 사이즈, 방향에 변화를 주어 여러 개 그려 줍니다. 05 완성된 두 개의 패턴 이미지를 각각 드래그하여 스와치 패널에 등록합니다.

06 이제 두 개의 이미지를 패턴으로 등록하겠습니다. 브러시 패널에서 새 브러시 만들기 버튼을 누릅니다. 07 새 브러시 창이 뜨면 Pattern Brush 항목에 체크한 뒤 OK합니다. 08 이름을 '분홍풀잎'으로 입력합니다. 첫 번째 Tile을 선택하고 이미지를 선택하는 창에서 'New Pattern Swatch 1'을 선택합니다. 09 두 번째 Tile을 선택하고 이미지를 선택하는 창에서 'New Pattern Swatch 2'를 선택합니다.

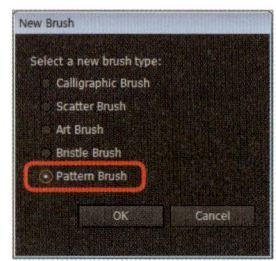
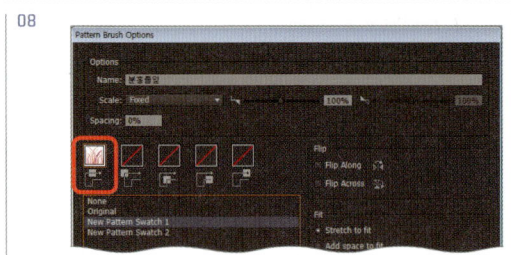
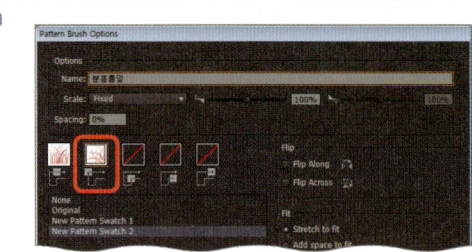

10 브러시 패널에 방금 만든 '분홍풀잎' 패턴이 등록된 것을 확인할 수 있습니다. 11 이제 정사각형의 패스 선을 그린 뒤 브러시 패널에서 '분홍풀잎' 패턴을 클릭하면 12 사각 프레임에 패턴이 입혀집니다.

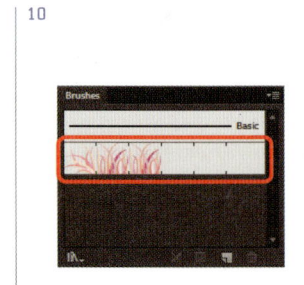

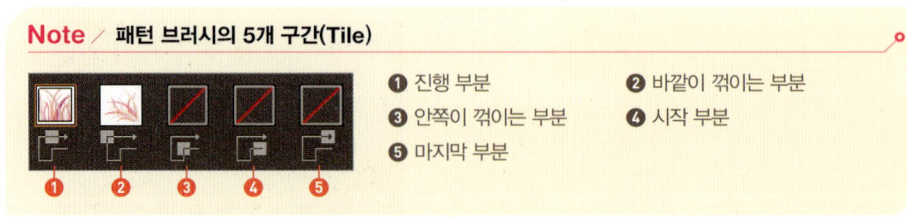

Note / 패턴 브러시의 5개 구간(Tile)
❶ 진행 부분 ❷ 바깥이 꺾이는 부분
❸ 안쪽이 꺾이는 부분 ❹ 시작 부분
❺ 마지막 부분

필압에 따라 두께가 정해지는 6D Art Brush

/ 예제파일 / 브러시6.ai /

01 Ctrl + O 를 눌러 '브러시3.ai' 파일을 불러옵니다. 02 브러시 패널의 하단에 있는 브러시 라이브러리 버튼 을 눌러 Wacom 6D Brush ▷ 6D Art Pen Brushes 메뉴를 선택하여 새로운 브러시를 꺼냅니다. 03 'Light 5pt' 브러시를 클릭하여 브러시 패널에 등록합니다.

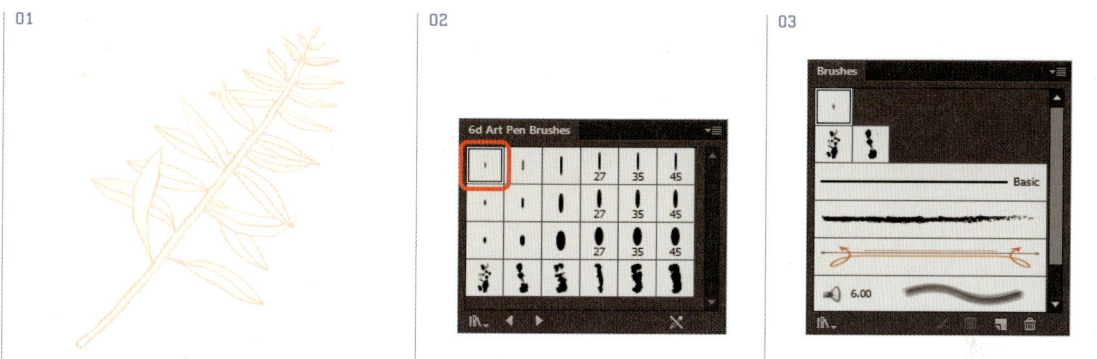

04 등록된 브러시를 더블 클릭하여 옵션 창을 띄웁니다. Roundness 값을 100%로 설정하면 납작한 모양이 둥근 모양으로 바뀝니다. OK합니다. 05 이제 두께가 살아있는 라인을 그리겠습니다. 브러시 툴 을 선택하여 처음 시작할 때는 힘을 뺐다가 중간쯤에서 힘을 주고 끝나는 시점에서 다시 힘을 빼면서 선을 그립니다. 선의 강약이 생기는 것을 확인할 수 있습니다. 06 같은 방법으로 선에 강약을 주어 잎을 완성시킵니다.

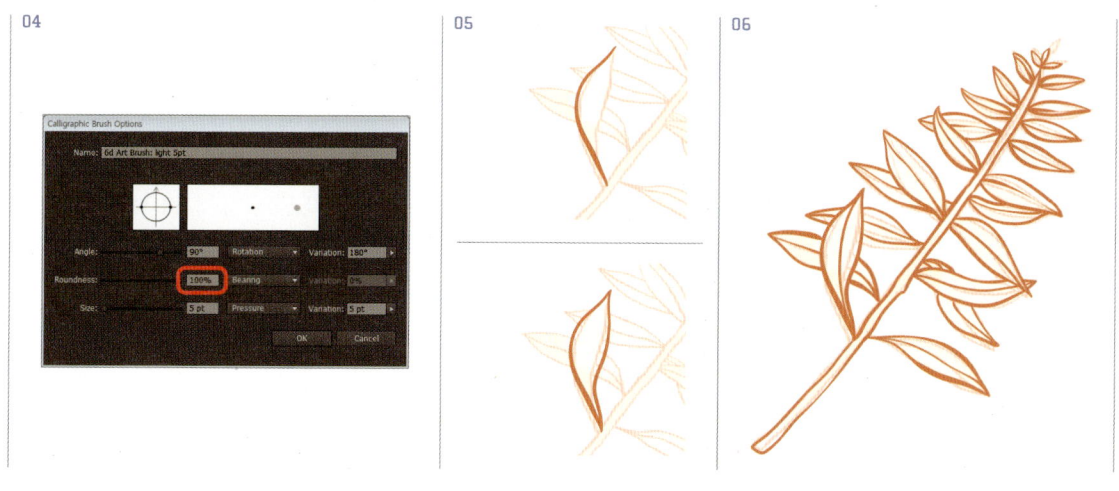

07 스케치 레이어의 눈을 감겨줍니다. 선택 툴로 개체를 전체 선택한 뒤 Object ▷ Path ▷ Outline stroke 메뉴를 선택합니다(Shift + Ctrl + O). **08** Object ▷ Live Paint ▷ Make 메뉴를 선택합니다 (Alt + Ctrl + X). 라이브 페인트를 쓸 수 있는 환경이 만들어졌습니다. 툴 박스에서 라이브 페인트 툴을 선택한 뒤 색을 설정하여 색을 칠할 부분을 클릭합니다. **09** 다른 부분도 클릭하여 색을 채웁니다.

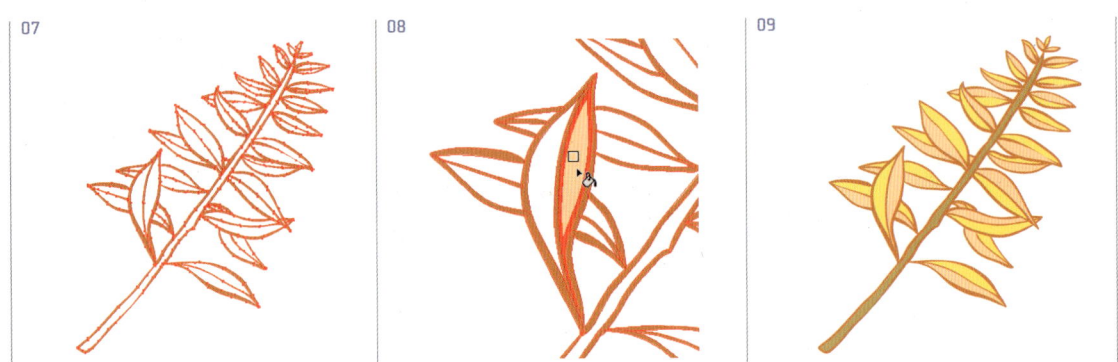

> **Note / 6D Art Pen Brush 사이즈 조절하기**
>
> 6D Art Pen Brush는 다른 브러시들과 다르게 [ ], [ ]를 눌러 브러시 사이즈를 조절할 수 있습니다. [ ]를 누르면 브러시 사이즈가 작아지고, [ ]를 누르면 브러시 사이즈가 커집니다. 물론 스트로크 패널에서 브러시 굵기를 조절할 수 있지만 단축키를 이용하면 좀 더 빠른 작업이 가능합니다.

▬ 실제 붓으로 형태를 만들어가는 블롭 브러시(Blob Brush) ▬

페인팅을 할 때 블롭 브러시를 이용하면 포토샵에서 'Hard Round Brush'로 채색하는 것과 같은 느낌을 받습니다. 블롭 브러시 툴은 면의 속성을 가진 그림을 그릴 수 있으며, 생성된 면을 합칠 수 있기 때문에 새로운 형태를 만들어갈 수 있습니다. 블롭 브러시에 대해 자세히 알고 싶다면 412p의 '블롭 브러시를 이용한 풍경화 그리기'를 참고하세요.

01 블롭 브러시 툴을 더블 클릭하여 옵션 창을 띄웁니다. Default Brush Options 창에서 Size, Angle, Roundness 값을 변화시켜 브러시 모양을 비교해 보겠습니다. 각 항목별 Variation의 값을 설정하고, Pressure 버튼을 선택하여야만 필압에 따라 브러시의 사이즈, 각도, 둥근 정도를 조절할 수 있습니다.

01

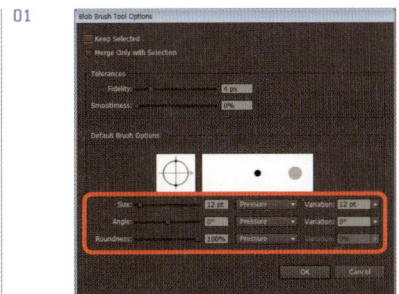

◆ 필압 설정
항목별 Pressure 버튼 모두 선택
Size : 12pt ~ (Variation : 12pt)
Angle : 0° Roundness : 100%

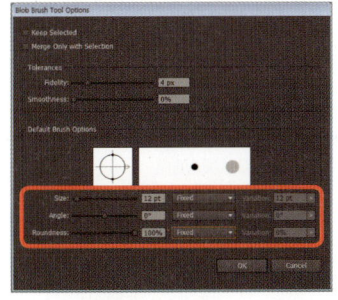

◆ 기본
Size : 12pt Angle : 0°
Roundness : 100%

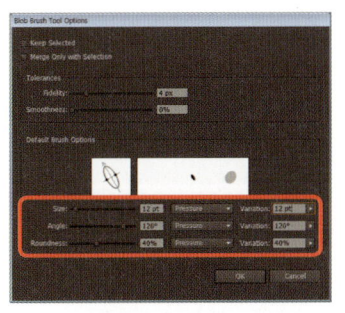

◆ 타원형
항목별 Pressure 버튼 모두 선택
Size : 12pt ~ (Variation : 12pt)
Angle : 120° ~ (Variation : 120°)
Roundness : 40% ~ (Variation : 40%)

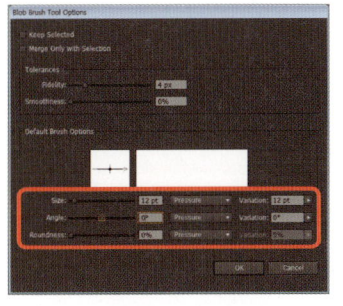

◆ 납작형
항목별 Pressure 버튼 모두 선택.
Size : 12pt ~ (Variation : 12pt)
Angle : 0° ~ (Variation : 0°)
Roundness : 0%

02 옵션 창의 Keep Selected를 체크하여 그림을 그리면 다음과 같이 그려진 면이 선택된 상태가 됩니다. 패스의 기준점을 볼 수 있기 때문에 점을 이동시켜 그림을 바로 수정할 수 있습니다.

02

03 옵션 창의 Merge Only with Selection이 체크되지 않은 상태에서 그림을 그리면 다음과 같이 동그라미 면과 구불거리는 면이 합쳐집니다. 면과 면이 이어진 상태로 그림을 그릴 수 있습니다.

04 옵션 창의 Merge Only with Selection이 체크된 상태에서 그림을 그리면 다음과 같이 동그라미 면과 구불거리는 면이 각각 구분되어 개별적으로 그려집니다.

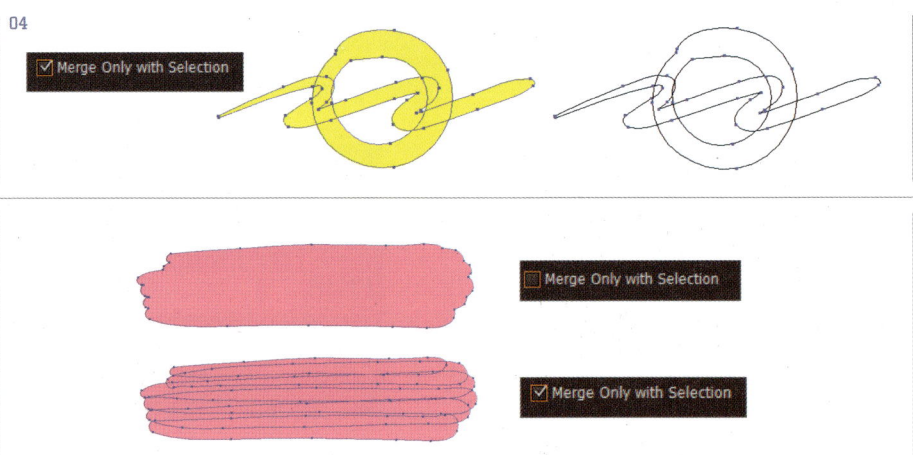

05 이번에는 옵션 창에서 Keep Selected, Merge Only with Selection을 모두 체크한 뒤 원의 라인을 선택 툴 로 선택한 상태에서 블럽 브러시 툴 로 안쪽을 채색해 봅니다. 그림을 그릴 때마다 선택되고, 선택된 면을 합쳐주는 기능을 체크했기 때문에 그림과 같이 하나의 면으로 만들어집니다.

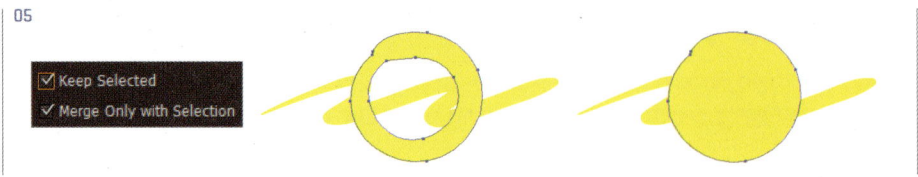

> **Note / Merge Only with Selection**
> 일러스트레이터 CS4에서는 Merge Only with Selection이 Selection Limits Merge로 되어있습니다. 이름만 다를 뿐 같은 기능입니다.

Note / 모든 브러시에 Pressure 효과(필압에 의한 굵기 변화)를 줄 수 있나요?

일러스트레이터에서 기본적으로 제공하는 브러시는 크게 Calligraphic Brush, Scatter Brush, Art Brush, Bristle Brush, Pattern Brush로 총 다섯 가지입니다. 여기에서 pressure 효과가 적용되지 않는 브러시는 Bristle Brush입니다. 브러시 옵션 창을 열어 Size or Scale 항목에서 'Pressure'를 선택하고 변화 값을 주면 필압 설정이 완료됩니다.

❶ **Calligraphic Brush**

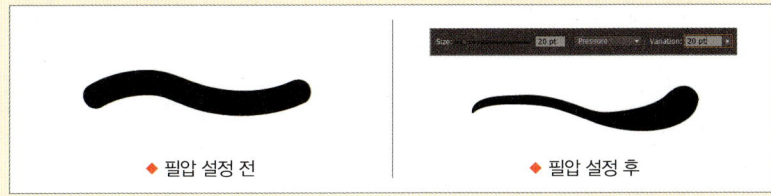

◆ 필압 설정 전　　　　　◆ 필압 설정 후

❷ **Scatter Brush**

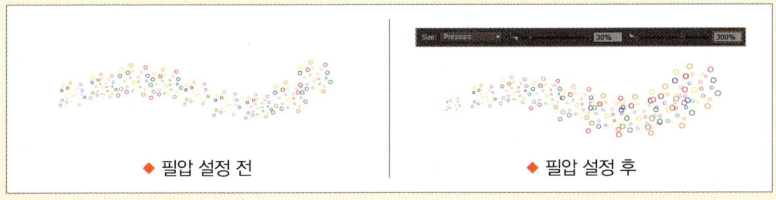

◆ 필압 설정 전　　　　　◆ 필압 설정 후

❸ **Art Brush**

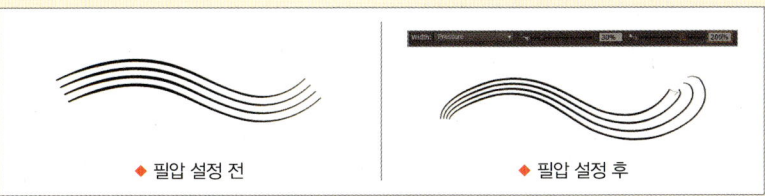

◆ 필압 설정 전　　　　　◆ 필압 설정 후

❹ **Pattern Brush**

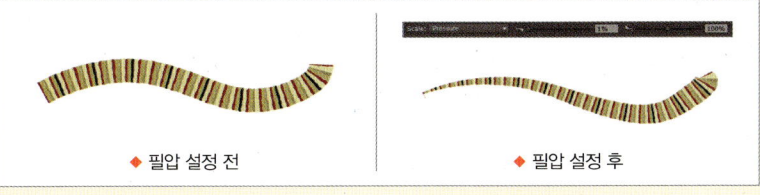

◆ 필압 설정 전　　　　　◆ 필압 설정 후

막강한 채색 기능
이미지 트레이스와 라이브 페인트

일러스트레이터 CS2 이상 버전에서는 비트맵 이미지를 벡터 이미지로 만들어주는 Image Trace(Live Trace) 기능이 있습니다. Image Trace(Live Trace) 기능은 손으로 그린 그림을 벡터 이미지로 쉽게 변환해 주기 때문에 손으로 일일이 패스를 그리지 않아도 됩니다. 뿐만 아니라 사진, 수작업으로 채색한 그림 등도 손쉽게 벡터 이미지로 만들 수 있기 때문에 다양한 디자인 스타일에 적용시킬 수 있습니다. 벡터 이미지로 정돈된 그림은 라이브 페인트 기능과 라이브 페인트 버킷 툴을 사용하여 색을 입힙니다.

손그림을 벡터로 만들어 채색하기

예제파일 / 신사.ai, 이미지트레이스.ai

01 Ctrl + O 를 눌러 '이미지트레이스.ai' 파일을 불러옵니다. 02 이미지를 모두 선택한 후 상단의 Image Trace 버튼을 누르면 스케치 선이 깔끔한 검은색 벡터 선으로 바뀝니다. 03 상단의 옵션바에서 Preset 항목이 Default로 설정되어 있는 것을 확인합니다. 이미지 트레이스의 스타일 중에서 기본 스타일인 Default가 적용된 것입니다. ▼버튼을 눌러 다른 스타일을 적용시킬 수 있습니다. Image Trace Panel 버튼을 누르면 세부적인 값을 조절할 수 있습니다.

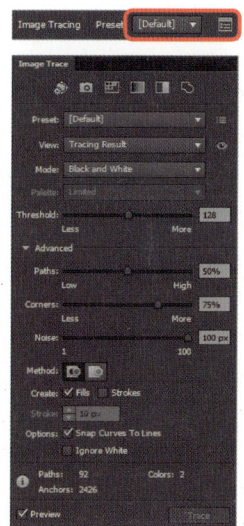

Note / Image Trace의 Threshold & Noise

Threshold로 라인의 두께를 설정하고, Noise로 여백의 영역을 정해줍니다.
Threshold의 기본 값은 128입니다. Noise의 기본 값은 100입니다. 일러스트레이터 CS6 이하 버전 사용자는 Noise가 Min Area 명칭으로 되어있습니다.

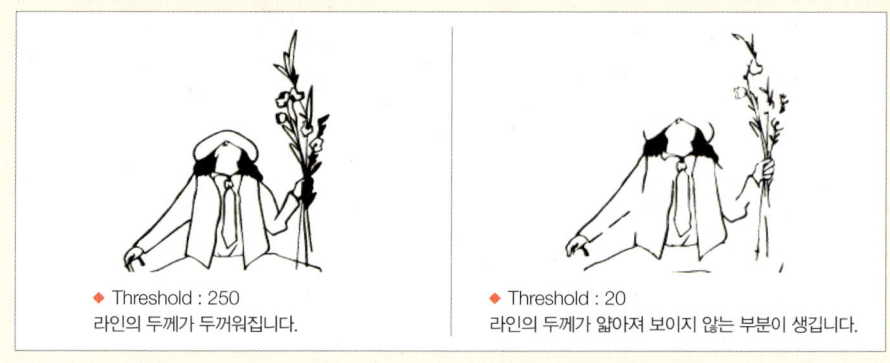

◆ Threshold : 250
라인의 두께가 두꺼워집니다.

◆ Threshold : 20
라인의 두께가 얇아져 보이지 않는 부분이 생깁니다.

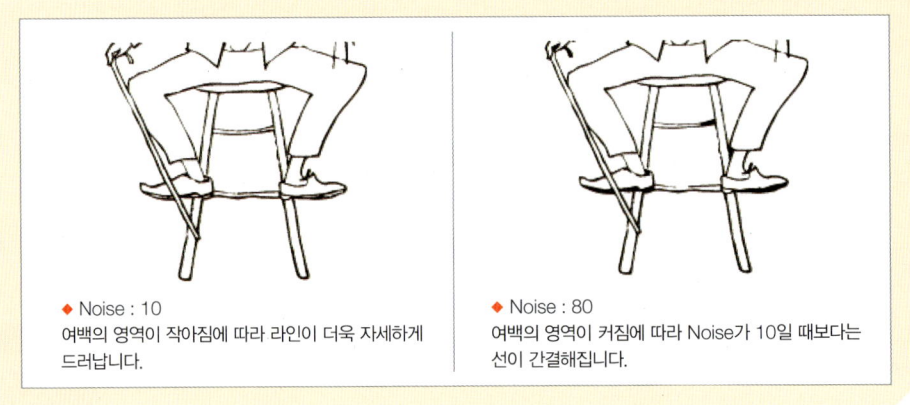

◆ Noise : 10
여백의 영역이 작아짐에 따라 라인이 더욱 자세하게 드러납니다.

◆ Noise : 80
여백의 영역이 커짐에 따라 Noise가 10일 때보다는 선이 간결해집니다.

04 상단의 Expand 버튼을 눌러 이미지를 일반 오브젝트로 전환시키고 Alt + Ctrl + X 를 눌러 라이브 페인트 환경을 만듭니다. **05** 이제 라이브 페인트 버킷 툴을 사용하여 채색해 보겠습니다. 라이브 페인트 버킷 툴을 오브젝트 위로 가져가면 색이 칠해질 부분이 붉은 선으로 표시되고, **06** 마우스 버튼을 누르면 색이 채워집니다.

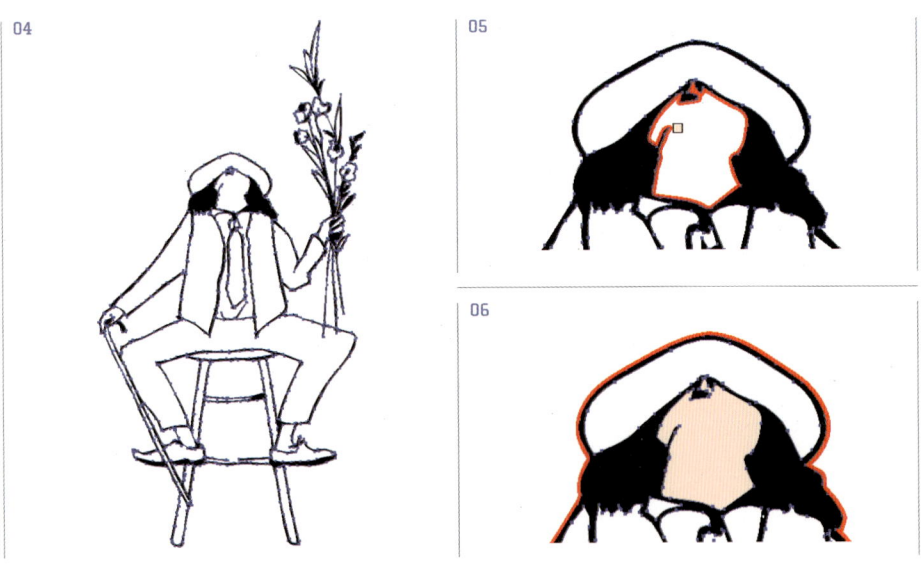

> **Note** / **Image Trace와 Live Trace는 같은 기능입니다.**
>
> Live Trace는 일러스트레이터 CS6 버전부터 Image Trace로 변경되었습니다. 일러스트레이터 CS6 이하 버전 사용자는 Image Trace 버튼 대신 Live Trace 버튼이 보일 것입니다. 일러스트레이터 9~CS 버전에서는 Live Trace와 Live Paint를 지원하지 않습니다.

07 인물의 손과 다리를 채색합니다. **08** 옷과 신발과 모자를 채색하고, **09** 의자와 지팡이, 손에 쥐고 있는 꽃을 채색하여 완성합니다.

10 전체를 선택하고 Object ▷ Expand를 적용하면 면과 선의 속성을 분리시킬 수 있습니다.

Image Trace 스타일

일러스트레이터 CS6의 이미지 트레이스 스타일은 11가지입니다. 이미지 트레이스 스타일은 ▼ 버튼을 눌러 선택할 수 있습니다. 스타일의 옵션 값 변경과 다른 스타일로 변경하고 싶을 때 Image Trace Panel ▤ 버튼을 눌러 Image Trace 창을 띄웁니다. Preset에서 스타일 변경이 가능하며 ▼Advanced 버튼을 클릭하여 세부 항목에서 옵션 값을 조절할 수 있습니다. 사진 이미지에 각 스타일을 적용하여 결과물이 어떻게 나오는지 비교해 보겠습니다.

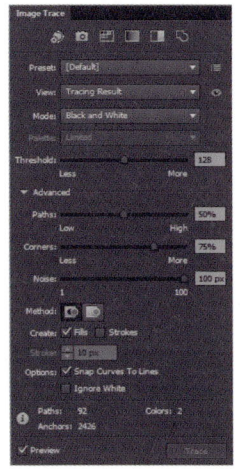

◆ 11개의 Image Trace style　　　◆ 옵션을 조절할 수 있는 Image Trace 창

◆ 사용한 사진 이미지 (원본)

 High Fidelity Photo

고품질의 사진 이미지로 표현합니다. 사진과 거의 비슷한 느낌의 벡터를 만들 수 있습니다.

 Low Fidelity Photo

저품질의 사진 이미지로 표현합니다.

 3 Colors

명암을 기준으로 컬러를 3단계로 나눠 표현합니다. 사진 이미지에 적용시키는 것이 좋습니다.

 6 Colors

명암을 기준으로 컬러를 6단계로 나눠 표현합니다. 사진 이미지에 적용시키는 것이 좋습니다.

 16 Colors

명암을 기준으로 컬러를 16단계로 나눠 표현합니다. 사진 이미지에 적용시키는 것이 좋습니다.

Shades of Gray

흑백 명암으로 구분하여 표현합니다.

 Black and White Logo

흑백 로고 스타일로 표현합니다.  버튼을 눌러 Image Trace 창을 띄워 Threshold 값을 조절하여 흑백의 영역을 조절할 수 있습니다.

Sketched Art

스케치 느낌의 흑백 선을 그려 줍니다.

 Silhouettes

이미지의 실루엣, 즉 윤곽선을 또렷하게 표현합니다.

 Line Art

일정한 굵기의 선으로 표현합니다. 생략된 부분이 많아지므로 스트로크 패널이나  버튼을 눌러 옵션을 스트로크 값을 조절하는 것이 좋습니다.

Technical Drawing

명암의 경계선을 둘러싼 형태의 선으로 표현합니다. 생략된 부분이 많아지므로 스트로크 패널이나  버튼을 눌러 옵션을 스트로크 값을 조절하는 것이 좋습니다.

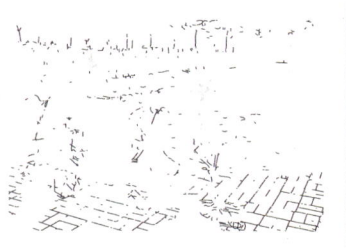

Live Paint Bucket Tip

/ 예제파일 / 라이브페인트버킷툴.ai /

> **Note** / 라이브 페인트 버킷 옵션 창 살펴보기
>
>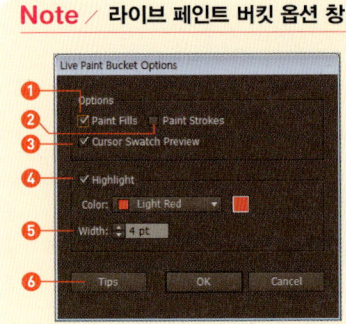
>
> ❶ **Paint Fills** : 면 색 채우기
> ❷ **Paint Strokes** : 선 색 채우기
> ❸ **Cursor Swatch Preview** : 마우스 커서에 나타나는 지정 색상 미리보기 기능
> ❹ **Highlight** : 라이브 페인트가 적용되는 영역 표시
> ❺ **Width** : 하이라이트 굵기 설정
> ❻ **Tips** : 라이브 페인트 버킷 툴 사용법에 관한 대화 상자가 나타납니다.

TIP ❶ 라이브 페인트 그룹 만들기

라이브 페인트 버킷 툴을 사용하여 오브젝트를 채색하기 위해서는 오브젝트를 전체 선택한 뒤 반드시 그룹화하는 과정이 필요합니다. 오브젝트를 페인트 그룹으로 지정하면 패스로 나눠진 면을 채색할 수 있습니다.

1. Object ▷ Live Paint ▷ Make 메뉴 클릭하여 그룹화하기

단축키는 Alt + Ctrl + X 입니다. 메뉴를 선택하면 오브젝트 주변에 8개의 점을 가진 파란색 테두리가 생깁니다.

라이브 페인트 버킷 툴을 선택한 뒤 오브젝트 위에 커서를 놓으면 빨간색 영역 표시가 나타납니다. 클릭하면 색을 입힐 수 있습니다.

 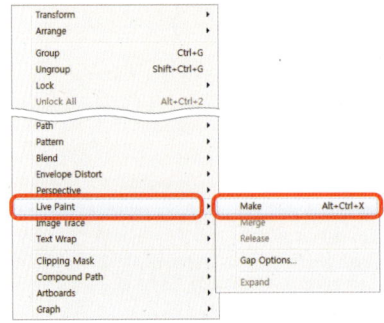 

2. 라이브 페인트 버킷 툴 을 이용하여 그룹화하기

오브젝트를 전체 선택한 뒤 툴 박스에서 라이브 페인트 버킷 툴을 선택합니다. 오브젝트에 가까이 가져가면 'Click to make a Live Paint group' 이란 문구가 나타납니다. 오브젝트를 클릭하면 그룹으로 전환됩니다.

TIP ❷ 추가된 패스를 라이브 페인트 그룹에 추가하기

1. Object ▷ Live Paint ▷ Merge 메뉴를 클릭하여 패스 추가하기

새롭게 추가되는 패스를 라이브 페인트 그룹에 추가시키는 방법은 간단합니다. 새롭게 그린 패스를 기존의 라이브 페인트 그룹과 함께 선택합니다. Object ▷ Live Paint ▷ Live Paint ▷ Merge 메뉴를 선택하면 새로운 패스가 추가됩니다.

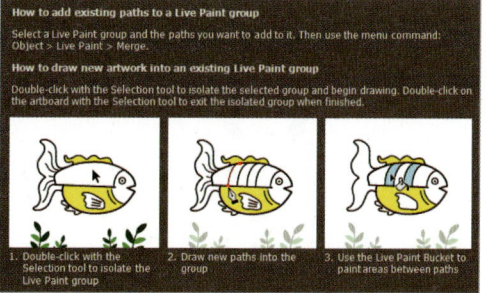

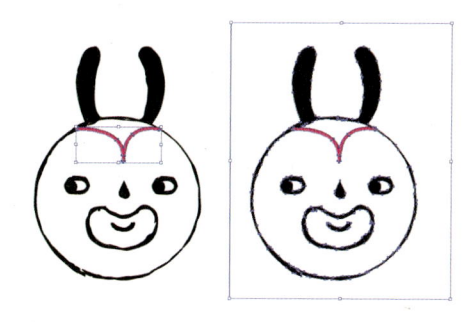 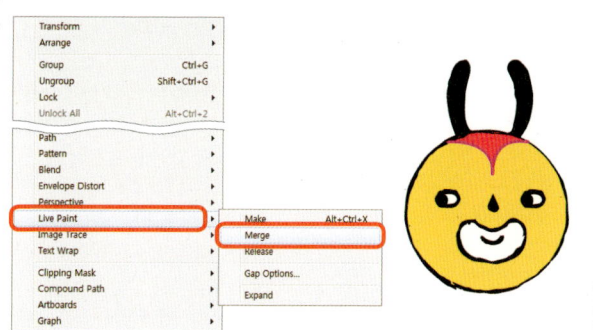

2. 라이브 페인트 그룹 안에서 새로운 드로잉 작업을 하는 방법

첫 번째 방법은 라이브 페인트 그룹을 전체 선택한 뒤 마우스 오른쪽 버튼을 눌러 Isolate Selected Group을 클릭하여 그룹 안으로 들어가는 것입니다. 그룹을 빠져나가려면 다시 오른쪽 버튼을 눌러 Exit Isolation Mode를 선택합니다.

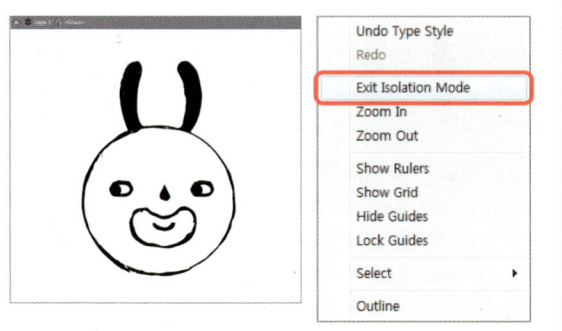

다시 마우스 오른쪽 버튼을 눌러 Isolate Selected Group을 클릭하여 그룹 안으로 들어갑니다. 다음과 같이 패스 선을 그립니다. 직접 선택 툴 ▶.로 코를 선택한 뒤 [Ctrl]를 누른 채 사각형을 조절하여 코 사이즈를 늘려 주세요. 선택 툴 ▶.로 전체 선택한 뒤, 라이브 페인트 버킷 툴 ▣.로 채색해 줍니다.

> **Note**
> 선택 툴 ▶.로 라이브 페인트 그룹을 더블 클릭하여 그룹 안으로 들어가는 방법도 있습니다.

오브젝트에 변화를 주는 패스 파인더

Chapter 04

패스 파인더 패널에는 두 개 이상의 오브젝트를 결합하고 분리하는 기능이 모여 있습니다. 반드시 오브젝트가 두 개 이상이어야 사용할 수 있으며 Expand 버튼을 누르면 패스를 확장시켜 하나의 오브젝트로 만들 수 있습니다. 패스 파인더의 결합 기능은 네 가지이고, 분리 기능은 여섯 가지입니다. 두 개 이상의 오브젝트를 이용하여 새로운 오브젝트를 만들어 보세요.

◆ 패스의 구성 요소와 명칭

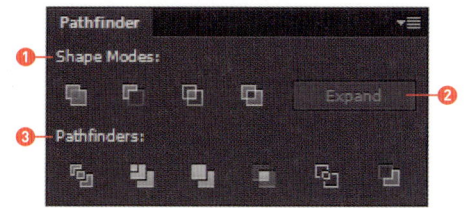

① **Shape Modes** : 두 개 이상의 오브젝트들을 하나로 합칩니다. 합쳐진 오브젝트는 상위 오브젝트의 속성을 따릅니다.

② **Expand** : Expand 버튼을 누르기 전까지는 직접 선택 툴을 이용해서 각 오브젝트 위치와 패스 모양을 수정할 수 있습니다. Expand 버튼을 누르면 패스가 확장되면서 하나의 오브젝트가 됩니다.

③ **Pathfinders** : 여러 개의 오브젝트들을 조합하여 다양한 형태로 분리시킬 수 있습니다. 나눠진 면은 각각 분리되어 각각의 패스를 가집니다.

패스 파인더 패널 기능 익히기

예제파일 / Pathfinder.ai

1 오브젝트 더하기

선택한 오브젝트들을 하나로 합칩니다.

01 `Ctrl`+`O`를 눌러 'Pathfinder.ai' 파일을 불러옵니다. 오브젝트를 전체 선택합니다. **02** 패스 파인더 패널에서 ■ 버튼을 누릅니다. **03** 선택한 오브젝트가 하나로 합쳐집니다. 색상은 상위에 있던 오브젝트 색으로 바뀝니다.

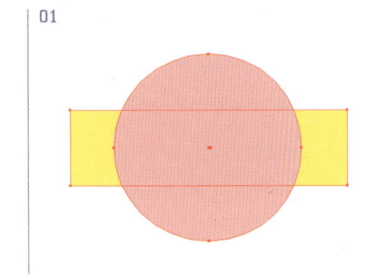  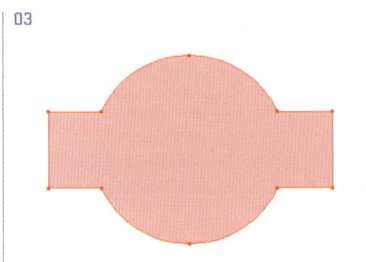

2 위쪽 오브젝트 모양만큼 빼기

위쪽의 오브젝트 모양만큼 영역을 지웁니다.

01 오브젝트를 전체 선택합니다. **02** 패스 파인더 패널에서 ■ 버튼을 누릅니다. **03** 상위에 있던 꽃이 지워집니다.

 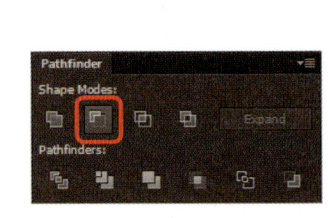 

3 겹친 부분 남기기

선택한 오브젝트에서 겹친 부분만 남깁니다.

01 오브젝트를 전체 선택합니다. **02** 패스 파인더 패널에서 ■ 버튼을 누릅니다. **03** 두 개의 삼각형의 겹친 부분만 남기고 나머지 부분은 사라집니다.

 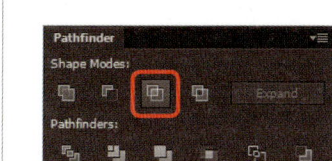 

4 겹친 부분 빼기

선택한 오브젝트에서 겹친 부분만 지웁니다.

01 오브젝트를 전체 선택합니다. 02 패스 파인더 패널에서 ▨ 버튼을 누릅니다. 03 두 개의 오브젝트에서 겹친 부분은 제거되고 나머지 부분만 남습니다.

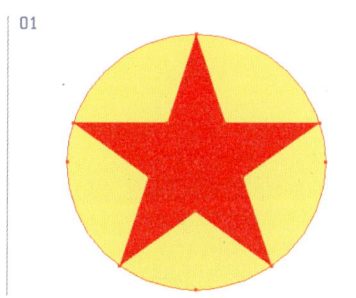  

5 면 나누기

겹친 패스 모양대로 오브젝트 면을 분리시킵니다.

01 오브젝트 전체를 선택합니다. 02 패스 파인더 패널에서 ▨ 버튼을 누릅니다. 겹쳐진 패스를 기준으로 면이 분리됩니다. 03 Ctrl + Shift + G 를 눌러 그룹을 해제합니다. 선택 툴 ▶로 분리된 면을 이동시켜 보세요. 네 개의 분리된 면이 생겼습니다. 색상은 상위에 있던 오브젝트 색으로 적용됩니다.

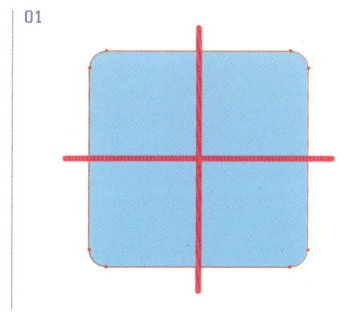 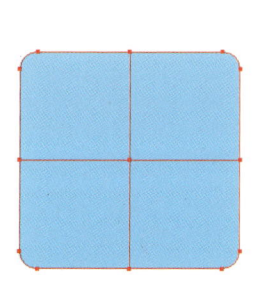 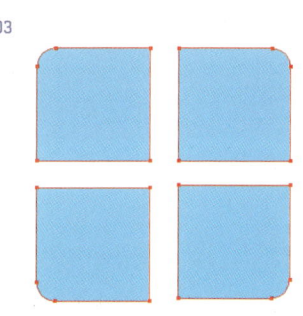

6 분리하기

겹친 부분은 제거하고 보이는 부분만 분리시킵니다. 선 색은 사라집니다. 분리된 오브젝트를 이동시켜 보면 눈에 보이는 부분의 경계선을 기준으로 면이 분리된 것을 확인할 수 있습니다.

01 오브젝트 전체를 선택합니다. 02 패스 파인더 패널에서 버튼을 누릅니다. 눈에 보이는 모양대로 면이 분리됩니다. 03 Ctrl + Shift + G 를 눌러 그룹을 해제합니다. 선택 툴로 분리된 면을 이동시켜 보세요. 겹쳐진 면은 삭제되고 세 개의 분리된 된 면이 생겼습니다.

7 병합하기

분리하기와 같은 기능이지만, 같은 색을 가진 오브젝트들을 하나의 오브젝트로 합쳐준다는 점이 다릅니다. 선 색은 사라지게 됩니다.

01 오브젝트 전체를 선택합니다. 02 패스 파인더 패널에서 버튼을 누릅니다. 눈에 보이는 모양대로 면이 분리됩니다. 단, 같은 분홍색을 가진 원형과 다각형이 하나로 합쳐집니다. 03 Ctrl + Shift + G 를 눌러 그룹을 해제합니다. 선택 툴로 분리된 면을 이동시켜 보세요. 두 개의 분리된 면이 생겼습니다.

8 겹친 부분 분리하기

상위 오브젝트 모양과 겹쳐지는 하위 오브젝트만 남고 나머지는 사라집니다. 선 색도 사라집니다.

01 오브젝트 전체를 선택합니다. 02 패스 파인더 패널에서 ■ 버튼을 누릅니다. 오브젝트의 겹친 부분만 남고 나머지는 삭제됩니다. 하위 오브젝트의 색상만 남아있습니다.

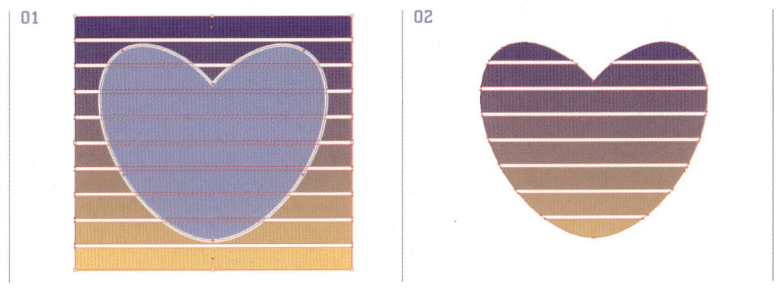

9 윤곽선만 분리하기

패스가 교차되는 부분을 모두 잘라 투명 스트로크로 표현합니다. 스트로크의 두께를 입력하면 면 색이 스트로크 색으로 표현됩니다.

01 오브젝트 전체를 선택합니다. 02 패스 파인더 패널에서 ■ 버튼을 누릅니다. 전체가 투명해집니다. 눈에 보이지는 않지만 오브젝트가 교차되는 부분이 모두 분리된 상태입니다. 03 스트로크를 4pt로 설정합니다. 면 색이 선 색으로 바뀝니다. 04 Ctrl + Shift + G 를 눌러 그룹을 해제합니다. 선택 툴 ■ 로 선을 이동시켜 보세요. 교차되는 부분이 끊어진 것을 확인할 수 있습니다.

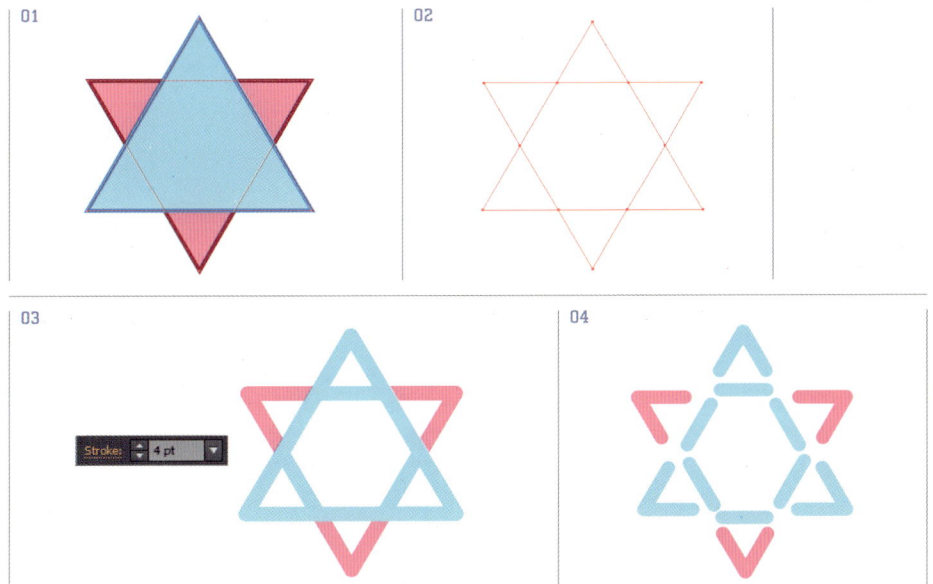

🔟 아래쪽 오브젝트 모양만큼 오리기

위쪽의 오브젝트만 남기고 아래쪽의 오브젝트는 모두 지워집니다. 위쪽 오브젝트 모양에 따라 오려내는 결과를 얻습니다.

01 오브젝트 전체를 선택합니다. 02 패스 파인더 패널에서 ▣버튼을 누릅니다. 아래쪽 모양에 따라 두 개의 오브젝트 중에서 겹친 부분만 남기고 아래쪽 도형이 사라집니다.

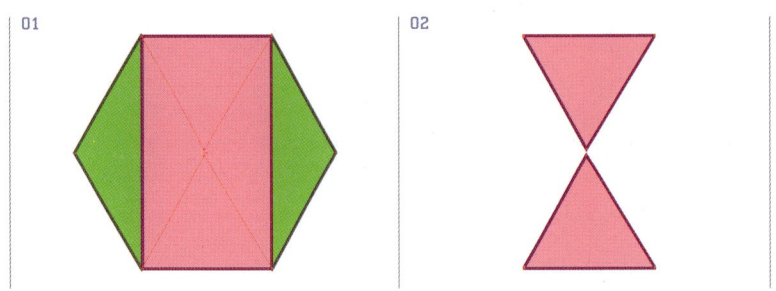

Effect 메뉴의 패스 파인더

예제파일 / EffectPathfinder.ai

Effect 메뉴의 패스 파인더 기능을 사용하려면 오브젝트들을 그룹으로 묶은 뒤 적용해야 합니다. 패스 파인더 기능을 적용시키면 어피어런스 패널에 등록되고 ▣버튼이 생깁니다. 더블 클릭하면 언제든지 수정이 가능합니다. 눈을 감기면 이펙트 효과를 감출 수 있습니다.

01 사각형 툴▣로 노란색 #FEF200 사각형을 그립니다. 02 선택 툴▣을 선택한 뒤, Alt 를 누른 채 대각선 방향으로 드래그하여 사각형을 복제합니다. 03 빨간색 #ED1B24으로 바꿉니다.

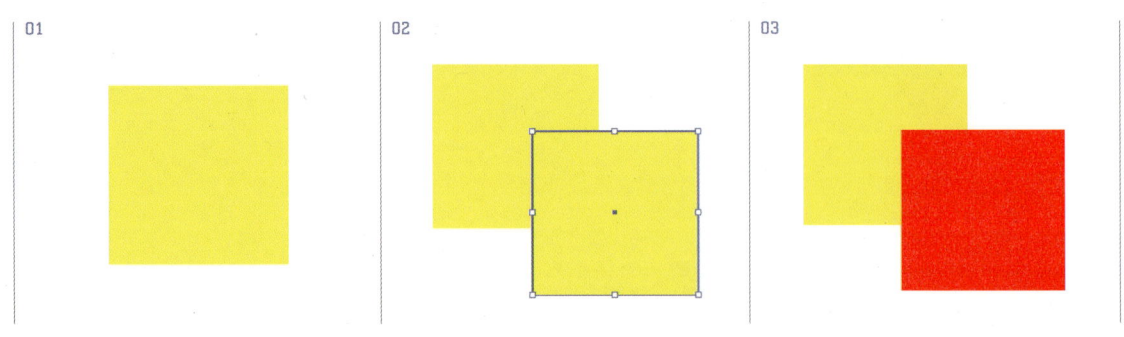

04 선택 툴 로 두 개의 사각형을 동시에 선택한 뒤, Ctrl + G 를 눌러 그룹화합니다. **05** Effect ▷ Pathfinder ▷ Intersect 메뉴를 선택합니다. **06** 두 개의 사각형이 겹치는 영역만 남고 나머지는 사라집니다.

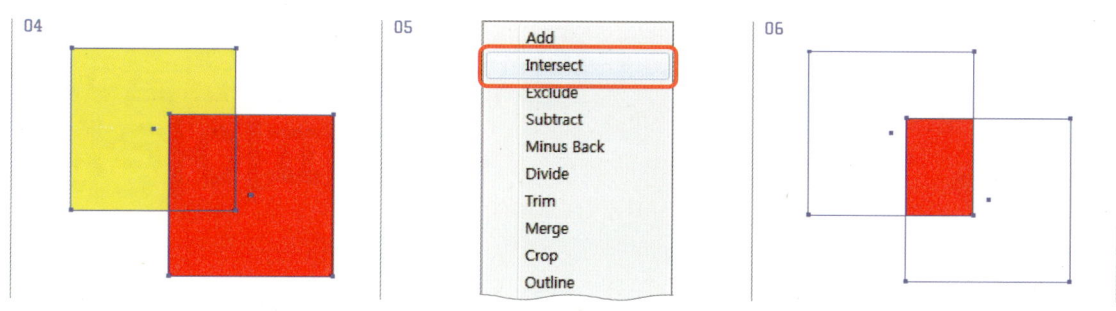

07 어피어런스 패널에 Intersect 기능이 등록되고 fx 버튼이 생깁니다. **08** fx 버튼을 더블 클릭하여 Pathfinder Options 창을 띄웁니다. Operation을 Exclude로 바꿉니다. **09** 두 개의 사각형이 겹치는 영역이 사라집니다. 어피어런스 패널에 Exclude 기능이 등록된 것을 확인할 수 있습니다. 이렇게 Effect 메뉴의 패스 파인더 기능을 사용하면 이펙트 효과를 쉽게 수정할 수 있어 편리합니다.

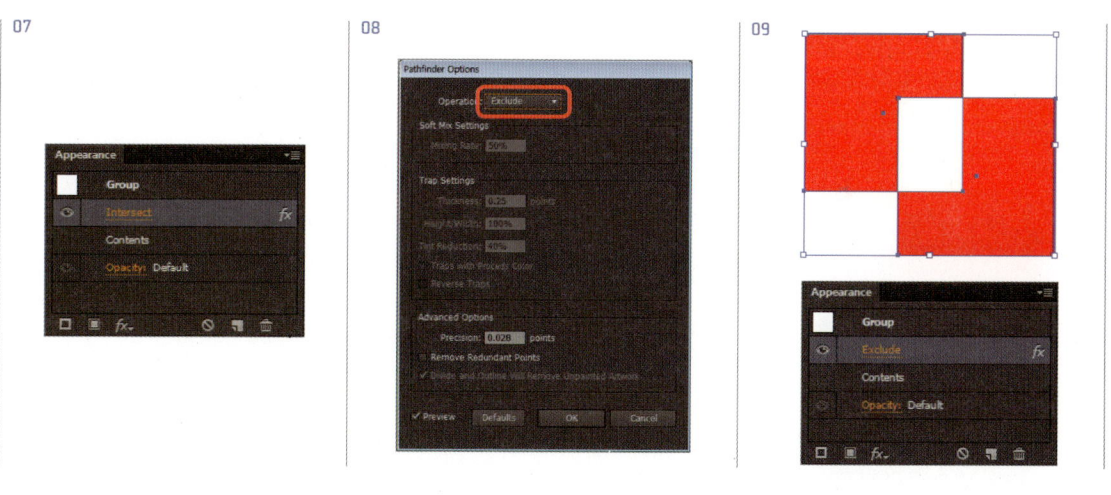

Chapter 05

다양한 효과를 연출하는
어피어런스

어피어런스는 일러스트레이터에만 유일하게 있는 패널로 일러스트레이터 10 버전부터 생겼습니다. 어피어런스 패널이 등장하면서 오브젝트를 이루는 면과 선을 여러 개 만들 수 있게 되었고, 다양한 작업이 가능해졌습니다. Graphic Styles, Brush, Swatches, Transparency와 같이 패널에 등록된 효과와 Effect 메뉴의 다양한 효과들을 적용시킬 수 있습니다.

◆ 어피어런스 패널 살펴보기

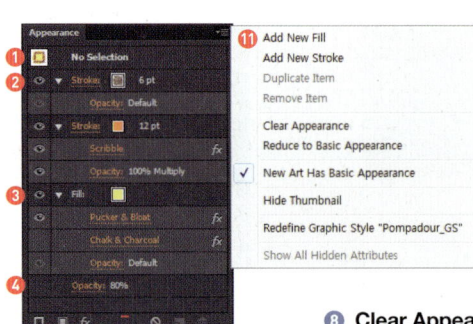

① **특성** : 선택한 오브젝트의 특성을 표시합니다.

② **Stroke** : 외각선 속성과 적용된 Effect를 표시합니다. Stroke 속성은 Color, 두께, Effect, Transparence로 나눌 수 있습니다.

③ **Fill** : 면 속성과 적용된 Effect를 표시합니다. Fill 속성은 Color, Effect, Transparence로 나눌 수 있습니다.

④ **Opacity** : 오브젝트의 전체 불투명도를 조절합니다.

⑤ **Add New Stroke** : 새로운 선을 만듭니다.

⑥ **Add New Fill** : 새로운 면을 만듭니다.

⑦ **Add New Effect** : 새로운 효과를 만듭니다.

⑧ **Clear Appearance** : 오브젝트에 적용된 모든 속성과 적용된 Effect를 초기화합니다.

⑨ **Duplicate Selected Item** : 선택한 어피어런스를 복사합니다.

⑩ **Delete Selected Item** : 선택한 어피어런스를 삭제합니다.

⑪ **어피어런스 팝업 메뉴** : 선택된 오브젝트에 새로운 면과 선을 만들고, 복제/삭제와 관련된 편집 기능들이 모여있습니다.

오브젝트에 여러 개의 면 효과내기

/ 예제파일 / 면 효과.ai /

01 Ctrl + O 를 눌러 '면 효과.ai' 파일을 불러 옵니다. 하늘색 원을 선택합니다. 02 어피어런스 패널에 오브젝트의 자세한 정보가 나타납니다. 하단의 ■버튼을 누릅니다. 03 새로운 면이 생깁니다. 색상을 자주색 #9F1F63으로 변경한 뒤, Fill을 패널의 가장 상단에 위치시킵니다.

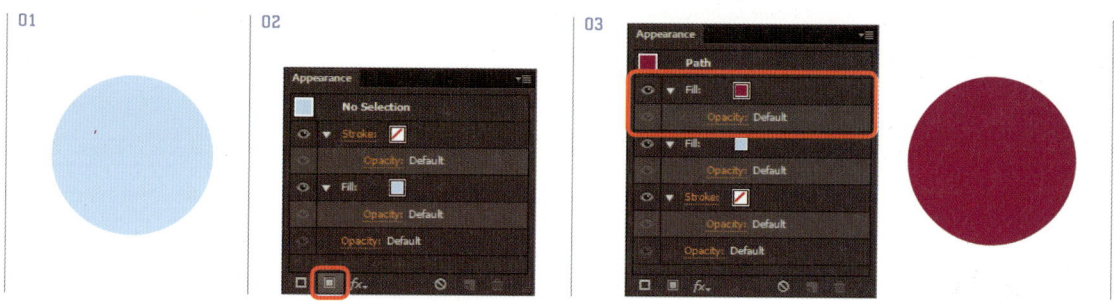

04 fx. 버튼을 눌러 Stylize ▷ Feather 메뉴를 선택합니다. Radius를 2cm로 설정한 뒤 OK합니다. 05 외각이 뿌옇게 번진 효과가 생깁니다. 06 다시 fx. 버튼을 눌러 Distort & Tranform ▷ Pucker & Bloat 메뉴를 선택합니다. 값을 -150%로 설정한 뒤 OK합니다. 07 꽃 모양이 되었습니다. 꽃 밑으로 기본 면 색으로 설정해 놓은 하늘색 원이 나타납니다.

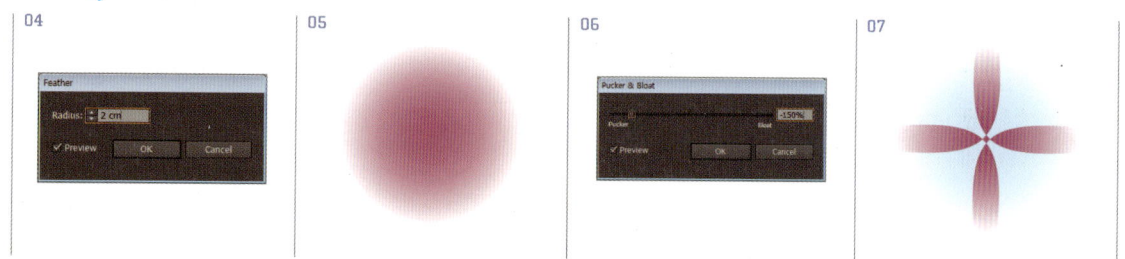

오브젝트에 여러 개의 선 효과내기

/ 예제파일 / 선 효과.ai /

01 Ctrl + O 를 눌러 '선 효과.ai' 파일을 불러옵니다. 노란색 사각형을 선택합니다. 02 어피어런스 패널에 오브젝트의 자세한 정보가 나타납니다. 하단의 ■버튼을 누릅니다. 03 새로운 선이 생깁니다. 04 새로 생긴 Stroke를 클릭하여 스와치 팝업창을 띄웁니다. Pompadour 패턴을 선택합니다.

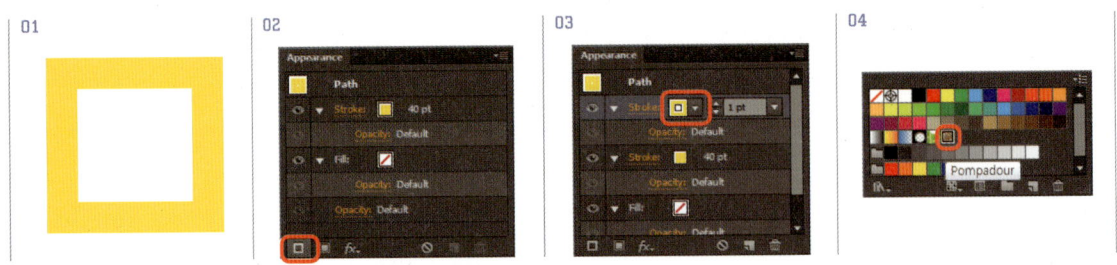

05 두께를 20pt로 설정합니다. **06** 노란색 선 안으로 패턴 선이 새롭게 생겼습니다. **07** Opacity를 클릭하여 Transparency 팝업 창을 띄웁니다. 합성 모드를 Color Burn 모드로 변경합니다. **08** 갈색 패턴이 주황색 패턴으로 변했습니다.

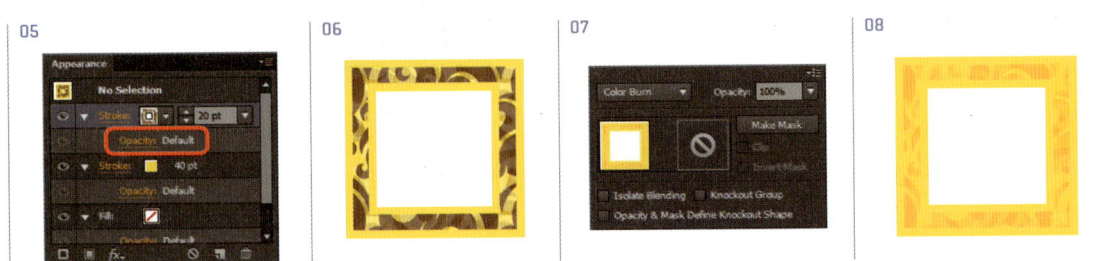

Graphic Style 적용하기

/ 예제파일 / 그래픽스타일.ai /

01 Ctrl + O를 눌러 '그래픽스타일.ai' 파일을 불러옵니다. Shift + F5를 눌러 Graphic Styles 패널을 엽니다. **02** 패널 하단의 버튼을 눌러 스타일 라이브러리 메뉴를 엽니다. Scribble Effects 메뉴를 선택합니다. **03** Scribble Effects 창이 열립니다.

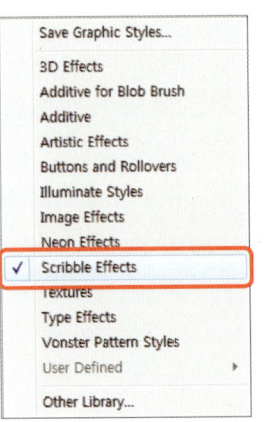

04 연두색 별을 선택한 뒤, **05** Scribble Effects 창의 Scribble 8을 선택합니다. **06** 낙서화 느낌의 효과가 적용됩니다.

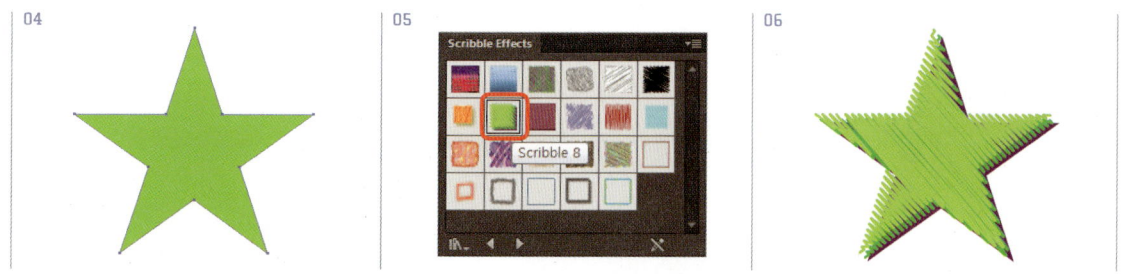

07 어피어런스 패널에 오브젝트의 자세한 정보가 나타납니다. 오브젝트 속성 및 효과를 수정해 보겠습니다. **08** Scribble을 더블 클릭하여 Scribble Options 창을 띄우고 Settings를 Swash로 선택한 뒤 OK 합니다. **09** 다른 스타일의 낙서 효과가 적용된 것을 확인할 수 있습니다.

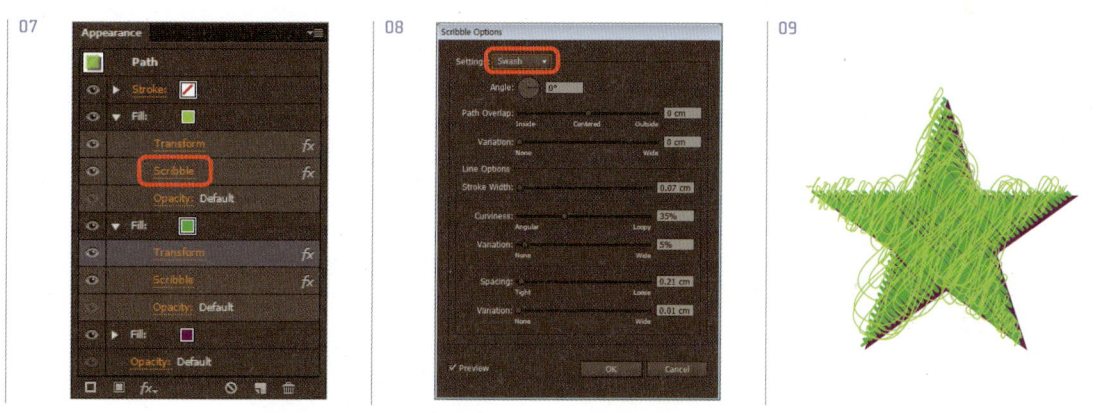

10 위 효과를 패널에 등록할 수 있습니다. 어피어런스 패널의 특성을 나타내는 부분을 클릭하여 Graphic Styles 패널에 드래그합니다. 새로운 스타일이 등록됩니다.

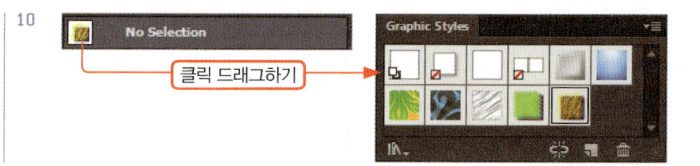

여러 개의 Stroke를 이용한 하트 만들기

/ 예제파일 / 하트.ai /

01 Ctrl + O를 눌러 '하트.ai' 파일을 불러옵니다. F5 키를 눌러 브러시 패널을 엽니다. 빨간색 하트를 브러시 패널로 드래그합니다. 02 New Brush 창이 뜨면 Scatter Brush를 선택합니다. 03 Scatter Brush Options 창에서 Name을 하트로 정한 뒤 Size를 Random으로 선택하고 50에서 100으로 값을 지정합니다. Rotation을 Random으로 선택하고 -180에서 180으로 값을 지정합니다.

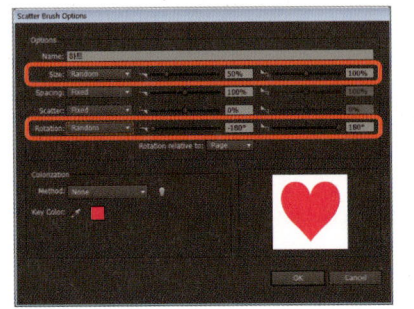

04 브러시 패널에 새로운 Scatter Brush가 등록되었습니다. 05 하트의 사이즈를 20배 정도로 크게 키웁니다. 06 어피어런스 패널에서 Fill을 투명하게 지정한 뒤 하단의 ■버튼을 클릭하여 Stroke를 3개 더 추가하고 굵기를 1pt로 지정합니다.

07 어피어런스 패널 하단의 ■버튼을 클릭하여 Path ▷ Offset Path를 선택합니다. Offset을 -2.8cm로 입력한 뒤 OK합니다. 08 어피어런스 패널에 Offset Path 효과가 적용된 표시가 나타납니다. 09 일정한 간격을 두고 Stroke가 축소되었습니다.

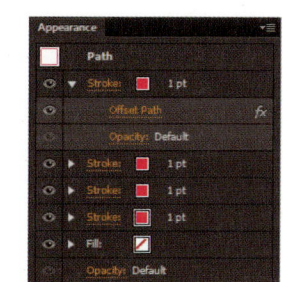

> **Note / Offset Path**
>
> Offset의 값에 따라 원본 오브젝트를 일정한 간격으로 확대하거나 축소하는 기능으로 일반적인 확대, 축소의 개념과는 다릅니다. 오브젝트의 외각 형태를 기준으로 입력한 값에 따라 비례하여 변경됩니다.

10 같은 방법으로 두 개의 Stroke에 각각 Offset Path 값을 아래와 같이 입력합니다. 11 일정한 간격을 두고 Stroke가 축소되었습니다.

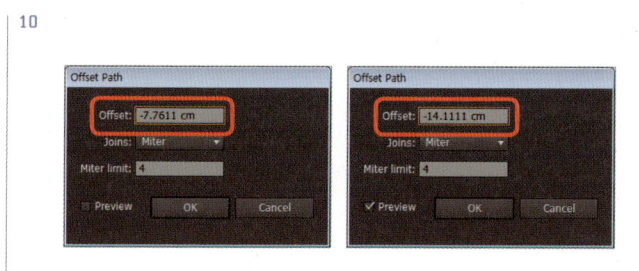

12 어피어런스 패널에서 크기가 제일 작은 Stroke에 커서를 놓습니다. 브러시 패널에서 하트 브러시를 선택하여 적용시킵니다. 13 같은 방법으로 나머지 Stroke에도 하트 브러시를 적용합니다. 14 라인을 따라 흩어지는 하트가 완성되었습니다.

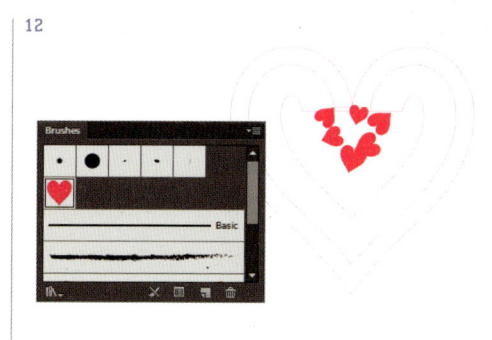

Chapter 06

채색의 고민을 덜어주는
컬러 가이드

무슨 색으로 칠해야 할지 망설여지거나 색상 계획을 미리 세워놓고 싶을 때, 다양한 컬러 배색을 하고 싶을 때 컬러 가이드를 이용하여 좀 더 쉽고 간편하게 색을 사용할 수 있습니다. 여기서는 자주 쓰는 컬러를 스와치 패널에서 관리하는 방법, 컬러 가이드 패널에서 컬러 그룹을 이용하는 방법과 색상 테마를 이용하는 방법 등을 살펴보겠습니다.

◆ 스와치 패널 기능 버튼

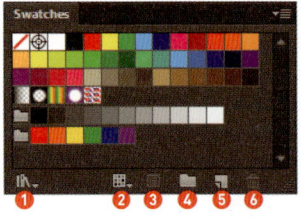

① 테마별로 정리된 컬러 배합을 불러옵니다.
② 스와치 스타일별 보기(컬러, 패턴, 그레이디언트, 컬러 그룹)를 선택합니다.
③ 선택된 컬러의 세부 속성을 보거나 수정합니다.
④ 새로운 스와치 그룹을 만듭니다.
⑤ 새로운 컬러를 등록합니다.
⑥ 선택된 컬러를 삭제합니다.

◆ 컬러 가이드 패널 기능 버튼

① 메인 컬러를 기준으로 분류된 컬러 그룹을 불러옵니다.
② 테마별로 정리된 컬러 배합을 불러옵니다.
③ 에디트 컬러 창을 열어 컬러를 수정합니다.
④ 선택한 컬러 그룹을 스와치에 컬러 그룹으로 등록합니다.

자주 쓰는 컬러를 스와치 패널에 추가하기

/ **예제파일** / 할머니완성.ai /

01 Ctrl + O 를 눌러 '할머니완성.ai' 파일을 불러옵니다. **02** 스포이드 툴 로 할머니 캐릭터의 두건을 선택하고 스와치 패널에서 버튼을 누릅니다.

03 New Swatch 창이 뜨면 OK합니다. **04** 선택한 컬러가 스와치 패널에 추가되었습니다.

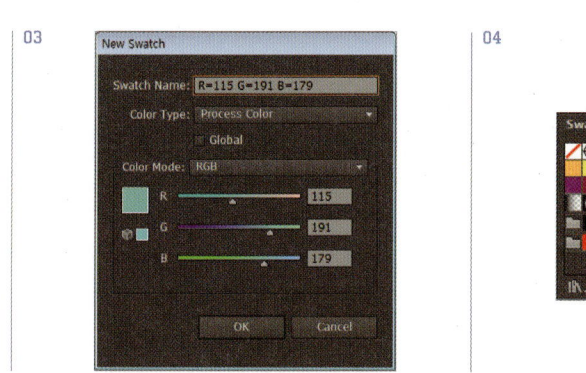
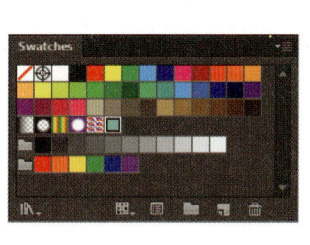

05 같은 방법으로 할머니가 가진 컬러를 모두 스와치 패널에 추가합니다. 명암으로 넣은 컬러도 추가하는 것을 잊지마세요. 첫 번째 추가된 컬러를 선택한 뒤 Shift 키를 누른 채 마지막 추가된 컬러를 선택하여 사이에 있는 컬러가 모두 선택되게 합니다. 버튼을 누릅니다. **06** New Color Group 창이 뜨면 이름을 '할머니캐릭터'로 입력한 뒤, OK합니다.

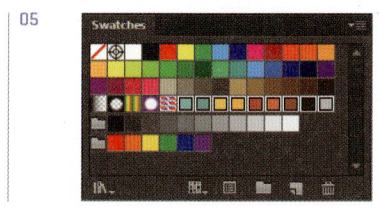
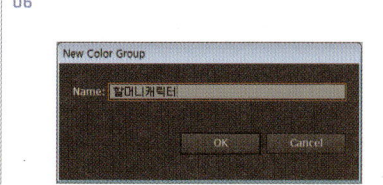

> **Note** / **스와치 패널의 컬러 관리하기**
>
> 기존의 스와치 패널에 등록된 컬러를 그룹 안에 넣을 수도 있고, 컬러를 더블 클릭하여 이름 및 컬러 값을 바꿀 수 있습니다. 지정한 컬러 그룹은 해당 작업 창에서만 열리기 때문에, 스와치 패널의 ■버튼을 눌러 C:\Program Files\Adobe\Adobe Illustrator CS6(사용자 버전)\Presets\en_US\Swatches 경로에 저장해 두면 필요할 때 꺼내 쓸 수 있습니다.

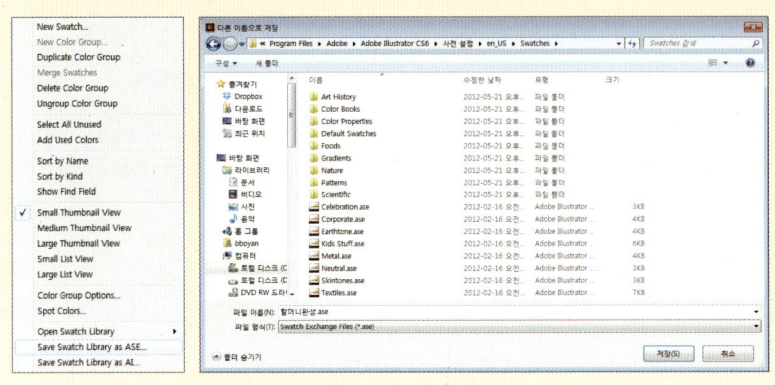

컬러 가이드 패널 이용하기

／ 예제파일 ／ 컬러가이드패널.ai ／

1 메인 컬러를 기준으로 컬러 그룹 이용하기

01 Ctrl + O 를 눌러 '컬러가이드패널.ai' 파일을 불러옵니다. 02 아직 색을 지정하지 않은 그림에 메인 컬러를 지정하겠습니다. 03 선택 툴 ▶로 진한 회색 배경을 클릭한 뒤 연두색 #D7DF23을 선택합니다.

04 컬러 가이드 패널에는 메인 컬러와 어울리는 컬러 배합 그룹이 보입니다. 05 ■버튼을 눌러, 다양한 컬러 그룹들을 더 볼 수 있습니다. 채색하는 방법은 오브젝트를 선택한 뒤 그룹 안의 색상들을 더블 클릭하여 오브젝트에 색을 입히면 됩니다. 06 목록 중에서 [Pentagram] 컬러 그룹을 선택합니다. 컬러의 명도별로 분류된 컬러 버튼이 나타납니다.

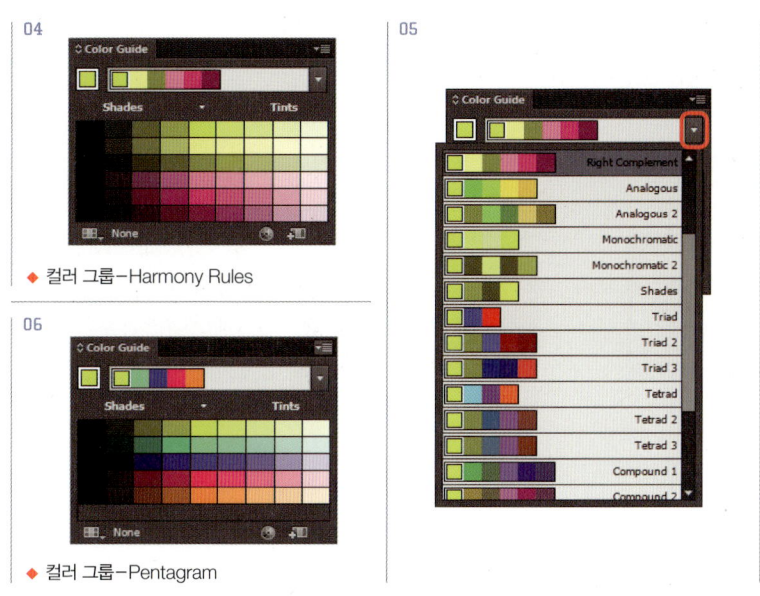

◆ 컬러 그룹-Harmony Rules

◆ 컬러 그룹-Pentagram

07 그룹 안의 색상을 이용하여 오브젝트를 채색합니다. 이때 색상을 더블 클릭해야 오브젝트에 색이 칠해집니다. 08 컬러 가이드 패널의 ■버튼을 눌러 [Pentagram] 컬러 그룹을 스와치 패널에 추가합니다.

Note / 컬러 가이드 옵션

컬러 가이드 패널 상단 오른쪽에 있는 버튼을 눌러, Color Guide Options 메뉴를 선택합니다. variation Options 창이 뜨면 색상 스텝 값과 색이 점차 변해가는 변화 값의 폭을 조절할 수 있습니다. Steps의 값이 많아지면 컬러 가이드 패널에 보여지는 색상 수가 많아집니다. Variation의 값이 Less에 가까워지면 변화 값이 작아집니다. Less가 0이면 Shades와 Tints 값이 같아집니다.

◆ 기본
◆ Color Guide Options 메뉴 선택
◆ Step : 8 Variation : 100%
컬러 가이드에 보이는 색상 수가 많아집니다.
◆ Step : 16 Variation : 0%
컬러 가이드에 보이는 색상 수가 더욱 많아지고, Shades와 Tints 값의 변화폭 없이 같은 색이 됩니다.

2 컬러 테마 이용하기

01 아직 색을 지정하지 않은 그림에 컬러 테마를 이용하여 채색하겠습니다. 02 ▦ 버튼을 눌러 컬러 테마 메뉴 창을 띄웁니다. Art History ▷ Ancient 테마를 선택합니다. 03 연두색#D7DF23을 선택합니다. 04 연두색을 메인 컬러로 어울리는 컬러들을 보여 줍니다.

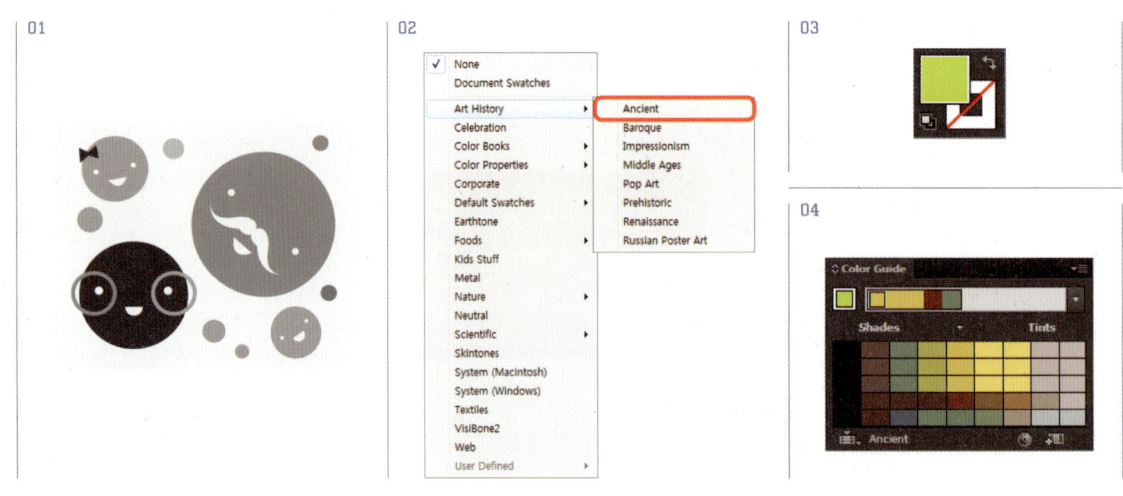

05 선택 툴 로 오브젝트를 클릭한 뒤, Ancient 테마의 색상 중 마음에 드는 색을 클릭하여 오브젝트를 채색합니다.

06 다른 컬러 테마를 불러와 채색해 보겠습니다. 버튼을 눌러 컬러 테마 메뉴 창을 띄웁니다. Kids Stuff 테마를 선택합니다. 07 자주색 #ED1556을 선택합니다. 08 자주색을 메인 컬러로 어울리는 컬러들을 보여 줍니다. 09 선택 툴 로 오브젝트를 클릭한 뒤, Kids Stuff 테마의 색상 중 마음에 드는 색을 클릭하여 오브젝트를 채색합니다.

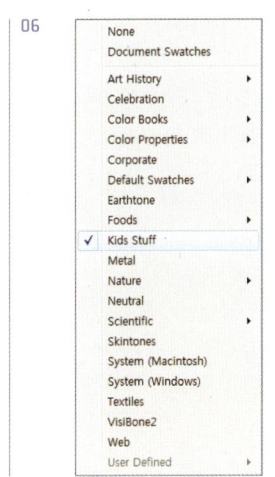
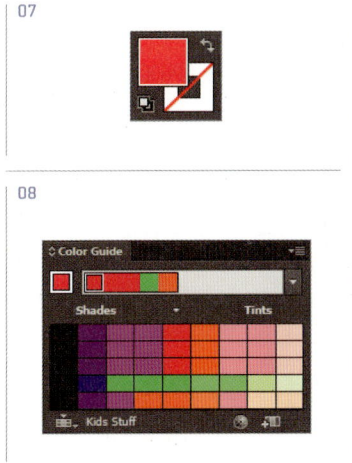

③ 에디터 컬러로 컬러 수정하기

에디터 컬러를 이용하면 그림의 전체 컬러를 바꿀 수 있으며 특정 색상이나 채도, 밝기, 명도, 색 온도, 광도 등을 조절할 수 있습니다.

> **Note / Recolor Artwork의 Edit 항목 살펴보기**
>
> ❶ 색상환의 보는 방식을 결정합니다. 스무스, 단계별, 바 형태로 선택해서 볼 수 있습니다.
> ❷ 전체적인 채도와 명도에 따른 색상의 변화를 조절할 수 있습니다.
> ❸ 원 컬러바를 추가하고 삭제합니다.
> ❹ 링크가 연결되면 원 컬러바를 묶어 움직일 수 있고, 연결이 끊어지면 원 컬러바를 개별적으로 움직일 수 있습니다.
> ❺ 선택한 색상을 표시합니다.
> ❻ 이미지의 컬러 모드를 선택합니다.
> ❼ 컬러 그룹을 불러옵니다.
> ❽ **Recolor Art** : 미리보기 기능으로 수정된 컬러를 이미지에 적용시켜 미리 볼 수 있습니다.

> **Note / Recolor Artwork의 Assign 항목 살펴보기**
>
> ❶ **Colors** : 테마별로 정리된 컬러 배합을 불러옵니다.
> ❷ **Current Colors** : 원본 컬러를 표시합니다.
> ❸ **New** : 수정된 컬러를 표시합니다.
> ❹ 새로운 컬러를 랜덤으로 교체합니다.
> ❺ 새로운 컬러의 채도를 랜덤으로 바꿉니다.
> ❻ 버튼을 누른 뒤 ❷ Current Colors와 ❸ New 영역의 컬러 막대를 클릭하면 그 색에 해당하는 오브젝트를 선명하게 볼 수 있습니다.

1. 전체 컬러 바꾸기

01 그림을 전체 선택합니다. 컬러 가이드 패널 하단의 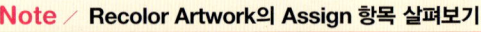 버튼을 누릅니다. **02** Recolor Artwork 창이 뜹니다. 오른쪽 중간에 있는 화살표를 클릭하여 **03** 그룹 영역을 잠시 닫아둡니다.

01  02 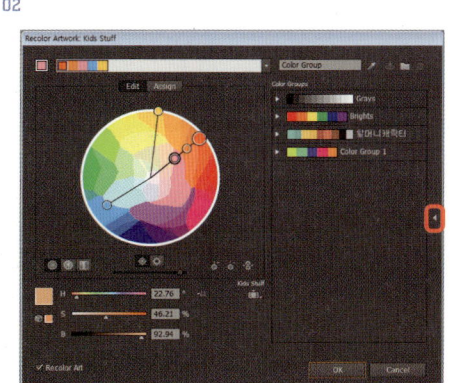 03

04 전체 컬러를 바꾸겠습니다. 색상환 안의 제일 큰 원 컬러바를 움직여 보세요. 작은 원 컬러바가 같이 이동하면서 전체 컬러가 변경됩니다(링크 를 클릭하면 원과 원을 잇는 선이 점선이 됩니다). 이때 작은 원 컬러바를 개별적으로 움직여 특정 색상을 변경할 수 있습니다.

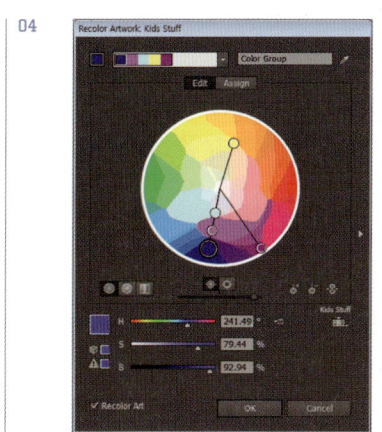  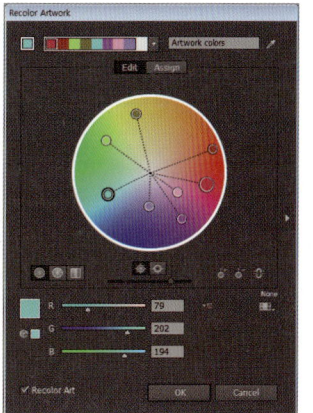

> **Note** / 원본 색으로 돌아가기
>
> Recolor Artwork 창에서 색상을 수정, 변경하다가 다시 기존의 색으로 돌아가고 싶을 때는 상단의 버튼을 누릅니다.

2. 전체의 밝기, 채도 조절하기

01 컬러 가이드 패널 중앙에 비슷한 모양의 버튼이 있습니다. 왼쪽 버튼은 채도에 따라 색상을 변화시키고, 오른쪽 버튼은 명도에 따라 색상을 변화시킵니다. 왼쪽 버튼을 선택하고 조절 바를 왼쪽으로 내려 보세요. 채도가 낮아져 검은색이 섞인 듯 탁한 색이 됩니다. 02 오른쪽 버튼을 선택하고 조절 바를 오른쪽으로 올려 보세요. 명도가 높아져 흰색이 섞인 듯 밝은 색이 됩니다.

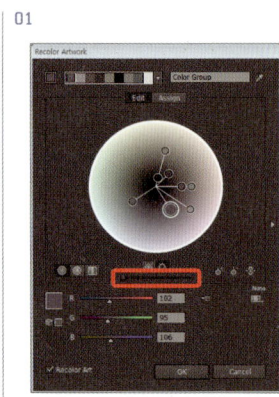  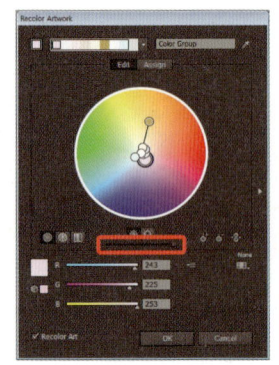 

3. 채도/명도/색 온도/광도 조절하기

01 컬러 가이드 패널 하단의 ▼ 버튼을 눌러 Grobal Adjust 메뉴를 선택합니다. **02** 하단에 새로운 조절 바가 생깁니다. 위에서부터 차례대로 채도, 명도, 색 온도, 광도를 조절할 수 있습니다.

 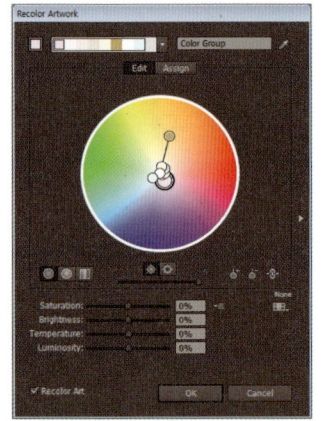

03 Saturation 조절바를 왼쪽으로 드래그하면 흑백이 되고 **04** 오른쪽으로 드래그하면 원 색이 됩니다.

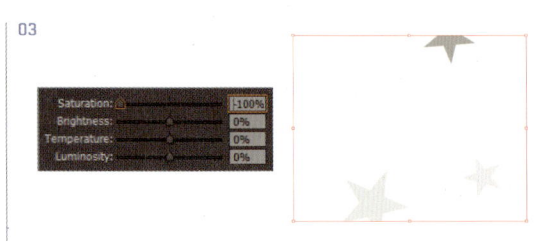 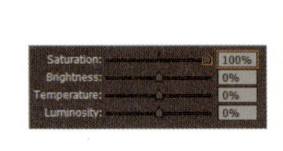 

05 Brightness 조절 바를 왼쪽으로 드래그하면 어두운 색이 되고 **06** 오른쪽으로 드래그하면 밝은 색이 됩니다.

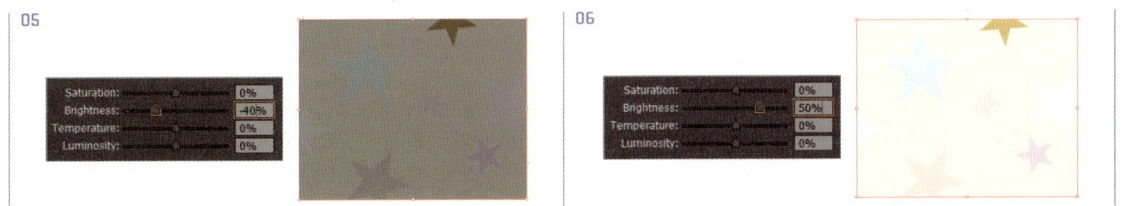

07 Temperature 조절 바를 왼쪽으로 드래그하면 차가운 색이 되고 **08** 오른쪽으로 드래그하면 따뜻한 색이 됩니다.

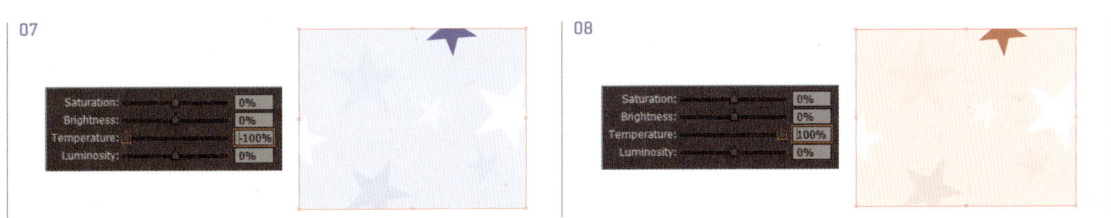

09 Luminosity 조절 바를 왼쪽으로 드래그하면 광량이 줄어 어두운 색이 되고 **10** 오른쪽으로 드래그하면 광량이 많아져 밝은 색이 됩니다. 명도와 비슷하지만 전체적인 색상이 흐릿해지는 경향이 있습니다.

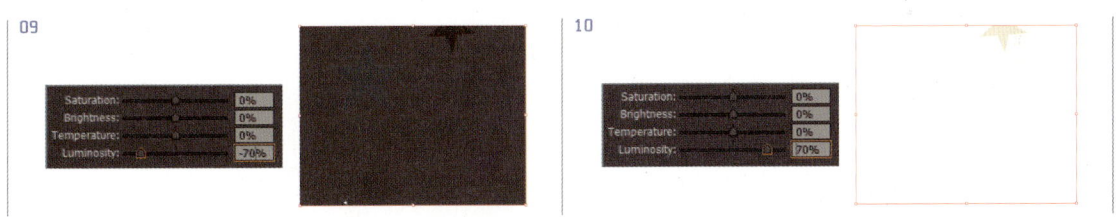

> **Note** / 수정한 색상 배합을 컬러 그룹으로 저장하는 방법
>
> 수정한 색상 배합이 마음에 들면 컬러 가이드 패널의 그룹 영역을 열어 상단의 ■ 버튼을 누릅니다.
> 컬러 그룹으로 저장되는 동시에 스와치 패널에도 등록됩니다.

Chapter 07

나만의 알짜배기
소스 만들기 + 라이브러리 펼쳐보기

디자이너에게 소스는 디자인을 완성시키는데 필요한 재료입니다. 음식을 만들 때 식재료가 좋으면 맛있듯이 디자인 재료 역시 완성도 있는 디자인 작업을 위해 중요합니다. 일러스트레이터에서 기본적으로 제공하는 소스 외에 자신이 자주 사용하는 나만의 소스를 만들어 두면 필요할 때 꺼내 쓸 수 있어 시간을 단축할 수 있습니다.

만들어 볼 소스는 심벌, 패턴, 그레이디언트입니다. 브러시 소스 만들기는 PART 01. Chapter 2를 참고하세요. 이제부터 디자인 작업에 주요하게 쓰이는 갖가지 소스들을 만들어 보고 기본으로 제공되는 소스, 라이브러리를 살펴보겠습니다.

심벌 소스 만들기

예제파일 / 심벌제작.ai

자주 사용하는 오브젝트를 심벌로 등록해 놓으면 많은 양의 오브젝트를 쉽고 빠르게 그릴 수 있습니다. 일러스트레이터에서 만든 모든 이미지는 심벌로 등록할 수 있기 때문에 자주 그리게 되는 소재들을 미리 심벌로 등록하여 사용해 보세요.

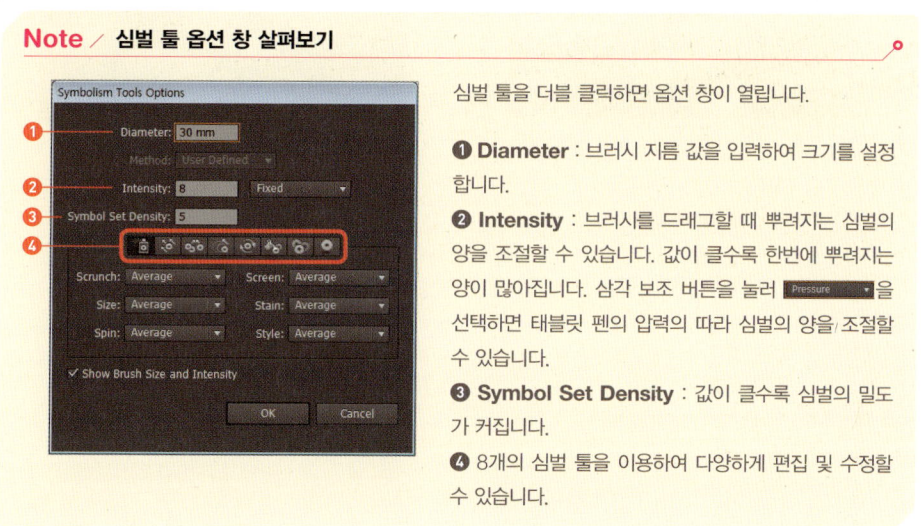

Note / 심벌 툴 옵션 창 살펴보기

심벌 툴을 더블 클릭하면 옵션 창이 열립니다.

❶ **Diameter** : 브러시 지름 값을 입력하여 크기를 설정합니다.

❷ **Intensity** : 브러시를 드래그할 때 뿌려지는 심벌의 양을 조절할 수 있습니다. 값이 클수록 한번에 뿌려지는 양이 많아집니다. 삼각 보조 버튼을 눌러 Pressure 를 선택하면 태블릿 펜의 압력에 따라 심벌의 양을 조절할 수 있습니다.

❸ **Symbol Set Density** : 값이 클수록 심벌의 밀도가 커집니다.

❹ 8개의 심벌 툴을 이용하여 다양하게 편집 및 수정할 수 있습니다.

01 Ctrl + O를 눌러 '심벌제작.ai' 파일을 엽니다. 필자가 제작해 놓은 녹색 풀밭과 양이 보입니다. 02 선택 툴 로 양을 선택한 뒤 심벌 패널에 드래그하여 심벌로 등록합니다. 03 Symbol Options 창이 열리면 Name을 '양'으로 입력한 뒤 OK합니다. 04 심벌 패널에 양이 추가됩니다.

05 심볼 뿌리기 툴 을 선택하여 녹색 풀밭 위로 넓게 뿌립니다. 화면을 꾸욱 누르면 양 모양이 계속 나타납니다. **06** 심벌 이동 툴 로 양을 드래그하여 사각형 프레임 밖으로 빠져나간 양들을 안쪽으로 옮겨줍니다. 풀밭에 골고루 위치하게 만듭니다.

Note / 심벌 지름 값 조절하기

- 심벌 지름 값 줄이기 : [[ ]
- 심벌 지름 값 늘리기 : [ ]]

07 심벌 크기 조절 툴 을 선택한 뒤, [Alt]를 눌러 심벌의 사이즈를 줄입니다. 다양한 크기의 양들이 옹기종기 모여 있는 풀밭이 되었습니다.

08 구름을 만들어 심벌로 등록하겠습니다. 원형 툴 로 원을 여러 개 만들어 서로 겹치게 만듭니다.
09 구름 전체를 선택한 뒤 패스 파인더 패널에서 버튼을 눌러 원을 하나로 합칩니다.

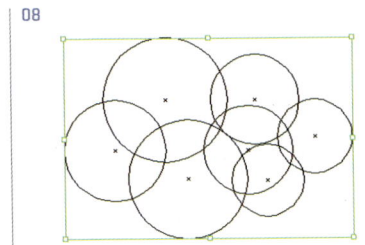

10 구름을 심벌 패널에 드래그합니다. Symbol Options 창이 열리면 Name을 구름으로 정한 뒤 OK합니다. 11 심벌 패널에 구름이 추가됩니다.

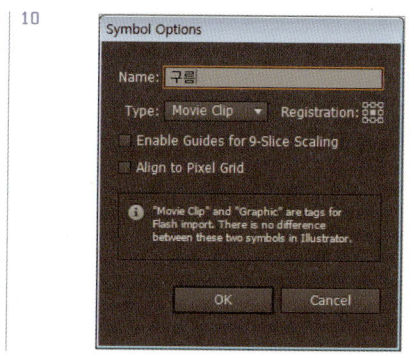

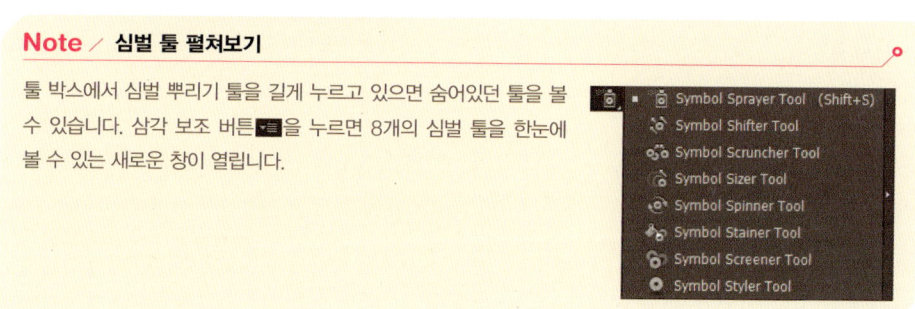

Note / 심벌 툴 펼쳐보기

툴 박스에서 심벌 뿌리기 툴을 길게 누르고 있으면 숨어있던 툴을 볼 수 있습니다. 삼각 보조 버튼을 누르면 8개의 심벌 툴을 한눈에 볼 수 있는 새로운 창이 열립니다.

12 심벌 뿌리기 툴을 이용하여 하늘에 구름을 뿌려줍니다. 13 심벌 이동 툴로 구름을 드래그하여 하늘 전체에 골고루 퍼지게 위치를 이동시키고 심벌 크기 조절 툴로 구름의 크기를 다양하게 만들어 줍니다.

Note / 심벌 툴 살펴보기

심벌 뿌리기 툴 외에 나머지 7개의 심벌 관련 툴을 사용하여 다양한 방법으로 편집 및 수정할 수 있습니다.

❶ 심벌 뿌리기 툴 : 클릭하거나 드래그하여 심벌을 뿌립니다. Alt 를 눌러 뿌려진 양을 줄일 수 있습니다.
❷ 심벌 이동 툴 : 드래그하여 심벌의 위치를 이동시킵니다.
❸ 심벌 압축 툴 : 클릭하거나 드래그하여 심벌을 모읍니다. Alt 를 눌러 심벌을 흩을 수 있습니다.
❹ 심벌 크기 조절 툴 : 클릭하거나 드래그하여 심벌의 크기를 키울 수 있습니다. Alt 를 눌러 크기를 줄일 수 있습니다.
❺ 심벌 회전 툴 : 드래그하여 심벌의 각도를 조정합니다.
❻ 심벌 채색 툴 : 심벌을 지정한 색으로 물들입니다.
❼ 심벌 투명 툴 : 클릭하거나 드래그하여 심벌을 투명하게 합니다. Alt 를 눌러 반대로 불투명하게 만들 수 있습니다.
❽ 심벌 스타일 툴 : 스타일 패널에서 선택한 스타일을 심벌에 적용시킵니다.

패턴 소스 만들기

예제파일 / 패턴제작.ai

패턴은 일정한 간격을 두고 반복되는 무늬입니다. 새로운 패턴을 만들기 위해서는 스와치 패널에 등록하거나 Edit ▷ Define Pattern 메뉴를 클릭합니다.

① 땡땡이 패턴 만들기

01 Ctrl + O 를 눌러 '패턴제작.ai' 파일을 불러옵니다. 사각형 툴 을 선택한 뒤, Alt + Shift 를 눌러 투명한 정사각형을 만듭니다. **02** 면 색을 지정한 뒤 원형 툴 로 투명한 정사각형 안에 여러 개의 원을 그립니다. **03** 만들어진 원을 선택 툴 로 전체 선택한 뒤 스와치 패널에 드래그하여 패턴으로 등록합니다.

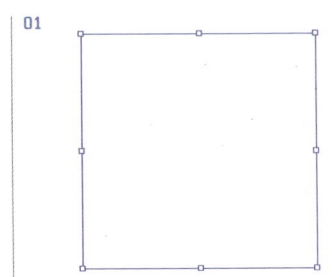

04 패턴을 입힐 부분을 선택한 후 **05** 등록된 패턴을 클릭하면 땡땡이 패턴이 입혀집니다.

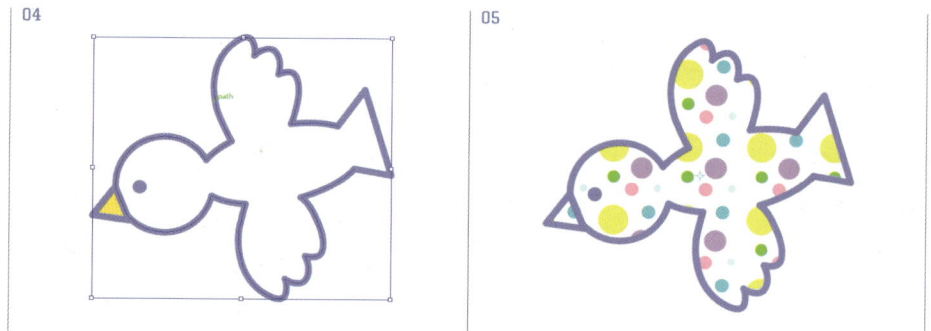

② 체크 무늬 패턴 만들기

01 사각형 툴을 선택한 뒤 화면을 더블 클릭하여 Rectangle 창을 띄웁니다. 가로세로를 60mm로 정한 뒤 OK합니다. 정사각형이 만들어집니다. **02** 가로세로를 각각 6등분하겠습니다. 면 색을 지정한 뒤 사각형 툴을 선택하고 화면을 더블 클릭하여 Rectangle 창을 띄웁니다. 가로를 60mm, 세로를 10mm로 정한 뒤 OK합니다. **03** 만들어진 직사각형을 정사각형의 위쪽에 위치시킵니다.

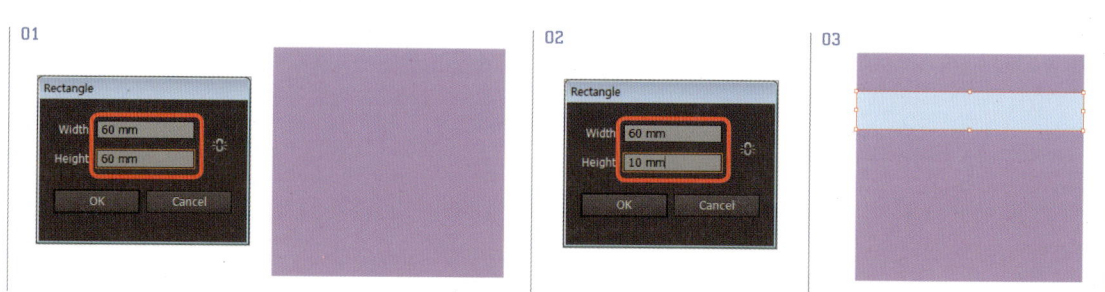

04 직사각형을 복제하여(Ctrl + C , Ctrl + V) 아래에 차례대로 위치시킵니다. **05** 같은 방법으로 직사각형을 복제하여 세로방향으로 회전시킨 뒤 색상을 변경합니다.

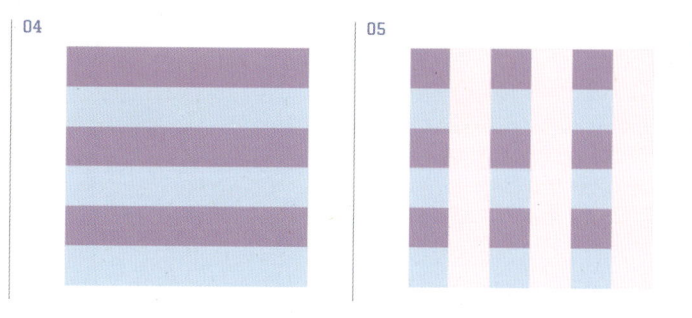

06 사각형 전체를 선택한 뒤, 패스 파인더 패널에서 ■버튼을 눌러 면을 나눕니다. 07 색이 교차하는 부분을 직접 선택 툴■로 선택한 뒤 Delete 를 눌러 삭제합니다. 08 만들어진 무늬를 선택 툴■로 전체 선택한 뒤 스와치 패널에 드래그하여 패턴으로 등록합니다.

09 패턴을 입힐 부분을 선택한 후 10 등록된 패턴을 클릭하면 체크 무늬 패턴이 입혀집니다.

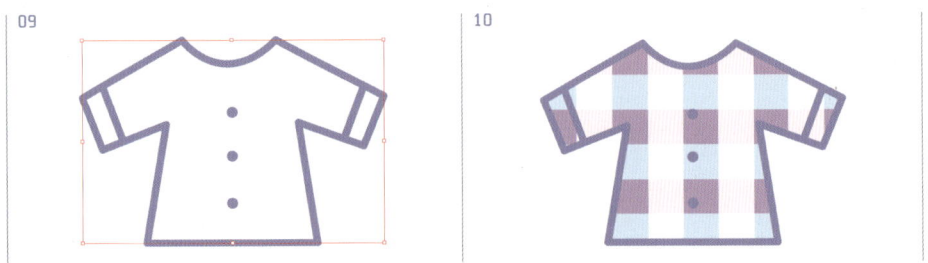

3 패턴 수정하기

01 스와치 패널에 등록된 땡땡이 패턴을 작업 화면으로 드래그합니다. 02 직접 선택 툴■로 먼저 투명 사각형을 선택한 뒤 색상을 변경합니다. 03 원의 색상도 모두 변경합니다.

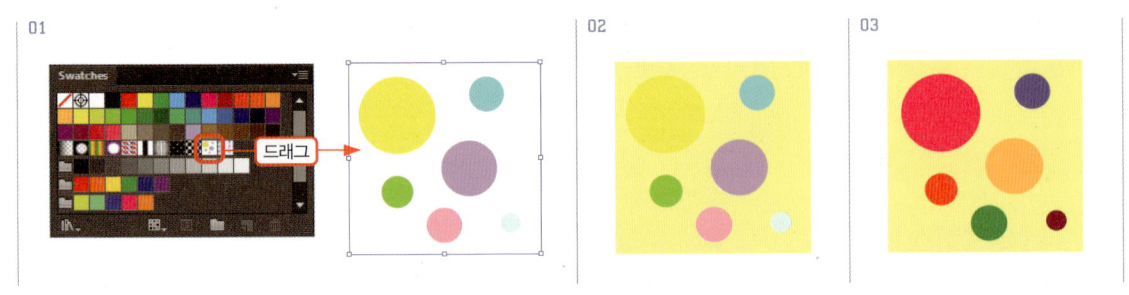

04 수정한 땡땡이 무늬를 선택 툴로 전체 선택한 뒤 스와치 패널에 드래그하여 패턴으로 등록합니다.
05 패턴을 입힐 부분을 선택하고 수정하여 등록한 패턴을 클릭하면 패턴이 입혀집니다. 같은 무늬라도 색을 다르게 설정하면 다른 느낌의 패턴이 됩니다.

04

05

Note / 패턴 이동/회전/비틀기/크기 조절

패턴이 입혀진 면과 선을 선택한 뒤, 툴을 더블 클릭하여 생긴 옵션 창에서 직접 수치를 입력하거나 [~]를 누르고 패턴 부분을 드래그하여 이동/회전 및 반전/비틀기/크기 조절을 할 수 있습니다.

❶ **패턴 이동** : 선택 툴, 직접 선택 툴을 이용합니다.
❷ **패턴 회전 및 반전** : 회전 툴과 반전 툴을 이용합니다.
❸ **패턴 비틀기** : 비틀기 툴을 이용합니다.
❹ **패턴 크기 조절** : 크기 조절 툴을 이용합니다.

Note / 오브젝트와 패턴이 동시에 조절된다면?

이동/회전/반전/비틀기/크기 조절 툴을 더블 클릭하여 옵션 창을 띄웁니다. Options 항목 안에 있는 Tranform Objets 박스를 체크 해제합니다.

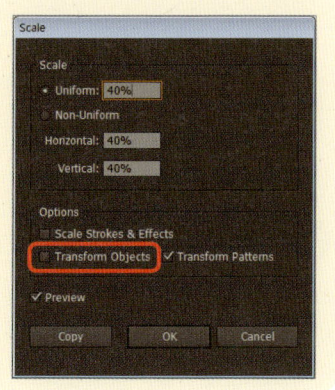

그레이디언트 소스 만들기

/ **예제파일** / 그레이디언트 제작.ai /

일러스트레이터에서 오브젝트에 채색하는 방법 중 그레이디언트는 둘 이상의 색상 또는 같은 색상을 가진 둘 이상의 농도 사이에 점진적으로 색을 변화시켜 줍니다.

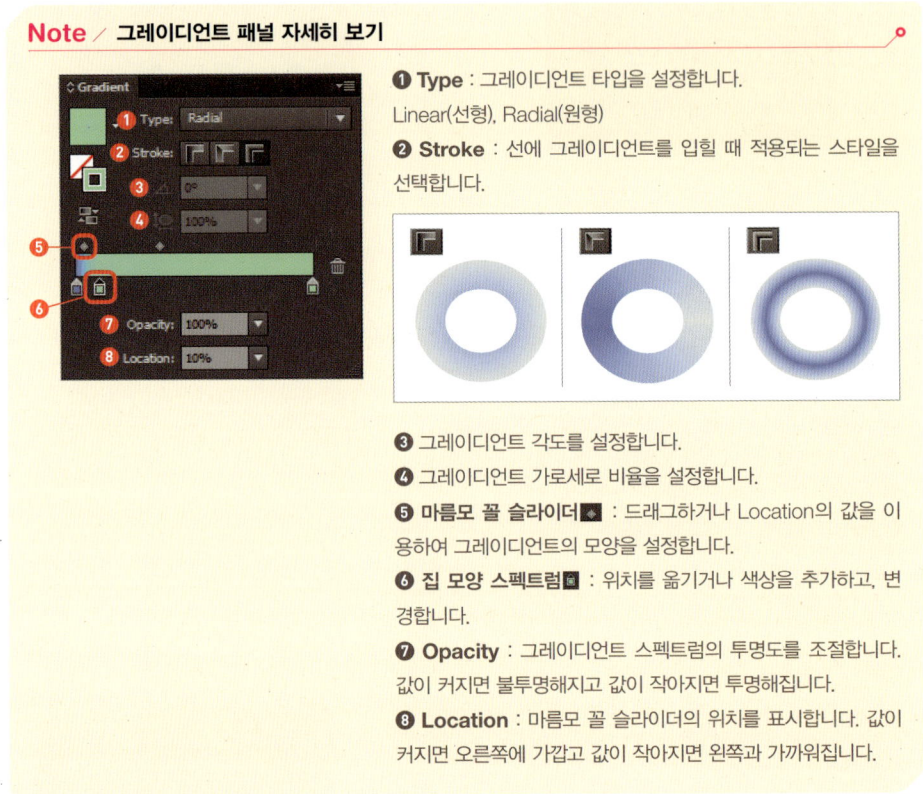

1 선형 그레이디언트 만들기

01 Ctrl+O를 눌러 '그레이디언트 제작.ai' 파일을 불러옵니다. 그레이디언트 패널에서 Type을 Linear로 설정합니다. 슬라이더의 색상을 다음과 같이 설정하고 각도를 30으로 설정합니다. 2가지 색상사이의 그레이디언트가 만들어집니다. **02** 만들어진 그레이디언트를 드래그하여 스와치 패널에 등록합니다.

01

02

03 상자의 윗 면을 선택한 뒤 04 스와치 패널에서 새로 등록한 그레이디언트를 클릭하여 색을 입힙니다.
05 상자의 왼쪽 면과 오른쪽 면도 같은 그레이디언트를 입혀줍니다.

03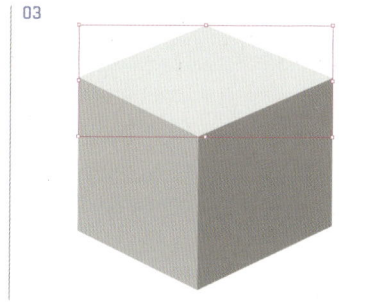

04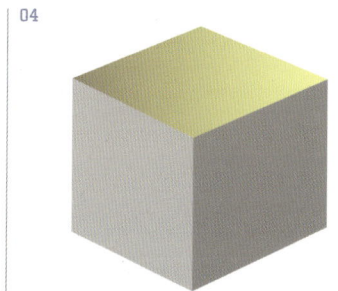

05

06 상자의 왼쪽 면과 오른쪽 면의 그레이디언트를 수정하겠습니다. 그레이디언트 패널을 다음과 같이 설정하여 주황색 계열의 색상을 만듭니다. 07 만들어진 그레이디언트를 드래그하여 스와치 패널에 등록합니다. 08 다시 그레이디언트 패널을 다음과 같이 설정하여 빨간색 계열의 색상을 만듭니다. 09 만들어진 그레이디언트를 드래그하여 스와치 패널에 등록합니다.

06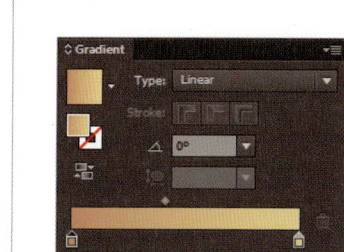

07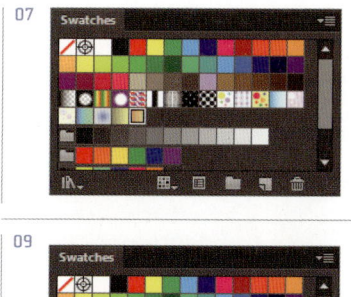

08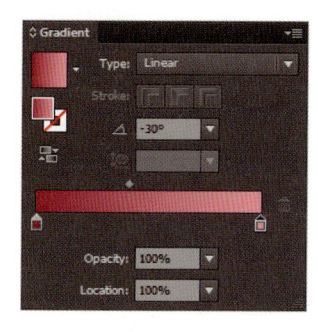

09

10 왼쪽 면과 오른쪽 면에 방금 만든 그레이디언트를 입힙니다. 명암이 입혀져 입체감 있는 상자가 완성됩니다.

Note / 그레이디언트 컬러를 추가/수정하는 세 가지 방법

❶ 스와치 패널에 컬러를 그레이디언트 스펙트럼 위로 드래그하면 컬러가 추가되거나 교체됩니다.

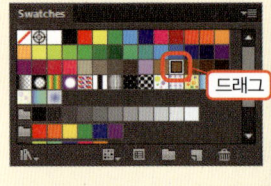 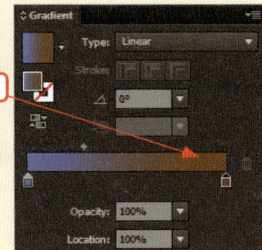

❷ 집 모양 스펙트럼을 클릭하고 컬러 패널에서 색상을 선택합니다.

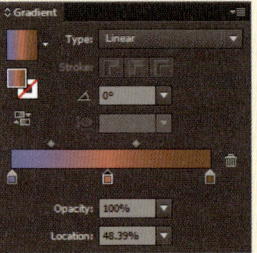

❸ 집 모양 스펙트럼을 더블 클릭하여 팝업 창을 띄웁니다. 스와치 패널과 컬러 패널이 합쳐진 창이 열립니다. 마음에 드는 색상을 선택합니다.

 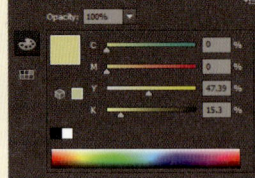 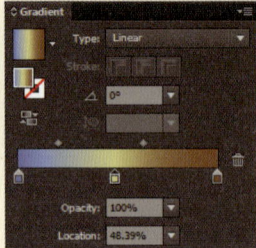

◆ 스와치 패널   ◆ 컬러 패널

2 원형 그레이디언트 만들기

01 그레이디언트 패널에서 Type을 Radial로 설정한 뒤 슬라이더의 색상을 다음과 같이 설정합니다. 02 만들어진 그레이디언트를 드래그하여 스와치 패널에 등록합니다. 03 원을 선택한 뒤, 04 스와치 패널에서 새로 등록한 그레이디언트를 클릭하여 색을 입힙니다. 중앙을 중심으로 색상이 점점 방사형으로 퍼지는 것을 확인합니다.

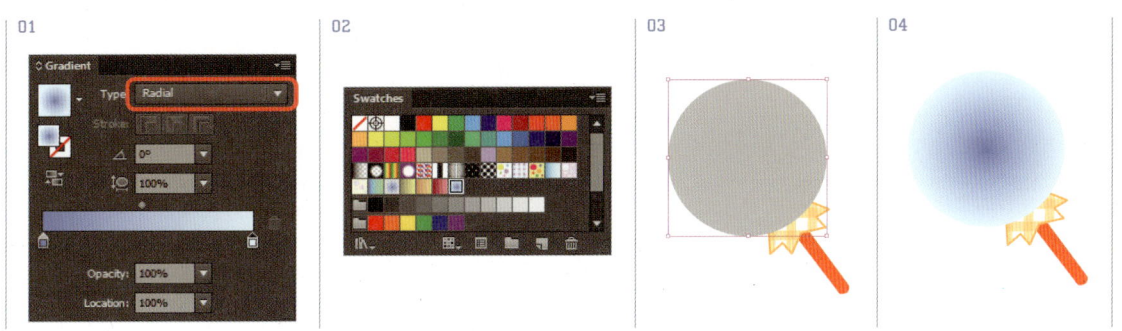

05 원의 입체감을 표현하기 위해 그레이디언트를 수정하겠습니다. 그레이디언트 패널에서 두 개의 집 모양 스펙트럼의 위치를 서로 바꾼 후 툴 박스에서 그레이디언트 툴을 선택합니다. 06 원을 선택한 뒤 Shift 를 누른 채 왼쪽에서 오른쪽 방향으로 클릭 드래그합니다. 자연스러운 명암이 생겼습니다. 07 원의 선 색을 다음과 같이 설정합니다. 08 파란색 사탕이 완성됩니다.

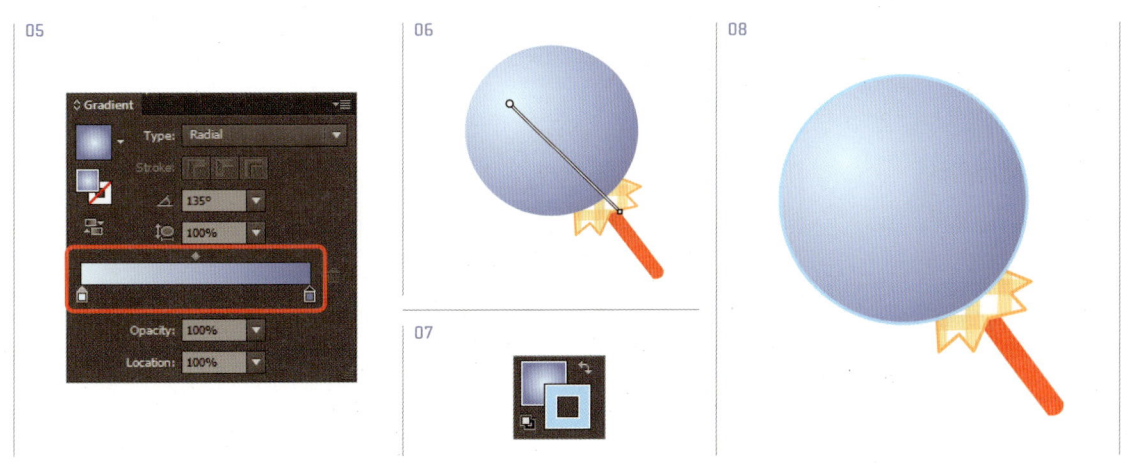

브러시 라이브러리 펼쳐보기

브러시 라이브러리는 Window ▷ Brush Libraries 메뉴 안에 있습니다.

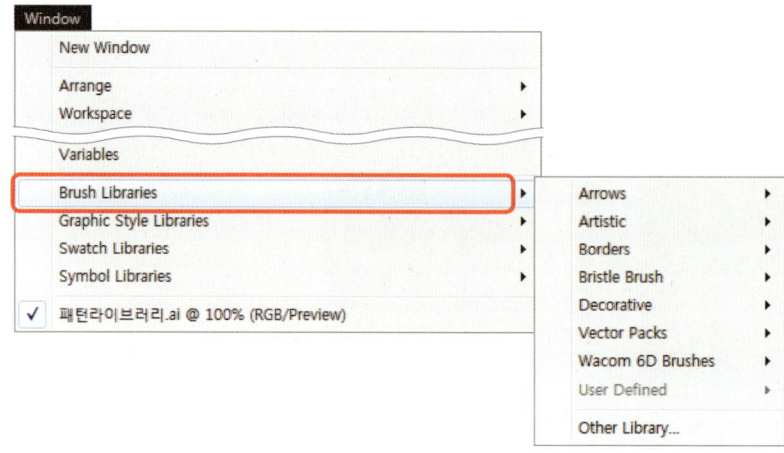

① Arrows

화살표 브러시입니다. Art Brush, Scatter Brush, Pattern Brush로 구성되어 있습니다.

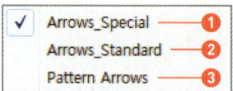

① **Special** : Special 브러시들은 Art Brush로만 구성되어 있습니다.

② **Standard** : 정사각형 모양의 화살표 브러시 들은 패스라인을 기준으로 흩뿌리는 효과를 주는 Scatter Brush입니다.

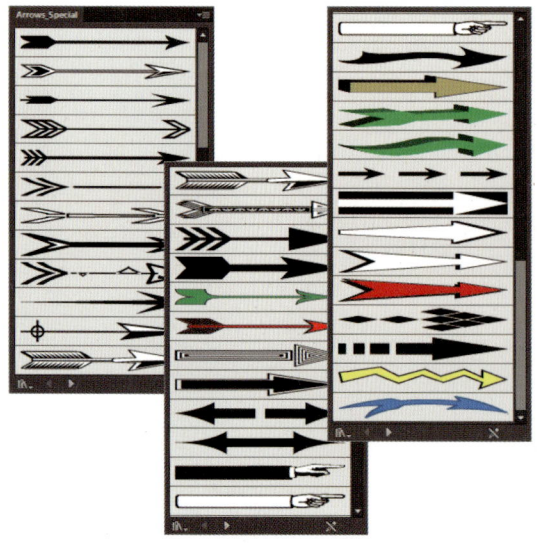

③ **Pattern** : 6구간으로 나눠진 브러시들은 패스 라인을 기준으로 브러시 효과가 적용되는 Pattern Brush입니다.

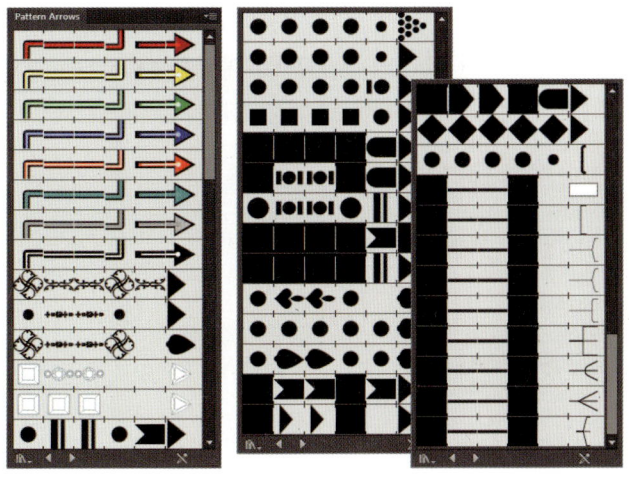

② Artistic

다양한 예술적 터치 효과를 주는 브러시입니다. Calligraphic Brush, Art Brush, Scatter Brush로 구성되어 있습니다.

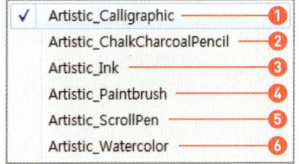

① **Calligraphic**

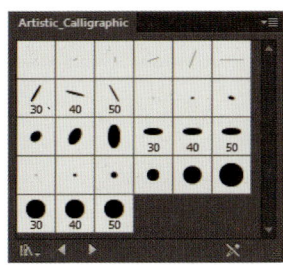

② **Chalk Charcoal Pencil**

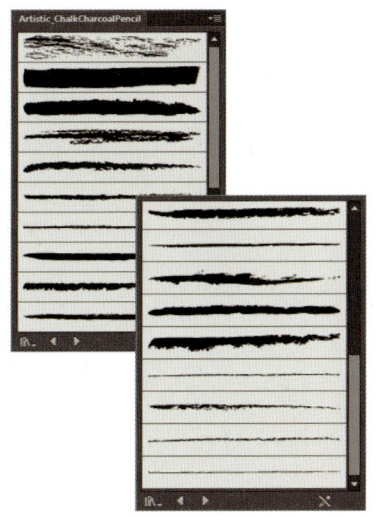

③ **Ink**

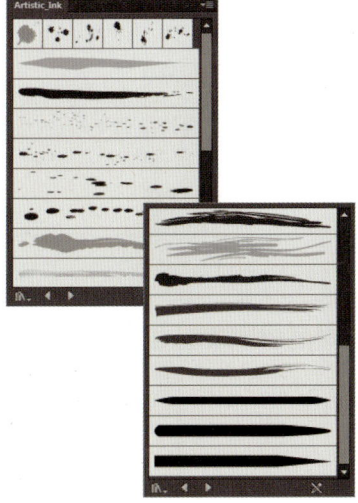

④ **Paint brush**

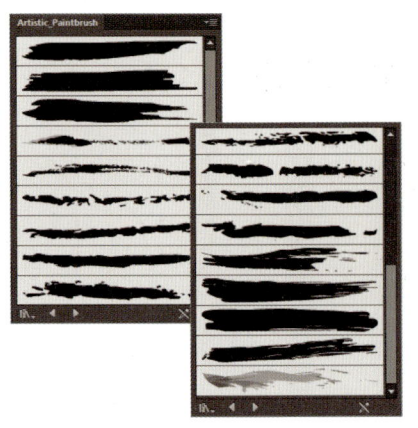

⑤ **Scroll Pen**

⑥ **Water color**

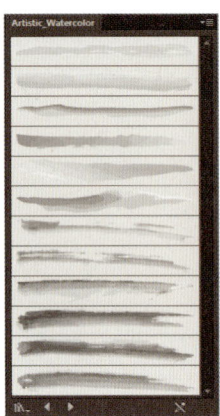

③ Borders

프레임의 가장자리를 장식해주는 다양한 Pattern Brush로 구성되어 있습니다.

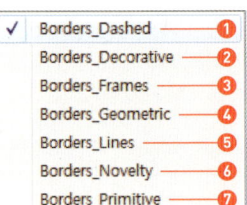

① **Dashed**

Dashed 점선으로 스트로크 패널에서도 만들 수 있습니다.

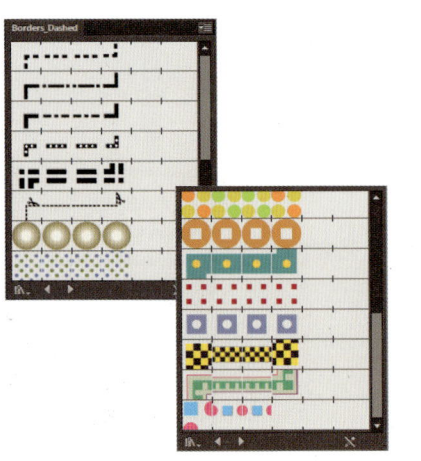

② **Decorative**

③ **Frames**

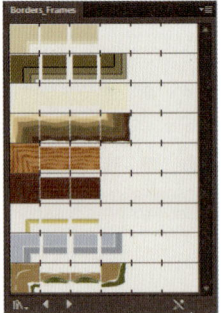

④ Geometric
⑤ Lines
⑥ Novelty
⑦ Primitive

④ Bristle Brush

강모, 털 느낌을 내주는 브러시입니다. 붓으로 칠한 것처럼 칠한 면의 시작과 끝이 약간 갈라져 있으며, 색이 부드럽게 섞이는 것이 특징입니다.

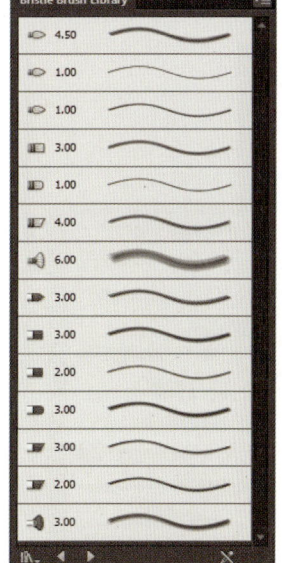

5 Decorative

배너 및 아프리카의 문양과 흑백의 우아한 식물 장식 브러시들입니다. Art Brush, Scatter Brush, Pattern Brush로 구성되어 있습니다.

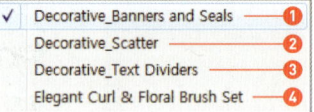

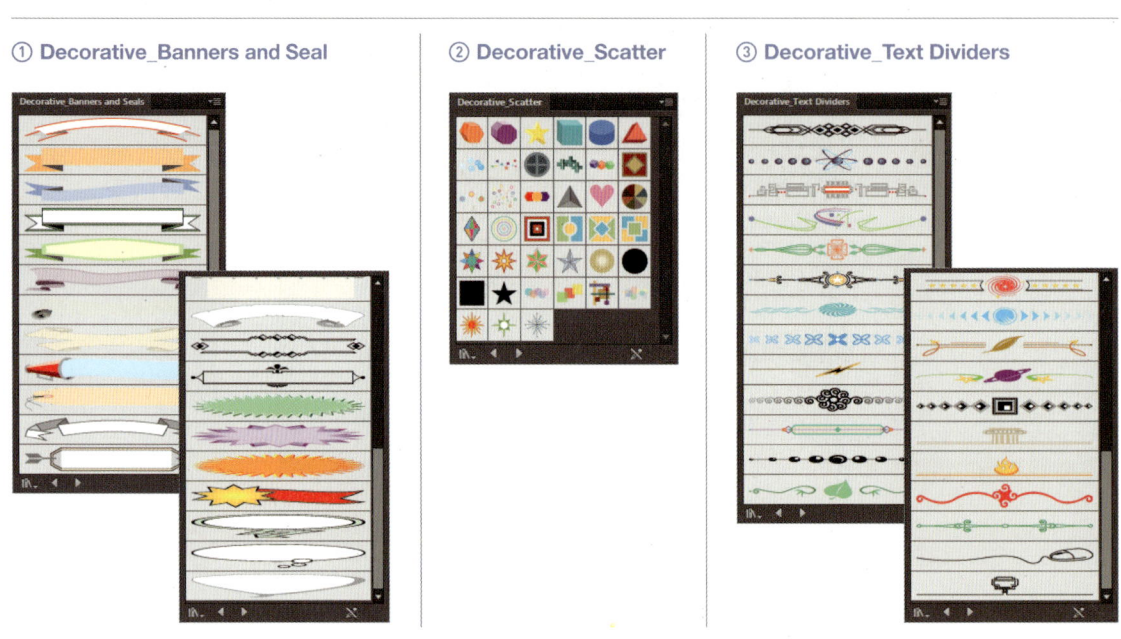

① Decorative_Banners and Seal
② Decorative_Scatter
③ Decorative_Text Dividers

④ Elegant Curl & Floral Brush Set

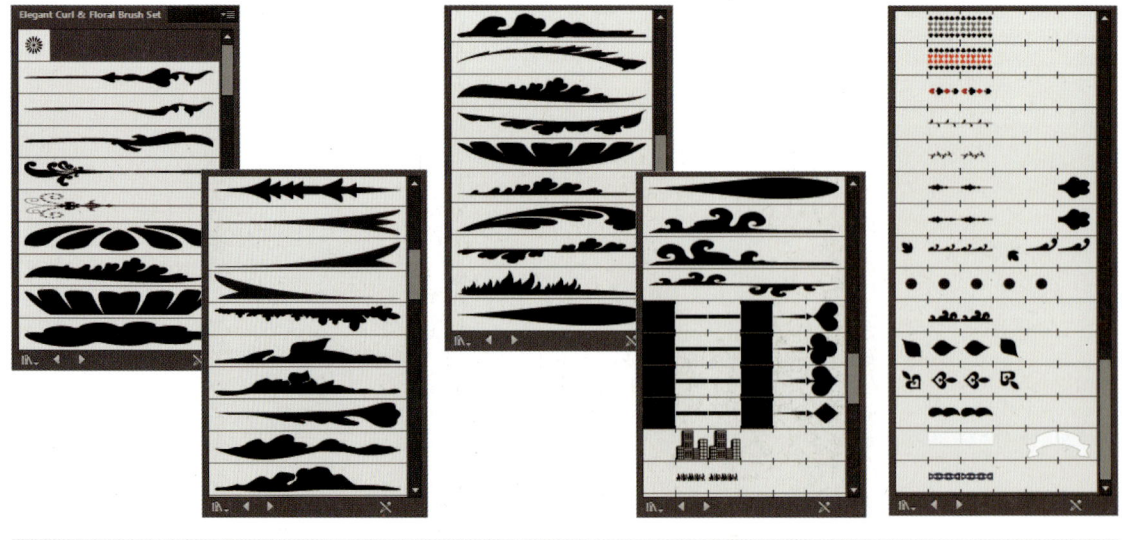

⑥ Vecter Packs

거친 느낌의 붓터치와 가벼운 드로잉 느낌의 브러시입니다.

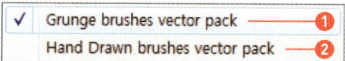

① **Grunge brushes vector pack**

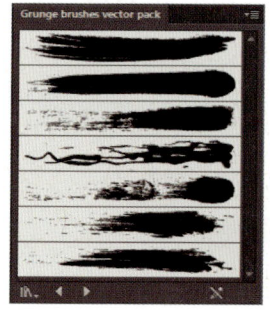

② **Hand Drawn brushes vector pack**

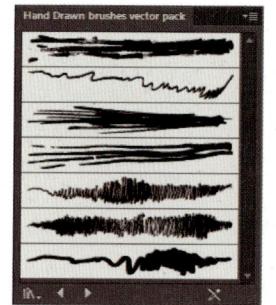

⑦ Wacom 6D Brushes

태블릿의 필압에 따라 두께가 정해지도록 설정되어 있는 브러시입니다.

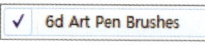

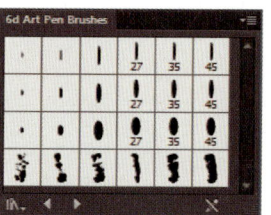

패턴 라이브러리 펼쳐보기

패턴 라이브러리는 Window ▷ Swatch Libraries ▷ Patterns 메뉴 안에 있습니다.

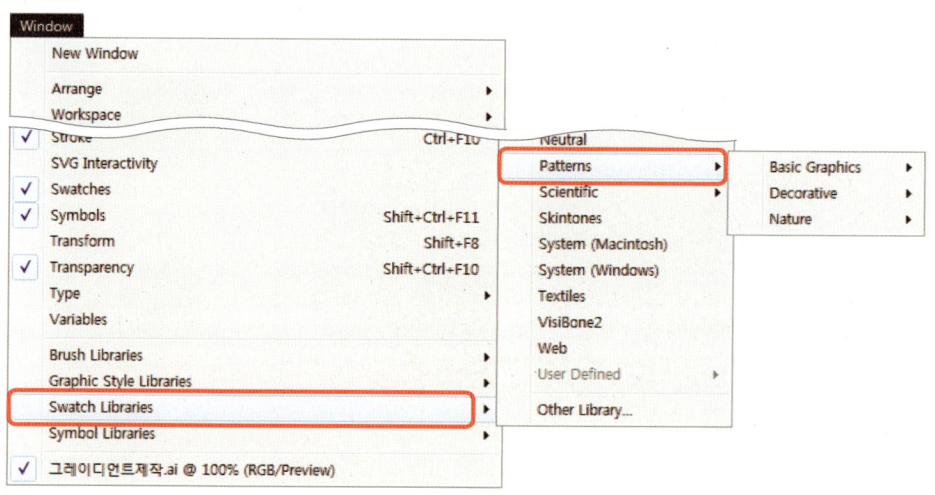

① Basic Graphics

점, 선, 면을 이용한 기본적인 그래픽 패턴입니다.

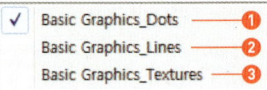

① **Dots**

② **Lines**

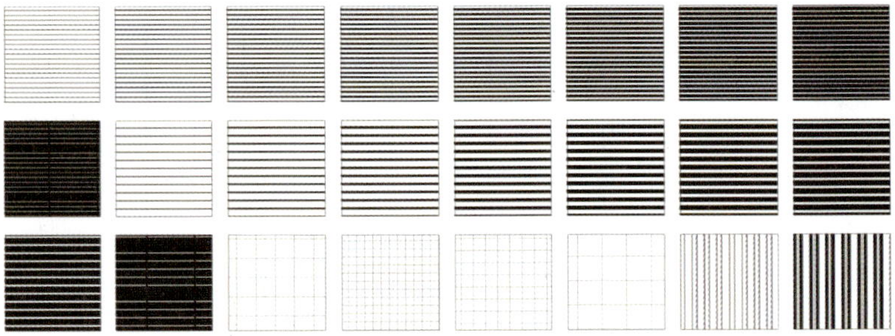

③ **Textures**

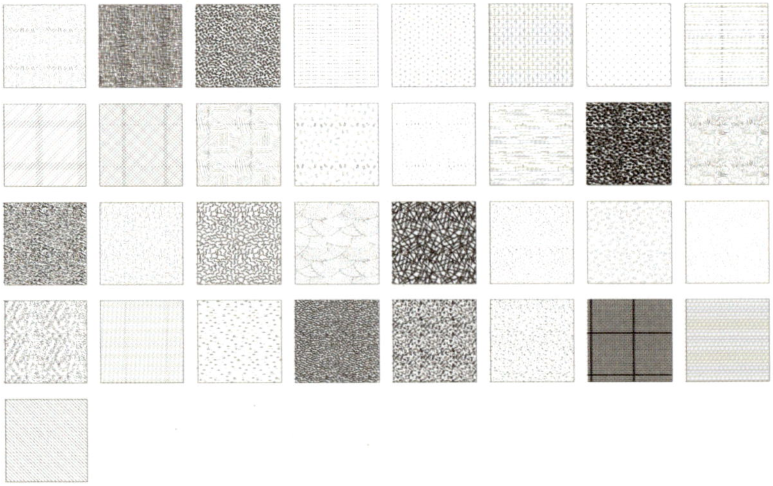

Decorative

장식적인 요소와 다양한 도형으로 클래식한 분위기를 연출하는 느낌의 패턴입니다. 화살표, 체크, 체인, 기하학적인 도형으로 구성되어 있습니다.

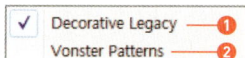

① Decorative Legacy

② Vonster Patterns

 **Nature**

자연적인 소재로 만들어진 패턴입니다.

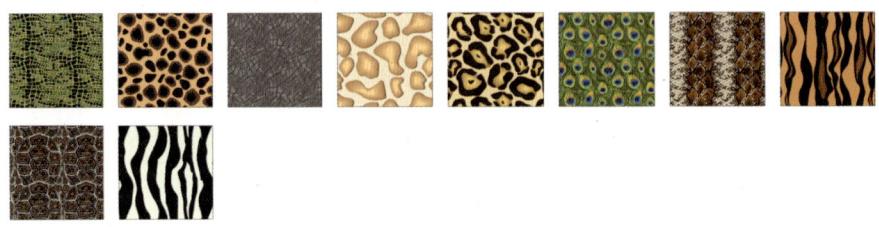

① **Animal Skins**

② **Foliage**

심벌 라이브러리 펼쳐보기

심벌 라이브러리는 Window ▷ Symbol Libraries 메뉴 안에 있습니다. 심벌 라이브러리 속에는 다양한 테마의 심벌이 가득합니다. 심벌 툴을 이용하여 사용해 보세요.

3D Symbols — ①	Grime Vector Pack — ⑪	Nature — ㉑
Arrows — ②	Hair and Fur — ⑫	Primitive — ㉒
Artistic Textures — ③	Heirloom — ⑬	Regal Vector Pack — ㉓
Celebration — ④	Illuminate Flow Charts — ⑭	Retro — ㉔
Charts — ⑤	Illuminate Org Charts — ⑮	Sushi — ㉕
Communication — ⑥	Illuminate Ribbons — ⑯	Tiki — ㉖
Dot Pattern Vector Pack — ⑦	Logo Elements — ⑰	Web Buttons and Bars — ㉗
Fashion — ⑧	Mad Science — ⑱	Web Icons — ㉘
Florid Vector Pack — ⑨	Maps — ⑲	User Defined ▸
Flowers — ⑩	Mobile — ⑳	Other Library...

①

②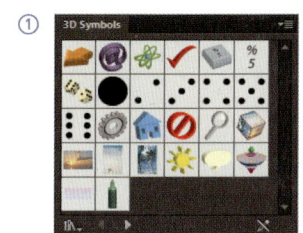

③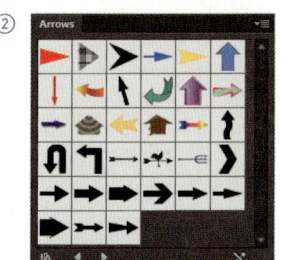

④

⑤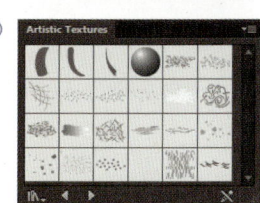

⑥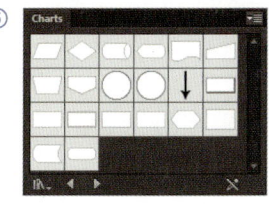

⑦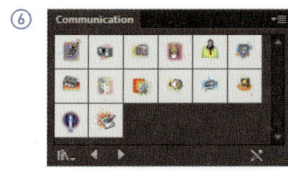

⑧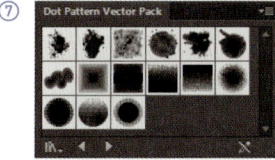

⑨

⑩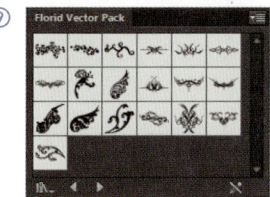

⑪

⑫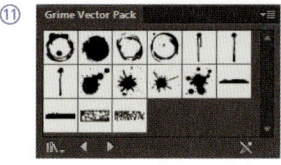

⑬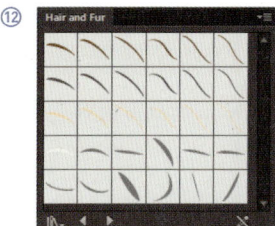

⑭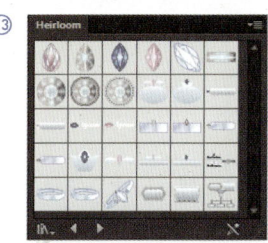

⑮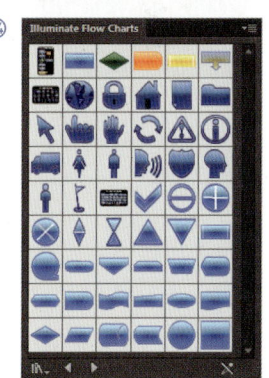

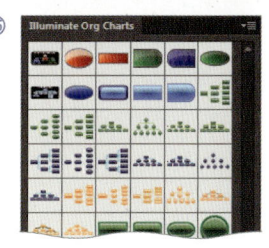

그레이디언트 라이브러리 펼쳐보기

그레이디언트 라이브러리는 Window ▷ Swatch Libraries ▷ Gradient 메뉴 안에 있습니다. 그레이디언트 라이브러리 안에는 다양한 테마의 그레이디언트가 가득합니다. 선형과 원형 타입의 그레이디언트로 구성되어 있습니다.

- Brights ①
- Color Combinations ②
- Color Harmonies ③
- Earthtones ④
- Fades ⑤
- Foliage ⑥
- Fruits and Vegetables ⑦
- Gems and Jewels ⑧
- Metals ⑨
- Neutrals ⑩
- Pastels ⑪
- Seasons ⑫
- Simple Radial ⑬
- Skintones ⑭
- Sky ⑮
- Spectrums ⑯
- Stone and Brick ⑰
- Tints and Shades ⑱
- Vignettes ⑲
- Water ⑳
- Wood ㉑

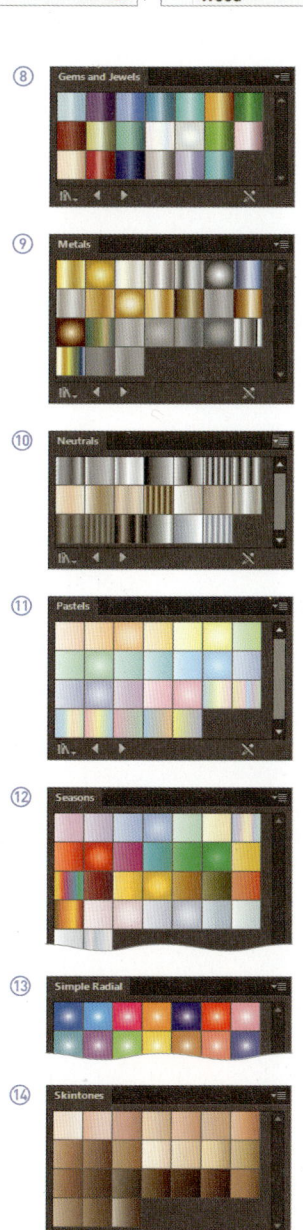

PHOTOSHOP
강점을 적극 활용한
일러스트 드로잉

포토샵의 강점은 편집과 합성 및 수작업 느낌을 내주는
브러시와 다양한 이펙트 효과로 요약할 수 있습니다.
이번 Part에서는 다양한 예제를 통해 수작업 느낌을 내주는 회화 기법들을
공부하고 포토샵만의 강점을 활용하는 방법을 배웁니다.
각 예제에 사용된 'Point Skill'과 '브러시' 목록, 본문 중간에 추가로 달아놓은
'Note'를 참고하시면서 차근차근 공부하시기를 바랍니다.
예제의 난이도는 Chapter 번호에 따라 점점 어려워집니다.
뒤로 갈수록 대체적으로 복잡하고
오랜 시간이 소요되는 작업이 될 것입니다.

브러시 · Adjustment · Hue/Saturation · 쿨러 · PhotoCopy · Halftone Pattern
Content-Aware Move · Chalk&Charcoal · Replace Color · Photo Filter · Add Noise · Mask
블렌딩 모드 · Displace · Wave · Fiber · Motion Blur · Glass · Emboss

Chapter 01

수작업 느낌의
그림일기 그리기

바쁜 일상 가운데 일기를 쓰는 것은 어려울 수 있습니다.
하지만 그 시간은 자신과 조용히 대화할 수 있는
귀한 시간입니다. 하루 중 가장 기억에 남는 일들을
그림으로 그려 보세요. 연습장에 그린 그림,
컴퓨터에서 직접 그린 그림. 어느 것이든 좋습니다.
그림일기는 글이 주가 되는 것이 아니라
그림이 주가 되기 때문입니다. 이번 예제에서는
직접 그린 그림을 스캔받아 보정하고
수작업 느낌의 재료로 채색하는 방법을
알아 보겠습니다. 포토샵에서 제공하는
기본적인 브러시를 다양하게 사용해 보고
'이런 저런 느낌의 브러시가 있구나.' 하며
브러시 활용을 익혀보세요.

- **POINT SKILL** / 브러시 툴 • Adjustment
- **사용한 브러시** / Crayon 브러시  • Square Pastel 브러시
  Pencil 브러시  • Charcoal Pencil 브러시
  Chalk 브러시
- **예 제 파 일** / 스크래치종이.jpg • 그림일기-시작.jpg • 그림일기-완성.jpg

STEP 1 / 그림 스캔하기

STEP 2 / 스캔한 그림 보정하기

STEP 3 / 채색하기

STEP 4 / 종이 질감 합성하기

STEP 1
그림 스캔하기

01 포토샵을 열어 File ▷ Import 메뉴에 마우스를 올리면 스캐너 또는 복합기 모델 이름이 나타납니다. 필자는 HP Desk jet F2180을 갖고 있기 때문에 [HP Desk jet F2180] 메뉴가 나타납니다. 해당 메뉴를 선택하면 **02** 스캐닝 화면이 나타납니다. 여기서 중요한 것은 해상도입니다. 해상도(DPI) 값을 75로 설정하고 스캔 단추를 누릅니다.

01

02

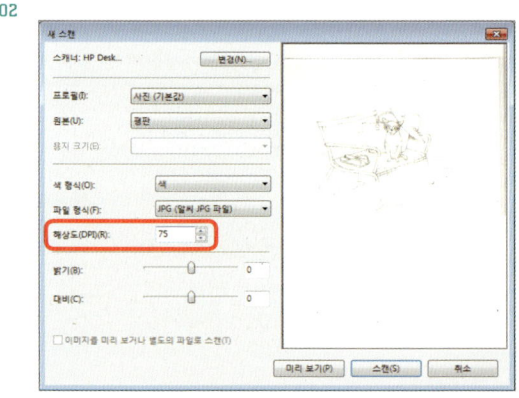

03 스캔이 진행되고 완료되면 **04** 포토샵으로 이미지가 불러들여집니다.

03

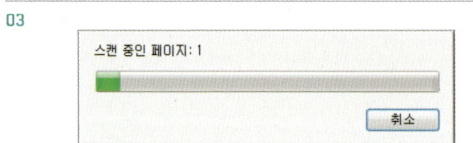

04

Note / 스캔과 해상도(DPI)

DPI(Dot per inch)는 inch당 Dot 수를 말합니다. 즉 단위 길이당 표시할 수 있는 점의 수이며 Resolution이라고도 불립니다. 숫자 값이 커질수록 점의 수가 많아지기 때문에 이미지가 선명해집니다. 예를 들어, 가로1인치×세로2인치 크기의 도큐먼트에 해상도 100dpi로 그린다면?
가로 픽셀(pixel) 수:100개, 세로 픽셀(pixel) 수:200개
100×200=20,000(pixel)개의 점이 찍힙니다.
해상도 200dpi로 그린다면?
가로 픽셀(pixel) 수:200개, 세로 픽셀(pixel) 수:400개
200×400=80,000(pixel)개의 점이 찍힙니다.
점의 수에 따라 그림의 화질이 결정됩니다.

05 [background] 레이어를 더블 클릭하면 레이어가 [Layer 0]으로 바뀌고 자물쇠가 풀립니다. **06** 자르기 툴을 이용해서 이미지에서 필요한 부분만 남기겠습니다. 자르기 툴을 선택한 후 그림과 같이 클릭 드래그하여 필요한 영역을 설정합니다. 어두워진 영역이 잘려나갈 부분입니다. Enter 를 누르면 필요한 영역만 남습니다.

05

01
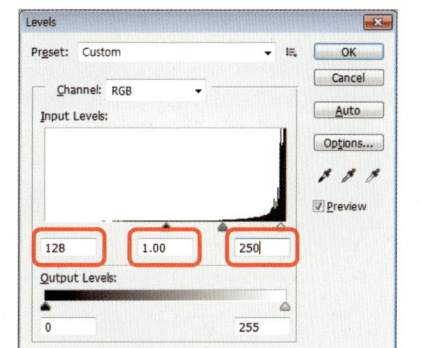

06

02

Note / Background 자물쇠 풀기

[Background] 레이어를 더블 클릭하여 New Layer 창을 띄운 뒤, OK하면 자동으로 [Layer 0] 이름을 가진 레이어로 변경되며 자물쇠가 풀립니다. 자물쇠가 채워져 있으면 포토샵의 다양한 효과와 기능을 사용하는데 제한이 있기에 필자는 보통 [Background] 레이어의 자물쇠를 풀어 사용합니다.

Note / Adjustments 메뉴의 보정 창에서 앞서 설정한 값을 알려면?

 Alt 를 누른 상태로 Image ▷ Adjustments 메뉴로 들어가서 세부 메뉴를 선택하면, 앞서 입력한 값이 그대로 적용됩니다.

STEP 2
스캔한 그림 보정하기

01 스캔한 이미지를 잘 살펴보면 어둡고 지저분한 점이나 긁힌 자국이 보입니다. 색감을 보정하고 지저분한 요소를 제거하기 위해 Image ▷ Adjustments ▷ Levels 메뉴를 선택합니다(Ctrl + L). Levels 창이 열리면 다음과 같이 숫자를 입력하고 OK합니다. 보정 작업 시 Levels 값 조절은 필수입니다. 그림이 흐리고 선명한 정도는 Levels 값에 따라 달리 나타납니다. **02** 밝은 부분과 어두운 부분이 뚜렷해졌습니다.

03 Image ▷ Adjustments ▷ Desaturation 메뉴를 선택합니다(Ctrl + Shift + U). 스케치 선의 채도가 사라져 무채색이 되었습니다. **04** 이미지를 확대하여 지저분한 부분을 찾아 흰색 브러시로 채색하여 가려 줍니다. 울퉁불퉁하거나 거친 스케치 선을 흰색으로 칠해 깔끔하게 정리합니다.

03

05 Image ▷ Adjustments ▷ Levels 메뉴를 선택합니다 (Ctrl + L). Levels 창이 열리면 중간 부분의 회색 슬라이드를 검은색 슬라이드 방향으로 이동시킵니다. 스케치 선이 흐릿해집니다.

05

04

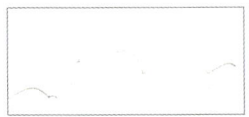 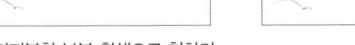

◆ 지저분한 부분 흰색으로 칠하기

◆ 스케치 선 깔끔하게 다듬기

STEP 3
채색하기

크레파스 느낌 표현하기

01 레이어 패널에서 [Layer 0]을 [스케치]로 이름을 변경한 뒤, 버튼을 눌러 [스케치] 레이어 위에 [채색] 레이어를 만듭니다. **02** 이제부터 크레파스, 파스텔, 연필, 목탄, 분필 느낌을 내주는 브러시로 채색하겠습니다. 브러시 툴 을 선택한 뒤 화면에서 마우스 오른쪽 버튼을 눌러 브러시 창을 띄웁니다. 'Crayon' 브러시를 선택합니다.

01

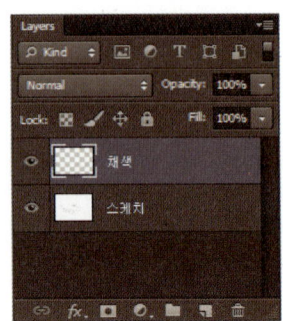

◆ 보정 완료

> **Note** / 화면 확대, 축소
>
> ❶ 화면 확대 : Ctrl + Space bar + 마우스 왼쪽 버튼 클릭 / Ctrl + +
>
> ❷ 화면 축소 : Alt + Space bar + 마우스 왼쪽 버튼 클릭 / Ctrl + -
>
> Ctrl + + , Ctrl + - 를 사용해도 되지만, 태블릿을 쓰는 경우라면 불편합니다. 해당 단축키를 쓰면 태블릿을 쥔 손이 태블릿을 내려놓고 키보드 위에 올라가야 하기 때문입니다.

02

04 벤치를 베이지색 #E3DDC1으로 채색하고, Alt 를 누른 채 주변 색을 추출합니다. Opacity를 조절하여 색을 겹쳐 채색해칠합니다. 브러시 툴에서 Alt 를 누르고 있는 동안은 스포이드 툴이 됩니다. 스포이드 툴은 클릭하는 지점의 색상을 찍어 주는 기능을 갖고 있어 채색할 때 유용합니다. [를 눌러 브러시 사이즈를 줄여 벤치 다리와 팔걸이를 채색합니다.

04

03 노란색 #FFF862 계열로 모자를 채색하고 빨간색 #F3505F으로 모자 끈을 그립니다. 터치를 하면 흰 부분이 생기면서 굵고 거친 크레파스 질감이 남습니다.

03

> **Note** / 브러시 사이즈 조절하기
> - [: 브러시 사이즈가 점차 작아집니다.
> -] : 브러시 사이즈가 점차 커집니다.

> **Note** / 태블릿 펜 각도에 따른 선의 변화
> 그림 재료의 모습을 띈 브러시들은 모두 태블릿 펜의 기울기를 감지해서 각도에 따라 브러시 효과를 다르게 나타내 줍니다. 태블릿의 각도를 낮춰 눕혀 칠하면 두꺼운 선을 그리고, 각도를 높여 세워 칠하면 가는 선을 그릴 수 있습니다.
>
>
>
> ◆ 'Crayon' 브러시 태블릿 각도를 낮춰 칠했을 때
>
> ◆ 'Crayon' 브러시 태블릿 각도를 높여 칠했을 때

> **Note** / Opacity
> Opacity는 투명도와 불투명도를 나타내는 수치입니다. 값이 커질수록 불투명해지고 값이 작아질수록 투명해집니다. Opacity 값이 100%이면 불투명하고 Opacity 값이 0%이면 개체가 보이지 않을 정도로 투명해집니다. 50%는 반투명한 상태입니다.

파스텔 느낌 표현하기

01 'Square Pastel' 브러시를 선택한 뒤 02 파란색 #CAE3F6 계열로 물가를 채색합니다.] 를 눌러 브러시 사이즈를 키워 가로 방향으로 겹쳐 칠합니다. 03 Alt 를 누른 채 주변 색을 추출한 뒤, Opacity를 조절하여 칠하면 색과 색이 자연스럽게 섞입니다.

01

01
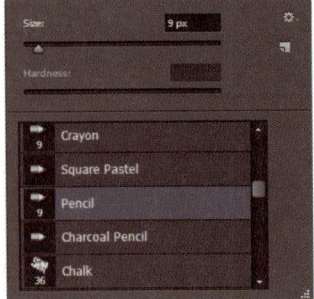

02

02

03

03

연필 느낌 표현하기

01 'Pencil' 브러시를 선택한 뒤 전경색을 진한 회색 #8C8C8C으로 설정합니다. **02** ①를 눌러 브러시 사이즈를 줄이고 핸드백의 윗면부터 아랫면까지 빗금을 긋듯 채색합니다. **03** 고양이와 모자 위에 대각선 방향의 빗금을 그어 명암을 표현합니다.

목탄 느낌 표현하기

01 'Charcoal Pencil' 브러시를 선택한 뒤 전경색을 갈색 #6E5F5D으로 설정합니다. 02 벤치의 빈 부분을 작은 브러시로 채색해 줍니다. 슬리퍼, 핸드백, 고양이의 스케치 라인의 외각을 신경 쓰며 채색합니다. 03 대각선 빗금을 그려 물가에 비친 벤치의 그림자를 완성합니다.

01

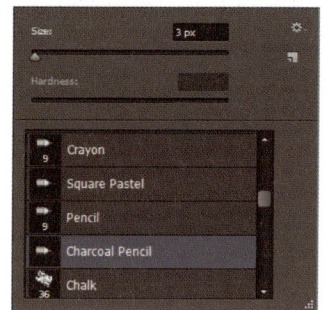

02

03

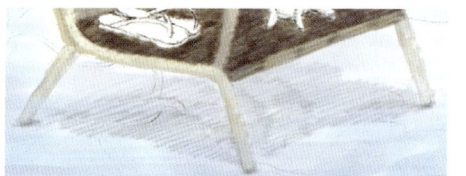

분필 느낌 표현하기

01 'Chalk' 브러시를 선택한 뒤 02 슬리퍼와 고양이의 볼터치와 옷을 채색합니다. 핸드백에 두 가닥의 잎사귀를 그려 장식 효과를 줍니다. 03 벤치 위로 두 개의 구름을 추가로 그리고 빗방울을 여러 개 그려 비를 표현합니다.

01

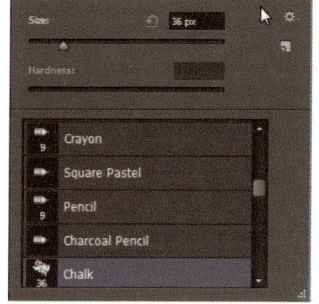

02

03

04 오른쪽 여백에 말풍선을 그리고 'Rainy day'를 써 줍니다. **05** 검은색 #000000으로 말풍선 안을 채색하고 **06** 무더운 여름 물가로 놀러가고 싶은 마음을 담은 글을 다음과 같이 써줍니다.

치종이.jpg' 파일을 불러옵니다. Ctrl + A 를 눌러 종이 전체를 선택 영역으로 지정합니다. **03** Ctrl + C 를 눌러 복사한 뒤, 그림일기 작업창의 [배경] 레이어를 선택한 뒤 Ctrl + V 를 눌러 붙입니다. 종이 질감이 합성되었습니다.

STEP 4
종이 질감 합성하기

01 레이어 패널에서 ▫ 버튼을 눌러 [스케치] 레이어 밑에 [배경] 레이어를 만듭니다. **02** Ctrl + O 를 눌러 '스크래

> **Note** / 종이 질감 합성
>
> [스케치] 레이어는 Multiply 모드이기 때문에 흰색이 투명하게 인식되어, 밑에 있는 종이 질감이 그대로 비춰지게 됩니다.

04 우리 주변에는 다양한 질감을 가진 종이들이 많이 있습니다. 예제에서 사용한 종이 질감 외에 다른 질감을 찾아 [배경] 레이어에 복사해서 붙여 합성하는 연습을 해 보세요. 필자가 제공해 드린 종이 질감 소스들을 이용하여 여러분의 생각과 감정을 정리한 그림일기를 그려 보세요.

04

연필화 느낌의
카메라 그리기

우리가 흔하게 사용하는 연필은 스케치할 때 필요한 가장 기초적인 재료입니다. 이번 예제에서는 물감이나 기타 재료 없이 연필만으로 멋스럽게 그린 그림을 소개합니다. 그림을 한 번도 그려 본 적 없는 사람들도 이번 예제는 쉽게 따라 하실 수 있습니다. 사진을 흐릿하게 만들고 그 위에 연필 브러시로 형태를 완성해가는 간단한 과정을 거치면 수작업 느낌이 물씬 풍기는 연필화가 완성됩니다. 연필로 채색한 그림을 색연필처럼 만들 수 있냐고요? 네 가능합니다. 색상을 변경하는 기능을 사용하면 흑백의 선이 컬러풀한 색으로 바뀝니다. 그림의 입문 재료라 할 수 있는 연필이 포토샵에서 어떻게 표현될지 궁금하시죠? 이제부터 함께할 연필화 예제를 통해 연필 느낌을 내주는 브러시와 색상을 바꿔주는 기능을 배워 보겠습니다. 자신감 가지고 따라오시길 바래요.

◆ **POINT SKILL** / 브러시 툴 • Hue/Saturation

◆ **사용한 브러시** / 연필 브러시

◆ **예 제 파 일** / 카메라.jpg • 연필화완성.jpg

STEP 1 / 스케치하기

STEP 2 / 채색하기

STEP 3 / 색상 변경하기

STEP 1
스케치하기

01 `Ctrl`+`O`를 눌러 '카메라.jpg' 파일을 불러옵니다. 카메라 사진을 참고하기 위해 하나의 창을 더 만들겠습니다. 카메라.jpg 작업 창의 상단바에서 마우스 오른쪽 버튼을 눌러 Duplicate 메뉴를 선택합니다. **02** 카메라 copy 작업 창이 새로 만들어졌습니다. 두 개의 작업 창을 다음과 같이 조절하여 배치합니다.

01

02

03

04
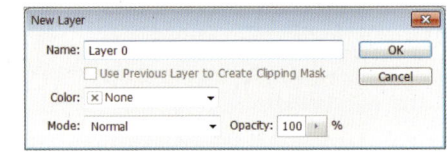

05

03 자물쇠가 채워진 [Background] 레이어를 더블 클릭합니다. **04** New Layer 창이 뜨면 설정 변경 없이 OK합니다. **05** 자물쇠가 풀리고 [Layer 0]으로 이름이 변경된 것을 확인할 수 있습니다.

Note / Background 자물쇠 풀기

[Background] 레이어를 더블 클릭하여 New Layer 창을 띄운 뒤, OK하면 자동으로 [Layer 0] 이름을 가진 레이어로 변경되며 자물쇠가 풀립니다. 자물쇠가 채워져 있으면 포토샵의 다양한 효과와 기능을 사용하는데 제한이 있기에 필자는 보통 [Background] 레이어의 자물쇠를 풀어 사용합니다.

06 ￼ 버튼을 눌러 새 레이어를 만듭니다. 만들어진 [Layer 1] 레이어를 [Layer 0] 레이어 밑으로 내립니다. 전경색을 흰색#FFFFFF으로 설정한 뒤 [Alt]+[Delete]를 눌러 흰색을 입힙니다. [Layer 0] 레이어로 돌아와 Opacity를 40%로 설정합니다. 07 사진이 흐릿해졌습니다. 08 [Layer 0] 레이어는 흐릿한 카메라 사진으로 스케치를 위한 트레이싱지 역할을 합니다. 레이어의 Lock 버튼 중에 Lock all 버튼 ￼ 을 눌러 모든 기능을 잠급니다. ￼ 버튼을 눌러 [Layer 0] 레이어 위에 [Layer 2] 레이어를 만듭니다.

Note / Opacity

Opacity는 투명도와 불투명도를 나타내는 수치입니다. 값이 커질수록 불투명해지고 값이 작아질수록 투명해집니다. Opacity 값이 100%이면 불투명하고 Opacity 값이 0%이면 개체가 보이지 않을 정도로 투명해집니다. 50%는 반투명한 상태입니다.

Note / 전경색과 후경색 입히기

- 전경색으로 색 입히기 단축키 : [Alt]+[Delete]
- 후경색으로 색 입히기 단축키 : [Ctrl]+[Delete]

06
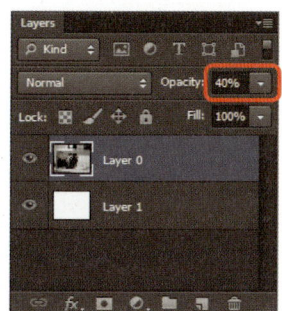

Note / 잠금 기능 Lock ￼

❶ ￼ 투명 잠금입니다. 투명한 부분은 사용하지 못합니다. 색상을 가진 부분만 작업할 수 있습니다.
❷ ￼ 브러시 잠금입니다. 브러시를 사용하지 못합니다.
❸ ￼ 위치 잠금입니다. 위치를 조정할 수 없습니다.
❹ ￼ 모두 잠금입니다. 위의 세 가지 사항이 모두 적용된 잠금입니다.

07

09 이제 새로 생성된 레이어에서 스케치를 하겠습니다. 브러시 툴 ￼ 을 선택한 뒤 화면에서 마우스 오른쪽 버튼을 눌러 브러시 창을 띄웁니다. '연필' 브러시를 선택합니다. 10 상단의 브러시 옵션바에서 ￼ 버튼을 누릅니다. 11 카메라 사진을 참고하여 스케치합니다.

08
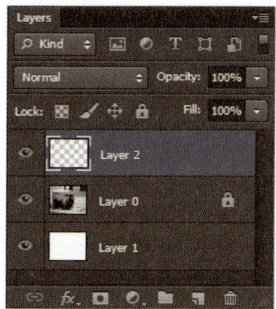

09
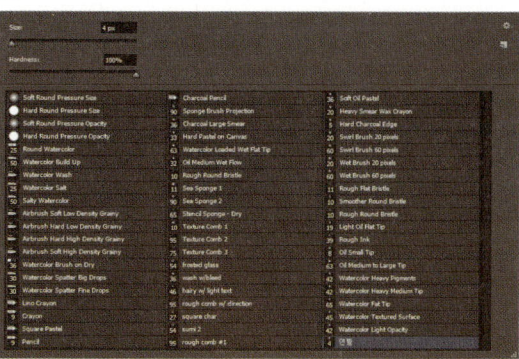

10

11

12

13

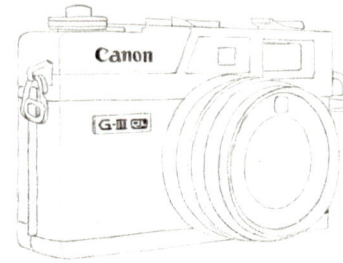

Note / **Brush Preset controls pressure 버튼**

버튼을 켜 놓으면 필압에 따라 브러시의 Opacity가 조절됩니다. 단, 태블릿이 컴퓨터와 연결되어 있을 때에만 기능이 적용됩니다.

12 카메라 기종과 모델명도 정성스럽게 그려 줍니다. 13 [Layer 0] 레이어의 눈을 감긴 후 스케치가 잘 되었는지 확인합니다.

STEP 2
채색하기

01 이제 빗금과 같은 선을 반복하여 그려 카메라를 채색하겠습니다. 버튼을 눌러 [Layer 3] 레이어를 만듭니다. 02 45° 방향의 대각선을 연속적으로 그어 카메라의 옆면을 채색합니다. 03 같은 방법으로 카메라의 본체가 되는 앞면도 채색합니다. 이때 짧은 선으로 여러 번 겹쳐 칠하면 밀도감이 올라갑니다.

01
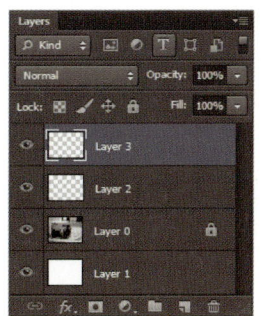

02

03

05

06

04 이제부터는 [Layer 0] 레이어의 눈을 감긴채 작업합니다. **05** 카메라의 하단과 상단, 렌즈 부분을 은은한 회색 #E3E3E3 연하게 칠해서 표현합니다. **06** 원형의 렌즈 부분도 위와 같은 방법으로 그려 줍니다. 렌즈의 줌을 설정하는 부분과 렌즈의 캡이 쓰인 부분이 구분 될 수 있도록 회색이라 하더라도 조금씩 다른 회색을 사용하는 것이 좋습니다.

04

07 렌즈의 파인더 뷰와 스위치 부분도 빗금과 직선으로 색을 채워 넣습니다. 08 카메라 렌즈의 세부 사항이 표시된 부분은 브러시 사이즈를 좀 더 줄인 뒤 글자로 될 부분을 제외한 나머지 공간을 세세하게 채색하여 완성합니다.

07

08

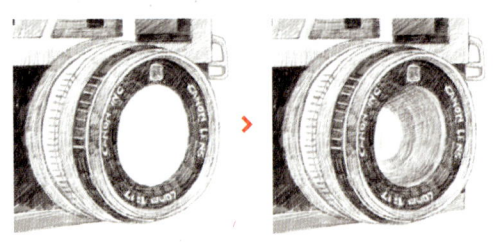

09 연필로 채색할 수 있는 색은 흰색과 검은색 사이의 색입니다. 밝고 어두운 명도만 표현되기 때문에 연필로 채색하는 과정을 명암 표현이라고 불러도 좋습니다. 카메라의 명암 표현이 잘 되었는지 훑어보고 수정할 부분은 브러시로 덧칠하거나 지우개로 지워 균형을 맞춥니다. 10 카메라 밑단과 바닥면을 구분 지어줄 그림자를 그립니다. 스케치 선이 담긴 [Layer2]의 눈을 잠시 꺼준 뒤, 스케치의 유무에 따라 그림의 느낌이 어떻게 달라지는지 비교해 보세요.

09

10

STEP 2
색상 변경하기

01 포토샵의 기능을 이용해 연필 선의 색상을 변경하여 색연필 느낌을 표현해 보겠습니다. 먼저 스케치와 채색을 합치겠습니다. [Layer 2] 레이어를 선택하고 Ctrl 를 누른 채 [Layer 3] 레이어를 선택합니다. 두 개의 레이어가 함께 선택되었습니다. 02 Ctrl + E 를 눌러 레이어를 하나로 합칩니다.

01

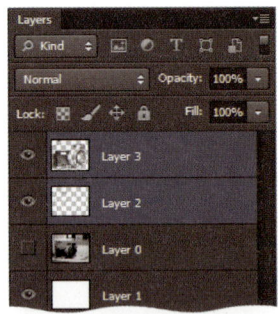

02

> **Note** / 레이어 합치기
>
> 레이어 패널에서 삼각 보조 버튼 ▼ 을 누르면 레이어 메뉴가 나타납니다.
>
> ❶ **Marge Down**(Ctrl + E) : 선택되어진 레이어와 아래에 있는 레이어를 합칩니다.
> ❷ **Merge Visible**(Shift + Ctrl + E) : 눈이 켜져있는 레이어만 합칩니다.
> ❸ **Flatten Image** : 모든 레이어를 'Background'의 이름을 가지고 자물쇠가 채워진 레이어로 만듭니다.
> ❹ **Marge Layers**(Ctrl + E) : 링크되어진 레이어, 혹은 선택되어진 레이어끼리 합칩니다. Merge Down과 같은 단축키를 사용합니다.

04

05

03 Ctrl + U 를 눌러 Hue/Saturation 창을 띄웁니다. Colorize에 체크한 뒤 Hue 값을 260, Saturation 값을 30, Lightness 값을 30으로 설정합니다. **04** 흑백의 연필선이 짙은 보라색이 되었습니다. Ctrl + U 를 눌러 다른 색으로 변경하는 연습을 해 보세요. **05** 필자는 완성된 연필화에 종이 질감을 배경으로 깔아 보았습니다. 여러분들도 원하는 질감을 찾아 합성해 보세요.

03

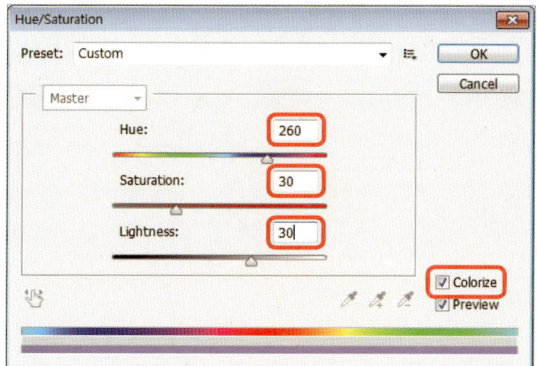

> **Note** / Hue/Saturation
>
> 색상(Hue), 채도(Saturation), 명도(Lightness) 값을 한 번에 조절할 수 있습니다.
> colorize를 체크하면 흑백을 컬러로 바꿀 수 있으며, 이미지 전체의 색상 값을 크게 변화시킬 수 있습니다. 색상에 변화를 주고 싶을 때 이용하세요.

Chapter 03

망점 효과를 이용해 팝아트 풍의
캐릭터 그리기

하프톤은 이미지를 인쇄할 때 사용되는 필름의 망점으로 수많은 점, 선의 집합입니다. 하프톤 효과는 다양한 점들이 크기에따라 변화가 생기면서 규칙적으로 배열되기 때문에 배경에 사용하거나 오브젝트를 부각시키는 데 활용하면 좋습니다.
이번 예제에서는 Halftone Pattern 필터를 이용해 팝아트 풍의 망점 효과를 주는 방법과 만들어진 망점 효과를 레이어 블렌드 모드를 통해 자연스럽게 합성하는 방법을 익혀보도록 하겠습니다.
포토샵의 쿨러 패널을 이용하여 색상 계획을 세워 채색하는 방법과 윤곽선을 뚜렷하게 만들어 주는 기능도 함께 배워 보겠습니다.

◆ **POINT SKILL** / Kuler 패널 • PhotoCopy 필터 • Halftone Pattern 필터
◆ **사용한 브러시** / Hard Round 브러시
◆ **예 제 파 일** / 망점효과-시작.psd • 망점효과-완성.jpg • 망점패턴.jpg

STEP 1 / 기본 채색하기   STEP 2 / 장식요소 넣기   STEP 3 / 망점 패턴 입히기

STEP 1
기본 채색하기

01 Ctrl + O 를 눌러 '망점효과-시작.PSD' 파일을 불러옵니다. **02** Window ▷ Extensions ▷ Kuler 메뉴를 선택합니다. 쿨러 패널이 열리면 Browse 탭의 테마별 색상 찾기 항목에서 Highest Rated를 선택합니다. 첫 번째 색상 테마인 CS04를 선택한 뒤 쿨러 패널 하단의 버튼을 누릅니다. **03** 스와치 패널에 CS04배색이 불러와집니다.

> **Note / 쿨러(Kuler) 패널**
>
> 쿨러 패널은 쿨러 사이트(http://kuler.adobe.com)와 연결된 공간으로 쿨러 사이트의 축소판이라고 보시면 됩니다. 쿨러를 통해 자신의 색상 테마를 자유롭게 만들어 저장하거나 다른 사용자와 공유할 수 있습니다.
>
> 쿨러 패널에 대해 자세히 알고 싶다면 66P를 참고하세요.

04 스와치 패널에 추가된 다섯 가지 색상 중 남색 #333745을 클릭합니다. **05** 연필 선의 윤곽선을 강조하기 위해 Filter ▷ Sketch ▷ PhotoCopy 메뉴를 선택합니다. **06** 스케치 선이 두꺼워지며 뚜렷해지고 색상은 남색으로 바뀌었습니다.

01

02

03

04

05
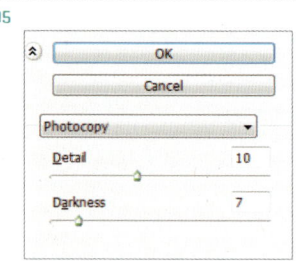

06

> **Note / PhotoCopy 필터**
>
> 전경색과 후경색을 이용하여 이미지의 윤곽선을 강조합니다. Detail은 색상의 세밀한 정도이며, Darkness는 어두운 부분의 정도입니다.

07 색상이 빈 부분이 있습니다. **08** 브러시 툴을 선택한 뒤 마우스 오른쪽 버튼을 눌러 'Hard Round' 브러시를 선택하여 **09** 빈 부분을 채색합니다.

07

08

09

12
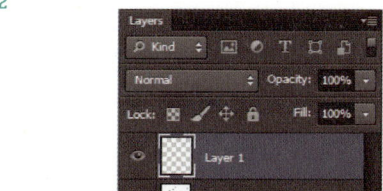

13

10 마술봉 툴을 선택한 뒤 옵션바에서 버튼을 누릅니다. 버튼으로 설정해 놓으면 클릭한 지점마다 선택 영역으로 포함시킬 수 있습니다. **11** 스케치 안쪽 면을 다음과 같이 클릭하여 선택 영역으로 지정합니다. **12** 레이어 패널에서 버튼을 눌러 [스케치] 레이어 위해 새 레이어를 만듭니다. **13** 전경색을 연한 녹색 #DAEDE2으로 설정한 뒤, Alt + Delete 를 눌러 색을 입힙니다.

10

11

Note / 마술봉 툴과 올가미 툴

❶ 마술봉 툴로 선택 영역을 지정할 때는 색상 값을 기준으로 오브젝트를 선택 할 때 사용합니다.

❷ 올가미 툴을 드래그하여 선택 영역을 지정하는 것은 자신이 원하는 부분을 직접 그려 선택 할 수 있는 장점이 있습니다. 보통 까다로운 오브젝트를 선택 영역으로 만들 때 사용합니다. 마술봉 툴과 올가미 툴을 함께 이용해 보세요.

14 스케치 레이어를 선택한 뒤 **15** 마술봉 툴로 스케치 안쪽 면을 다음과 같이 클릭하여 선택 영역으로 지정합니다. **16** 전경색을 빨간색 #EA2E49으로 설정한 뒤 **17** 레이어 패널에서 버튼을 눌러 새 레이어를 만듭니다. **18** Alt + Delete 를 눌러 색을 입힙니다.

14

15

16 17

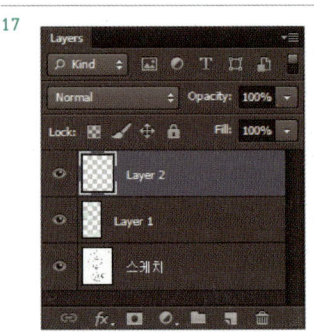

18

19 같은 방법으로 색상별 레이어를 만들어 노란색#F6F792 과 하늘색#77C4D3을 입힙니다. 20 색상별로 만든 레이어 가 [Layer 1]~[Layer 5] 까지 총 4개가 됩니다. 지우개 툴 로 색칠한 면을 지워 여백을 만들겠습니다. 21 면의 외각 부분을 조금 지웁니다.

19

20

21

22 지우개로 자유롭게 남기고 싶은 여백을 만들어 주세요.

22

03 배경에 구름, 산등성이, 집을 추가로 그립니다. 04 하늘 위에 꽃과 별, 구슬 모양의 장식적인 요소를 다양하게 그려 주세요.

03

04

STEP 2
장식 요소 넣기

01 레이어 패널에서 ▣ 버튼을 눌러 새 레이어를 만듭니다.
02 이제부터 장식 요소를 그리겠습니다. 새의 깃털과 풍선에 비늘 모양과 점을 찍어 장식합니다.

01

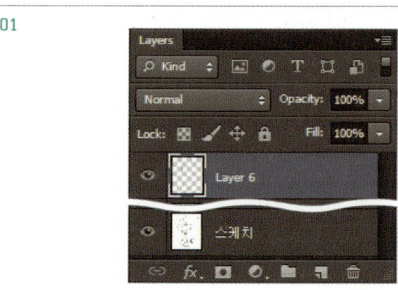

02

STEP 3
망점 패턴 입히기

01 망점 패턴을 만들겠습니다. Ctrl + N 를 눌러 Width는 1200pixels, Height는 1200pixels의 새 도큐먼트를 만듭니다. 02 전경색#333745과 후경색#FFFFFF을 다음과 같이 설정한 뒤, 03 Filter ▷ Filter Gallary ▷ Sketch ▷ Halftone Pattern 메뉴를 선택합니다.

01

02

03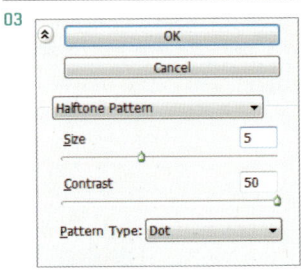

06

> **Note** / **Halftone Pattern 필터**
>
> 하프톤은 이미지를 인쇄할 때 사용되는 필름의 망점입니다. 하프톤 효과는 규칙성에 의한 통일성을 주어 배경에 사용하거나 오브젝트를 부각시키는데 활용되면 좋습니다. 포토샵 필터에서 망점 효과를 주는 필터는 Filter ▷ Filter Gallary ▷ Sketch ▷ Halftone Pattern과 Filter ▷ Pixelate ▷ Color Halftone이 있습니다.

> **Note** / **Color Burn 모드**
>
> 번 툴 처럼 겹쳐지는 이미지의 색상, 채도를 강하게 표현해 줍니다. 흰색은 투명해집니다.

04 망점 패턴이 만들어집니다. 05 이동 툴 을 선택한 뒤, 망점 패턴을 망점효과-시작.psd로 클릭 드래그하여 붙입니다. 06 망점 패턴이 담긴 [Layer 7] 레이어가 자동으로 생성됩니다. 레이어 모드를 Color Burn 모드로 변경합니다.

07 망점 패턴이 합성되면서 색상이 진해집니다. 08 패턴을 적용시킬 부분만 올가미 툴 을 선택한 뒤 패턴을 남기고 싶은 부분만 드래그하여 선택 영역으로 지정합니다. 09 Ctrl + J 를 눌러 선택 영역을 복제합니다. 자동으로 [Layer 8] 레이어가 생성됩니다. 잠시 [Layer 7] 레이어의 눈을 감겨 줍니다.

04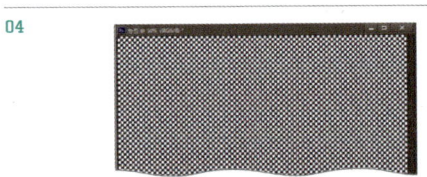

05

07

08

09

> **Note** / **Overlay 모드**
>
> Multiply와 Screen을 합친 효과입니다. 상위 레이어와 하위 레이어가 서로 반반씩 겹쳐지는 느낌입니다. 밝은 색은 더 밝게, 어두운 색은 더 어둡게 만듭니다.

10 Ctrl + D 를 눌러 선택 영역을 해제합니다. 풍선과 구름에 망점 효과가 입혀진 것을 확인합니다. 11 [Layer 7] 레이어의 눈을 켜준 뒤, 레이어 모드를 Overlay 모드로 변경합니다. 12 패턴을 적용시킬 부분만 선택 영역으로 지정하겠습니다. 올가미 툴 을 선택한 뒤 패턴을 남기고 싶은 부분만 드래그하여 선택 영역으로 지정합니다.

13 Select ▷ Inverse 메뉴를 선택하여 선택 영역을 반전시킵니다. 불필요한 부분은 Delete 로 삭제합니다. 풍선과 새 날개와 신발 등에 망점 효과가 입혀진 것을 확인합니다. 14 이미지를 확대하여 완성된 망점 효과를 감상해 보세요.

10

11

12

13

14

> **Note** / **두 가지 반전 명령**
>
> • Invert : 색상을 반전시킵니다(Ctrl + I).
> • Inverse : 선택 영역을 반전시킵니다(Ctrl + Shift + I).

Chapter 04

목탄화 느낌의
풍경화 그리기

목탄의 주 성분은 숯이고 연필의 주 성분은 흑연입니다.
**목탄(숯)은 연필(흑연)보다 진한 느낌으로 스케치를
할 수 있어 크로키를 그릴 때 자주 이용합니다.**
이번 예제에서는 사진을 목탄화 느낌의 풍경화로
바꿔 보겠습니다. 먼저 목탄화 느낌을 내는 필터 효과를
소개하고 그 위에 목탄화 느낌을 내는 브러시로 리터칭하여
완성하겠습니다. 바꾸고 싶은 색상만 바꿔주는
Replace Color 기능과 은은한 색 필터를
합성해 주는 기능도 함께 공부하도록 하겠습니다.
이번 예제를 잘 익히신 뒤 마음에 드는 풍경 사진을 그림으로
만드는 연습을 해 보세요.

- ◆ **POINT SKILL** / Content-Aware Move 툴 • Chalk & Charcoal 필터 • Replace Color • Photo Filter
- ◆ **사용한 브러시** / Hard Charcoal Edge 브러시
- ◆ **예 제 파 일** / 목탄화-시작.jpg • 목탄화-완성.jpg

STEP 1 / 사진 보정하기

STEP 2 / 목탄화 스케치 효과주기

STEP 3 / 목탄화 브러시로 채색하기

STEP 1
사진 보정하기

01 Ctrl + O 를 눌러 '목탄화-시작.jpg' 파일을 불러옵니다. 마술봉 툴을 선택한 뒤, 상단의 세부 옵션바에서 버튼을 누릅니다. 02 구름을 클릭하여 선택 영역으로 지정합니다. 03 콘텐츠 무브 툴을 선택한 뒤 상단 옵션바에서 Mode를 Move로 설정합니다.

01

02

03

04 구름을 클릭 드래그하여 위쪽으로 옮깁니다. 05 구름이 사라진 자리에는 주위 배경의 색상, 채도, 노이즈 등을 감안하여 자동으로 색이 채워집니다.

04

05

Note / Content-Aware Move
포토샵 CS6에 적용된 새 기능으로 지우고 싶은 이미지를 없앤 자리에 주변의 이미지의 색상, 채도, 노이즈 등을 감안하여 자연스럽게 합성시켜 줍니다. 사진 편집을 할 때 유용하게 쓰입니다.

06 [background] 레이어를 선택한 뒤, Ctrl + J 를 눌러 복제합니다. [Layer 1] 레이어가 생성됩니다. 07 레이어 패널 하단의 버튼을 눌러 Solid Color를 선택하면 08 Color Picker 창이 뜹니다. 베이지색 #FBF3DC을 선택한 뒤 OK합니다. 09 새로 생성된 [Color Fill 1]을 [Layer 1]과 [background] 사이에 위치시킨 뒤, [Layer 1]을 선택합니다.

06

07

08
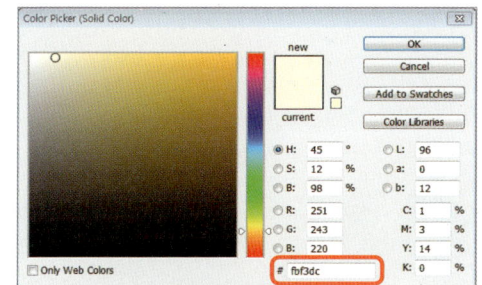

09

> **Note / Solid Color**
>
> 버튼을 눌러 Solid Color 기능을 선택하면 레이어 패널에 새로운 레이어와 컬러 칩이 함께 생성됩니다. Solid Color를 이용하면 이미지 전체에 컬러 칩 색상이 겹쳐지면서 이미지의 색감이 변합니다. 컬러 칩은 더블 클릭하여 언제든지 색상을 바꿀 수 있습니다.

STEP 2
목탄화 스케치 효과주기

01 전경색과 후경색을 검은색#000000과 연한 회색#E0E0E0으로 설정한 뒤 **02** Filter ▷ Filter Gallary ▷ Sketch ▷ Chalk&Charcoal 메뉴를 선택합니다. 세부 옵션을 다음과 같이 설정한 뒤 OK합니다. **03** 전경색과 후경색을 사용한 목탄화 느낌의 스케치가 됩니다.

01

02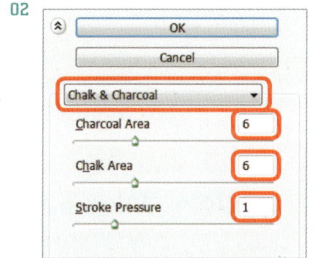

03

04 [Layer 1] 레이어의 레이어 모드를 Hard Light로 변경한 뒤 Opacity를 80%로 설정합니다. **05** Ctrl 을 누른 채 [Layer1] 레이어와 [Color Fill 1] 레이어를 선택합니다. **06** Ctrl + E 를 눌러 두 레이어를 하나로 합칩니다.

04

05

06

07 회색 하늘의 색을 다른 색으로 변경하겠습니다. Image ▷ Adjustment ▷ Replace Color 메뉴를 선택합니다. 스포이트 툴로 하늘을 클릭합니다. Fuzziness 값을 76으로 설정하고, Replacement의 Hue, Saturation, Lightness 값을 각각 47, 79, -4로 설정합니다. 08 Result의 색상을 클릭하여 Color Picker 창을 띄워 녹색 #3A5D07으로 설정한 뒤, OK합니다. 09 이미지의 색감이 녹색과 노란색 계열로 변합니다.

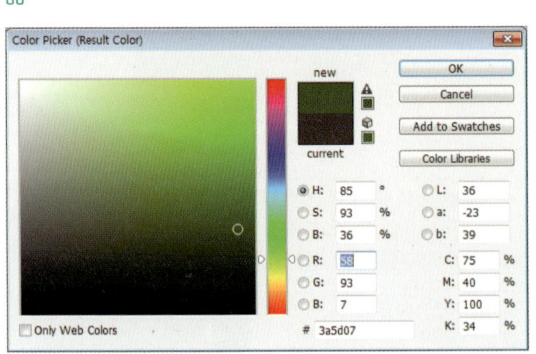

10 이번에는 나뭇잎의 색을 변경하겠습니다. Image ▷ Adjustment ▷ Replace Color 메뉴를 선택합니다. 스포이드 툴로 왼쪽의 밝은 나뭇잎 영역을 클릭합니다. Fuzziness 값을 20, Hue 값을 10, Saturation 값을 90, Lightness 값을 -1로 설정합니다. 11 Result의 색상을 클릭하여 Color Picker 창을 띄워 노란색 #F0FE18으로 설정한 뒤 OK합니다. 12 왼쪽의 나뭇잎 부분이 밝은 연두색으로 변합니다.

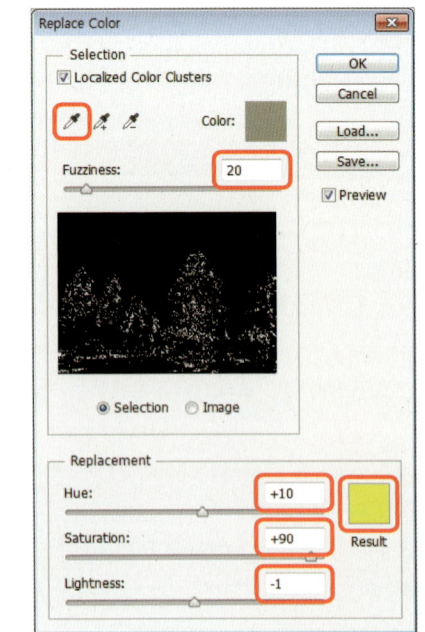

11
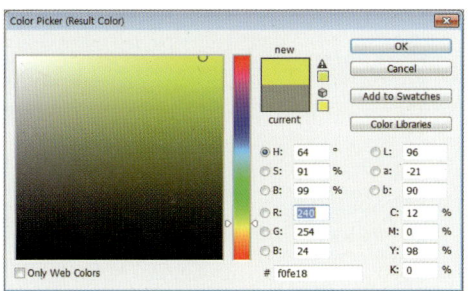

12

13 [Layer 1] 레이어의 Opacity를 60%로 변경합니다. 14 밑의 그림이 비쳐 파스텔 계열의 은은한 색감이 됩니다.

13
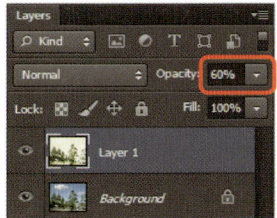

14

STEP 3
목탄화 브러시로 채색하기

01 레이어 패널의 ▫ 버튼을 눌러 새 레이어를 추가합니다. 02 브러시 툴 ✏️을 선택한 뒤 작업 창에서 마우스 오른쪽 버튼을 눌러 브러시 창을 띄웁니다. 'Hard Charcoal Edge' 브러시를 선택합니다. 03 전경색 #FFF673과 후경색 #9BCE6F을 설정한 뒤 04 F5 를 눌러 브러시 패널 창을 엽니다. Brush Tip Shape에서 Spacing을 100으로 설정합니다.

01

02
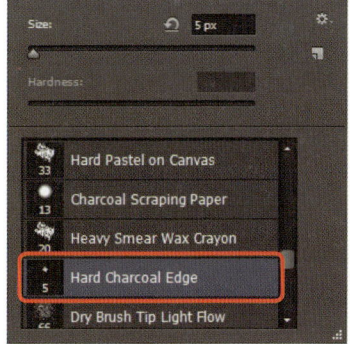

03

04

06

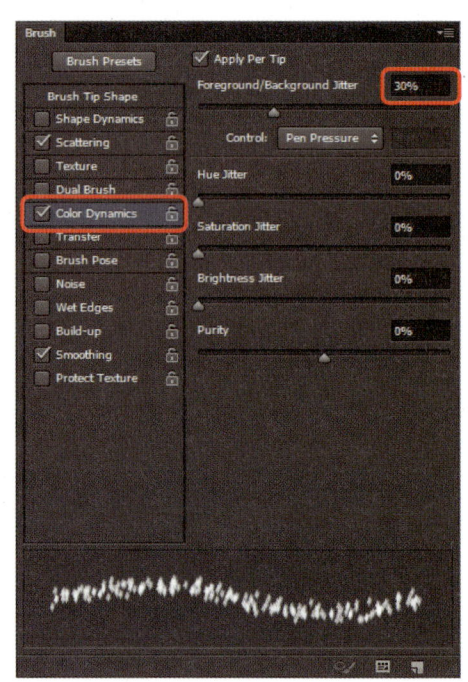

05 Scattering 메뉴를 선택합니다. Both Axes에 체크하고 Scatter 값은 200%, Count 값을 5로 설정합니다.
06 Color Dynamics 메뉴를 선택합니다. Foreground/Background Jitter 값을 30%로 설정한 뒤 Apply Per Tip을 체크합니다. 노란색과 연두색으로 흩뿌려지는 브러시가 완성됩니다.

> **Note** / 예제에서 쓰인 브러시 패널
>
> - Brush Tip Shape : 브러시 모양을 선택하고 크기, 각도, 폭, 간격 등을 조절 할 수 있습니다.
> - Scattering : 브러시의 흩뿌려지는 정도를 조절합니다.
> - Color Dynamics : 브러시 색상을 다양하게 설정합니다.

05

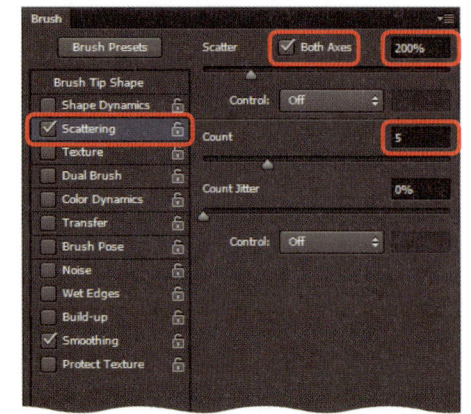

> **Note** / 브러시 등록하고 저장하기
>
> 브러시 패널에서는 직접 만든 브러시를 등록, 저장할 수 있습니다. 자세히 알아 보려면 80P를 참고하세요.

07 브러시의 Opacity를 80%로 설정한 뒤 08 나뭇잎이 비어있는 부분을 위주로 덧칠합니다.

07

08

09 필압이 강하면 노란색 계열로 칠해지고 필압이 약하면 연두색 계열로 채색됩니다. 10 같은 방법으로 나머지 나무의 빈 부분에도 나뭇잎을 풍성하게 그려 줍니다.

09

10

11 전경색 #537C38과 후경색 #162609을 다음과 같이 변경한 뒤 12 나뭇잎의 오른쪽 영역과 아래쪽 영역을 덧칠합니다. 13 작업 창에서 마우스 오른쪽 버튼을 눌러 브러시 창을 띄웁니다. 'Hard Charcoal Edge' 브러시를 선택합니다. 14 나무줄기와 나뭇가지를 채색합니다.

11 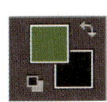 12

13

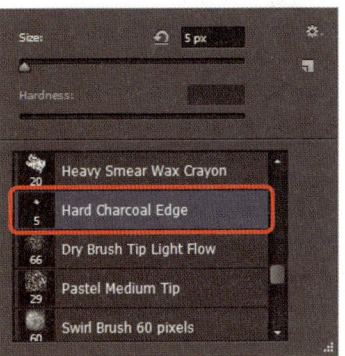

14

15 구름도 전체적으로 리터칭합니다. 사선 방향으로 빗금을 그어 구름의 명암을 표현합니다. 16 ①를 눌러 브러시 사이즈를 키운 뒤 하늘에 큰 빗금을 그립니다. 17 하늘 중에서도 제일 높은 하늘은 번 툴 ◉로 문질러 어둡게 표현합니다.

15

> **Note** / 닷지 툴과 번 툴
>
> 닷지 툴은 명암을 어둡게 눌러줄 때 사용하며, 번 툴은 명암을 밝게 만들어 줄 때 사용합니다.
>
> - +Alt = : 번 툴이 선택된 상태에서 Alt 를 누르면 닷지 툴이 됩니다.
> - +Alt = : 닷지 툴이 선택된 상태에서 Alt 를 누르면 번 툴이 됩니다.

18 거리와 건물들의 형태를 살려 리터칭합니다. 밝고 어두운 부분을 나누어 채색하는 것이 중요합니다. **19** 부족한 부분이 있는지 전체적으로 그림을 살펴봅니다.

16

18

17

19

20 마지막으로 파란색 필터를 합성해 보도록 하겠습니다. 레이어 패널 하단의 ◐ 버튼을 눌러 Photo Filter 메뉴를 선택합니다. Properties 창이 열립니다. Photo Filter 세부 항목을 다음과 같이 설정합니다. 21 은은한 파란색 색상 필터가 추가되어 하늘색이 밝게 살아납니다. 목탄화 느낌의 풍경화가 완성되었습니다.

> **Note / Photo Filter**
>
> Photo Filter는 마치 칼라 렌즈를 끼고 사물을 바라본 것과 같이 은은하게 표현되는 기능입니다. 여러 개의 색상 필터를 선택할 수 있으며 합성되는 양을 조절 할 수 있습니다.

20

21

Chapter 05

수채화 느낌의 딸기 타르트 그리기

수채화는 물과 물감의 농도를 조절하여 그림을 그리는 회화 기법입니다. 물과 물감의 배합에서 물이 적으면 불투명해지고 물이 많으면 투명해지는 속성을 이용하여 붓의 터치를 살려 그리는 것이 주요 특징이죠. 포토샵에서 수채화 느낌을 내주기 위한 중요한 기능은 Opacity입니다. Opacity는 불투명도와 투명도의 수치 값으로 Opacity를 조절해서 사용하면 브러시 터치감과 색의 농도를 동시에 조절을 할 수 있습니다. 이번 예제에서는 수채화 느낌을 내주는 Wet Brush를 사용하여 딸기 타르트를 그리겠습니다. 색을 칠할 때 면을 만든다는 기분으로 긴 터치와 짧은 터치를 반복하면 양감을 살릴 수 있습니다. Wet Brush 외에도 수채화 느낌을 내주는 브러시에 대한 소개도 함께 합니다.

◆ **POINT SKILL** / 브러시 툴 • 브러시 패널

◆ **사용한 브러시** / Wet 브러시

◆ **예 제 파 일** / 타르트.jpg • 타르트완성.jpg

STEP 1 / 스케치하기

STEP 2 / 채색하기

STEP 3 / Wet Edges 기능 이용하기

STEP 1
스케치하기

01 Ctrl + O 를 눌러 '타르트.jpg' 파일을 불러옵니다. 타르트 사진을 참고하기 위해 하나의 창을 더 만들겠습니다. 타르트.jpg 작업 창의 상단바에서 마우스 오른쪽 버튼을 눌러 Duplicate 메뉴를 선택합니다. **02** 타르트 copy 작업 창이 새로 만들어졌습니다. 두 개의 작업창을 다음과 같이 조절하여 배치합니다.

03

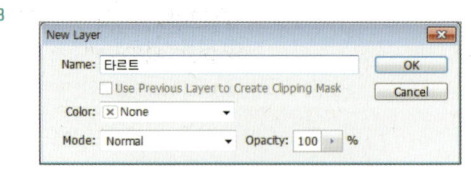

04

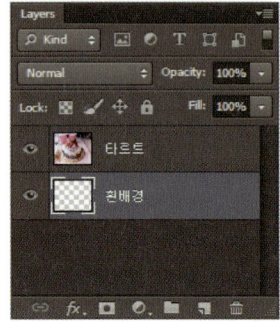

03 레이어 패널에서 자물쇠가 채워진 [Background] 레이어를 더블 클릭하여 New Layer 창을 띄웁니다. 이름을 '타르트'로 정한 뒤 OK합니다. **04** 버튼을 눌러 [타르트] 레이어 밑에 [흰배경] 레이어를 만듭니다.

05 전경색을 흰색 #FFFFFF으로 설정한 뒤, Alt + Delete 를 눌러 흰색을 입힙니다. [타르트] 레이어로 돌아와 Opacity 를 50%로 설정합니다. **06** 사진이 흐릿해졌습니다. **07** 버튼을 눌러 [타르트] 레이어 위에 [스케치] 레이어를 만듭니다.

05

06

07

08 이제 새로 생성된 레이어에서 스케치를 하겠습니다. 브러시 툴을 선택한 뒤 화면에서 마우스 오른쪽 버튼을 눌러 브러시 창을 띄웁니다. 'Chalk' 브러시를 선택합니다. 09 전경색을 검은색 #000000으로 설정한 뒤 사진을 참고하여 스케치합니다. 형태의 외각을 자세히 살펴 깔끔한 라인을 그려줍니다.

08

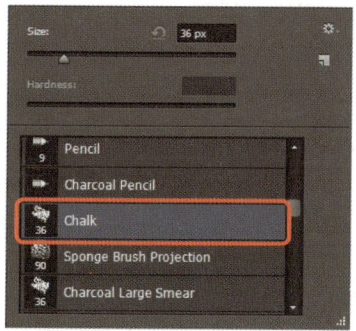

09

10 스케치 선을 연한 갈색으로 바꾸겠습니다. Ctrl + U 를 눌러 Hue/Saturation 창을 띄웁니다. Colorize에 체크한 뒤 Hue 값을 30, Saturation 값을 50, Lightness 값을 70으로 설정한 뒤 OK합니다. 11 스케치 선이 연한 갈색이 되었습니다.

10

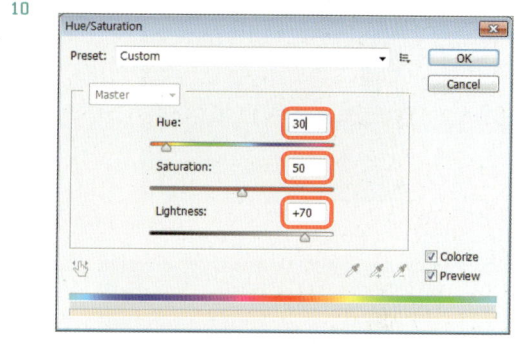

11

STEP 2
채색하기

01 먼저 버튼을 눌러 [스케치] 레이어 밑에 [채색] 레이어를 만듭니다. 02 브러시 툴을 선택한 뒤 화면에서 마우스 오른쪽 버튼을 눌러 브러시 창을 띄웁니다. 'Wet Brush 60' 브러시를 선택합니다. 03 이제 스케치 선을 참고하여 채색하겠습니다. Opacity를 50%로 설정한 뒤 빨간색 계열의 색으로 딸기를 채색합니다. 위에서 아래로 내려오는 터치를 여러 번 그려 겹치게 만듭니다. 명암을 넣을 때 밝은 부분은 주황색과 분홍색 계열로, 어두운 부분은 빨간색과 자주색 계열로 선택하여 채색합니다.

01

02

03

04

05

06

04 브러시 사이즈를 줄여, 녹색 #2C5920 계열로 딸기 꼭지에 달린 잎을 채색합니다. 브러시 툴이 선택된 상태에서 Alt 를 누르고 있는 동안은 스포이드 툴이 됩니다. 스포이드 툴은 클릭하는 지점의 색상을 찍어주는 기능을 갖고 있어 채색할 때 유용합니다. Alt 를 누른 채 마우스 왼쪽 버튼을 누르면 색이 추출됩니다. 주변의 색을 추출하여 칠하면 자연스러운 색 단계를 표현할 수 있습니다. **05** 밝은 노란색 #EEE1AF으로 딸기 씨를 그리고 갈색 #A5573E으로 딸기 씨의 어두운 부분을 찾아 채색합니다. **06** 같은 방법으로 나머지 두 개의 딸기도 씨를 그려 완성합니다.

07 베이지색 #FFFFEA을 선택한 뒤 Mode는 Overlay, Opacity는 40%로 설정합니다. 딸기의 표면 위를 툭툭 찍어 브러시가 가지고 있는 질감을 남깁니다.

07

08 보라색 #DCB5CC 계열로 블루베리 무스 케익의 표면을 채색합니다. Opacity를 50% 이하로 설정하고 채색해야 터치감을 살릴 수 있습니다. 케익의 윗면과 옆면을 구분해주기 위해서는 경계가 분명해질 수 있도록 명암 차이를 확실히 줘야합니다. 윗면이 밝아지면 자연스레 옆면이 어두워지게 채색하는 것이 좋습니다.

08

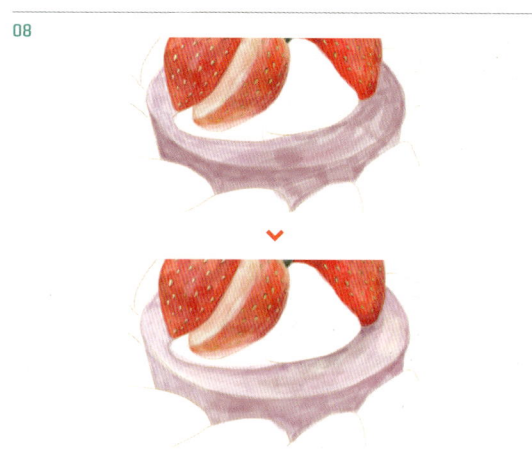

> **Note / Overlay 모드**
> 상위 레이어와 하위 레이어가 서로 반반씩 겹쳐지는 느낌입니다. 밝은색은 더 밝게 어두운 색은 더 어둡게 만듭니다.

09 분홍색 #F8D5E9과 보라색 #31123C을 선택한 뒤, Opacity를 40%로 설정합니다. 케익의 표면 위에 퍼져있는 블루베리 알맹이들을 묘사합니다. 10 다시 분홍색을 선택한 뒤 Mode는 Overlay, Opacity는 40%로 설정하여 케익의 표면 위를 툭툭 찍습니다. 브러시가 가지고 있는 질감이 입혀집니다.

09

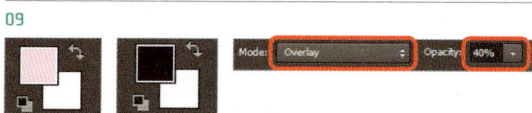

10

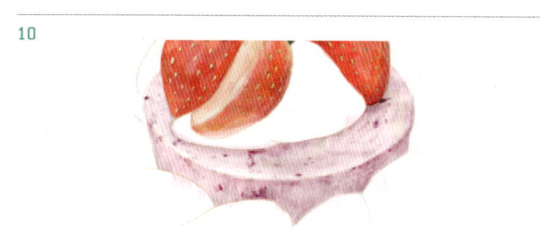

11 갈색 #F6DEA0으로 타르트를 채색합니다. 12 밝고 어두운 부분에 색을 더하여 타르트 외각에 있는 곡선 마디마다 입체감을 표현합니다. 13 타르트 역시 Mode는 Overlay, Opacity는 50%로 설정한 브러시로 타르트 표면을 툭툭 찍어 브러시가 가지고 있는 질감을 입힙니다.

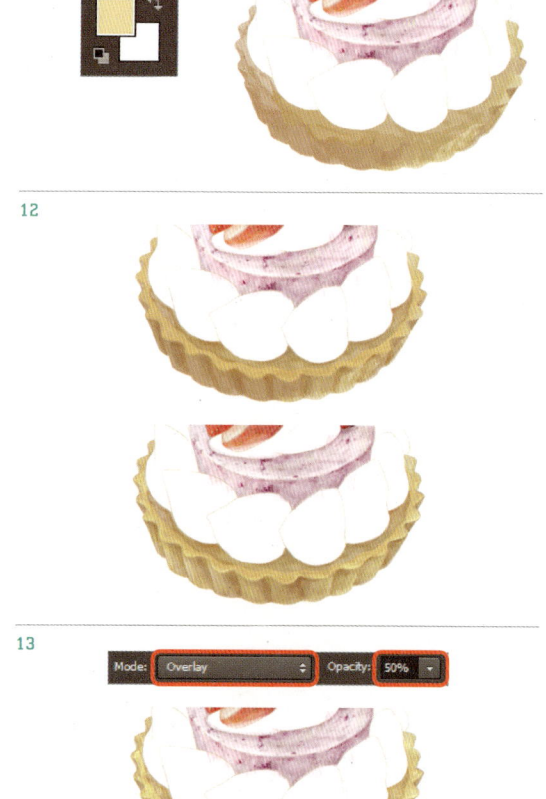

Note / Opacity 수치 조절하기

숫자 '1'을 누르면 Opacity가 10%가 됩니다.
10-90%까지는 1,2,3,4,5,6,7,8,9 각각 앞 숫자 키를 누르면 되지만, 100%는 어떻게 설정해야 할까요?
Opacity가 100%가 되려면 숫자 키 '0'을 누릅니다. Opacity를 34%로 설정하려면 숫자 키 3을 누르고 재빨리 4를 이어 누릅니다.

STEP 3
Wet Edges 기능 이용하기

Note / 브러시 패널의 Wet Edges 메뉴

Wet Edges 메뉴를 체크하면 물에 젖은 브러시 효과를 낼 수 있습니다. 칠한 면의 외각이 강조되고 겹쳐 채색했을 때 터치가 선명하게 남게 됩니다. 물의 농도가 진한 수채화처럼 표현됩니다.

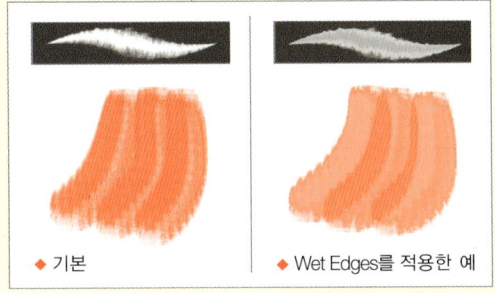

◆ 기본   ◆ Wet Edges를 적용한 예

01 [F5]를 눌러 브러시 패널을 엽니다. 왼쪽의 메뉴 중에서 Wet Edges를 찾아 박스에 체크합니다. 브러시의 속성이 변경되어 물의 농도가 진한 효과가 적용됩니다. **02** 이제 타르트 위에 올려진 생크림을 채색하겠습니다. 어두운 부분을 찾아 큰 터치로 칠합니다. [Alt]를 누른 채 마우스 왼쪽 버튼을 눌러 어두운 부분의 색을 추출합니다. Opacity를 변화시켜 겹쳐 칠하면서 색의 단계를 만듭니다.

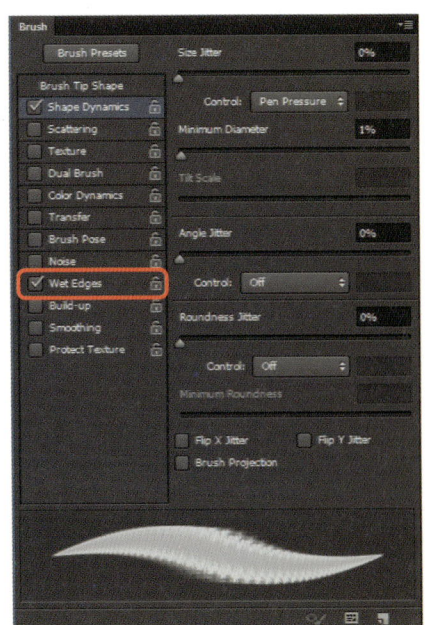

03 [Ctrl]+[L]를 눌러 Levels 창을 띄웁니다. Input Levels을 다음과 같이 조절합니다. **04** 밝은 부분은 더 밝고, 어두운 부분은 더 어두워져 색상이 선명해졌습니다.

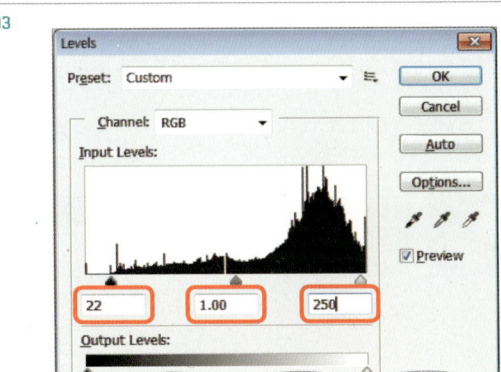

04

08

05 Opacity를 낮춰 생크림의 밝은 부분에 여러 색상으로 리터칭합니다. **06** 생크림 밑으로 회색 #B39B97 그림자를 그려 줍니다.

05

06

07 🗔 버튼을 눌러 [채색] 레이어 밑에 [그림자] 레이어를 만듭니다. **08** 연한 갈색 #C3A998으로 타르트 밑에 그림자를 그려 완성합니다.

07

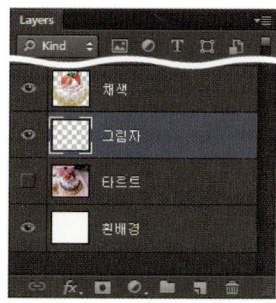

Note / 'Water Color' 이름을 가진 브러시

본문에서 진행한 'web brush' 외에도 수채화 느낌을 내주는 브러시들이 많이 있습니다. 'Water Color'는 우리말로 수채화이며, 이 브러시 모두 포토샵에서 기본적으로 제공하고 있습니다. 필자가 소개하는 브러시 외에도 'Water Color'가 붙은 브러시가 있으니 찾아 연습해 보시길 바랍니다. 브러시를 사용할 때 혼합해 사용하면 수채화 느낌을 더욱 풍부하게 연출할 수 있습니다.

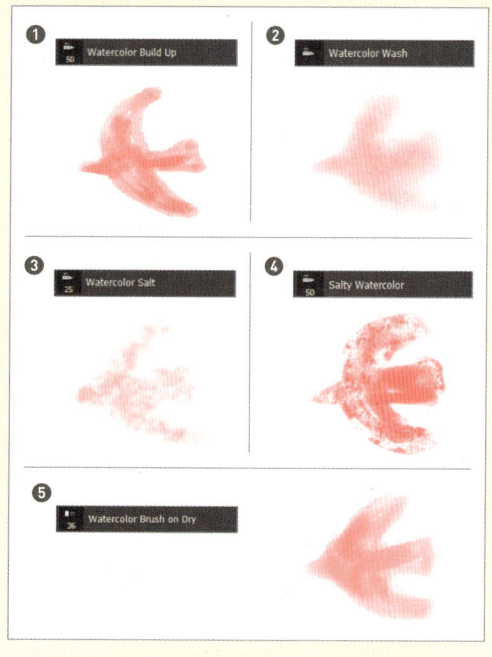

Chapter 06

아크릴 느낌의 여우 그리기

아크릴은 수채화 물감의 투명한 성질과
유화 물감의 불투명한 성질을 반반씩 가지고 있습니다.
아크릴 물감은 수채화 물감과 같이 물과
물감의 배합에서 물이 적으면 불투명해지고 물이
많으면 투명해지는 속성을 가지고 있습니다.
Chpater 6에서 수채화의 터치감을 살리기 위해 Opacity 값을
조절한 것과 같이 이번 예제에서도 Opacity를
변화시켜 채색합니다. 선택 영역 툴을
활용하여 채색하는 방법과 브러시 터치만으로
신비로운 배경을 만드는 방법을 배워
보겠습니다. 본문에서 사용한 Swirl 브러시 외에도
아크릴 느낌을 내주는 브러시를 함께 소개합니다.

- ◆ **POINT SKILL** / 선택 영역 툴 • Add Noise 필터
- ◆ **사용한 브러시** / swirl 브러시
- ◆ **예 제 파 일** / 여우-시작.psd • 여우-완성.jpg

STEP 1 / 기본 채색하기   STEP 2 / 세부 채색하기   STEP 3 / 신비로운 배경 만들기

아래의 그림들은 캔버스 위에 아크릴로 그린 수작업 작품입니다. 아크릴 붓이 남긴 터치의 흔적이 잘 보이죠? 물감을 흩뿌린 부분도 잘 보입니다. 이런 요소들을 디지털 기법으로 옮기면 어떤 느낌이 날까요? 예제를 통해 아크릴 효과가 어떻게 완성되는지 따라 해 보겠습니다.

STEP 1
기본 채색하기

01 Ctrl + O를 눌러 '여우-시작.psd' 파일을 불러옵니다.
02 레이어 패널에서 [스케치] 레이어를 선택합니다. 03 마술봉 툴을 선택한 뒤 옵션바에서 버튼을 선택합니다.
04 다음과 같이 스케치 안쪽 면을 클릭하여 선택 영역을 만듭니다.

01

02

03

04

06

07

05 선택 영역을 조금 더 늘리겠습니다. Select ▷ Modify ▷ Expand 메뉴를 선택하고 Expand By를 1로 설정한 후 OK합니다. 선택 영역이 1pixel 늘어났습니다. 06 ■ 버튼을 눌러 [스케치] 레이어 위에 [기본채색] 레이어를 만듭니다. 07 전경색을 진한 주홍색 #F53B5B으로 설정한 뒤 [Alt] + [Delete]를 눌러 색을 입힙니다.

08 [스케치] 레이어를 선택하고 09 마술봉 툴 ■로 다음과 같이 스케치 안쪽 면을 클릭합니다. Select ▷ Modify ▷ Expand 메뉴를 선택하고 Expand By를 1로 설정한 후 OK합니다. 선택 영역이 1pixel 늘어났습니다.

05

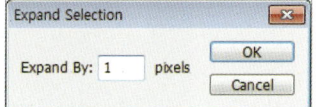

08

09

> **Note** / 마술봉 툴과 올가미 툴
>
> 마술봉 툴과 올가미 툴에 대해 자세히 알고 싶다면 207P를 참고하세요.

12 채색에 의해 스케치가 가려졌습니다. 13 레이어 패널에서 [기본채색] 레이어를 [스케치] 레이어 밑으로 옮깁니다. 14 스케치가 채색 위로 옮겨져 스케치 선이 뚜렷하게 보입니다.

12

> **Note** / Select ▷ Modify 메뉴
>
> ❶ **Border** : 입력한 값만큼 테두리에 선을 그을 수 있습니다.
> ❷ **Smooth** : 입력한 값만큼 모서리를 부드럽게 해 줍니다.
> ❸ **Expand** : 입력한 값만큼 선택 영역을 확대합니다.
> ❹ **Contract** : 입력한 값만큼 선택 영역을 축소합니다.

10 가끔 필요한 부분이 선택되지 않을 수 있습니다. 올가미 툴을 선택한 뒤 옵션바에서 ■ 버튼을 누릅니다. 11 선택되지 않은 부분을 드래그하여 선택 영역으로 지정합니다. Alt 를 누른 상태로 드래그하면 선택 영역을 빼줄 수 있습니다.

13

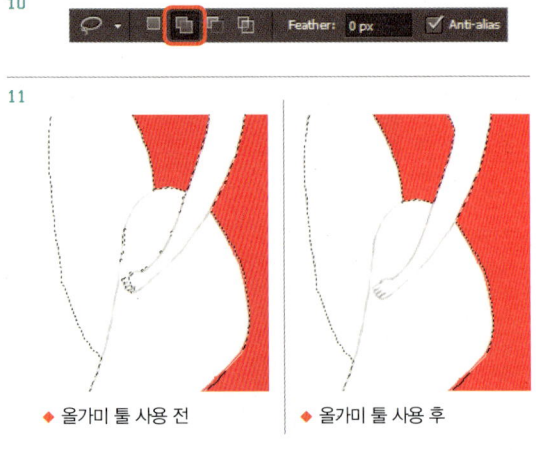

◆ 올가미 툴 사용 전   ◆ 올가미 툴 사용 후

14

STEP 2
세부 채색하기

01 Ctrl 를 누른 채 [기본채색] 레이어의 섬네일 이미지를 클릭합니다. 채색된 개체의 외각이 선택 영역이 됩니다. 02 레이어 패널에서 버튼을 눌러 [기본채색] 레이어 위에 [세부채색] 레이어를 만듭니다. 03 브러시 툴 을 선택한 뒤 화면에서 마우스 오른쪽 버튼을 눌러 브러시 창을 띄웁니다. 'Swirl Brush'를 선택합니다.

01

15 불필요하게 스케치 라인을 벗어난 부분은 지우개 툴 로 지웁니다. 16 스케치 라인에 맞춰 색과 색의 경계가 부드러워지도록 튀어나온 부분들의 색을 정리해 주세요.

15

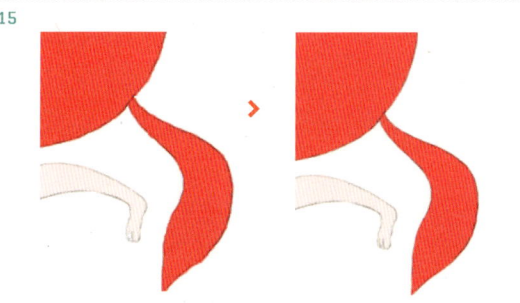

16

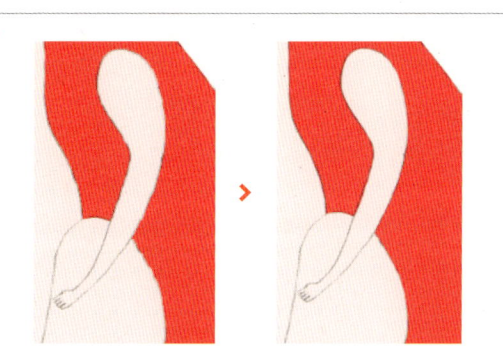

02

03

04 [Ctrl]+[H]를 눌러 선택 영역을 잠시 감추겠습니다. 여우의 빨간 영역은 기본색을 중심으로 다양한 색을 덧칠합니다. 05 얼굴과 목이 구분되는 부분과 팔과 다리와 꼬리가 몸통과 구분되는 부분은 조금 어두운 색으로 채색합니다.

04

05

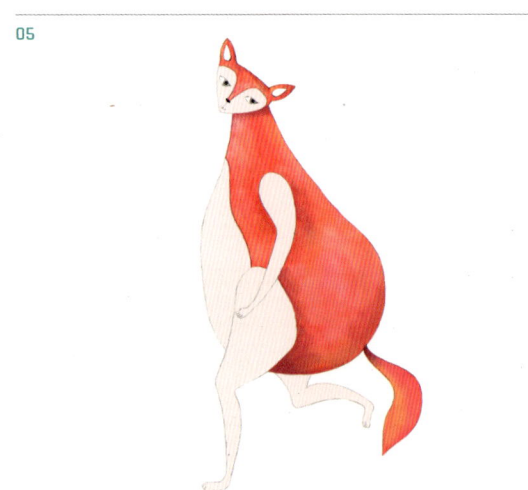

06 얼굴의 외각을 어둡게 채색한 뒤 밝은 색을 추가하여 채색합니다. 볼터치를 넣습니다. 07 몸통 부분도 어두운 부분을 먼저 채색한 뒤 밝은 부분을 채색하고 중간 톤을 채색하는 방법으로 명암 대비를 줍니다.

06

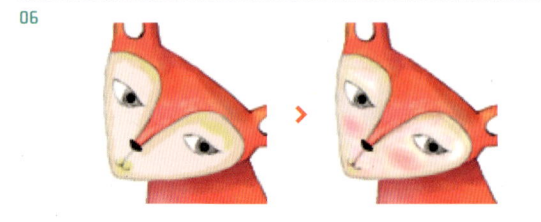

07

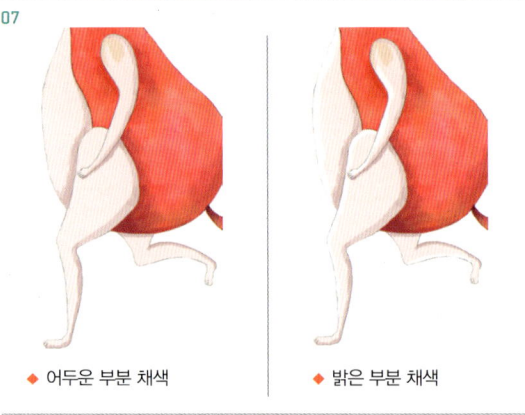

◆ 어두운 부분 채색　　◆ 밝은 부분 채색

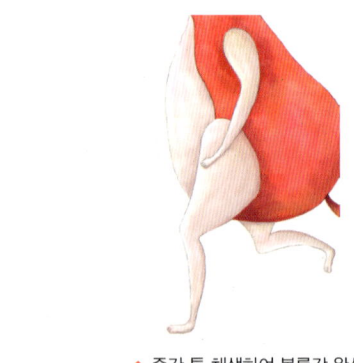

◆ 중간 톤 채색하여 볼륨감 완성

08 레이어 패널에서 ■ 버튼을 눌러 [스케치] 레이어 위에 [묘사] 레이어를 만듭니다. 09 눈, 코, 입, 귀를 묘사합니다.

Note / 선택 영역 보이기 감추기

[Ctrl]+[H]를 누르면 선택 영역, 패스, 가이드, 슬라이스를 보이거나 감출 수 있습니다.

08

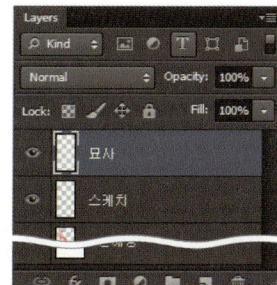

09

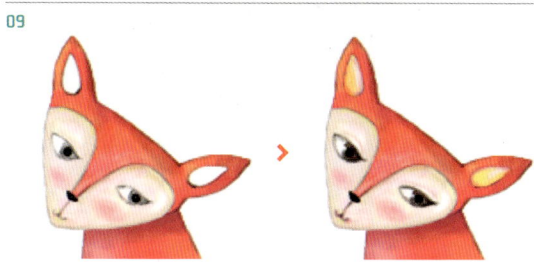

10 등에서 엉덩이까지 이어지는 부분에 흰 점박무늬를 그려 줍니다. 11 [를 눌러 브러시 사이즈를 줄입니다. 가는 선으로 여우 꼬리의 끝 부분을 칠합니다. 12 묘사를 마친 여우의 전체적인 모습을 살펴봅니다.

10

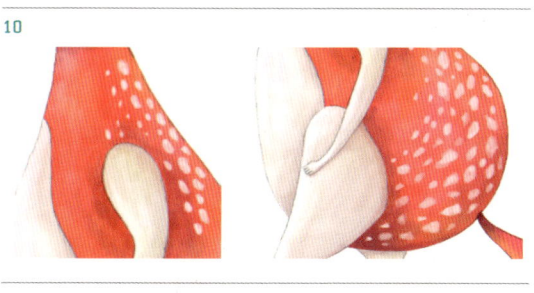

11

12

STEP 3
신비로운 배경 만들기

01 레이어 패널에서 [흰배경] 레이어를 선택합니다. 연보라색 #CABBC9을 선택한 뒤 02 [Alt] + [Delete]를 눌러 색을 입힙니다. 03 [흰배경] 레이어 위에 [배경꾸밈] 레이어를 만듭니다.

01

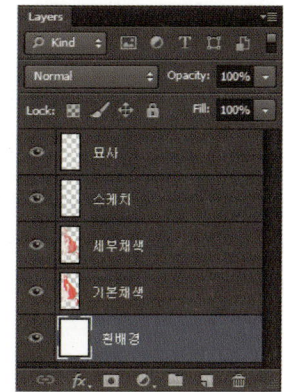

02

04

03

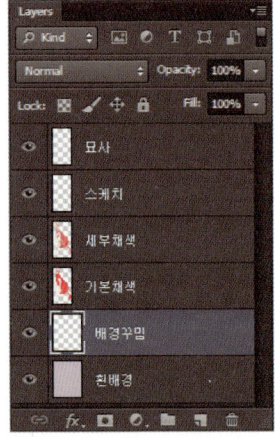

05

04 배경에 다양한 색을 입혀 보겠습니다. ①를 눌러 브러시 사이즈를 늘립니다. 왼쪽에서 오른쪽 방향으로 가로 터치를 줍니다. 이때 Opacity는 50%이하로 설정합니다. 색과 색 사이를 여러 번 겹쳐 칠하면 자연스럽고 은은한 흐름이 생깁니다. **05** Filter ▷ Noise ▷ Add Noise 메뉴를 선택합니다. Add Noise 창에서 Amount 값을 4%로 설정한 뒤 OK합니다. 작은 입자의 노이즈 효과가 생겼습니다.

Note / **Opacity 수치 조절하기**

Opacity 수치 조절에 대해 자세히 알고 싶다면 40P를 참고하세요.

Note / Add Noise 필터

이미지에 임의로 노이즈를 추가하여 작은 입자가 거칠게 뿌려진 효과를 주는 필터입니다.

❶ **Amount** : 노이즈 분포되는 양을 설정
❷ **Distribution** : 노이즈가 분포되는 형태를 설정
❸ **Monochromatic** : 색상을 흑백, 컬러로 설정

◆ 흑백 노이즈 효과

◆ 컬러 노이즈 효과

06

07

06 자유롭게 배경을 장식할 만한 소재를 찾아 그려 주세요. 필자는 꽃잎과 풀, 빗방울, 식물 줄기를 그렸습니다. **07** 배경 전체적으로 흰색의 점들을 그려 물감이 뿌려진 효과를 내줍니다.

08 여우가 채색된 레이어를 합치겠습니다. [묘사] 레이어를 선택하고 Shift 를 누른 채 [기본채색] 레이어를 선택합니다. [묘사] 레이어와 [기본채색] 레이어 사이에 있는 레이어가 모두 선택됩니다. 09 Ctrl + E 를 누르면 가장 상단에 있던 [묘사] 레이어 이름으로 합쳐집니다.

08

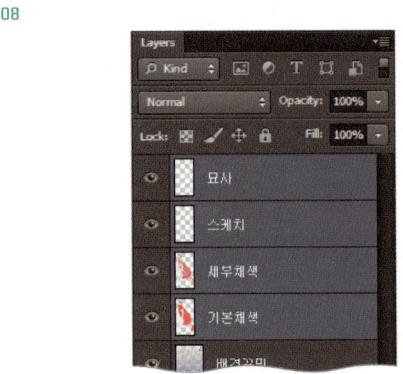

09

10 여우에 그림자 효과를 주겠습니다. 레이어 패널에서 fx 버튼을 눌러 Drop Shadow 메뉴를 선택합니다.

10

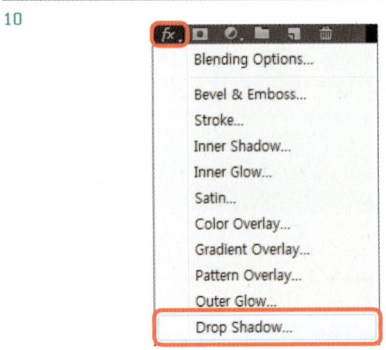

> **Note / 레이어 합치기**
> 레이어 합치기에 대해 자세히 알고 싶다면 203P를 참고하세요.

11 Layer Style 창의 Drop Shadow 메뉴에서 Blend Mode 를 Multiply로 설정하고 색상을 보라색 #51482으로 변경합니다. Opacity 값과 Distances, Size 값을 다음과 같이 설정한 뒤 OK합니다. 12 여우의 외각 부분에 연한 그림자 효과가 생겼습니다. 아크릴 느낌의 여우가 완성되었습니다.

11

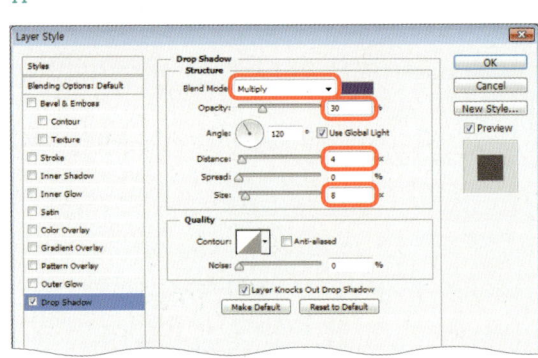

12

Note / 브러시 파헤치기 | 아크릴 느낌을 내주는 브러시

포토샵에서 아크릴 느낌을 내주는 브러시를 살펴보겠습니다. 촉촉이 젖은 듯한 투명한 아크릴 느낌을 주려면 F5 을 눌러 브러시 패널을 띄워, Wet-Edges 메뉴를 체크해 주면 됩니다. 각각의 브러시에서 Wet-Edges 메뉴를 체크한 뒤 체크하기 전과 어떤 차이가 있는지 느껴 보세요.

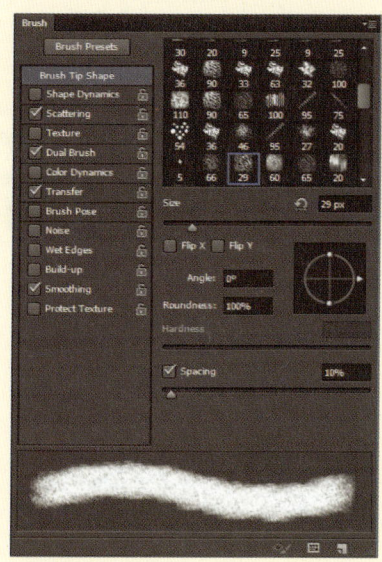
◆ Wet-Edges 체크 전

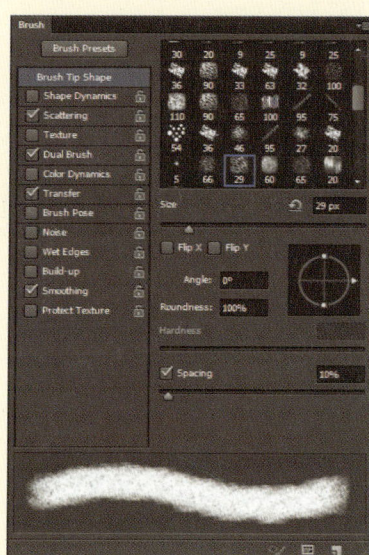
◆ Wet-Edges 체크 후

❶ **Dry Brush Tip Light Flow** : 거친 느낌, 거친 표면 위에 칠한 느낌을 줄 때 사용하면 좋습니다.
❷ **Pastel Medium Tip** : 부드러운 느낌, 부드러운 표면 위에 칠한 느낌을 줄 때 밑색을 칠할 때 사용합니다.
❸ **Swirl Brush** : 부드러운 느낌, 터치가 일정 부분 남기 때문에 면을 나눠 칠할 때 사용합니다.
❹ **Stencil Sponge - Dry** : 뭉개진 느낌, 스폰지로 찍어 채색한 느낌을 줍니다.

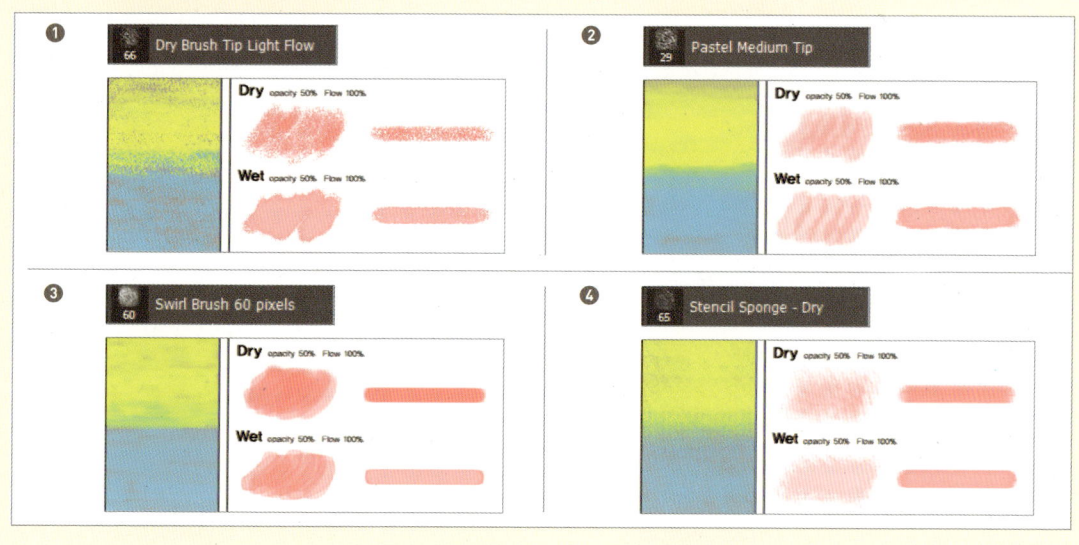

Chapter 07

부드러운 느낌의 오일 파스텔 소녀 그리기

이번 예제에서는 캔버스 질감이 드러나는 오일 파스텔 기법을 익혀보겠습니다. 오일 파스텔은 유성이기 때문에 수성에 비해 맑은 느낌이 떨어지지만 색을 겹쳐 칠했을 때의 질감 효과와 문지를 때의 특유한 부드러운 느낌을 살릴 수 있습니다. 브러시 Flow 값을 이용하여 오일 파스텔 브러시의 자체 질감을 조절하여 채색하겠습니다. 오일 파스텔 느낌의 브러시 소개와 함께 포토샵에서 기본적으로 제공하는 Dry Media 브러시와 Wet Media 브러시에 대한 소개도 함께 합니다. 드라이 미디어 계열의 브러시를 이용하여 오일 파스텔 느낌 외에도 유화, 크레파스, 아크릴 느낌을 연습해 보세요.

◆ POINT SKILL / 브러시 툴 • 레이어 스타일

◆ 사용한 브러시 / Hard Round 브러시 • Pastel on Charcoal Paper 브러시

◆ 예 제 파 일 / 나들이-시작.psd • 나들이-완성.jpg

STEP 1 / 기본 채색하기

STEP 2 / 세부 채색하기

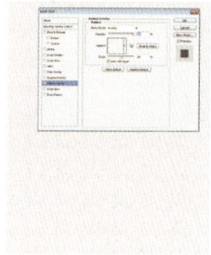

STEP 3 / 캔버스 배경 만들기

STEP 1
기본 채색하기

01 Ctrl + O 를 눌러 '나들이-시작.psd' 파일을 불러옵니다. **02** Ctrl + U 를 눌러 Hue/Saturation 창을 띄웁니다. Colorize에 체크한 뒤 Hue 값을 180, Saturation 값을 50, Lightness 값을 70으로 설정합니다. 스케치 선이 검은색에서 연한 파란색으로 바뀌었습니다.

01

02

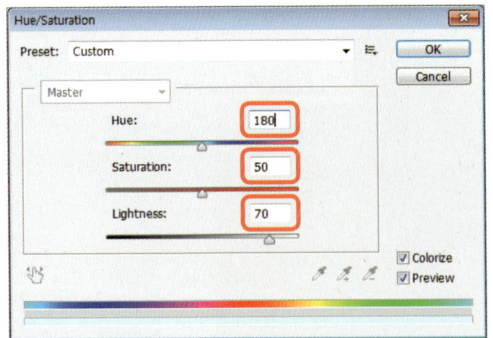

03 레이어 패널에서 버튼을 눌러 [스케치] 레이어 위에 [채색] 레이어를 만듭니다. **04** 브러시 툴 을 선택한 뒤 화면에서 마우스 오른쪽 버튼을 눌러 브러시 창을 띄웁니다. 'Pastel on Charcoal Paper' 브러시를 선택합니다. **05** 전경색을 연두색 #8FAD4B 계열로 설정한 후 언덕을 채색합니다. 반복해서 덧칠하여 질감을 만듭니다. 마치 캔버스 위에 색칠한 것처럼 터치가 남습니다.

03

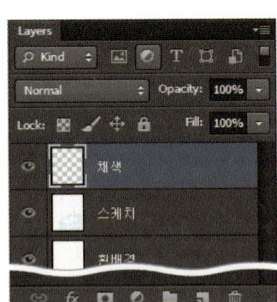

04

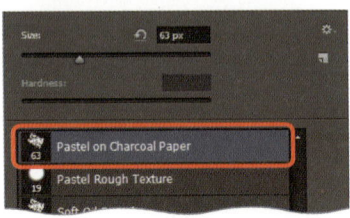

05

> **Note** 새 레이어 생성 단축키
>
> - Ctrl + Shift + N : 새 레이어 만들기 창이 뜨고 OK하면 레이어가 생성됩니다.
> - Ctrl + Alt + Shift + N : 새 레이어가 바로 생성됩니다.

06 레이어 패널에서 ▣ 버튼을 눌러 [스케치] 레이어와 [흰배경] 레이어 사이에 [밑색] 레이어를 만듭니다. 'Pastel on Charcoal Paper' 브러시로 칠했을 때 남은 흰 부분을 채워주는 작업을 하겠습니다. 07 전경색을 진한 녹색 #276D67으로 설정한 후 'Hard Round' 브러시를 선택합니다. 08 연두색 언덕 밑으로 진한 녹색이 칠해져 덧칠한 듯 자연스러운 색감이 만들어집니다.

06

07

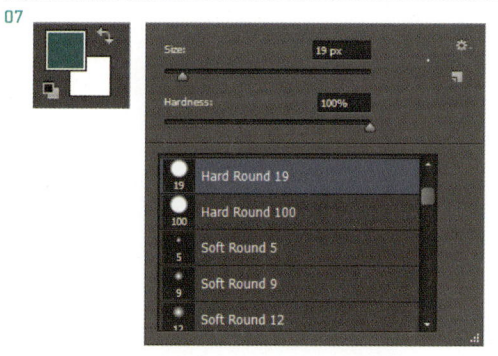

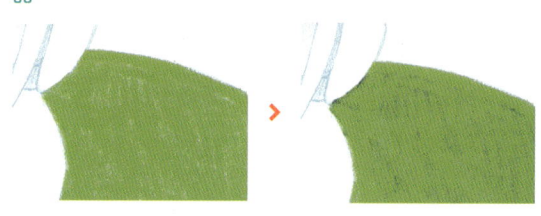

08

09 스케치 선을 참고하여 남은 개체들도 진한 녹색으로 채색합니다. 10 Ctrl 을 누른 채 [밑색] 레이어의 섬네일 이미지(Layer Small 창)를 클릭합니다. 그래야만 [밑색] 레이어에 칠해진 영역이 선택 영역이 됩니다.

09

10

◆ Ctrl 를 누른채 빨간 부분인 레이어 섬네일 이미지 클릭

12

13

> **Note** / 선택 영역 보이기/감추기
>
> Ctrl + H 를 누르면 선택 영역, 패스, 가이드, 슬라이스를 보이거나 감출 수 있습니다.

11 다시 [채색] 레이어로 돌아가 채색하겠습니다. 12 'Pastel on Charcoal Paper' 브러시를 선택한 뒤 13 상단의 브러시 옵션바에서 Flow 값을 5%로 설정합니다. Ctrl + H 를 눌러, 선택 영역을 감춥니다. 여러 가지 녹색을 덧칠하는 과정을 반복하면서 색을 부드럽게 섞어줍니다.

11

> **Note** / Opacity & Flow
>
> - Opacity : 브러시가 칠해지는 색의 투명도
> - Flow : 브러시 자체 질감의 농도
>
> Flow 값이 작을수록 브러시 질감이 흐려지고 값이 클수록 브러시 질감이 진해집니다.
>
>
>
> ◆ Opacity와 Flow가 모두 100%입니다.

STEP 2
세부 채색하기

01 여자의 얼굴과 손, 머리카락과 옷에 명암을 설정하여 채색합니다. **02** 고양이와 새를 칠하고 옷에 무늬를 넣어 묘사합니다.

01

02

03 언덕 위에 형형색색의 동그란 무늬를 그립니다. **04** 공간에 띄워진 동그란 무늬도 다양한 색상으로 채색하고 동물들도 각기 다른 색으로 칠합니다.

03

04

STEP 3
캔버스 배경 만들기

캔버스 위에 오일 파스텔로 그린 느낌을 강조하기 위해 캔버스 배경을 만들어 합성해 보겠습니다. 01 레이어 패널에서 버튼을 눌러 [채색] 레이어 위에 [캔버스] 레이어를 만듭니다. 02 전경색을 연한 분홍색 #FEFAFC으로 설정한 뒤, 레이어 패널 하단의 버튼을 눌러 Pattern Overlay 메뉴를 선택합니다. Layer Style 창이 열리면 'Canvas' 질감을 선택하고 Blend Mode는 Multiply, Opacity는 100%, Scale은 150%로 설정합니다.

03 [캔버스] 레이어 모드를 Multiply로 변경하고 Opacity를 80%로 줄입니다. 04 캔버스 질감이 개체들과 어우러져 수작업 느낌을 물씬 풍깁니다. 부드러운 느낌의 오일 파스텔화가 완성되었습니다.

01
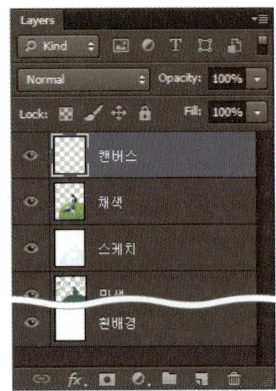

03
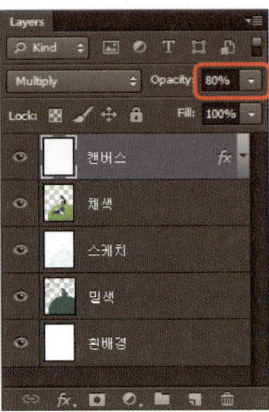

02
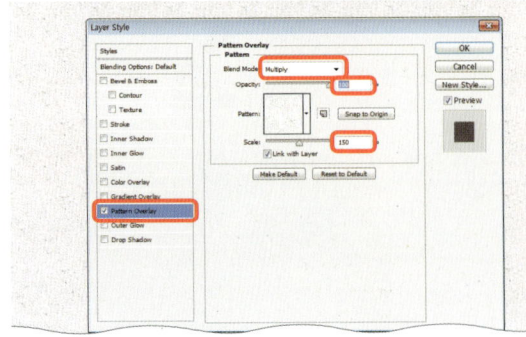

04

Note / Multiply 모드

상위 레이어와 하위 레이어가 서로 겹치는 합성 모드입니다. 흰색은 투명하게 인식되어 겹쳐지는 색을 그대로 표현해 줍니다. Screen mode와 반대입니다.

Note / 브러시 파헤치기 | 오일 파스텔 느낌을 내주는 브러시

포토샵에서 오일 파스텔 느낌을 내주는 브러시를 살펴보겠습니다.

◆ **Pastel on Charcoal Paper**
목탄지 위에 오일 파스텔로 겹쳐 칠한 느낌을 내주는 브러시입니다.

◆ **Pastel Rough Texture**
오일 파스텔의 부드러운 느낌을 표현해 주고, 작은 입자의 캔버스 질감을 갖고 있는 브러시입니다.

◆ **Soft Oil Pastel**
오일 파스텔의 부드러운 느낌을 가장 잘 표현해 주는 주는 브러시입니다.

◆ **Soft Pastel Large**
Soft Oil Pastel과 비슷하지만 보다 더 넓게 채색되는 브러시입니다.

◆ **Hard Pastel on Canvas**
캔버스 위에 딱딱하게 굳은 파스텔로 채색한 느낌을 표현해 줍니다.

◆ **Charcoal Scraping Paper**
질감이 강한 종이 위에 채색했을 때 거칠게 칠해지는 느낌을 표현해 줍니다.

Dry Media 브러시와 Wet Media 브러시 : Dry Media 브러시와 Wet Media 브러시는 포토샵에서 기본적으로 제공하고 있는 브러시 분류입니다. 여기서는 브러시 중 일부만 소개합니다.

- Dry Media 브러시는 파스텔, 콘테, 크레파스와 같은 불투명한 재료로 채색한 느낌을 내줍니다.

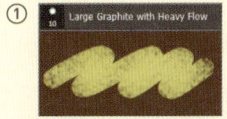 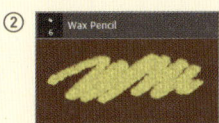  
  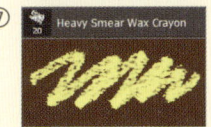 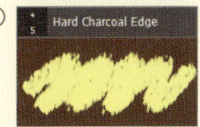

- Wet Media 브러시는 터치 외각이 번지는 효과와 색이 흐려지거나 맞히는 느낌을 표현합니다. 수채화처럼 터치가 겹쳐진 효과, 터치 외각이 굳어 진해지는 효과, 적은양의 물을 사용하여 물감이 마른 듯한 느낌 등을 내줍니다.

  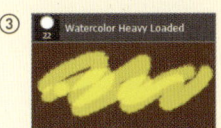 

Chapter 08

판화 느낌의 새 그리기

이번 예제에서는 판화 느낌의 새를 그려 보겠습니다. 판화는 판에 형상을 새기는 것으로 볼록하거나 오목한 부분에 물감을 묻혀 종이나 천에 여러 장 찍을 수 있는 그림입니다. 판화는 명암과 정밀한 부분을 묘사하기 힘든 단점이 있지만, 불규칙적이고 거친 선과 면을 만들어내는 매력적인 회화 기법입니다. 예제에서 쓰인 주요 기능은 레이어 마스크입니다. 기존에 브러시의 터치감을 살려 채색하는 방법과 달리 레이어에 마스크를 씌운 뒤 지우는 방법을 사용할 것입니다. 기존 브러시의 속성을 조절하여 새로운 브러시로 등록하는 방법도 함께 배웁니다.

◆ POINT SKILL / 레이어 마스크 • 반전 모드 • 브러시 패널
◆ 사용한 브러시 / Rough Ink 브러시 • 판화 브러시
◆ 예 제 파 일 / 판화새-시작.psd • 판화새-완성.jpg

STEP 1 / 판화 브러시 만들기
STEP 2 / 흑백 채색하기
STEP 3 / 마스크 씌워 가려주기
STEP 4 / 컬러 채색하기

STEP 1
판화 브러시 만들기

01 Ctrl + O 를 눌러 '판화새-시작.psd' 파일을 불러옵니다. 02 레이어 패널에서 버튼을 눌러 [스케치] 레이어와 [흰배경] 레이어 사이에 [검정채색] 레이어를 만듭니다. 03 브러시 툴을 선택한 뒤 화면에서 마우스 오른쪽 버튼을 눌러 브러시 창을 띄웁니다. 'Rough Ink' 브러시를 선택합니다.

01

02
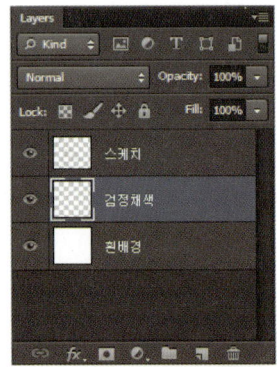

03

04 'Rough Ink' 브러시의 속성을 변경하여 판화 느낌의 브러시를 제작해 보겠습니다. F5 를 눌러 브러시 패널을 엽니다. 왼쪽의 Shape Dynamics 메뉴를 선택합니다. Control을 Pen Pressure로 설정합니다.

04
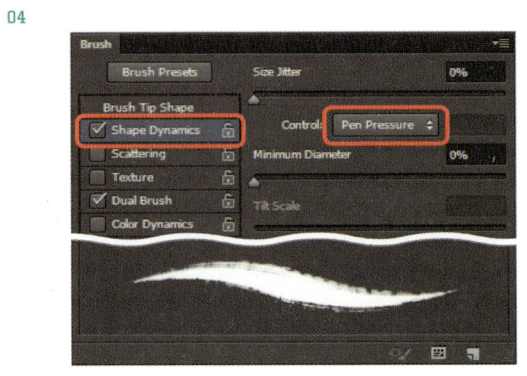

05 Dual Brush 메뉴를 선택합니다. Spacing을 140으로 설정합니다. 브러시 외각이 더 거칠어진 형태가 되었습니다.

05
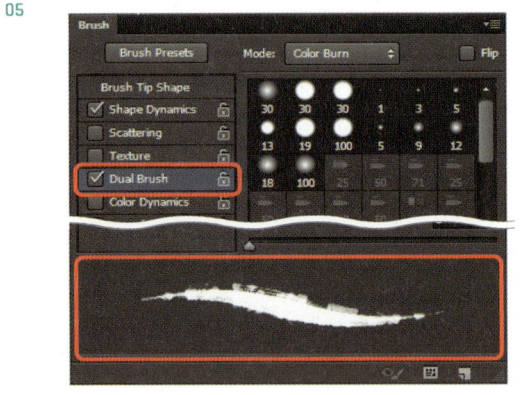

06 완성된 판화 브러시를 현재 브러시 목록에 추가하겠습니다. 브러시 패널 오른쪽 상단에 있는 버튼을 눌러 'New Brush Preset' 메뉴를 선택합니다. 07 브러시 등록 창이 열립니다. 이름을 '판화 브러시'로 설정한 뒤 OK합니다. 08 작업 창에서 마우스 오른쪽 버튼을 눌러 브러시 창을 띄워 '판화 브러시'가 목록에 추가 된 것을 확인합니다.

06

07

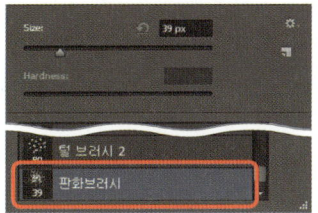

08

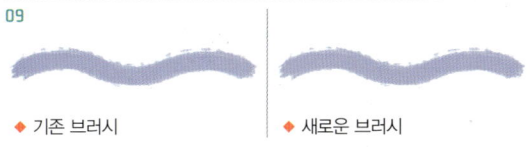

09 브러시를 변경하기 전후를 비교해 보세요.

09

◆ 기존 브러시   ◆ 새로운 브러시

> **Note / 브러시 저장하기**
>
> 브러시를 등록, 저장하는 방법에 대해 자세히 알고 싶다면 76P를 참고하세요.

> **Note / Rough Ink 브러시**
>
> 브러시 목록 중 'Wet Media' 안에 있는 브러시로 마카나 사인펜으로 칠한 느낌을 내주는 브러시입니다. 터치 결이 잘 살아나 수묵화나 캘리그래피를 그릴 때 사용해도 좋습니다.

STEP 2
흑백 채색하기

01 판화 브러시로 다음과 같이 새의 외각 부분을 확장한 라인을 그립니다. **02** 라인 안을 모두 검은색 #000000으로 채색합니다. **03** [스케치] 레이어를 선택한 뒤 Ctrl + I 를 눌러 색상을 반전시킵니다. 검은색이었던 스케치가 흰색으로 바뀝니다.

01

02

03

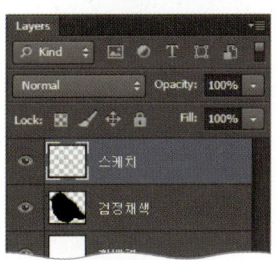

> **Note / 두 가지 반전 명령**
> - Invert : 색상을 반전시킵니다(Ctrl + I).
> - Inverse : 선택 영역을 반전시킵니다(Ctrl + Shift + I).

STEP 3
마스크 씌워 가려주기

01 레이어 패널에서 [검정채색] 레이어를 선택한 뒤, 하단의 ▢ 버튼을 눌러 마스크를 씌웁니다. **02** 마스크에서 사용할 수 있는 색상은 흰색과 검은색 사이의 색입니다. **03** 검은색을 선택한 뒤 판화 브러시를 선택하여 새 머리 위쪽 외각 부분을 칠해 줍니다. 결의 방향을 정해서 판에 형상을 새긴다는 생각으로 칠하세요. 검은색으로 칠한 부분이 가려져 흰색 배경이 드러나게 됩니다.

04 브러시 사이즈를 조절해 가며 두께와 길이에 변화를 줍니다. 새 외각 부분의 밑 색을 지워가되 조그만 무늬들을 남겨 줍니다. **05** 새 부리와 얼굴과 몸 전체적으로 무늬를 남깁니다. **06** 새 날개는 되도록 흰색 배경이 많이 보이도록 검은색 브러시로 칠해 줍니다. 지워진 부분은 투명해진 부분으로 흰색 배경이 드러납니다.

01

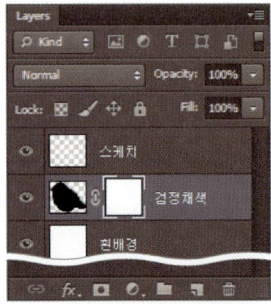

02

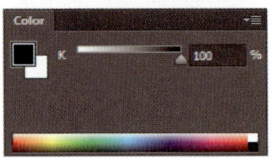

03

04

05

06

> **Note / 레이어 마스크**
> 레이어 마스크는 필요 없는 부분을 가리기 위해 사용합니다. 마스크에서 채색은 색을 표현하는 게 아닌 가려주고 보여주는 것입니다. 검은색으로 칠하면 가려지고, 흰색으로 칠하면 보여집니다. 가린 부분을 수정하고 싶을 때 흰색을 다시 칠하면 원본 상태로 되돌아옵니다. 전경색과 후경색을 각각 흰색과 검은색으로 설정한 뒤 X 를 눌러 번갈아가며 사용하면 편리합니다.

07 [스케치] 레이어의 눈을 감깁니다. 08 스케치를 감추니 판화의 굵고 거친 선들이 잘 보입니다.

07

08

01
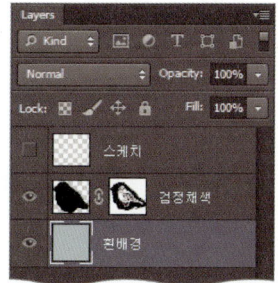

02

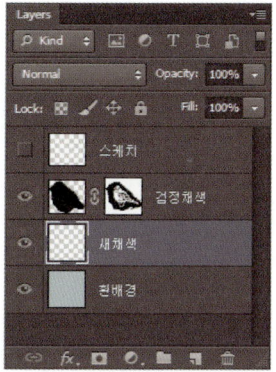

03

Note
판화 작품에서는 고명도, 고채도의 색은 피하고 손에 꼽히는 정도의 색만 사용하는 것이 좋습니다. 색 수가 많아지면 복잡해지므로 검은색 판화의 느낌이 묻히게 됩니다.

STEP 4
컬러 채색하기

01 [흰배경] 레이어를 선택합니다. 짙은 하늘색 #A3BDC2 계열을 전경색으로 설정하여 Alt + Delete 를 눌러 배경색을 입힙니다. 02 레이어 패널에서 버튼을 눌러 [흰배경] 레이어 위에 [새채색] 레이어를 만듭니다. 03 분홍색 #E7ACAC과 베이지색 #E7CEAC으로 새를 채색합니다. 불규칙적이고 거친 선과 면을 가진 판화 느낌의 새가 완성되었습니다.

Chapter 09

붓 결이 살아있는
수묵화 그리기

수묵화는 물과 먹의 농도를 이용하여 그리는 그림입니다. 여백과 먹 선의 농담 표현, 그림자가 없는 것이 수묵화의 큰 특징입니다. 비어있는 여백은 단순히 빈 공간이 아닌 의도적으로 상상할 수 있는 공간이며, 안정과 여유를 즐기고자 하는 동양적인 정서가 담겨 있습니다. 이번 예제에서는 수묵화 느낌을 내주는 브러시를 이용하여 학과 대나무를 그려보겠습니다. 브러시 옵션의 Flow값을 조절하면 붓의 결을 살려 칠할 수 있습니다. 먼저 먹 선을 그린 뒤, 연한 채색을 넣어 수묵화를 완성시키도록 하겠습니다. 먹의 농도를 조절하기 위해는 태블릿을 사용하는 것이 좋습니다. 태블릿을 사용하면 필압에 따라 브러시 사이즈를 조절하여 얇고 굵은 선을 동시에 표현할 수 있습니다. 실제 붓에 먹을 묻혀 그림을 그린다는 기분으로 따라오세요.

◆ **POINT SKILL** / 브러시 툴 • 브러시의 Flow 옵션 • Mask 기능
◆ **사용한 브러시** / sumi 2브러시 • Watercolor Build Up 브러시
　　　　　　　　　 Watercolor Wash 브러시 • Rough Round Bristle 브러시
◆ **예 제 파 일** / 수묵화-시작.psd • 수묵화-완성.jpg • 낡은종이.jpg

STEP 1 / 종이 합성하기

STEP 2 / 먹선 그리기

STEP 3 / 채색하기

STEP 1
종이 합성하기

01 Ctrl + O 를 눌러 '수묵화-시작.psd', '낡은종이.jpg' 파일을 불러옵니다. **02** 낡은종이.jpg 작업 창에서 Ctrl + A 를 눌러 전체를 선택 영역으로 지정합니다. **03** Ctrl + C 를 눌러 복사한 뒤, 수묵화-시작.psd 작업 창에 Ctrl + V 를 눌러 붙입니다.

01

02

03
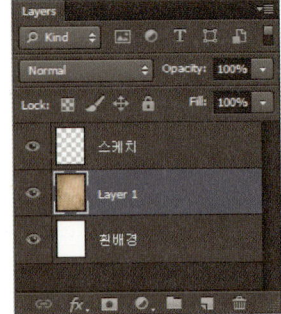

04 Ctrl + U 를 눌러 Hue/Saturation 창을 띄웁니다. Saturation 값을 -35, Lightness 값을 50으로 설정합니다. **05** 종이 색이 연한 갈색으로 바뀌었습니다.

04
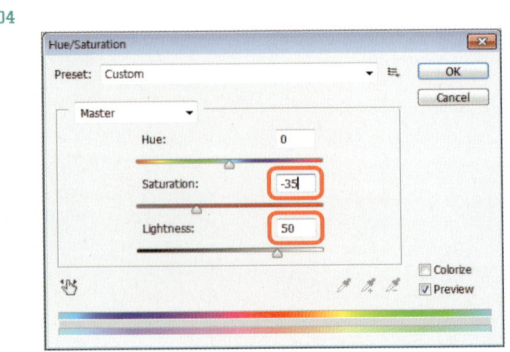

05

> **Note / Hue/Saturation**
>
> Hue/Saturation에 대해 자세히 알고 싶다면 47P를 참고하세요.

STEP 2
먹선 그리기

01 ▣ 버튼을 눌러 새 레이어를 만든 뒤, 이름을 [먹선]으로 변경합니다. [Layer 1]은 [종이]로 이름을 변경한 뒤, Opacity를 30%로 설정합니다. 스케치 선이 흐릿해집니다.
02 [먹선] 레이어를 선택한 뒤 브러시 툴 ▣ 을 선택합니다.

01

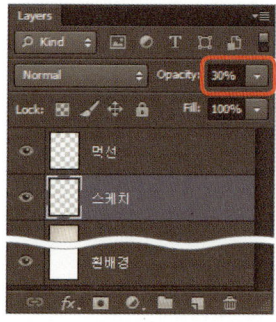

02

03 화면에서 마우스 오른쪽 버튼을 눌러 브러시 창을 띄우고 'sumi 2' 브러시를 선택합니다. **04** 상단의 옵션바에서 Flow 값을 10%로 설정합니다.

03

04

> **Note / Opacity & Flow**
>
> Opacity와 Flow에 대해 자세히 알고 싶다면 40P를 참고하세요.

05 힘을 주고 빼는 작업을 반복하며 학의 외각선을 부드럽게 그려 주세요. 에어 브러시 ▣ 버튼이 켜 있으면 브러시가 멈춰 있는 자리에 색이 점점 번집니다. 스케치를 참고하여 먹이 맺힐 부분을 생각하면서 선을 정리해 줍니다. **06** ① 를 눌러 브러시 사이즈를 30pixels로 키웁니다. Opacity는 30%, Flow는 1%로 조절한 뒤 **07** 학의 목 부분과 날개 아랫부분에 연한 붓 결을 남깁니다.

05

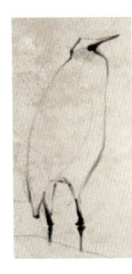 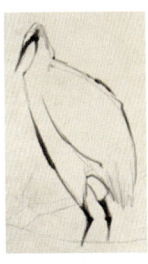

06

07

08 Opacity를 100%로 높인 뒤 09 왼쪽에서 오른쪽 방향으로 나무의 큰 줄기를 그립니다. 필압에 따라 먹의 농도가 조절되어 진한 부분과 연한 부분의 차이가 생깁니다. 10 Opacity를 60%로 조금 낮춘 뒤 큰 줄기의 아랫면과 나뭇가지를 그립니다.

08

09

10

12 브러시 툴을 선택한 뒤 화면에서 마우스 오른쪽 버튼을 눌러 브러시 창을 띄웁니다. 'Watercolor Build Up' 브러시를 선택합니다. 13 Opacity는 80%, Flow는 100%로 설정한 뒤 학 날개 부분과 목 부분, 큰 나무 줄기와 작은 나무 줄기를 살짝 눌러줍니다.

12

13

16

14 다시 브러시 창을 띄워, 'Watercolor Wash' 브러시를 선택합니다. **15** 이번에는 위에서부터 아래로 한 획을 그립니다. 획을 세 번 정도로 나눠 곧게 솟은 대나무 줄기를 채색합니다. **16** 멀리 있는 대나무들은 Opacity를 낮춰 흐릿하게 표현하고, 빠른 획으로 간단하게 그립니다. **17** 다시 브러시 창을 띄워, 'Sumi 2' 브러시를 선택하여 작은 가지들의 외각라인을 그립니다.

14

17

15

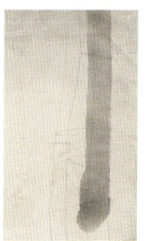

Note / Opacity

Opacity에 대해 자세히 알고 싶다면 40P를 참고하세요.

STEP 3
채색하기

01 레이어 패널 하단의 ▣ 버튼을 눌러 [스케치] 레이어와 [먹선] 레이어 사이에 [채색] 레이어를 만듭니다. 02 연한 녹색 #8FCE89을 선택한 뒤 'Watercolor Wash' 브러시로 대나무 잎을 그립니다. 잎을 뾰족하게 표현하기 위해서 획을 그을 때 시작하는 부분에 힘을 주고 끝으로 갈수록 점점 힘을 뺍니다.

01
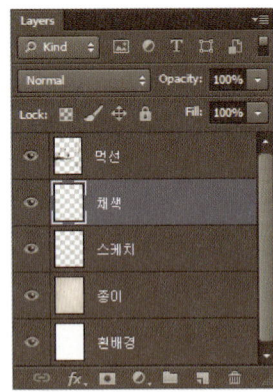

02

03 [먹선] 레이어를 선택한 뒤, [Shift]를 누른 채 [종이] 레이어를 선택합니다. [먹선] 레이어와 [종이] 레이어 사이에 있는 레이어가 모두 선택됩니다. 04 [Ctrl] + [E]를 눌러 레이어를 하나로 합칩니다.

03
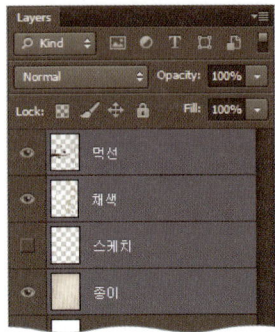

04
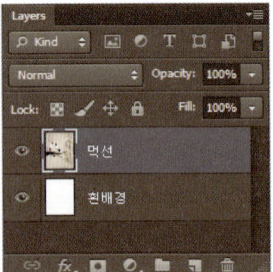

05 레이어 패널 하단의 ▣ 버튼을 눌러 마스크를 씌웁니다. 이제부터 종이의 끝이 헤져 흐릿해지는 느낌을 표현해 보겠습니다. 06 브러시 툴 ✎ 을 선택한 뒤 화면에서 마우스 오른쪽 버튼을 눌러 브러시 창을 띄웁니다. 'Rough Round Bristle' 브러시를 선택합니다.

05

06

07 전경색을 검은색 #000000으로 설정한 뒤, 사각 테두리를 칠해 주세요. 먼저 큰 테두리를 불규칙하게 칠한 뒤 안으로 갈수록 점점 흐려질 수 있도록 Opacity를 낮춰 채색합니다. 브러시를 겹쳐 채색할수록 종이의 보풀 느낌이 잘 살아납니다. 08 레이어 마스크에 검은색으로 칠해진 영역이 이미지를 가린 부분입니다. 낡은 종이가 가려져 보이지 않은 부분은 투명해져서 하단 레이어의 흰색 배경이 보여지는 것입니다.

07

08

09 번 툴을 선택한 뒤 사각 테두리 주변을 눌러주어 시선을 중앙에 집중시킵니다.

09

10 마지막으로 왼쪽 하단에 낙인과 작가의 호를 추가로 그려 넣습니다. 붓 결이 살아있는 수묵화가 완성되었습니다.

10

Chapter 10

섬세한 머릿결을 가진
인물 그리기

이번 예제에서는 섬세한 머릿결을 표현해 주는
브러시를 직접 제작하여 소녀의 섬세한 머릿결을
표현하는 것에 중점을 줍니다. 인물을 채색할 때 기존의
Normal 모드가 아닌 다양한 합성 모드를
활용하는 방법과 인물의 인상을 결정하는
이목구비를 채색하는 방법도 함께 배웁니다. 포토샵에서
기본적으로 제공하는 머릿결 느낌을 내주는
브러시에 대한 소개도 함께 합니다.

◆ **POINT SKILL** / 브러시 패널 • 브러시 제작하기 • 블렌딩 모드
◆ **사용한 브러시** / Hard Round 브러시 • 털브러시
◆ **예 제 파 일** / 보라소녀-시작.psd • 보라소녀-완성.jpg

STEP 1 / 기본 채색하기

STEP 2 / 세부 채색하기

STEP 3 / 머릿결 표현하기

STEP 1
기본 채색하기

01 Ctrl + O 를 눌러 '보라소녀-시작.psd' 파일을 불러옵니다. 02 레이어 패널에서 ■ 버튼을 눌러 [스케치] 레이어와 [흰배경] 레이어 사이에 [기본채색] 레이어를 만듭니다. 03 브러시 툴 ✐ 을 선택한 뒤 화면에서 마우스 오른쪽 버튼을 눌러 브러시 창을 띄웁니다. 'Chalk' 브러시를 선택합니다.

01

03

04 전경색을 살색 #FCF0DA으로 설정한 뒤, 상단의 브러시 옵션바에서 Mode를 Soft Light로 설정합니다. 05 소녀의 얼굴과 팔과 목을 채색합니다. 터치가 겹치는 부분이 흰색으로 칠한 것처럼 밝아집니다. 06 불필요하게 스케치 라인을 벗어난 부분은 지우개 툴 ✐ 로 지웁니다.

04

05

02

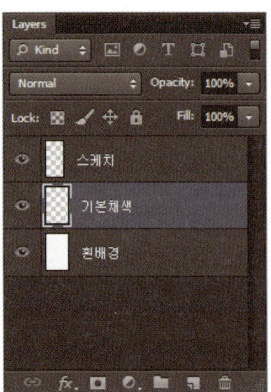

06

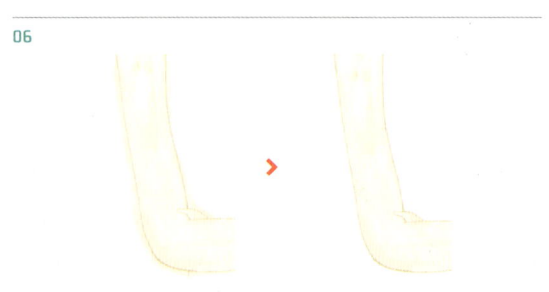

> **Note / Soft Light 모드**
> 부드러운 조명을 비추는 것처럼 색이 부드럽게 섞입니다. 회색보다 밝으면 더 밝게, 회색보다 어두우면 어둡게 만듭니다.

07 보라색 #6C57A6을 선택한 뒤, 소녀의 머리를 채색합니다. 브러시 Mode는 Soft Light로 계속 설정해 놓습니다. **08** 소녀의 원피스와 스카프, 오리도 외각 라인에 신경써서 색을 입힙니다.

07

◆ 머리 채색하기

08

◆ 원피스 채색하기
#D6D1EE8

◆ 스카프 채색하기
#CAC3A9

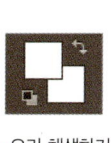

◆ 오리 채색하기
#FEFFF9

STEP 2
세부 채색하기

01 레이어 패널에서 ▢ 버튼을 눌러 [스케치] 레이어 위에 [얼굴] 레이어를 만듭니다. **02** 브러시 툴 ✎ 을 선택한 뒤 상단의 브러시 옵션바에서 Mode를 Normal로 변경합니다.

01

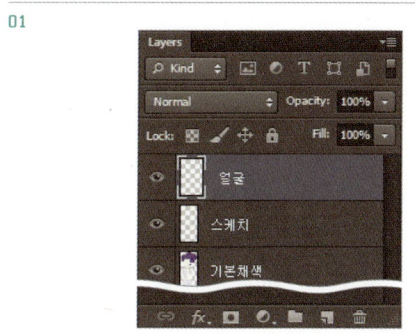

02

03 갈색 #976E50으로 눈 속의 안구를 색칠합니다. **04** 위아래 라인을 그려 눈매를 뚜렷하게 만듭니다. **05** 쌍꺼풀을 만들고 눈썹 모양새를 다듬어줍니다. 눈썹에서 코 라인으로 이어지는 부분을 어둡게 채색합니다. **06** 가로세로 선이 교차하는 안구 중앙에 검은색 #000000 동공을 그립니다. 흰색 #FFFFFF으로 동공 아래에 하이라이트를 그려 줍니다. 연한 베이지색 #926B4C으로 흰자위도 가볍게 칠합니다.

03 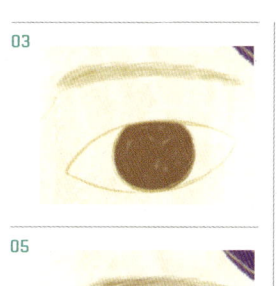 04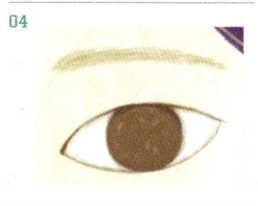

05 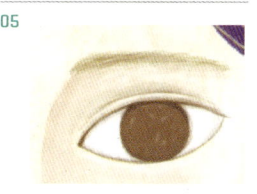 06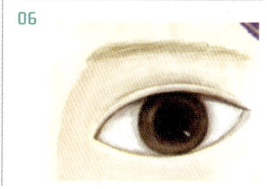

07 사각 선택 툴로 다음과 같이 선택 영역을 지정합니다. 눈썹, 코 라인, 눈이 포함되도록 설정해야 합니다. **08** Ctrl + C 를 눌러 이미지를 복사한 뒤 Ctrl + V 로 붙입니다. Ctrl + T 를 누르면 자유 변형 박스가 나타납니다. 마우스 오른쪽 버튼을 누른 뒤 Flip Horizontal 메뉴를 선택하여 좌우대칭시킵니다.

07

08

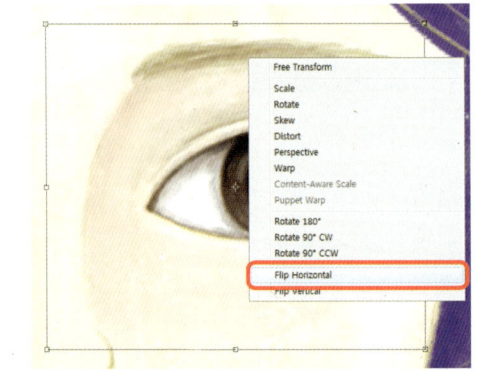

09

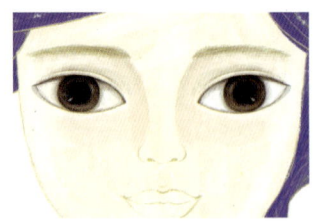

10

11

> **Note / 상하대칭, 좌우대칭**
> - Flip Horizontal : 수직 축을 기준으로 좌우대칭됩니다.
> - Flip Vertical : 수평 축을 기준으로 상하대칭됩니다.

09 알맞은 위치에 맞춘 뒤 Enter 를 누르면 고정이 됩니다. **10** 눈이 복제된 [Layer 1] 레이어와 [얼굴] 레이어를 합치겠습니다. [Layer 1] 레이어를 선택한 뒤 Ctrl 를 누른 채 [얼굴] 레이어를 선택합니다. **11** Ctrl + E 를 누르면 상위에 있던 [Layer 1] 이름으로 합쳐집니다. 레이어 명이 헷갈리지 않도록 하기 위해서 [Layer 1] 이름을 [얼굴]로 변경합니다.

> **Note / 레이어 합치기**
> 레이어 합치기에 대해 자세히 알고 싶다면 203P를 참고하세요.

12 이제 코를 채색하겠습니다. 코 주변과 코 아랫부분을 어둡게 칠한 뒤 콧등을 밝게 해 줍니다. **13** 양쪽의 콧망울과 콧등이 구분될 수 있도록 'U' 형태로 다시 한 번 어둡게 눌러 줍니다.

12

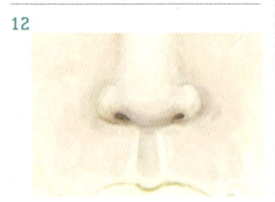

13

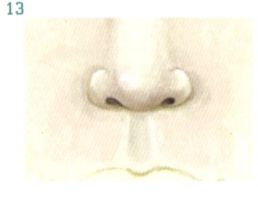

14 입술을 채색하겠습니다. 윗입술과 아랫입술에 기본색 #FAB769을 입힌 뒤 **15** 아랫입술에 드리워진 그림자를 어둡게 채색합니다. 입술의 양쪽 끝부분에 올라간 입꼬리를 강조해 주고 입술 아랫부분을 어두운 색으로 채색하여 볼륨감을 살려 줍니다. 윗입술과 가까이 있는 인중은 들어간 부분입니다. 어두운 부분을 찾아 가볍게 눌러 줍니다.

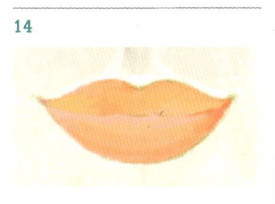

16 눈, 코, 입 묘사를 마치고 연한 분홍색 #FCDED6 볼터치를 넣어줍니다. 화면을 확대하여 얼굴 생김새를 확인합니다. 인상이 뚜렷해졌습니다.

> **Note** / **입술의 구조**
>
> 입은 위, 아래 입술로 이루어져 있으며 윗입술이 아랫입술에 비해 앞으로 더 나와 있습니다. 입술이 서로 맞닿은 부분에 그림자가 생기며 그림자는 입 가장 끝부분까지 이어집니다. 인중과 가까이 있는 입술의 윗부분은 움푹 들어갔습니다.

17 레이어 패널에서 ■ 버튼을 눌러 [얼굴] 레이어 위에 [세부채색] 레이어를 만듭니다. **18** 오리, 원피스, 스카프, 소녀의 목과 팔의 밝고 어두운 부분을 찾아 채색해 줍니다.

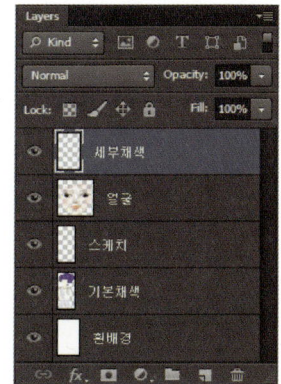

19 머리도 명암 대비를 확실히 하여 볼륨감을 줍니다. **20** [스케치] 레이어의 눈을 감겨준 뒤 채색된 소녀의 전체적인 모습을 살펴봅니다.

20

STEP 3
머릿결 표현하기

01 머릿결을 표현해 주는 브러시를 제작하겠습니다. 레이어 패널에서 ￼ 버튼을 눌러 [세부채색] 레이어 위에 [머릿결] 레이어를 만듭니다. 02 브러시 툴 ￼을 선택한 뒤 화면에서 마우스 오른쪽 버튼을 눌러 브러시 창을 띄웁니다. 'Hard Round' 브러시를 선택합니다. ￼ 를 눌러 사이즈를 30으로 맞춥니다.

01

02

03 14–15개정도의 검은색 원이 골고루 퍼지도록 그립니다.
04 지우개 툴 ￼로 다음과 같이 원을 지워준 뒤, 사각 선택 툴 ￼로 점이 찍힌 영역을 클릭 드래그하여 선택 영역으로 지정합니다.

03    04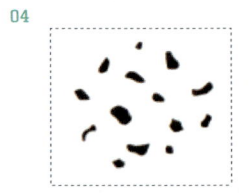

05 Edit ▷ Define Brush Preset 메뉴를 선택하여 브러시 등록 창을 엽니다. 이름을 '털 브러시'로 설정한 뒤 OK합니다. 06 작업 창에서 마우스 오른쪽 버튼을 눌러 브러시 창을 띄워 '털 브러시'가 목록에 추가 된 것을 확인합니다.

05

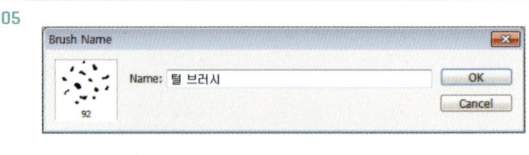

06

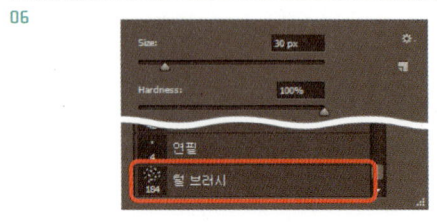

07 방금 만든 '털 브러시'는 완성된 형태가 아닙니다. 브러시 속성을 변경하기 위해 F5를 눌러 브러시 패널을 엽니다. 왼쪽의 Brush Tip Shape 메뉴를 선택합니다. Spacing을 1%로 변경합니다. **08** Shape Dynamics 메뉴를 선택한 뒤, 다음과 같이 설정합니다. **09** Transfer 메뉴를 체크합니다. Minimum과 Flow Jitter 값을 다음과 같이 설정합니다.

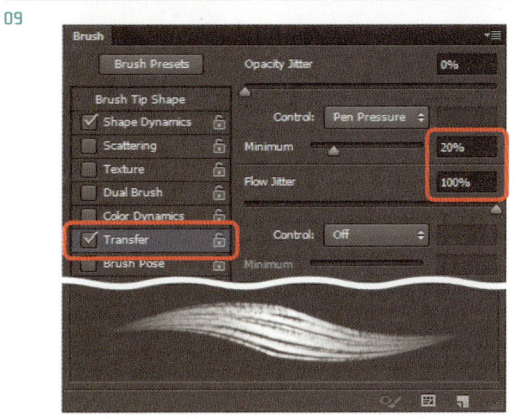

> **Note / Transfer 메뉴**
>
> 포토샵 CS5이하 버전은 Transfer가 Other Dynamics 명칭으로 되어있습니다. Transfer 메뉴에서는 브러시가 칠해지는 투명도와 자체 질감의 투명도를 조절합니다.
> - **Opacity Jitter** : 브러시가 칠해지는 투명도를 변수로 표현합니다.
> - **Flow Jitter** : 브러시 자체 질감의 투명도를 변수로 표현합니다.

10 털 브러시를 다시 브러시 목록에 추가하겠습니다. 브러시 패널 오른쪽 상단에 있는 삼각 보조 버튼을 눌러 New Brush Preset 메뉴를 선택합니다. **11** 브러시 등록 창이 열립니다. 이름을 '털 브러시1'로 설정한 뒤 OK합니다. **12** 작업창에서 마우스 오른쪽 버튼을 눌러 브러시 창을 띄워 '털 브러시1'이 목록에 추가 된 것을 확인합니다.

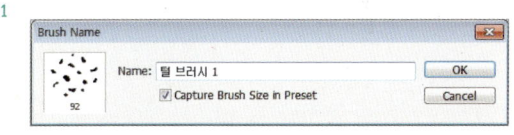

13 머릿결을 그리겠습니다. 머릿결의 밝은 부분을 채색할 때는 연보라색 #9B9ED5과 같이 밝은 색으로 설정합니다. 그리고 상단의 브러시 옵션바에서 Mode는 Screen, Opacity는 50%로 설정하여 채색하겠습니다. 머릿결의 어두운 부분을 채색할 때는 남보라색 #3D2770과 같이 어두운 색으로 설정합니다. 그리고 Mode는 Multiply, Opacity는 50%로 설정하여 채색합니다.

13
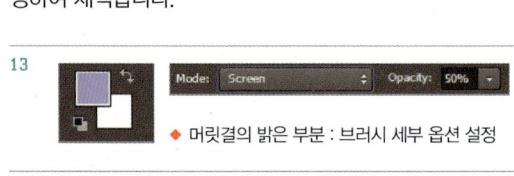

◆ 머릿결의 밝은 부분 : 브러시 세부 옵션 설정

◆ 머릿결의 어두운 부분 : 브러시 세부 옵션 설정

14

15  16

> **Note** / **Multiply 모드**
> 상위 레이어와 하위 레이어가 서로 겹치는 합성 모드입니다. 흰색은 투명하게 인식되어 겹쳐지는 색을 그대로 표현해 줍니다. Screen mode와 반대입니다.

> **Note** / **Screen 모드**
> 밝은 색 부분이 서로 혼합되어 겹쳐진 부분을 더 밝게 표현해 줍니다. 검은색은 투명하게 인식되어 겹쳐지는 색을 그대로 표현해 줍니다. Multiply mode와 반대입니다.

> **Note** / **블렌딩 모드 자세히 보기**
> 블렌딩 모드에 대해 자세히 알고 싶다면 39P를 참고하세요.

17 동그랗게 말린 부분을 어둡게 그려줍니다. 18 회오리 모양의 터치를 겹쳐 밝은 톤과 중간 톤의 색을 칠합니다. 색을 다양하게 바꿔가며 채색해 주면 선명하고 화사한 머릿결을 얻을 수 있습니다.

17  18

14 머릿결의 방향을 설정하여 그립니다. 밝은 부분은 Screen 모드로, 어두운 부분은 Multiply 모드로 채색해야 터치가 겹쳐졌을 때 더 밝고 어두운 명암 대비를 잘 살릴 수 있습니다. 15 어두운 부분부터 채색하고 16 밝은 부분을 채색합니다.

19 머릿결 묘사가 완성되었습니다. 20 [머릿결] 레이어의 Opacity를 80%로 낮춥니다. 머릿결이 약간 흐릿해졌습니다. 채색된 소녀의 전체적인 모습을 살펴봅니다.

19

20

Note / 브러시 파헤치기 |
머릿결을 느낌을 내주는 브러시

포토샵에서 기본적으로 제공하고 있는 브러시 중에서 머릿결 느낌을 연출하는 브러시입니다. 브러시 이름이 'Comb'와 'Hair'가 붙은 것을 확인할 수 있습니다.

◆ 원본

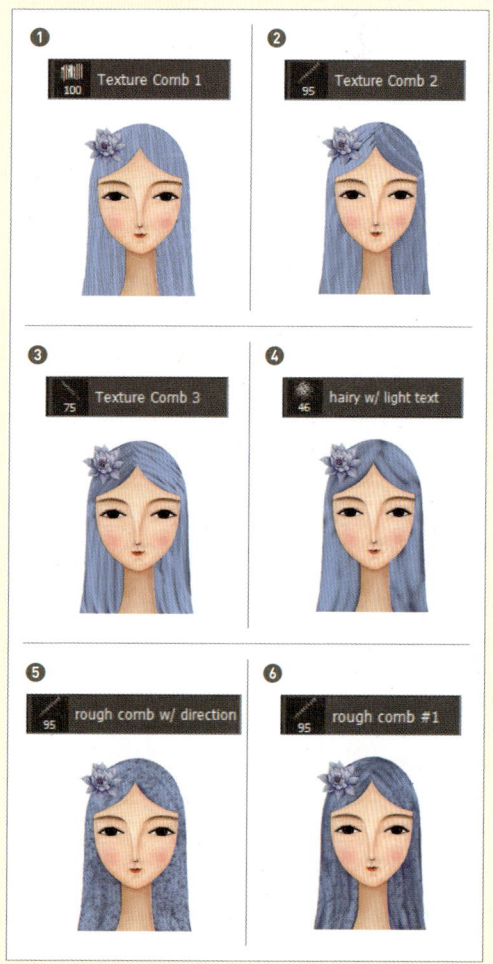

Chapter 11

바람에 일렁이는
물결 효과 그리기

이번 예제에서는 호숫가에 일렁이는 물결 효과를
내는 방법과 물결에 비친 그림자를 표현하는 방법을
배우겠습니다. 혼합 브러시 툴을 이용하면
사진 이미지를 수작업 느낌의 회화적인 이미지로
만들 수 있습니다. 혼합 브러시 툴은 기존의 남아있는
색을 문질러 혼합해 주는 기능으로 색을 선택하여
채색하지 않아도 자연스러운 터치 효과를
줄 수 있습니다. 이제부터 구름과 물결 사진에
혼합 브러시 툴을 적용하여 회화적인 느낌을 표현하고,
Displace 필터와 Wave 필터를 사용하여 물결의 형태와
그림자가 굴절되는 효과를 중점적으로
배워 보도록 하겠습니다.

- ◆ **POINT SKILL** / 혼합 브러시 툴 • Displace 필터 • Wave 필터
- ◆ **사용한 브러시** / Chalk 브러시
- ◆ **예 제 파 일** / 물결-시작.psd • 물결-완성.jpg • 구름.jpg • 물결.jpg • wave.psd

STEP 1 / 구름 표현하기

STEP 2 / 물결 표현하기

STEP 3 / 물가에 비친 그림자 표현하기

STEP 1
캐릭터 라인 그리기

01 Ctrl + O 를 눌러 '물결-시작.psd', '구름.jpg', '물결.jpg' 파일을 불러옵니다. **02** [배경] 레이어를 선택합니다. **03** 구름.jpg 작업 창에서 Ctrl + A 를 눌러 전체를 선택 영역으로 지정합니다. **04** Ctrl + C 를 눌러 복사한 뒤 물결-시작.psd 작업 창에 Ctrl + V 를 눌러 붙입니다.

01

02

03

04

05 레이어 패널에 자동으로 [Layer 1] 레이어가 생성됩니다. **06** Ctrl + T 를 눌러 자유 변형 박스를 띄웁니다. 아래 조절점을 위로 올려 세로 폭을 줄인 뒤 Enter 를 눌러 고정시킵니다.

05

06
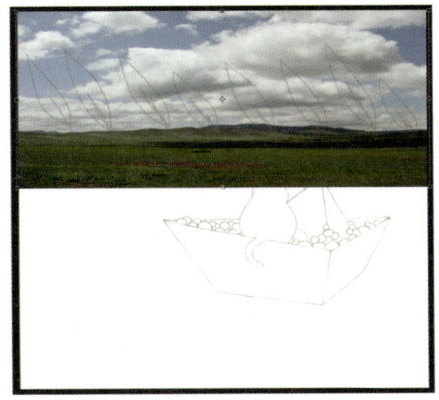

> **Note** / 자유 변형(Free Transform) 박스
>
> 자유 변형(Free Transform) 박스는 선택한 오브젝트에 사이즈, 회전, 기울기, 대칭 등 다양한 변형을 적용시키는 기능입니다. `Ctrl`+`T`를 눌러 박스를 띄울 수 있습니다.

> **Note** / Level 창 알아보기
>
> Level 창에 대해 자세히 알고 싶다면 46P를 참고하세요.

07 `Ctrl`+`L`를 눌러 Levels 창을 띄운 뒤 칸에 0, 1.2, 235를 입력하고 OK합니다. 보정 작업 시 Levels 값 조절은 필수입니다. 그림이 흐리고 선명한 정도는 Levels 값에 따라 달리 나타납니다. **08** 밝은 부분이 더욱 뚜렷해졌습니다.

09 혼합 브러시 툴을 선택합니다. 상단의 옵션바에서 'Chalk' 브러시를 선택한 뒤 정리 버튼만 클릭합니다. 혼합 브러시 모드는 Very Wet으로 지정하여 색상끼리 잘 섞일 수 있는 환경을 만듭니다. **10** 구름이 있는 하늘을 서로 섞는다는 기분으로 문질러 혼합합니다.

07

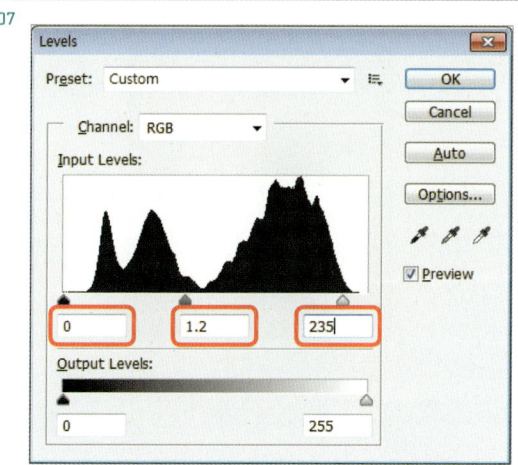

09

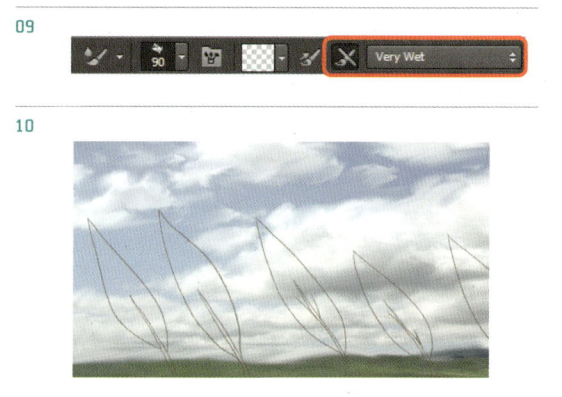

10

08

> **Note** / 브러시 불러오기 와 정리하기
>
> 버튼을 누르면 브러시로 채색할 때 전경색으로 지정한 브러시 색을 불러와 혼합하거나 붓질하는 자리의 색감이 자동으로 불러와 혼합합니다.
> 을 누르면 브러시로 터치를 준 뒤, 남아있는 브러시의 색상을 지워서 색상 없이 기존의 색을 혼합하거나 붓질하는 자리의 색감만을 깔끔하게 혼합합니다.

11 이번에는 불러오기 버튼도 클릭합니다. 불러오고 싶은 부분을 `Alt`를 누른 채 클릭합니다.

11

12 이미지를 문지르면 방금 불러온 색감이 혼합되어 자연스럽게 채색됩니다. 13 브러시 사이즈를 조절하면서 다양한 방향으로 짧고 긴 터치를 주어 구름과 하늘을 조화롭게 섞어 줍니다.

12

13

14 [스케치] 레이어를 선택한 뒤 15 마술봉 툴 로 호숫가 영역을 클릭하여 선택 영역으로 만듭니다. 16 [Layer 1] 레이어를 선택한 뒤 17 Delete 를 누르면 구름 사진에 있던 잔디 영역이 지워집니다. 지워지지 않은 나머지 부분은 지우개 툴 로 지워주세요.

14

15

16
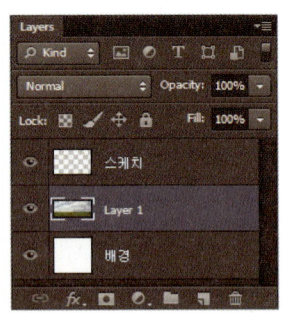

17

STEP 2
물결 표현하기

01 물결.jpg 작업 창에서 Ctrl + A 를 눌러 전체를 선택 영역으로 지정합니다. Ctrl + C 를 눌러 복사한 뒤 물결-시작.psd 작업 창에 Ctrl + V 를 눌러 붙입니다. 02 새 레이어가 자동으로 생성되고, 물결 이미지가 복사되어 붙습니다. 레이어 이름을 [호수]로 변경해 주세요.

01

02

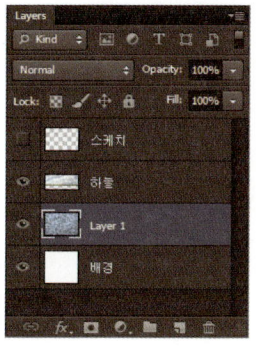 

03 Ctrl + T 를 눌러 자유 변형 박스를 띄웁니다. 물결 사이즈를 조절한 뒤 Enter 를 눌러 고정합니다. 04 혼합 브러시 툴을 선택합니다. 상단의 옵션바에서 정리 버튼만 클릭합니다. Wet을 10%로 지정합니다. 05 물결을 서로 섞는다는 기분으로 가로로 터치하여 혼합합니다.

03

04

05

06 Filter ▷ Distort ▷ Displace 메뉴를 선택합니다. Displace 창이 열리면 Horizontal Scale과 Vertical Scale 값을 모두 10으로 설정하고 OK합니다.

06

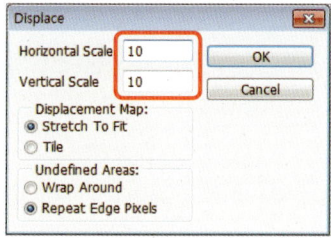

Note / Displace 필터

Displace 필터는 불러오는 포토샵 파일을 map으로 하여 이미지를 변화시키는 필터로, 명암을 이용하여 원본 이미지에 효과를 적용시킵니다. map으로 사용될 이미지는 반드시 psd 파일이어야 합니다.

07 Choose a displace map 창이 뜨면 Wave.psd 파일을 선택합니다.

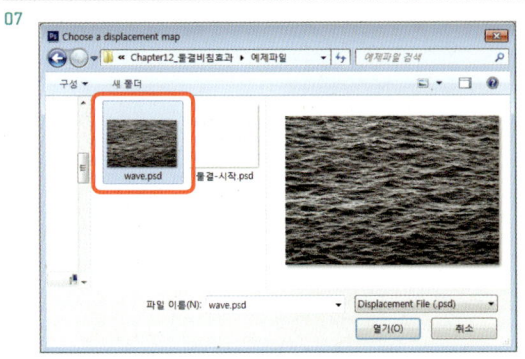

08 물결 map이 합성되어 바람에 일렁이는 물결의 형태가 보다 뚜렷해졌습니다. **09** Ctrl + U 를 눌러 Hue/Saturation 창을 띄웁니다. Saturation 값을 7, Lightness 값을 13으로 설정합니다. 물결이 밝은 파란색으로 바뀌었습니다.

10 닷지 툴을 선택한 뒤, 상단의 세부 옵션바에서 Range를 Highlight, Exposure를 10%로 설정합니다. **11** Range가 Highlight로 설정되었기 때문에 닷지 툴로 문질렀을 때 밝은 영역이 더욱 밝아지게 됩니다.

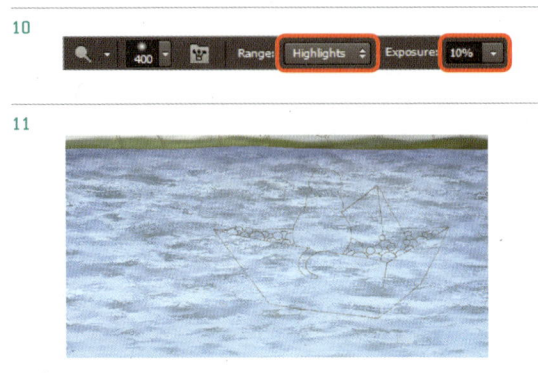

> **Note** / 닷지 툴과 번 툴
>
> 닷지 툴과 번 툴에 대해 자세히 알고 싶다면 220P를 참고하세요.

STEP 3
물가에 비친 그림자 표현하기

나무 그림자 표현하기

01 레이어 패널에서 버튼을 눌러 [스케치] 레이어 위에 [나무] 레이어를 만듭니다.

02 이제부터 Chalk 브러시로 나무를 채색하겠습니다. 03 스케치를 참고하여 녹색 계열 #5E892E로 나무를 채색합니다. 다양한 색으로 터치를 주어 나무를 묘사합니다. 갈색 계열 #B88D53로 나무 줄기의 명암을 살려 칠합니다.

02

03

04 같은 방법으로 오른쪽으로 늘어선 나무를 모두 채색합니다. 05 Ctrl + J 를 눌러 [나무] 레이어를 복제하여 [나무 copy] 레이어를 생성합니다.

04

05

06 Ctrl + T 를 눌러 자유 변형 박스를 띄웁니다. 마우스 오른쪽 버튼을 눌러 Flip Vertical 메뉴를 선택합니다. 07 나무 이미지가 상하로 대칭됩니다. 다시 Ctrl + T 를 눌러 자유변형박스를 띄워 Ctrl + Shift + Alt 를 누른 채 하단의 오른쪽 조절점을 왼쪽으로 클릭 드래그합니다. 이미지가 사다리꼴 모양으로 변형됩니다. Enter 를 눌러 고정시킵니다.

06

07

08 [나무 copy] 레이어의 모드를 Hard Light로 변경하고 Opacity를 50%로 설정합니다. 09 Filter ▷ Distort ▷ Wave 메뉴를 선택합니다. 다음과 같이 설정한 뒤 OK합니다. 10 나무의 그림자가 물결에 잔잔하게 반사되는 느낌이 완성됩니다.

08

09

10

Note / Wave 필터

물결이 출렁이는 듯한 효과를 굴절의 형태와 폭과 크기를 세부적으로 조절하여 만들어 줍니다. Number of Generators의 값이 커지면 굴절의 수가 많아집니다. 잔잔한 물결을 원한다면 값을 줄여주세요.

종이배 그림자 표현하기

01 레이어 패널에서 [] 버튼을 눌러 [나무 copy] 레이어 위에 [종이배.고양이] 레이어를 만듭니다.

01

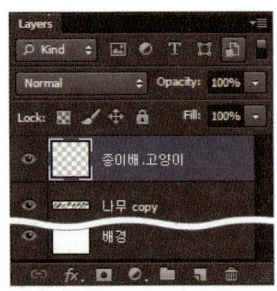

02 Chalk 브러시로 고양이와 석류열매, 종이배를 채색합니다. **03** Ctrl + J 를 눌러 [종이배.고양이] 레이어를 복제하여 [종이배.고양이 copy] 레이어를 생성합니다.

02

03

04 Ctrl + T 를 눌러 자유 변형 박스를 띄웁니다. 마우스 오른쪽 버튼을 눌러 Flip Vertical 메뉴를 선택합니다. **05** 나무 이미지가 상하로 대칭됩니다. **06** 다시 Ctrl + T 를 눌러 자유 변형 박스를 띄워 Ctrl 를 누른 채 각각의 조절점을 움직여 다음과 같은 형태로 변형시킵니다. Enter 를 눌러 고정시킵니다.

04

05

06

07 [종이배.고양이 copy] 레이어의 Opacity를 50%로 설정합니다. 08 Filter ▷ Distort ▷ Wave 메뉴를 선택합니다. 다음과 같이 설정한 뒤 OK합니다. 09 그림자가 물결에 굴절되어 잔잔하게 반사됩니다.

07

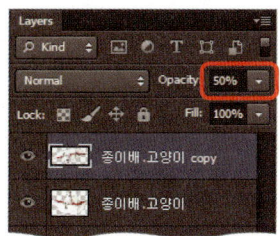

08

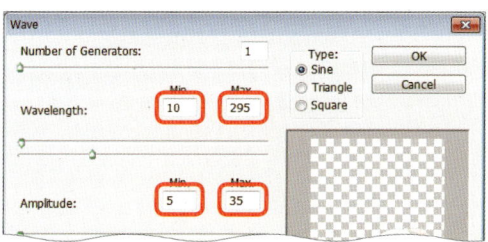

09

10 지우개 툴 을 선택하여 불필요한 부분을 지워줍니다.
11 이미지를 확대하여 전체적으로 살펴봅니다. 호숫가의 물결이 느껴지세요? 물가에 반사되는 개체들도 오른쪽에서 불어오는 바람에 의해 물결과 함께 일렁이고 있습니다.

10

11

Chapter 12

투명하고 맑은 느낌의
주스병 그리기

이번 예제에서는 빛의 방향에 따라 어둡고 밝은 부분을 나눠 채색하는 방법을 배우겠습니다. 명암 단계를 잘 표현하면 투명하고 맑은 느낌의 주스병을 만들 수 있습니다. 주스병 몸체를 채색할 때 기존의 Normal 모드가 아닌 Overlay 모드로 채색하여 그 느낌을 비교해 볼 것입니다. 또한 주스 몸체가 유리를 통해 굴절하는 효과와 레이어 스타일을 이용하여 물방울을 투명하게 표현하는 방법을 배워 보도록 하겠습니다.

◆ **POINT SKILL** / 블렌딩 모드 • Glass 필터 • Emboss 필터 • 레이어 스타일
◆ **사용한 브러시** / Smoother Round Bristle 브러시
◆ **예 제 파 일** / 주스병-시작.psd • 주스병-완성.jpg

STEP 1 /
몸체 채색하기

STEP 2 /
몸체 묘사하기

STEP 3 /
뚜껑, 상표 채색하기

STEP 4 /
그림자, 물방울 그리기

STEP 1
몸체 채색하기

01 Ctrl + O 를 눌러 '주스병-시작.psd' 파일을 불러옵니다. 02 세 개의 레이어로 구성된 파일이 열립니다. [스케치] 레이어를 선택합니다. 03 마술봉 툴을 선택한 뒤 상단의 옵션바에서 버튼을 누른 뒤, 주스의 위, 아래 몸체를 각각 클릭하여 선택 영역으로 지정합니다. 04 Select ▷ Modify ▷ Expand 메뉴를 선택합니다. 값을 1pixels로 설정한 뒤, OK합니다. 선택 영역이 1pixel 늘어납니다.

> **Note / Select ▷ Modify 메뉴**
> Modify 메뉴에 대해 자세히 알고 싶다면 234P를 참고하세요.

05 Ctrl + H 를 눌러 선택 영역을 감춥니다. 레이어 패널에서 버튼을 눌러 [스케치] 레이어와 [흰배경] 레이어 사이에 [몸체] 레이어를 만듭니다. 06 전경색을 진한 주황색 #BF5F53으로 선택한 뒤, Alt + Delete 를 눌러 선택 영역 안에 색을 입힙니다.

01

02
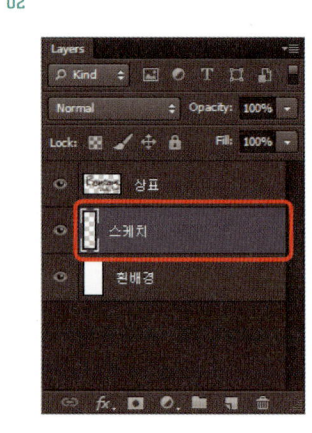

05

06

03

04
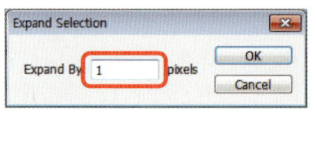

> **Note / 선택 영역 보이기 감추기**
> Ctrl + H 를 누르면 선택 영역, 패스, 가이드, 슬라이스를 보이거나 감출 수 있습니다.

07 브러시 툴을 선택한 뒤 화면에서 마우스 오른쪽 버튼을 클릭하여 브러시 창을 띄웁니다. 'Smoother Round Bristle' 브러시를 선택합니다. 08 상단의 세부 옵션바에서 Opacity를 70%로 설정한 뒤 09 전경색을 밝은 주황색 #E49779으로 선택합니다. 10 이제부터 명암 단계를 나눠 왼쪽부터 차례대로 밝은 부분, 중간 부분, 어두운 부분을 나눠 채색하겠습니다. 터치를 살려 몸체 왼쪽부분을 채색합니다.

07

08  09

10

◆ 몸체의 밝은 부분

11 진한 노란색 #E5B052을 선택합니다. **12** 반사광이 될 오른쪽 부분과 왼쪽의 밝은 부분을 리터칭합니다. **13** 진한 주황색 #CB4A37을 선택합니다. **14** 나머지 몸체의 중간 으로 표현되는 부분을 작은 터치로 여러 번 채색합니다.

11 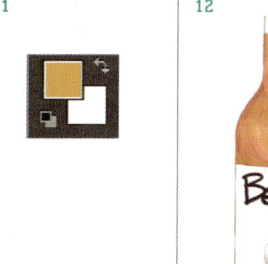 12

◆ 몸체의 밝은 부분

13  14

◆ 몸체의 중간 부분

15 진한 갈색 #954F2B과 빨간색 #A02B34을 선택합니다.
16 몸체의 오른쪽 부분을 터치를 살려 채색합니다.

15  16

◆ 몸체의 어두운 부분

STEP 2
몸체 묘사하기

01 전경색을 흰색 #FFFFFF으로 변경합니다. **02** 이번에는 브러시 상단의 옵션바에서 Mode를 Overlay로 변경합니다. Opacity는 60%로 설정하고 ■버튼을 누릅니다. **03** 흰색 터치로 몸체의 밝은 부분을 리터칭합니다.

01

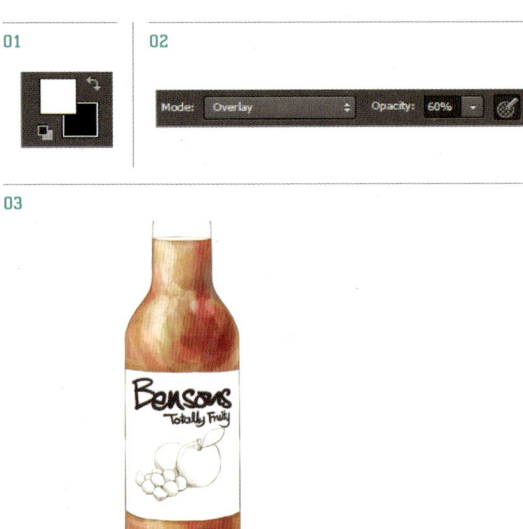

02

03

◆ 밝은 부분 리터칭

Note / 🖌 버튼

- 🖌 : 태블릿의 필압에 따라 Opacity를 조절합니다.

04 X를 눌러 전경색과 후경색을 서로 바꿉니다. 전경색이 검은색으로 설정됩니다. 05 검은색 터치로 몸체의 어두운 부분을 리터칭합니다. 검은색 터치라 할지라도 Overlay 모드의 특징처럼 기존의 색에 반정도 겹쳐지는 느낌으로 채색되기 때문에 어색하지 않습니다.

04

05

◆ 어두운 부분 리터칭

06 레이어 패널에서 [몸체] 레이어를 선택한 뒤 Ctrl+J를 눌러 레이어를 복제합니다. [몸체 copy] 레이어가 생성됩니다. 07 Filter ▷ Distort ▷ Glass 메뉴를 선택합니다. Distortion는 8, Smoothness는 12, Texture는 Blocks, Scaling은 160%로 설정한 뒤 OK합니다. 08 몸체가 Glass 필터가 적용되어 굴절되는 효과가 생겼습니다.

06

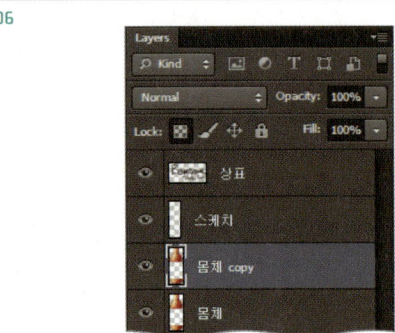

07

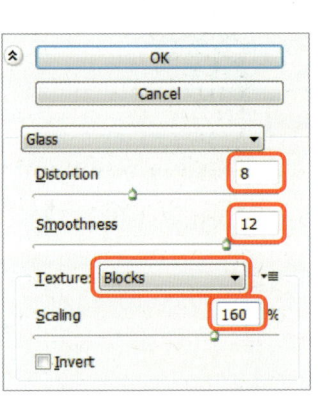

08

Note / Glass 필터

유리를 통해 바라보는 것과 같은 굴절 효과를 줍니다.

09 레이어 모드를 Lighten으로 변경합니다. 10 몸체가 전체적으로 조금 밝아집니다.

09

10

13 Ctrl을 누른 채 세 개의 레이어를 모두 선택합니다. 14 Ctrl + E를 눌러 레이어를 하나로 합칩니다.

13
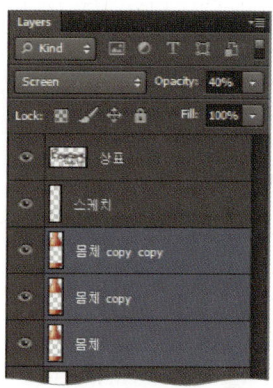

14
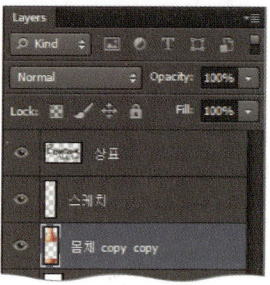

> **Note / Lighten 모드**
> 색이 밝으면 섞이고 어두우면 투명해집니다. 이미지를 전체적으로 밝게 표현해 줍니다. Darken mode와는 반대입니다.

11 레이어 패널에서 [몸체 copy] 레이어를 선택한 뒤 Ctrl + J를 눌러 레이어를 복제합니다. [몸체 copy copy] 레이어가 생성됩니다. [몸체 copy copy] 레이어를 Screen 모드로 변경한 뒤 Opacity를 40%로 설정합니다. 12 겹쳐진 부분이 더 밝아집니다.

> **Note / 레이어 합치기**
> 레이어 합치기에 대해 자세히 알고 싶다면 203P를 참고하세요.

11
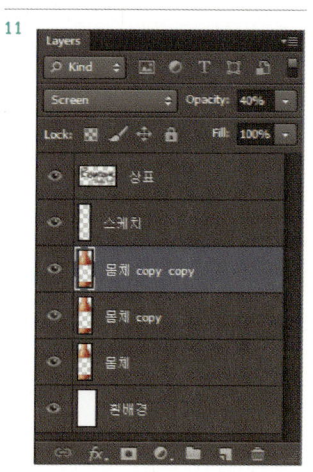
12

STEP 3
뚜껑, 상표 채색하기

01 [스케치] 레이어를 선택합니다. 02 마술봉 툴을 선택한 뒤, 다음과 같이 주스의 윗 몸체와 상표가 되는 부분과 바닥면 부분을 클릭하여 선택 영역으로 지정합니다. 03 Select ▷ Modify ▷ Expand 메뉴를 선택합니다. 값을 1pixels로 설정한 뒤 OK합니다. 선택 영역이 1pixel 늘어납니다.

01

06 레이어 패널 Lock 항목에서 ■버튼을 눌러 투명 잠금 처리합니다. 07 명암을 생각하여 밝고 어두운 부분을 나눠 채색합니다.

06
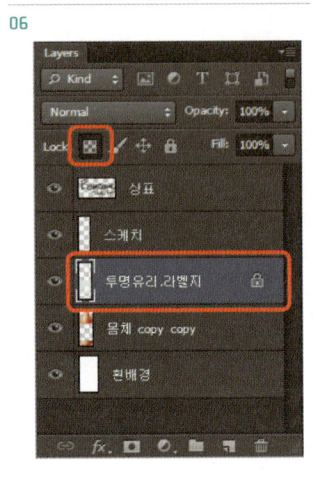

07

02 03

04 레이어 패널에서 ■버튼을 눌러 [투명유리.라벨지] 레이어를 만듭니다. 05 전경색을 연한 회색 #EBEAE9으로 선택한 뒤, Alt + Delete 를 눌러 선택 영역 안에 색을 입힙니다.

08 바닥 부분도 명암을 넣어 칠합니다. 09 전경색을 검은색 #000000으로 설정한 뒤 10 Opacity를 30%로 설정하고, ■버튼을 누릅니다. 11 어두운 부분을 리터칭하여 명암 대비를 더 뚜렷하게 만듭니다.

04 05

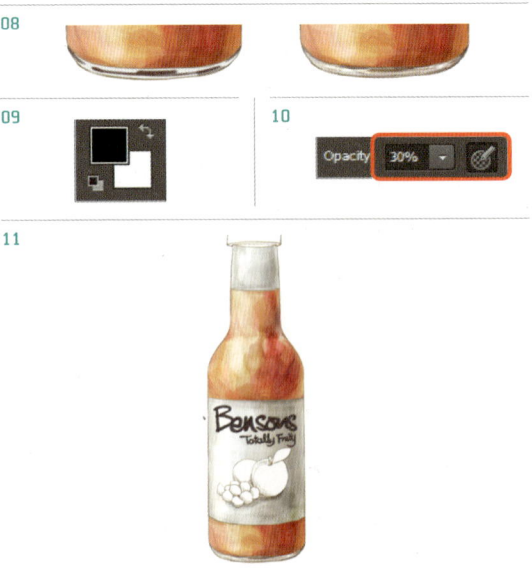

> **Note / ■ 투명 잠금**
> 투명한 부분은 채색하지 못합니다. 색상을 가진 부분만 작업할 수 있습니다.

12 마술봉 툴■을 선택한 뒤 주스의 뚜껑을 클릭하여 선택 영역으로 지정합니다. **13** Select ▷ Modify ▷ Expand 메뉴를 선택합니다. 값을 1pixels로 설정한 뒤 OK합니다. 선택영역이 1pixel 늘어납니다. **14** 레이어 패널에서 ■ 버튼을 눌러 [뚜껑.라벨꾸밈] 레이어를 만듭니다. **15** 전경색을 진한 회색 #353334으로 선택한 뒤 Alt + Delete 를 눌러 선택 영역 안에 색을 입힙니다.

16 레이어 패널 Lock 항목에서 ■ 버튼을 눌러 투명 잠금 처리합니다. **17** 명암을 생각하여 밝고 어두운 부분을 나눠 채색합니다.

18 올가미 툴■을 선택한 뒤 상단의 옵션바에서 ■ 버튼을 클릭합니다. **19** 과일 외각 라인을 드래그하여 선택 영역으로 지정합니다.

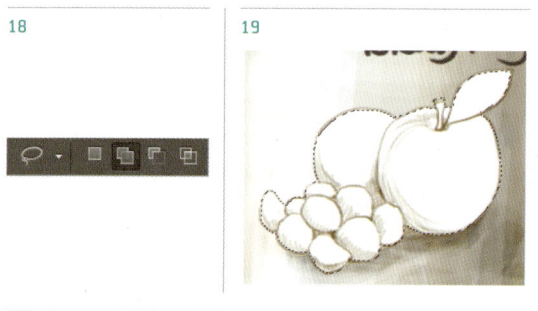

20 ■ 버튼을 눌러 [뚜껑.라벨꾸밈] 레이어의 투명 잠금을 해제합니다. 잠금 표시가 사라집니다. **21** 전경색 #BF5258을 지정한 뒤 Alt + Delete 를 눌러 색을 입힙니다. **22** Ctrl + D 를 눌러 선택 영역을 해제합니다. 명암을 살려 과일을 묘사해 주세요.

20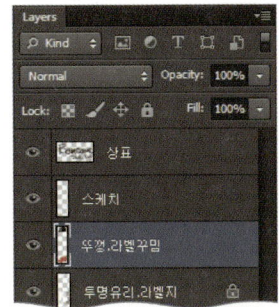

21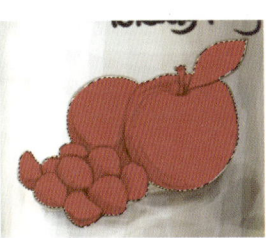

22

24

25

23 [상표] 레이어를 선택합니다. 24 상표에 명암 대비를 주 겠습니다. 왼쪽은 닷지 툴 로 눌러 주고 오른쪽은 번 툴 로 눌러 줍니다. 왼쪽은 밝게, 오른쪽은 어둡게 변합니다. 25 [스케치] 레이어의 눈을 감깁니다.

23

> **Note** / 닷지 툴 과 번 툴
>
> 닷지 툴과 번 툴에 대해 자세히 알고 싶다면 220P를 참고하세요.

26 Ctrl 를 누른 채 네 개의 레이어를 모두 선택합니다. 27 Ctrl + E 를 눌러 레이어를 하나로 합칩니다. 28 하나로 합쳐진 [상표] 레이어를 Ctrl + J 를 눌러 복제합니다. [상표 copy] 레이어가 생성됩니다.

26

01

02

27

03

28
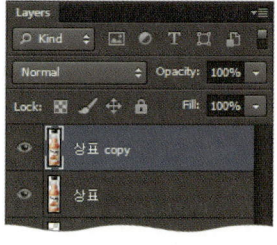

STEP 4
그림자, 물방울 그리기

01 [상표] 레이어를 선택합니다. Ctrl + T 를 눌러 자유 변형 박스를 띄웁니다. **02** 마우스 오른쪽 버튼을 눌러 Flip Vertical 메뉴를 선택합니다. **03** 주스병이 상하대칭되었습니다. 이동 툴로 다음과 같이 위치시킵니다.

Note / 자유 변형(Free Transform)박스

자유 변형 박스에 대해 자세히 알고 싶다면 61P를 참고하세요.

04 레이어 패널 하단의 ▣ 버튼을 눌러 마스크를 씌웁니다.
05 그레이디언트 툴▣을 선택한 뒤 아래서 위로 드래그합니다. 06 아래로 갈수록 점점 형체가 흐릿해집니다. 그림자가 완성됩니다.

04

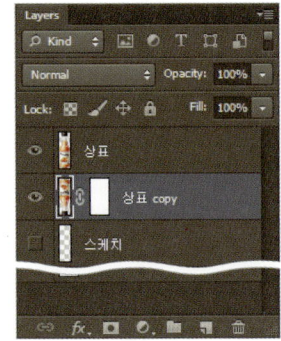

07

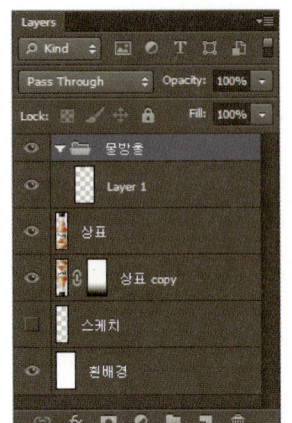

08

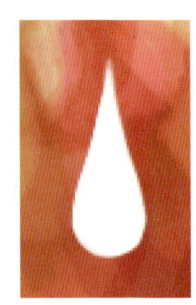

05

06

09

10 Filter ▷ Stylize ▷ Emboss 메뉴를 선택합니다. 다음과 같이 설정한 뒤 OK합니다. 물방울이 입체감 있는 부조처럼 변합니다. 11 [Layer 1] 레이어의 레이어 모드를 Overlay로 설정합니다. 물방울 색이 빨간색에 묻혀 투명해집니다.

Note / 레이어 마스크 알아보기

레이어 마스크에 대해 자세히 알고 싶다면 55P를 참고하세요.

10

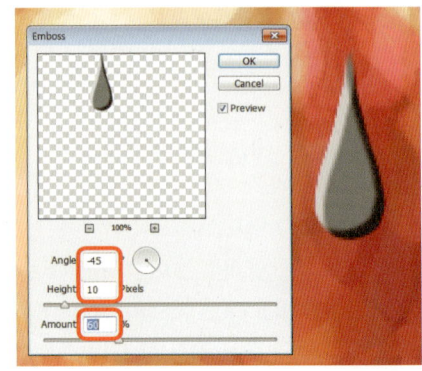

07 이제 물방울을 그리겠습니다. 레이어 패널 하단의 ▣ 버튼을 눌러 새 폴더를 만든 뒤 ▣ 버튼을 눌러 새 폴더 안에 새로운 레이어를 생성합니다. 08 흰색 #FFFFFF 물방울을 그립니다. 09 [Layer 1] 레이어를 선택한 뒤 Ctrl + J 를 눌러 레이어를 복제한 뒤, [Layer 1]의 눈을 감겨줍니다.

11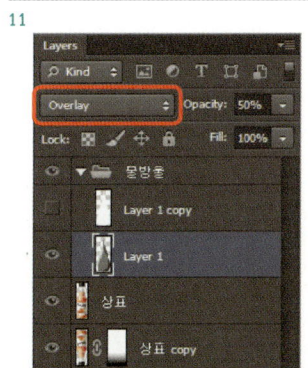

12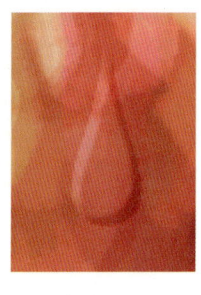

13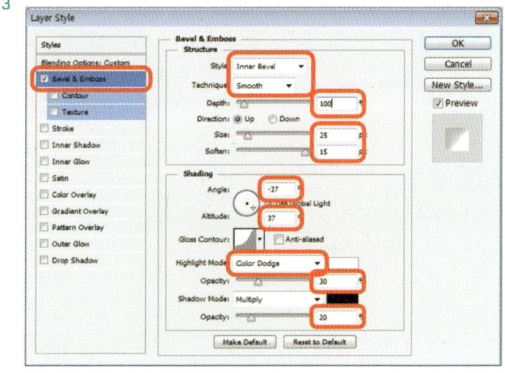

Note / Emboss 필터

빛의 방향에 따라 이미지를 양각과 음각을 가진 부조의 형태로 만들어내 마치 부조와 같은 입체감을 내줍니다.

12 [Layer 1 copy] 레이어를 선택한 뒤, Fill 값을 0으로 설정합니다. 눈을 켜 줍니다. 13 레이어 패널 하단의 fx 버튼을 누릅니다. Bevel & Emboss 메뉴를 선택하여 Layer Style 창을 띄워 다음과 같이 설정해 줍니다.

12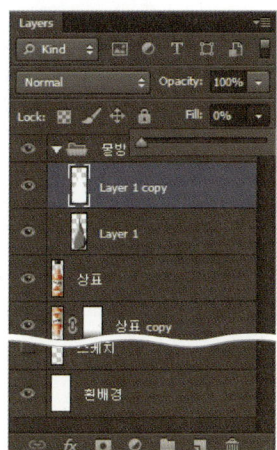

Note / Fill & Opacity

Fill과 Opacity는 비슷하지만 Fill은 레이어 스타일 효과가 그대로 적용된 채 불투명도만 조절합니다. Opacity는 레이어 스타일 효과까지도 불투명도를 조절합니다.

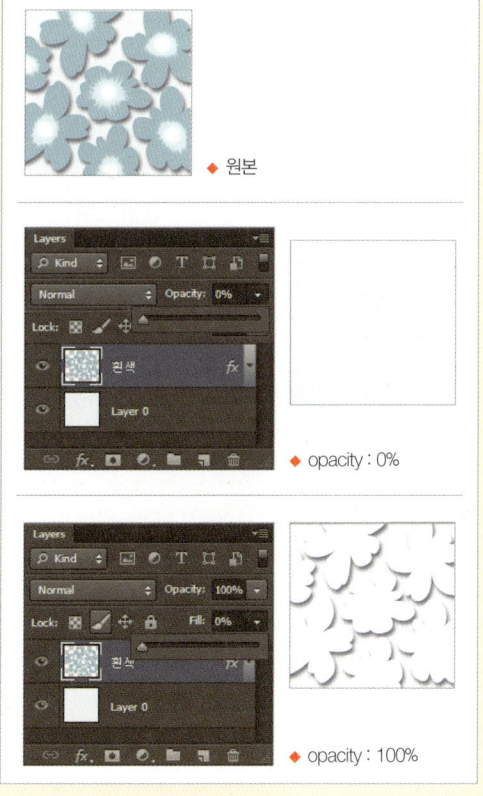

◆ 원본

◆ opacity : 0%

◆ opacity : 100%

14 Gradient Overlay 항목을 체크한 뒤, 다음과 같이 설정해줍니다. 15 그레디언트바의 ▼버튼을 눌러 두 번째 그레이디언트를 선택합니다. 16 물방울에 그레이디언트가 입혀집니다.

14

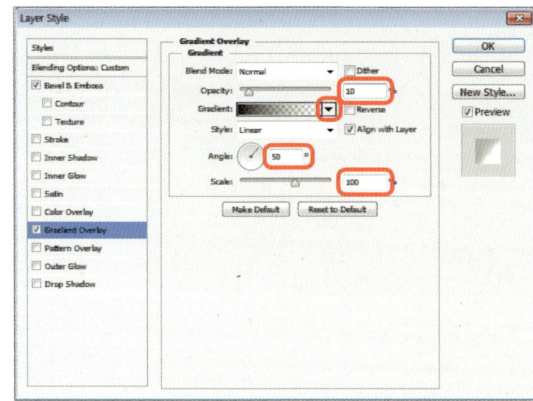

17

18

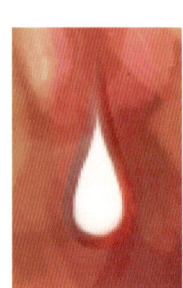

15

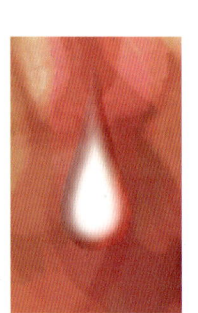

16

19

20

17 레이어 패널에서 ■버튼을 눌러 새 레이어를 만듭니다. 18 흰색 물방울을 조금 더 작게 그려 줍니다. 19 블러 툴■로 외각을 문질러 뿌옇게 만듭니다. 20 [Layer 2] 레이어의 레이어 모드를 Overlay로 변경한 뒤 Opacity를 40%로 설정합니다.

21 레이어 패널에서 ■버튼을 눌러 새 레이어를 만듭니다. 22 물방울 왼쪽에 하이라이트를 그려 줍니다. 23 레이어 패널 하단의 fx.버튼을 누릅니다. Outer Glow 메뉴를 선택하여 Layer Style 창을 띄웁니다. 다음과 같이 설정합니다. 24 물방울이 완성됩니다.

21

22

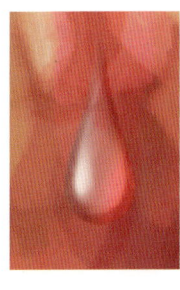

> **Note** / **Layer Style 창을 여는 두 가지 방법**
> ① 레이어의 섬네일 이미지(Layer Small 창)을 두 번 클릭.
> ② 레이어 창 하단에 있는 [fx.]버튼을 클릭.

25 물방울을 여러 개 복제합니다. 물방울 크기와 불투명도를 변화시켜 주스병을 장식합니다. 청량하고 맑은 주스병이 완성되었습니다.

23

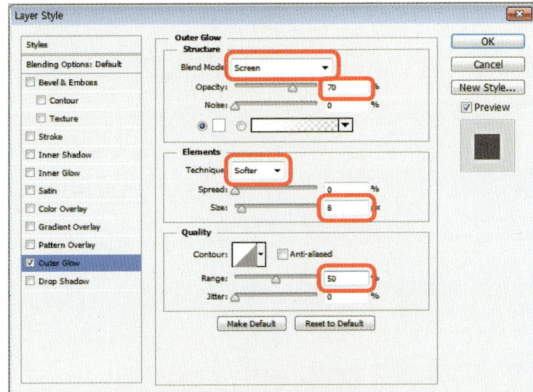

25

24

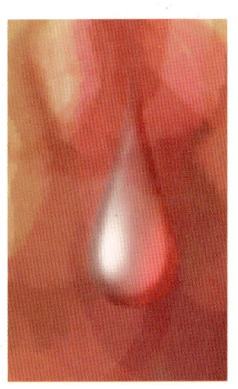

ILLUSTRATOR
강점을 적극 활용한
일러스트 드로잉

일러스트레이터의 가장 큰 강점은
깔끔한 선 처리와 이미지를 확대/축소해도 깨지지 않는 형태입니다.
이번 Part에서는 다양한 예제를 통해
일러스트레이터의 강점들을 익히고 활용하는 방법을 배웁니다.
예제에 사용된 'Point Skill'과 본문 중간에 추가로 달아놓은
'Note'를 참고하시면서 차근차근 공부하시기를 바랍니다.
예제의 난이도는 Chapter 번호에 따라 점점 어려워집니다.
뒤로 갈수록 대체적으로 복잡하고
오랜 시간이 소요되는 작업이 될 것입니다.

펜 • 도형 • Scribble Effect • Round Corners • Art Brush • Live Paint • Pattern Brush • Symbol
Clipping Mask • 그레이디언트 • stylize effect • Watercolor brush • 6D Art Pen Brush
Flatten Transparency • 패턴 라이브러리 • 그리드 • 블럽 브러시

Chapter 01

낙서화 느낌의
몬스터 그리기

일러스트레이터에서 깔끔한 라인과 면을 가진 오브젝트를 만들었는데, 이것을 **손맛이 가미된 오브젝트로 표현할 수 없을까요?** 해답은 일러스트레이터의 이펙트 기능 중 **하나인 Scribble**에 있습니다. Scribble 기능을 이용하면 손으로 그린 듯한 그림, 어린이가 그린 듯한 그림, 굵은 싸인펜으로 그린 듯한 그림 등 다양한 낙서화 느낌을 손쉽게 연출할 수 있습니다. 이제부터 함께할 낙서화 느낌의 몬스터 예제를 응용해서 간단한 그림일기를 그려보는 것은 어떨까요? **자유분방한 선과 색감이 더욱 친근하고 감성적으로 다가올 겁니다.**

◆ POINT SKILL / 펜 툴 • 도형 툴 • Scribble Effect
◆ 예 제 파 일 / 낙서화시작.ai • 낙서화완성.ai

STEP 1 / 캐릭터 라인 그리기   STEP 2 / 캐릭터 완성하기   STEP 3 / 낙서화 느낌 만들기

STEP 1
캐릭터 라인 그리기

01 `Ctrl` + `O`를 눌러 '낙서화시작.ai' 파일을 불러옵니다. 레이어 패널에서 [스케치] 레이어를 잠그고 버튼을 눌러 [스케치] 레이어 위에 새 레이어를 만듭니다. 이제 스케치를 참고하여 몬스터를 그리겠습니다. **02** 펜 툴 을 선택하고, 스트로크 패널에서 Weight, Cap, Corner를 다음과 같이 설정합니다. **03** 검은색 선만 나오도록 설정한 뒤 시작점을 찍고 드래그하며 곡선을 그려줍니다.

01
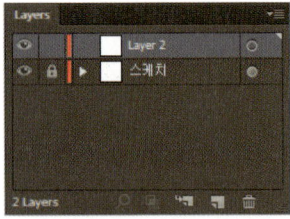

02
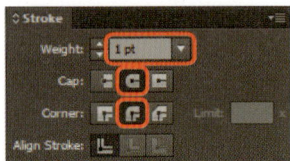

03
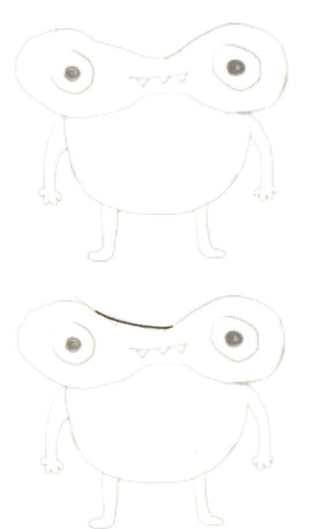

Note / 스트로크 패널 자세히 보기

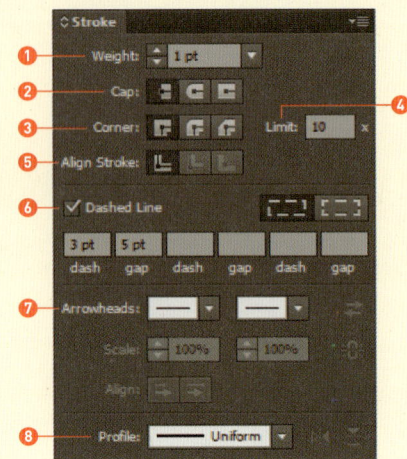

❶ **Weight** : 선의 굵기를 설정합니다. 굵기 단위는 환경설정 preferences ▷ Units 항목에서 Point, Centimeters, Pixels 등의 단위로 바꿀 수 있습니다(`Ctrl`+`K`).

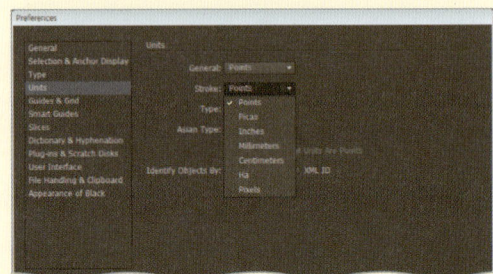

❷ **Cap** : 선의 끝 모양을 선택합니다.

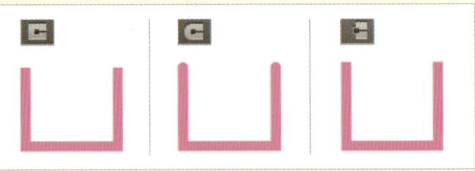

❸ **Corner** : 선과 선이 꺾이는 모서리 모양을 선택합니다.

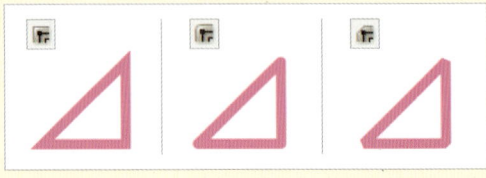

❹ **Limit** : 각진 모양의 모서리를 깎아냅니다.
❺ **Align Stroke** : 선을 패스의 중앙, 안쪽, 바깥쪽으로 조정할 것인지 결정합니다.

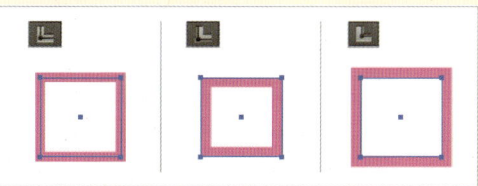

❻ **Dashed Line** : 점선을 만들어 줍니다.
- dash : 점선 길이
- gap : 점선과 점선 마디 사이의 간격

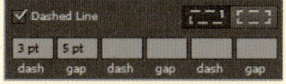

❼ **Arrowheads** : 선에 다양한 화살표 효과를 줍니다.
❽ **Profile** : 선에 다양한 스타일을 적용합니다.

SOS ▶ 스트로크 패널이 보이지 않으면 Window ▷ Stroke 메뉴를 선택합니다 (Ctrl + F10).

04 마우스에서 손가락을 떼지 않은 채 위로 드래그하면 또 다른 곡선이 만들어집니다. 같은 방법으로 곡선 패스를 이용해 몬스터 얼굴과 몸통을 그립니다. **05** 왼쪽 팔을 닫힌 패스로 완성시킵니다. **06** 선택 툴로 왼쪽 팔을 선택한 후 Ctrl + C 를 눌러 복사하고 Ctrl + V 를 눌러 붙여넣기 합니다.

04
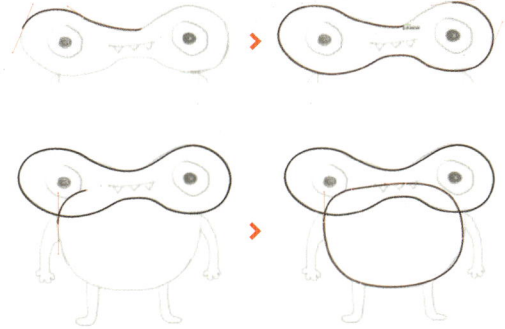

05
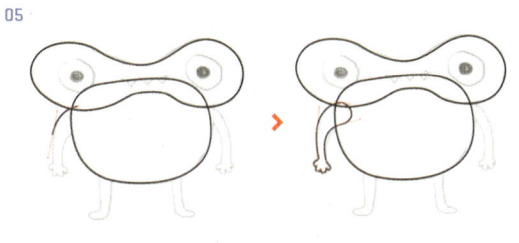

06
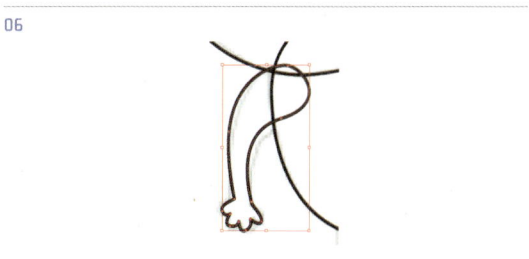

07 반전 툴을 두 번 클릭해서 Reflect 창을 띄웁니다. Vertical을 선택한 뒤 OK합니다. **08** 팔이 중앙을 기준으로 좌우대칭이 되었습니다. 선택 툴로 몸과 얼굴이 겹쳐지는 부분에 오른쪽 팔을 위치시킵니다.

07
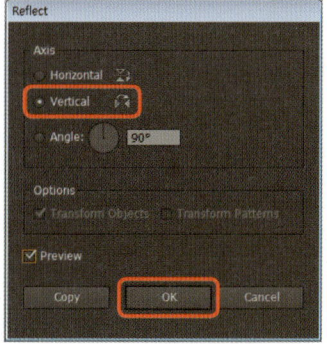

08
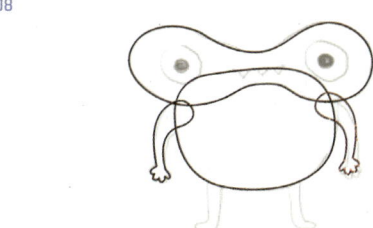

09 양쪽 발도 양쪽 손을 만든 것과 같은 방법으로 만들어 줍니다.

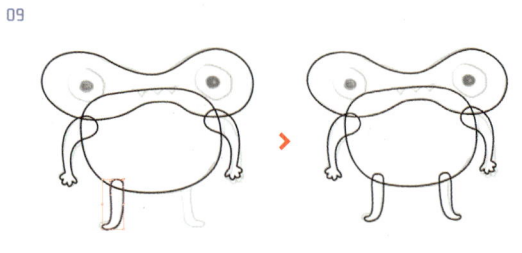

10 펜 툴 을 이용하여 나머지 몬스터도 그려 주세요.

합니다. 왼쪽 팔을 선택한 뒤 Shift 를 누른 채 나머지 팔과 발을 클릭하여 선택합니다. 면은 회색 #998B86, 선은 투명으로 설정합니다. 03 Ctrl + Shift + [를 눌러 팔과 발을 제일 뒤로 보냅니다.

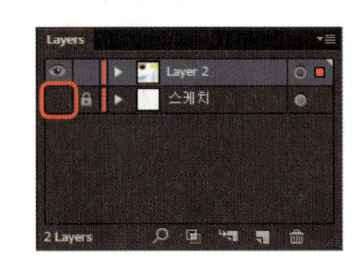

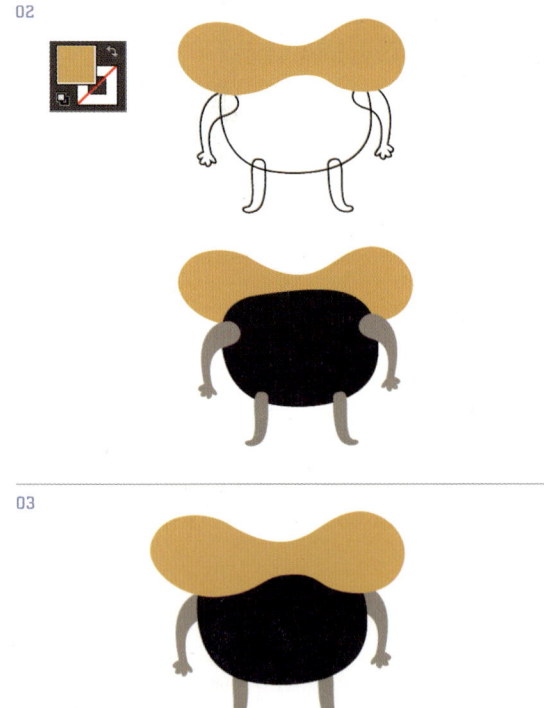

STEP 2
캐릭터 완성하기

01 캐릭터의 검은색 선을 없애고 면 색을 설정하여 캐릭터에 색을 입히겠습니다. 레이어 패널에서 [스케치] 레이어의 눈을 감겨줍니다. 02 선택 툴 로 몬스터의 얼굴을 선택한 뒤, 면은 주황색 #DEA347, 선은 투명으로 설정합니다. 다시 몸통을 선택한 뒤 면은 진한 남색 #291738, 선은 투명으로 설정

04 면 색은 지정하고 선 색은 투명하게 하는 방법으로 다른 몬스터에도 색을 입힙니다. 05 레이어 패널에서 [Layer 2] 레이어를 열면 [Group] 레이어가 있습니다. 버튼을 눌러 [Group] 레이어 위에 [개체묘사] 레이어를 새로 만듭니다.

04

니다. 08 삼각형 세 개를 직접 선택 툴로 선택한 뒤 Ctrl + I 를 눌러 입 라인 뒤로 보냅니다.

06

07

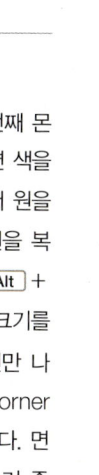

05

08

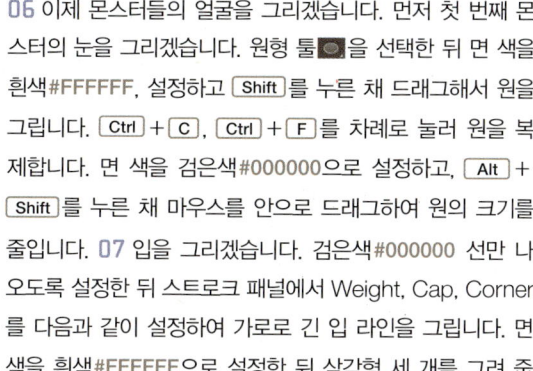

06 이제 몬스터들의 얼굴을 그리겠습니다. 먼저 첫 번째 몬스터의 눈을 그리겠습니다. 원형 툴 을 선택한 뒤 면 색을 흰색 #FFFFFF, 설정하고 Shift 를 누른 채 드래그해서 원을 그립니다. Ctrl + C , Ctrl + F 를 차례로 눌러 원을 복제합니다. 면 색을 검은색 #000000으로 설정하고, Alt + Shift 를 누른 채 마우스를 안으로 드래그하여 원의 크기를 줄입니다. 07 입을 그리겠습니다. 검은색 #000000 선만 나오도록 설정한 뒤 스트로크 패널에서 Weight, Cap, Corner 를 다음과 같이 설정하여 가로로 긴 입 라인을 그립니다. 면 색을 흰색 #FFFFFF으로 설정한 뒤 삼각형 세 개를 그려 줍

09 두 번째 몬스터의 눈을 그리겠습니다. 원형 툴 ◯을 선택하고 면 색을 검은색 #000000으로 설정한 뒤 드래그해서 세로로 긴 타원을 그립니다. 각도를 조절하여 기울입니다.

12 펜 툴 ✎과 원형 툴 ◯을 이용하여 나머지 몬스터의 눈과 입을 완성시킵니다.

09

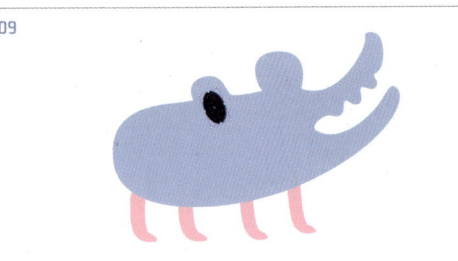

12

10 사각형 툴 ▭로 타원형 옆에 기울기가 같은 흰색 #FFFFFF 사각형을 그립니다. 직접 선택 툴 ▶로 두 도형을 모두 선택하고 패스 파인더 패널에서 ◨버튼을 누릅니다. **11** 눈 바깥 영역을 Delete 로 지우면 눈 안의 영역만 남게 됩니다. Ctrl + C , Ctrl + V 를 차례로 눌러 완성된 눈을 복제합니다. 복제된 눈을 오른쪽으로 이동시켜 위치를 맞춰줍니다.

STEP 3
낙서화 느낌 만들기

01 몬스터를 좀 더 따뜻한 느낌을 줄 수 있도록 표현해 보겠습니다. 선택 툴 ▶로 모든 오브젝트를 선택하고 Effect ▷ Stylize ▷ Scribble 메뉴를 선택합니다. Settings를 Custom으로 설정한 후 세부 옵션을 다음과 같이 조절해 주고 OK합니다. **02** 낙서한 듯한 효과가 만들어집니다.

10

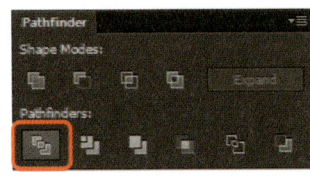

01

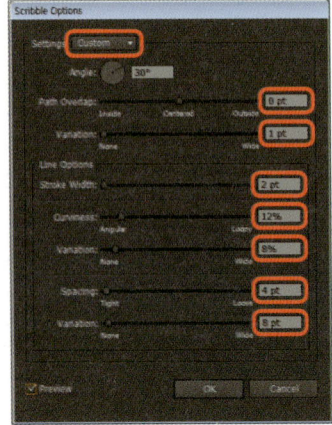

11

02

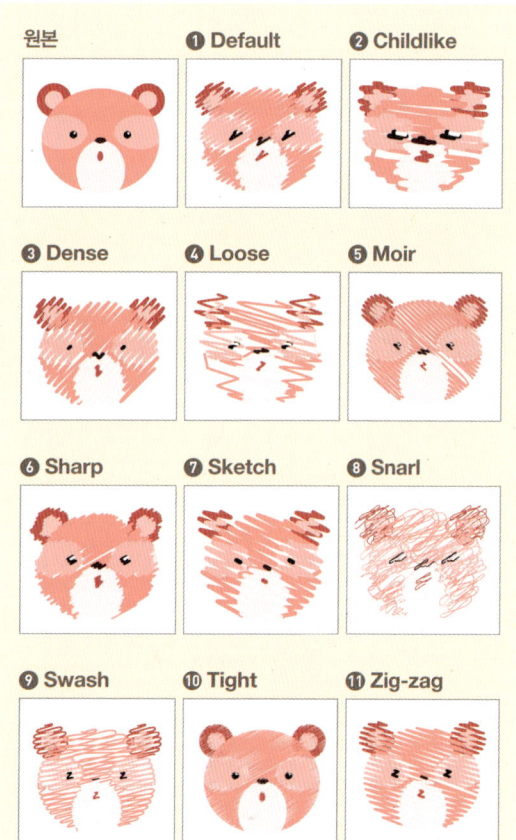

원본 | ❶ Default | ❷ Childlike
❸ Dense | ❹ Loose | ❺ Moir
❻ Sharp | ❼ Sketch | ❽ Snarl
❾ Swash | ❿ Tight | ⓫ Zig-zag

Note / Scribble Settings 항목 미리보기

Settings에는 총 11가지 스타일이 있습니다. 모두 낙서화 스타일이지만 조금씩 다른 느낌을 연출합니다.

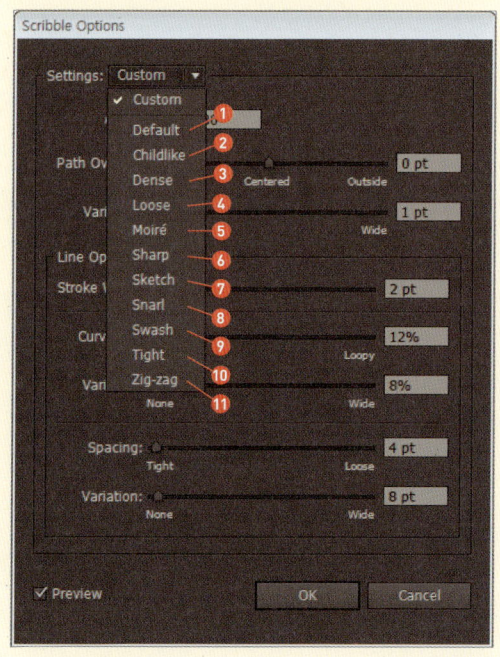

Note / Graphic Styles 패널의 Scribble Effects

그래픽 스타일 패널의 Scribble Effects를 이용해도 낙서화 느낌을 잘 살릴 수 있습니다. Window ▷ Graphic Styles Libraries ▷ Scribble Effects 메뉴를 선택합니다.

Chapter 02

동그란 동물 얼굴 그리기

일러스트레이터에서 도형 툴을 이용하면 쉽고 간단하게 동물 얼굴을 그릴 수 있습니다. 도형 툴은 사각형 ■, 라운드 사각형 ■, 원형 ●, 다각형 ●, 별 ★, 플레어 ◉ 가 있습니다. 만약 삼각형을 만들고 싶다면 다각형 툴을 선택한 후, 화면을 클릭하여 나온 옵션 창의 sides 값을 3으로 지정하면 됩니다. 이번 예제는 **단순한 도형을 이용해 돼지, 곰, 오리, 고양이 얼굴을 그리는 방법을 소개합니다.** 간단한 예제라 스케치 없이 도형 툴을 이용하겠습니다. 기본 동굴 얼굴을 그리고 난 후 그리고 싶은 동물을 응용해 봐도 좋습니다.

◆ **POINT SKILL** / 펜 툴 • 도형 툴 • Round Corners
◆ 예 제 파 일 / 동물얼굴.ai

STEP 1 / 기본작

STEP 2 / 응용작

STEP 1
돼지 그리기

01 Ctrl + N 을 눌러 New Document 창을 띄웁니다. '동물 얼굴'로 이름을 지은 뒤 Size를 Letter로 선택하고 가로모드 버튼을 눌러 OK합니다.

01
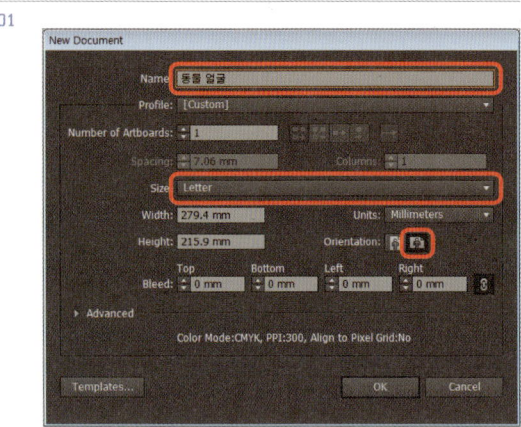

02 먼저 돼지를 그려 보겠습니다. 원형 툴을 선택한 뒤 화면을 한 번 클릭합니다. Ellipse 창이 뜨면 width는 5cm, Height는 5cm를 입력합니다. 면과 선의 색상을 지정하지 않을 경우 면 색은 흰색, 선 색은 검은색입니다. 03 컬러 패널에서 면 색을 분홍색#FBDFEB으로 설정하고 선은 투명으로 처리합니다. 가로세로 5cm의 분홍색 원이 만들어졌습니다.

02
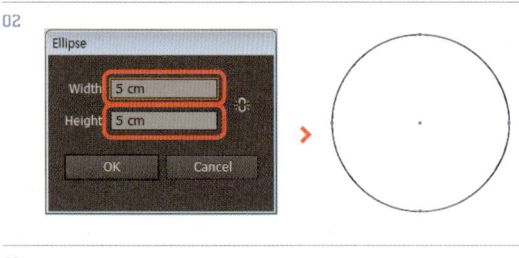

03
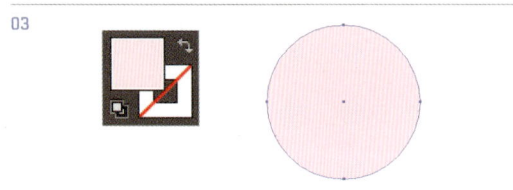

04 면 색을 흰색#FFFFFF으로 설정하고 원형 툴을 선택합니다. Shift를 누른 채 드래그하여 분홍색 원 안에 중간 사이즈의 원을 만듭니다. 두 원을 드래그하여 선택한 뒤, 옵션바에서 버튼을 누릅니다. 두 원이 세로의 중앙선에 맞춰졌습니다. 05 같은 방법으로 갈색#764D2A의 작은 원 두 개를 그립니다. Ctrl + G 를 눌러 두 원을 그룹화합니다.
06 타원형의 분홍색#F6ADCD 볼터치와 검은색#000000 눈을 그려 돼지 얼굴을 완성합니다.

04
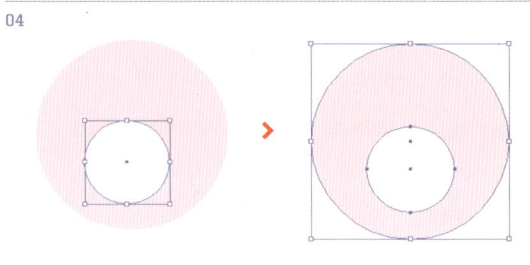

05
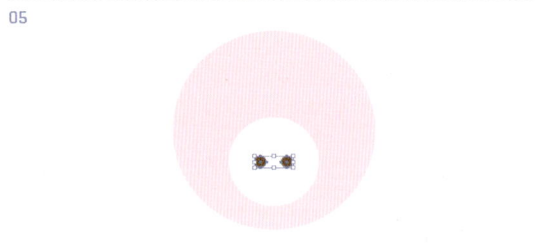

06

Note
모든 도형 툴에서는 Shift 를 누른 채 드래그하면 가로세로가 정비례한 도형을 그릴 수 있습니다. Alt 를 누른 채 드래그하면 중점점을 기준으로 한 도형을 그릴 수 있습니다. Alt + Shift 를 동시에 누른 채 드래그하면 중앙점을 기준으로 한 정비례의 도형을 그릴 수 있습니다.

07 돼지의 귀를 그리겠습니다. 다각형 툴을 선택한 뒤, 화면을 클릭하여 Polygon 창을 띄웁니다. Radius는 0.5cm, Sides는 3으로 설정한 뒤 OK합니다. 삼각형이 만들어졌습니다. 08 선택 툴을 선택하고 Alt 를 누른 채 귀를 드래그하여 복제합니다. 사이즈를 줄여 삼각형 중앙에 배치하고 면을 흰색으로 설정합니다. 09 귀를 선택한 다음 Alt + Shift 를 누른 채 드래그하여 귀를 복제합니다. 반전 툴로 상하대칭(Horizontal) 시킵니다. 돼지가 완성되었습니다.

07

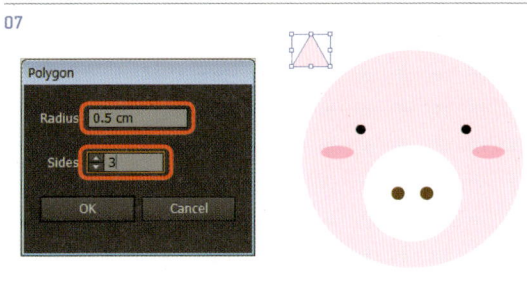

08

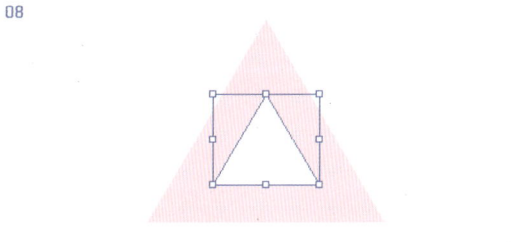

09

Note / sides 값 설정

sides는 도형의 '변'입니다. side 값에 따라 여러 형태의 도형을 만들 수 있습니다. 3은 삼각형, 4는 사각형, 5는 오각형으로 표현됩니다.

Note / 복제, 수평/수직 이동

선택 툴로 해당 오브젝트를 선택한 뒤 Alt 를 누른 채 드래그하면 복제, Shift 를 누른 채 드래그하면 수평/수직으로 이동합니다. Alt + Shift 를 동시에 누른 채 드래그하면 오브젝트가 복제되면서 수평/수직 라인에 맞춰 이동합니다.

STEP 2
곰 그리기

01 선택 툴로 돼지 전체를 드래그합니다. Alt + Shift 를 동시에 누른 채 오른쪽으로 드래그하여 돼지를 복제합니다. 02 돼지의 양쪽 귀를 선택하고 Effect ▷ Stylize ▷ Round Corners 메뉴를 선택합니다. Radius 값을 2로 입력한 뒤 OK합니다. 귀에 라운드 효과가 생겼습니다.

01

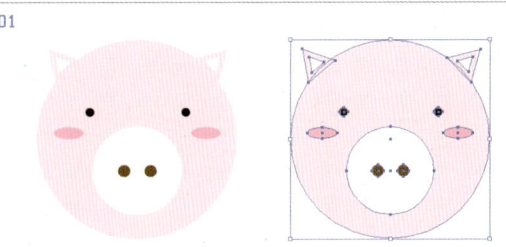

02

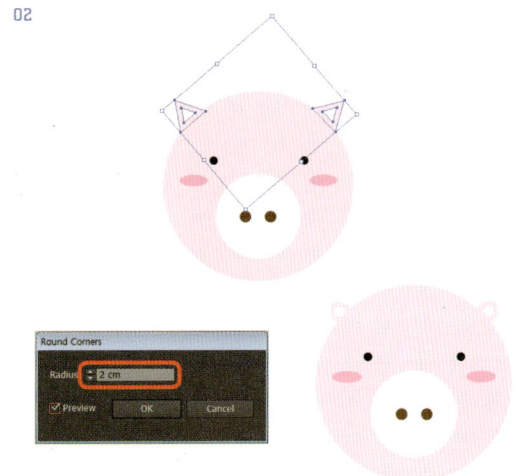

> **Note**
> Round Corners 필터를 이용하면 모서리를 둥글게 만들어 줄 수 있습니다.

03 양쪽 귀를 선택하고 Ctrl + G 를 눌러 그룹화한 뒤, 마우스 오른쪽 버튼을 눌러 Isolate Selected Group 메뉴를 선택합니다. 그룹화된 귀를 각각 선택하여 수정할 수 있는 모드가 되었습니다. **04** 직접 선택 툴 로 각각의 귀를 선택하여 밝은 갈색 #DCAA48으로 변경합니다. **05** 작업 창 상단의 Layer 1 앞의 화살표를 눌러 Isolate Selected Group에서 빠져나옵니다. 큰 원을 선택한 뒤 갈색 #B18863으로 변경합니다.

03
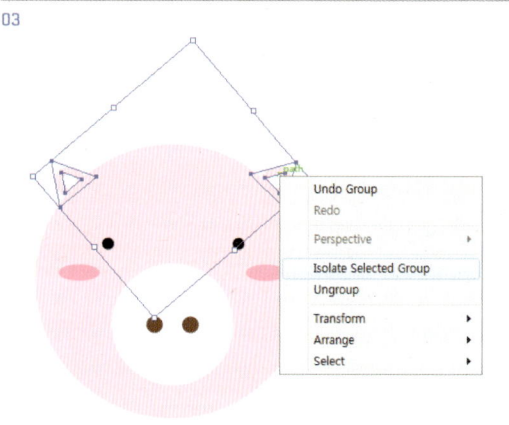

04

05

> **Note / 그룹 해제하기**
> Ctrl + Shift + G 를 누르면 그룹을 해제할 수 있습니다. 누를 때마다 순차적으로 그룹이 해제됩니다.

06 중앙에 있는 작은 원 하나는 Delete 를 눌러 삭제하고, 남은 원을 타원형으로 바꾼 뒤 검은색 #000000으로 변경합니다. 선택 툴 로 위치를 다음과 같이 변경하여 곰의 코를 완성시킵니다. **07** 스트로크 패널에서 Weigh, cap, corner를 다음과 같이 설정합니다. 펜 툴 로 입을 그려 줍니다.

06

07

STEP 3
오리 그리기

01 선택 툴로 곰 전체를 드래그합니다. `Alt` + `Shift` 를 동시에 누른 채 오른쪽으로 드래그하면 곰이 복제됩니다.

02 곰의 양쪽 귀, 코, 입을 선택하고 `Delete` 를 눌러 삭제합니다.

01

02

08 중앙에 있는 흰색 원을 연한 갈색 #E1BF56으로 변경합니다. 두 귀를 선택한 `Ctrl` + `Shift` + `[` 를 눌러 제일 뒤로 보냅니다. 곰이 완성되었습니다.

08

Note / 오브젝트 앞, 뒤 순서 정하기

- `Ctrl` + `[` : 선택한 오브젝트가 한 단계 뒤로 내려갑니다.
- `Ctrl` + `]` : 선택한 오브젝트가 한 단계 위로 올라갑니다.
- `Ctrl` + `Shift` + `[` : 선택한 오브젝트가 제일 뒤로 내려갑니다.
- `Ctrl` + `Shift` + `]` : 선택한 오브젝트가 제일 위로 올라갑니다.

03 큰 원을 연한 노란색 #FCEEA1으로 변경하고 중앙에 있는 연한 갈색 원을 진한 노란색 #FCD432으로 바꿔 줍니다.

03

04 진한 노란색 원을 아래로 쭈~욱 늘려준 뒤 위치를 내려 줍니다. 05 눈과 볼터치의 위치도 아래쪽으로 조금 내려 줍니다. 원형 툴◎로 오리의 콧구멍 두 개를 그려 줍니다. 오리가 금방 완성되었습니다.

02 STEP 1에서 미리 만들었던 돼지 귀를 복제해서 가져옵니다. 03 귀를 선택하고 Effect ▷ Stylize ▷ Round Corners 메뉴를 누릅니다. Radius 값을 0.1cm로 입력한 뒤, OK합니다. 귀 모서리가 조금 둥글게 변했습니다.

04

02
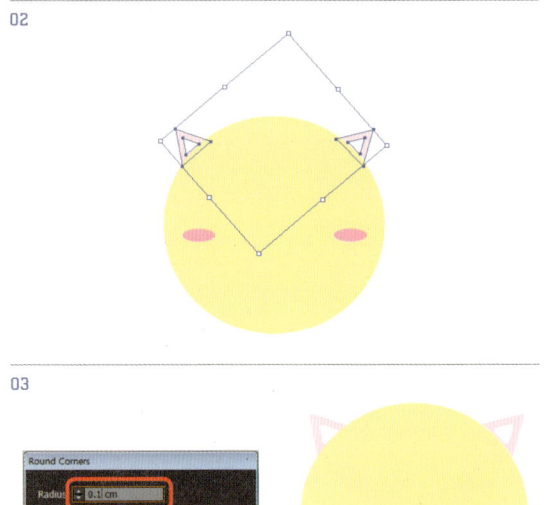

05

03

04 원형 툴◎로 분홍색 #F6ADCD 원을 그린 후 다음과 같이 배치합니다. 05 연한 노란색과 분홍색 원을 동시에 선택한 상태에서 패스 파인더 패널에서 ■버튼을 눌러 오브젝트를 분할합니다. 06 직접 선택 툴▶로 바깥 분홍색 면을 선택하고 Delete 를 눌러 삭제합니다. 면을 분할하는 과정에서 볼터치가 뒤로 갔습니다. Ctrl + Shift +] 를 눌러 볼터치를 제일 위로 올립니다.

STEP 4
고양이 그리기

01 선택 툴▶을 선택하고 Shift 를 누른 채 오리의 얼굴과 볼터치만 클릭합니다. Alt + Shift 를 동시에 누른 채 오른쪽으로 드래그하여 해당 부분만 복제합니다.

01

04
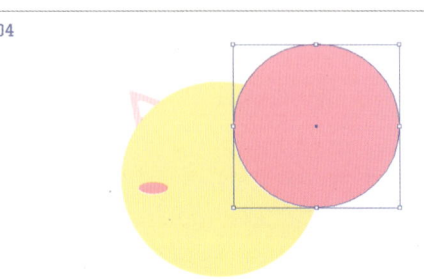

05

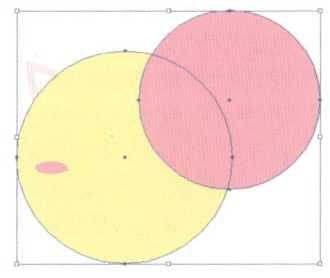

06

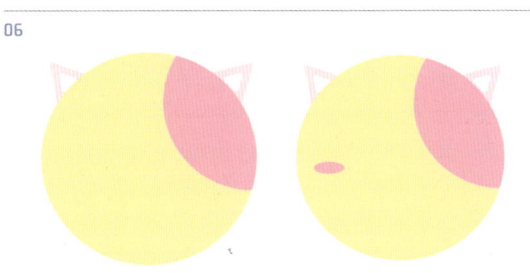

09

10

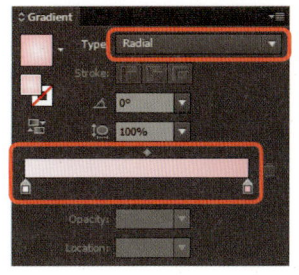 

07 선택 툴로 분홍 면을 선택하고 Alt + Shift 를 누른 채 왼쪽으로 드래그하여 복제합니다. 반전 툴로 상하대칭(Horizontal) 시킵니다. 08 양쪽 볼터치를 선택하고 면 색을 흰색 #FFFFFF으로 변경합니다.

어때요? 도형 툴을 이용한 동물 얼굴 만들기 어렵지 않죠? 사각형 툴, 라운드 사각형 툴, 별 툴, 플레어 툴을 이용하여 다른 동물 캐릭터도 도전해 보세요.

07

08

09 눈, 코, 입을 검은색 #000000으로 그려 줍니다. 10 직접 선택 툴을 선택하고 분홍색 얼룩무늬를 선택합니다. 그레이디언트 패널에서 슬라이더의 색상을 다음과 같이 설정하고 Type을 Radial로 설정합니다. 2가지 색상의 분홍색 그레이디언트가 얼룩무늬에 적용되었습니다. 고양이가 완성되었습니다.

Chapter 03

카툰체
토끼 그리기

카툰체가 가진 생기발랄한 느낌은 '선 굵기의 변화'가 핵심입니다. 이번 예제에서는 선 굵기에 변화를 줄 수 있는 아트 브러시를 만드는 방법을 소개합니다. 일러스트레이터 CS5부터 스트로크에 'Variable Width Profile'이라는 새로운 옵션이 생겼습니다. Width Profile은 스타일리시한 패스를 만들어주는 스트로크 스타일로 볼 수 있는데요. 펜 툴을 이용하면 Width Profile과 똑같은 스트로크 스타일 뿐만 아니라 새로운 스타일을 창조할 수 있습니다. 카툰체 라인을 그리는 방법을 익혀두면 팬시, 만화, 캐릭터 디자인 등 활용할 수 있는 범위가 많습니다.

◆ **POINT SKILL** / Art Brush • Live Paint
◆ 예 제 파 일 / 토끼시작.ai • 토끼완성.ai

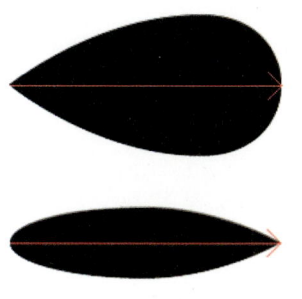

STEP 1 / 아트 브러시 제작하기

STEP 2 / 캐릭터 라인 그리기

STEP 1
아트 브러시 제작하기

01 Ctrl + O를 눌러 '토끼시작.ai' 파일을 불러옵니다. Opacity를 50%로 조절하여 스케치를 흐릿하게 만듭니다.
02 레이어 패널에서 [토끼스케치] 레이어를 잠그고 버튼을 눌러 [토끼스케치] 레이어 위에 [카툰라인] 레이어를 만듭니다. 이제 토끼의 선 굵기에 변화를 주기 위해 아트 브러시를 제작해 보겠습니다.

01

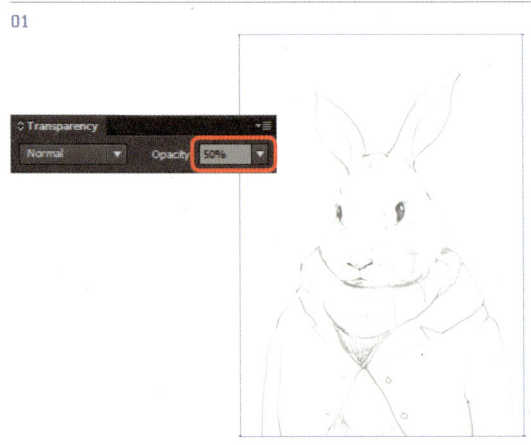

02

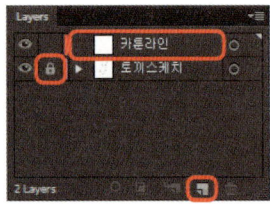

03

04

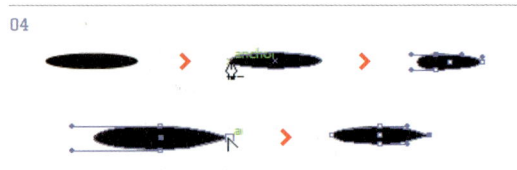

03 원형 툴 을 선택한 뒤 면 색을 검은색 #000000으로 설정하고 가로로 긴 원을 그립니다. 04 펜 툴 을 선택한 뒤, 오른쪽 점을 클릭하면 기준점이 사라집니다. 직접 선택 툴 로 원의 중앙에 있는 위, 아래 점을 모두 선택합니다. 패스의 방향선을 왼쪽으로 쭈욱 빼주고 전환 툴 로 오른쪽 점을 클릭합니다.

05 이제 브러시를 등록하겠습니다. F5를 눌러 브러시 패널을 엽니다. 버튼을 눌러 New Brush 창을 띄웁니다. Art Brush를 선택한 뒤 OK합니다. 06 옵션 창이 나타나면 Name은 스케치1, Width는 50%, Method는 Tints로 설정하고 OK합니다. 브러시 패널에 브러시가 추가된 것을 확인할 수 있습니다.

05

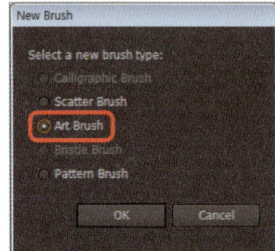

06

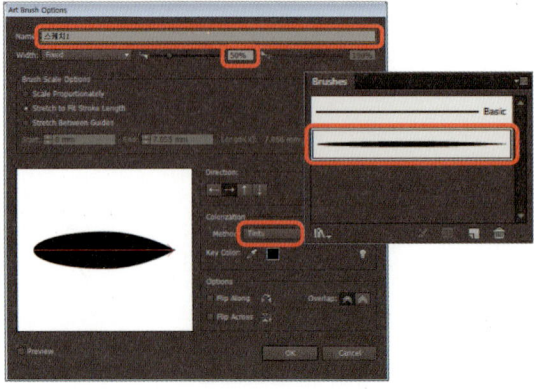

07 다른 모양의 아트 브러시를 제작해 보겠습니다. 원형 툴 ◯을 선택한 뒤 면 색을 검은색 #000000으로 설정하고 타원형의 원을 그립니다. 03 과정과 같은 방법으로 펜 툴 ✏️을 선택한 뒤, 기준점과 방향점을 조절하여 다음과 같은 모양을 만들어 주세요. 08 브러시 패널에서 ⬛ 버튼을 눌러 New Brush 창을 띄웁니다. Art Brush를 선택한 뒤 OK합니다. 09 옵션 창이 나타나면 Name은 스케치2, Width는 100%, Method는 Tints로 설정하고 OK합니다.

07
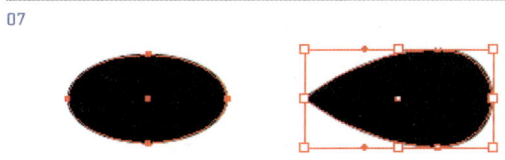

08
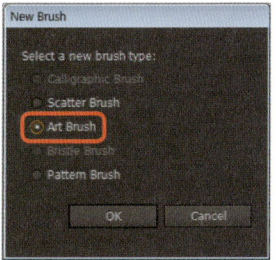

09
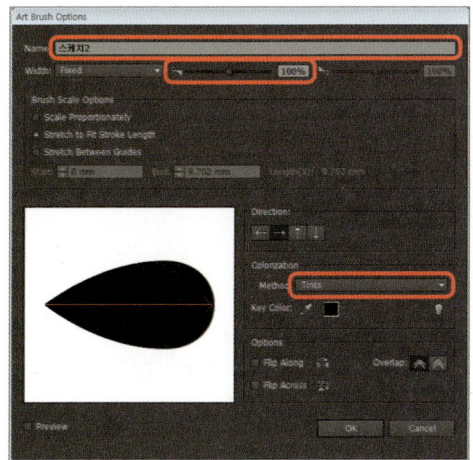

Note / Variable Width Profile

일러스트레이터 CS5부터 스트로크 패널에 'Variable Width Profile'이라는 새로운 옵션이 생겼습니다. Width Profile은 스타일리시한 패스를 만들어주는 일종의 스트로크 스타일로 볼 수 있는데요. 총 6개가 있습니다. CS5 이전 버전을 사용하시는 분들은 Width Profile의 모양대로 패스를 만든 뒤, Art Brush로 등록하여 사용하시면 같은 느낌을 연출하실 수 있습니다.

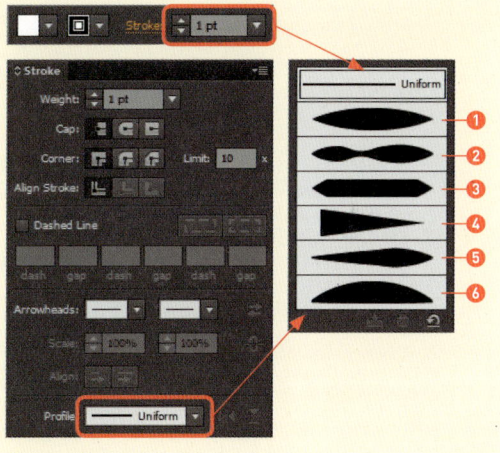

❶ Width Profile 1

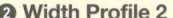

❷ Width Profile 2

❸ Width Profile 3

❹ Width Profile 4

❺ Width Profile 5

❻ Width Profile 6

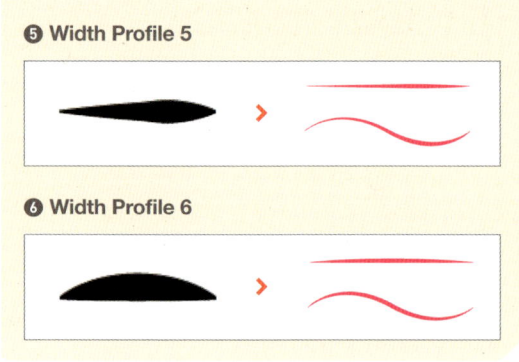

STEP 2
캐릭터 라인 그리기

01 등록한 브러시를 이용하여 토끼의 라인을 그리겠습니다. 선 굵기에 변화를 주면 캐릭터가 더욱 생기발랄해 보일 수 있습니다. 브러시 툴을 선택한 후 브러시 패널에서 STEP 1에서 등록한 '스케치2' 브러시를 선택합니다. 굵기를 0.5pt로 설정하여 스케치에 따라 선을 그립니다.

01

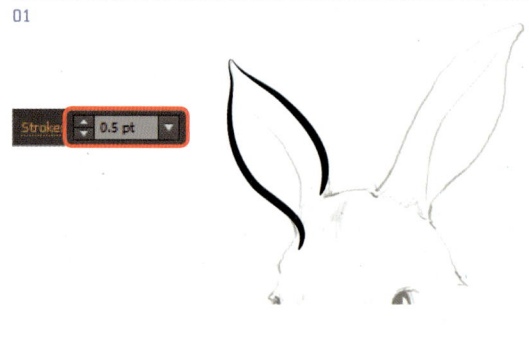

02 토끼 머리에서 눈, 볼과 턱으로 이어지는 라인을 그려 토끼의 윤곽을 완성시킵니다.

02

03 시작과 끝 부분 얇게, 중간 부분은 두껍게 연출되는 것을 확인할 수 있습니다. 그은 선이 마음에 들지 않는다면 Ctrl + Z 를 눌러 작업 순서를 이전 단계로 되돌려 작업합니다. 선을 그리는 연습을 통해 더욱 멋스러운 윤곽을 그릴 수 있습니다. 머플러와 옷을 그려 토끼의 전체 라인을 완성시킵니다.

03

> **Note** / 실행 취소, 다시 실행 단축키
> - `Ctrl` + `Z` : 되돌리기, 작업 순서의 이전 단계로 돌아가기
> - `Ctrl` + `Shift` + `Z` : 다시 실행하기, 작업 순서의 앞 단계로 돌아가기

04 패널에서 '스케치1' 브러시를 선택합니다. 굵기를 1pt로 설정하여 토끼 귀 안쪽과 눈, 코, 스카프의 격자무늬, 단추를 그립니다.

04

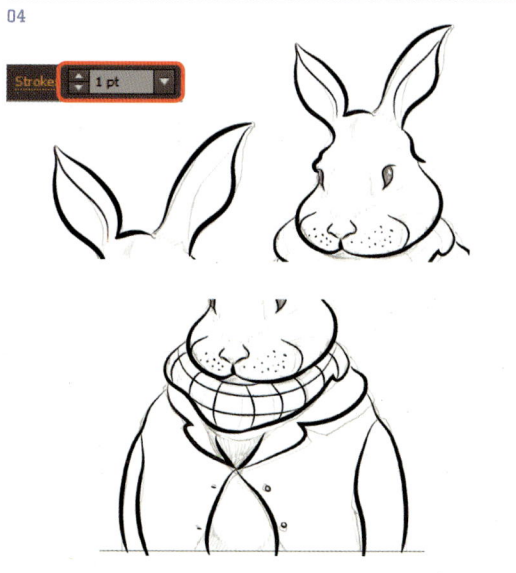

05 마지막으로 토끼 볼 양쪽에 기울기가 다른 토끼 수염을 다섯 가닥 정도 그려 주세요.

05

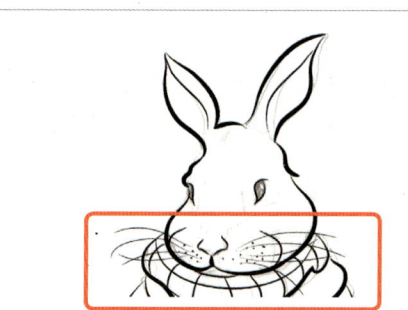

06 브러시 굵기를 0.5pt로 설정하여 토끼 얼굴 일부분과 몸에 얇은 털을 그려 줍니다. 토끼 귀와 볼 부분에도 일정한 방향을 가진 털로 채워 주세요.

06

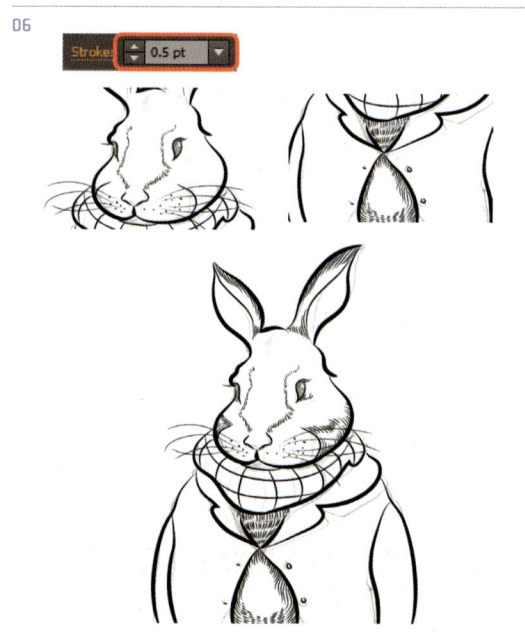

07 더 얇은 선으로 디테일한 털을 완성시켜 보겠습니다. 브러시 굵기를 0.1pt로 설정합니다. 윗부분부터 눈 아랫부분까지 작고 짧은 털을 그린 뒤 토끼의 귀와 얼굴, 몸 전체에 작고 가는 점들을 그려 줍니다.

07

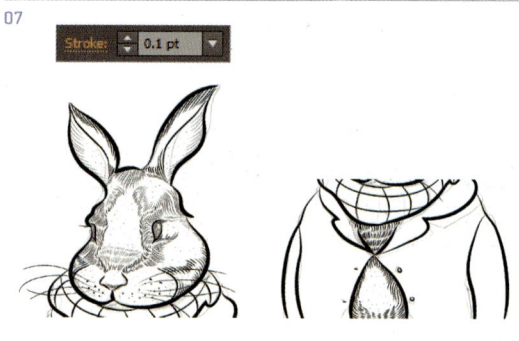

08 [토끼스케치] 레이어의 눈을 감겨준 뒤 토끼 라인이 깔끔하게 완성되었는지 살펴봅니다.

08

09 Objec ▷ Expend Appearance 메뉴를 선택하여 브러시가 적용된 오브젝트를 일반 오브젝트로 변환합니다. 10 선택 툴 로 토끼를 드래그하여 전체 선택한 뒤 Object ▷ Path ▷ Clean Up 메뉴를 실행합니다.

09

10

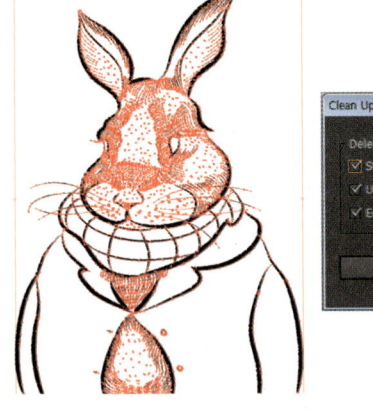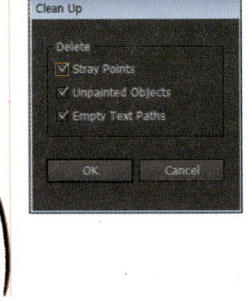

Note / Clean Up

작업 중 생길 수 있는 필요 없는 기준점들을 삭제해 주는 기능입니다. 연결이 안 된 점, 색상이 입혀지지 않은 패스와 같은 불필요한 점들을 지워주기 때문에 일러스트레이터에서 드로잉할 때 매우 유용한 기능입니다.

11 이제 선을 정리하겠습니다. 패스가 연결되지 않고 열려 있는 부분을 연결하겠습니다. 토끼 귀에 맞춰 창을 확대한 뒤에, 직접 선택 툴 로 열려있는 패스를 선택 후 드래그하여 이어줍니다. 12 옷깃 위쪽도 패스가 열려있을 수 있습니다. 같은 방법으로 깃의 위쪽 패스를 선택 후 위로 올려 스카프 라인과 이어 줍니다.

11

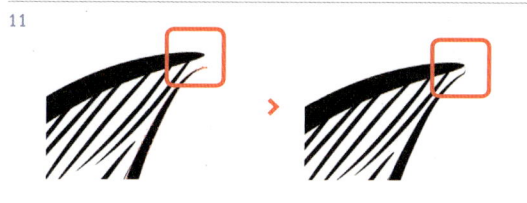

12

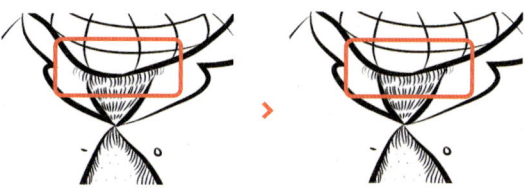

13 면 색을 검은색 #000000으로 설정하여 펜 툴 ✎로 토끼의 눈을 그려 줍니다. 14 원형 툴 ◯로 토끼의 검은 눈 위에 흰 원을 그려 하이라이트를 표현합니다.

13

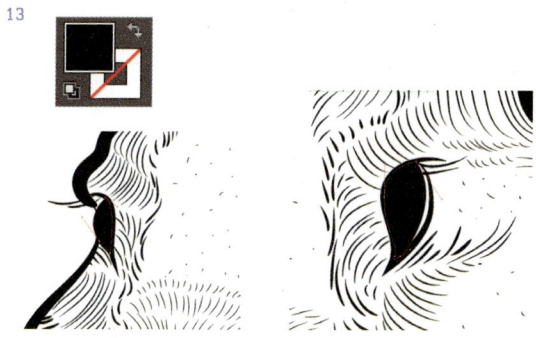

14

15 선택 툴 ▶로 토끼를 드래그하여 전체 선택한 뒤, Object ▷ Live Paint ▷ Make 메뉴를 선택합니다(Alt + Ctrl + X). 이제 라인의 색상을 붉은색 계열로 바꿔 주겠습니다. 16 면 색을 자주색 #AD0052으로 설정합니다. 이제 빈 화면을 클릭해서 완성된 토끼를 감상해 보세요.

15

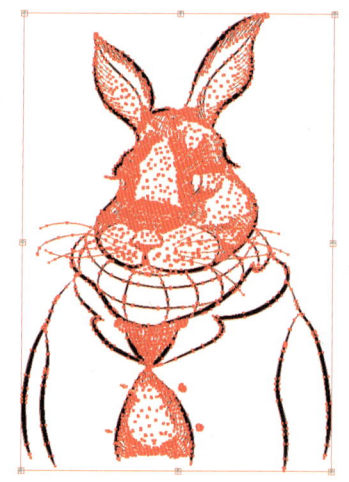

16

Chapter 04

심벌 장식이 있는
웨딩 편지지 만들기

이번 예제에서는 웨딩에 어울리는 소재와 테두리를 그려 웨딩 편지지를 직접 디자인해 보겠습니다. 편지지에 들어갈 그림은 신랑과 신부, 나무와 꽃입니다. 나무에 달린 수많은 나뭇잎을 하나하나 그리기에는 시간이 많이 걸립니다. 몇 가지의 나뭇잎을 미리 그려 심벌로 등록해 놓으면 심벌 뿌리기 툴  을 이용해 많은 양의 나뭇잎을 쉽고 빠르게 그릴 수 있습니다. 또한 패턴 브러시로 등록해 놓으면 패스의 시작점과 끝점 사이에 오브젝트를 채울 수도 있습니다. 그림 그릴 때 자주 그리게 되는 나뭇잎, 꽃, 눈, 잔디, 구름, 별과 같은 소재들을 심벌, 패턴 브러시와 같은 소스로 등록해 놓으면 필요할 때마다 꺼내 쓸 수 있어 편리합니다. 이제 미리 등록한 소스를 이용해 사랑이 듬뿍 담긴 특별한 편지지를 완성시켜 보세요.

◆ **POINT SKILL** / Pattern Brush • 심벌 툴 • Clipping Mask
◆ **예 제 파 일** / 웨딩스케치.jpg • 웨딩편지지완성.ai

STEP 1 / 편지지 환경 만들기 STEP 2 / 펜 툴로 그리기 STEP 3 / 심벌로 장식하기 STEP 4 / 글자와 선 넣기

STEP 1
편지지 환경 만들기

01 편지지로 사용할 앞뒤 페이지를 만들겠습니다. Ctrl + N을 눌러 '웨딩엽서'라 이름짓고 Artboard를 2로 설정한 후 Size를 Letter로 선택합니다. Bleed의 값을 0.5로 입력하고 OK를 합니다.

01

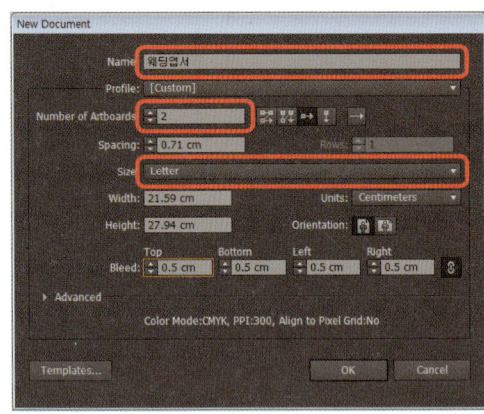

02 0.5cm의 여백을 가진 아트보드가 두 개 만들어집니다. 왼쪽 아트보드가 편지지 앞면, 오른쪽 아트보드가 편지지 뒷면이 될 부분입니다. **03** File ▷ Place 메뉴를 선택해서 '웨딩스케치.jpg' 파일을 불러옵니다. 그림 파일을 왼쪽 아트보드에 위치시킨 뒤 크기를 조절합니다.

02

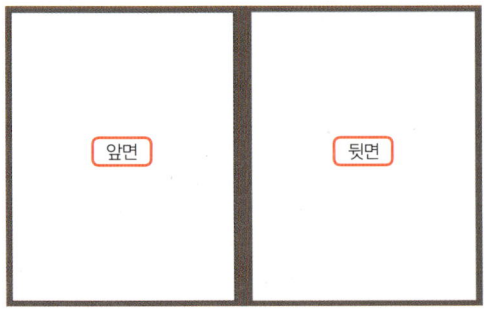

03

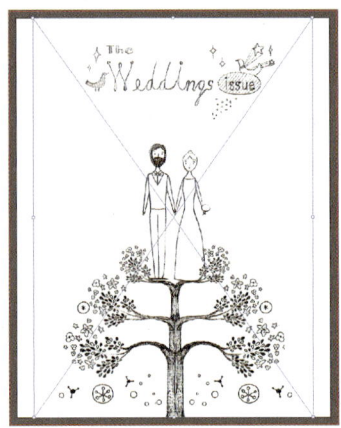

04 Opacity를 30%로 설정하여 스케치 선을 흐릿하게 만들어줍니다. **05** Ctrl + 2를 눌러 스케치를 고정시킵니다. 스케치가 있는 [Layer 1] 레이어의 자물쇠가 채워진 것을 확인할 수 있습니다. 버튼을 눌러 새 레이어를 추가합니다.

04

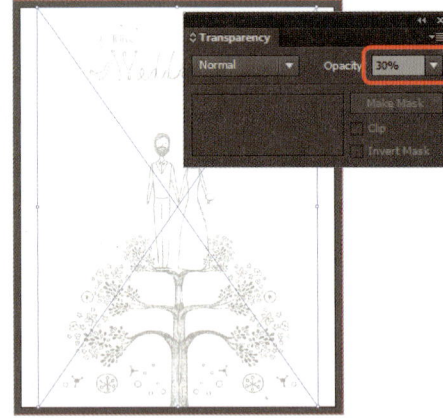

05

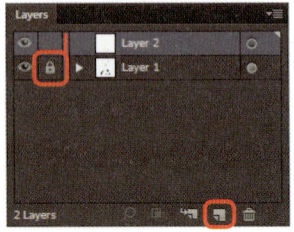

STEP 2
펜 툴로 그리기

01 선 색을 검은색#000000으로 설정합니다. 펜 툴을 선택하고 굵기를 0.5pt로 설정합니다. **02** 스케치 선을 참고하여 나무줄기를 반만 그립니다. **03** 나무줄기를 모두 그렸다면 선 색을 투명하게 변경하고 면 색은 남색#2A3245으로 설정하여 나무줄기에 색을 입힙니다.

04 나머지 반쪽의 나무줄기는 복제하여 사용하겠습니다. 나무줄기를 Ctrl + C, Ctrl + V 한 뒤 반전 툴을 더블클릭하여 좌우대칭(Vertical)합니다. **05** 레이어 가장 하단에 새 레이어를 추가하고 사각형 툴로 베이지색#F3F1EC 큰 사각형을 그려 배경으로 만듭니다. **06** Ctrl + 2 를 눌러 [Layer 3] 레이어를 고정시킵니다.

01

02

03

04

05

06

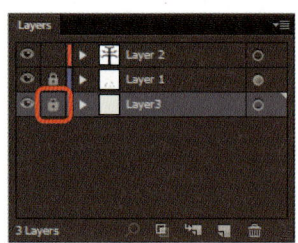

07 인물을 그리겠습니다. 펜 툴 을 선택한 뒤 인물의 얼굴, 머리, 목 등을 닫힌 패스로 그립니다. 08 여자의 올림머리를 표현하기 위해 원형 툴 로 정수리 부분에 원을 그립니다. 머리 패스와 방금 만든 원 패스를 모두 선택한 뒤 패스 파인더 창에서 버튼을 눌러 두 패스를 합칩니다.

07

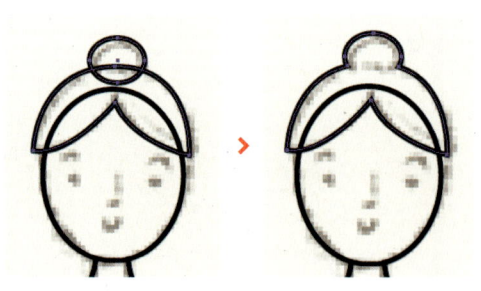

08

09 스케치 선을 참고하여 인물의 다른 부분도 닫힌 패스로 완성시킵니다. 10 선 색은 투명, 면 색은 살색 #FEFFFF으로 설정하여 얼굴, 목, 팔과 손에 색을 입힙니다. 11 남자의 옷과 머리를 남색 #2C3445으로 채색합니다. 머리를 선택한 후 Ctrl + [를 눌러 목 뒤로 보냅니다. 12 분홍색 #EE798D으로 남자의 신발, 여자의 머리와 옷, 그리고 꽃다발을 채색합니다.

09

10

11

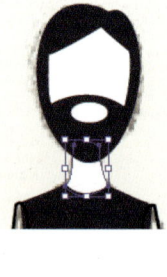

> **Note / 닫힌 패스**
>
> 닫힌 패스는 패스의 시작점과 끝점이 일치하는 패스입니다. 열린 패스의 시작점과 끝점을 연결하면 닫힌 패스로 만들 수 있습니다.

12

13 하늘색 #97D6E1으로 셔츠를 채색합니다. 14 목과 겹치는 부분은 선택 툴 을 이용해 셔츠와 목을 동시에 선택한 뒤 패스 파인더 패널에서 버튼을 눌러 면을 분할시킵니다. 불필요한 부분은 Delete 로 지웁니다. 15 넥타이를 그리기 위해 사각형 툴 로 세로로 긴 사각형을 만듭니다.

13

14

15

16 펜 툴 로 리본 날개를 그리고, 사각형 툴 로 중심의 매듭을 그린 뒤 패스 파인더 패널에서 버튼을 눌러 각 패스를 하나로 합칩니다.

16

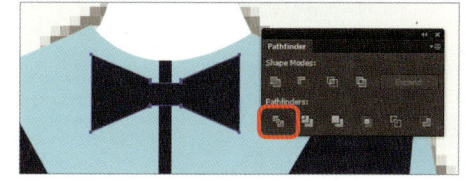

17 브러시 패널에서 브러시 라이브러리 버튼 을 클릭합니다. Artistic ▷ Artistic Chalk Charcoal Pencil 메뉴를 선택하여 새로운 브러시 라이브러리를 꺼냅니다. 18 목탄 느낌의 'Charcoal Tapered' 브러시를 선택합니다. 옵션바에서 굵기를 0.25pt로 설정합니다. 인물의 눈, 코, 입과 머릿결, 꽃다발을 그려 줍니다.

17

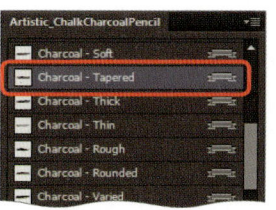

18

19 선 색을 분홍색 #EE798D 으로 설정합니다. 유선형의 나뭇결을 그려 나무 질감까지 표현하면 기본 채색이 완성되었습니다.

19

Note / 브러시 미리보기 형식 바꾸기

브러시의 미리보기는 'Thumbnail View'가 기본 설정입니다. 브러시의 이름을 알고 싶다면 라이브러리 상단의 ▤ 버튼을 눌러 'List View' 메뉴를 선택합니다.

❶ 섬네일로 보기(Thumbnail View)

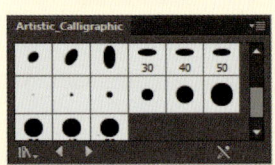

❷ 리스트로 보기(List View)

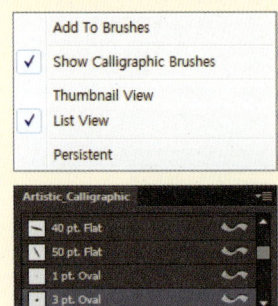

STEP 3
심벌로 장식하기

01 많은 나뭇잎을 일일이 다 그리려면 시간이 많이 걸립니다. 모양이 다른 나뭇잎 4종류를 미리 만들어 심벌로 등록해 놓으면 나뭇잎을 빠르고 쉽게 만들 수 있습니다. 레이어 패널에서 ▦을 눌러 새 레이어를 추가한 후 펜 툴 ✎을 이용하여 작은 나뭇잎들을 완성시킵니다. 02 심벌 패널을 꺼내 (Ctrl + Shift + F11), 나뭇잎 4개를 패널 영역으로 드래그하여 각각의 심벌로 등록합니다. 03 첫 번째 나뭇잎 심벌을 클릭하고, 심벌 뿌리기 툴 ✿로 넓게 뿌립니다. 마우스 왼쪽 버튼을 꾹 누르면 나뭇잎 모양이 계속 나타납니다.

01

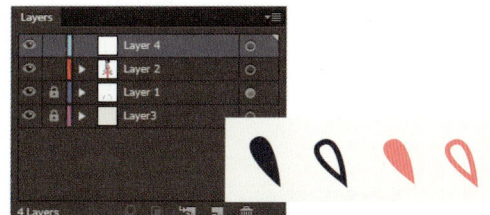

02

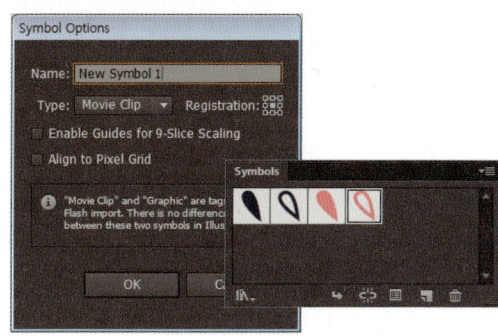

03

❹ 심벌 크기 조절 툴 : 클릭하거나 드래그하여 심벌의 크기를 키울 수 있습니다. Alt 를 누르면 심벌의 크기를 줄일 수 있습니다.
❺ 심벌 회전 툴 : 드래그하여 심벌의 각도를 조정합니다.
❻ 심벌 채색 툴 : 심벌을 지정한 색으로 물들입니다.
❼ 심벌 투명 툴 : 클릭하거나 드래그하여 심벌을 투명하게 합니다. Alt 를 눌러 심벌을 불투명하게 만들 수 있습니다.
❽ 심벌 스타일 툴 : 스타일 패널에서 선택한 스타일을 심벌에 적용시킵니다.

04 심벌 이동 툴로 나뭇잎을 드래그하여 옮깁니다. 05 심벌 회전 툴로 나무줄기를 기준으로 시계 방향으로 회전되는 것처럼 나뭇잎의 각도를 조절합니다. 06 세 번째 나뭇잎 심벌을 클릭하여 심벌을 뿌립니다. 심벌 회전 툴과 심벌 이동 툴을 이용하여 다음과 같이 조절합니다.

04

 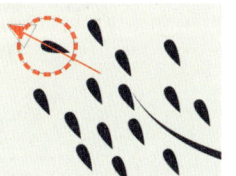

05

06

> **Note** / 심벌 툴 살펴보기
>
> 툴 박스 창에서 심벌 뿌리기 툴을 길게 누르면 숨어있던 심벌을 볼 수 있습니다. 심벌 툴을 사용하여 다양한 방법으로 편집 및 수정할 수 있습니다.
>
>
>
> ❶ 심벌 뿌리기 툴 : 클릭하거나 드래그하여 심벌을 뿌립니다. Alt 를 눌러 뿌려진 심벌의 양을 줄일 수 있습니다.
> ❷ 심벌 이동 툴 : 드래그하여 심벌의 위치를 이동시킵니다.
> ❸ 심벌 압축 툴 : 클릭하거나 드래그하여 심벌을 모읍니다. Alt 를 눌러 심벌을 흩일 수 있습니다.

07 네 번째 나뭇잎 심벌을 클릭하여 뿌립니다. 심벌 크기 조절 툴을 선택한 뒤 [Alt]를 눌러 심벌의 크기를 줄입니다. 08 심벌 회전 툴과 심벌 이동 툴을 이용하여 다음과 같이 조절합니다. 09 두 번째 나뭇잎 심벌도 같은 방법으로 조절합니다. 다양한 나뭇잎이 모여 하나의 큰 나뭇잎 덩어리가 되었습니다.

10 나뭇잎 덩어리를 패턴 브러시로 등록하겠습니다. 직접 선택 툴로 나뭇잎 덩어리를 선택한 뒤 브러시 패널로 드래그하여 패턴 브러시로 등록합니다. Pattern Brush Options 창에서 Spacing을 10%로 설정한 뒤 OK합니다.

07

08

10

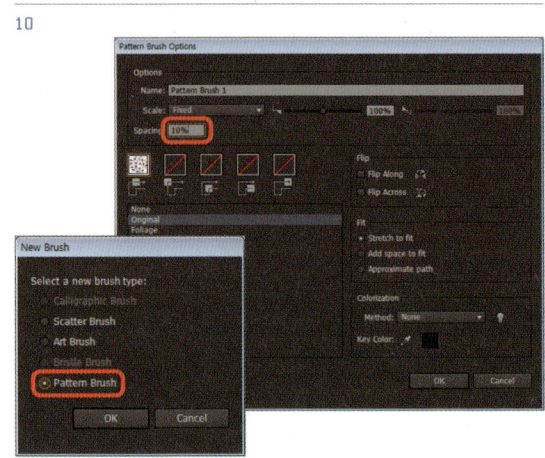

09

11 브러시 패널에서 10번 과정에서 등록한 나뭇잎 덩어리를 선택하고 패턴 브러시로 등록합니다. 옵션 창에서 Scale은 70%, Spacing은 0%, Flip Along과 Flip Across에 체크하고 OK합니다.

11

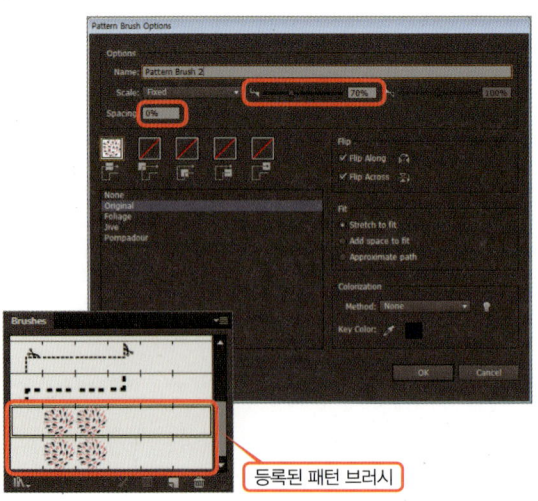

등록된 패턴 브러시

Note / 심벌 라이브러리

심벌 라이브러리에 대해 자세히 알고 싶다면 158P를 참고하세요.

12 선 색을 검은색 #000000으로 설정한 뒤 동그란 모양의 패스를 그립니다. 브러시 패널에서 첫 번째 등록한 패턴 브러시를 선택하면 패스에 따라 나뭇잎 덩어리가 채워집니다.

12

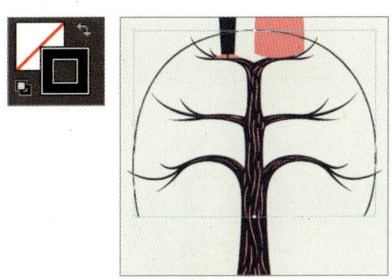

13 레이어 패널에서 [Layer 4] 레이어의 위치를 [Layer 1] 레이어 아래로 이동한 뒤 ▣을 눌러 새 레이어를 추가합니다. [Layer 7]이 생성됩니다. 14 이제 오른쪽 아트보드에서 작업하겠습니다. 선 색을 검은색 #000000으로 설정한 뒤 가로세로 선을 그립니다. 브러시 패널에서 두 번째 등록한 패턴 브러시를 선택하면 가로세로 패스에 따라 나뭇잎 덩어리가 채워집니다.

13

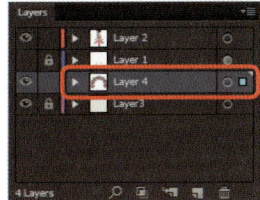 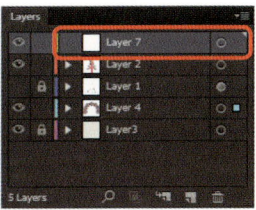

14

15 사각형 툴 ▣로 아트보드 사이즈에 맞는 사각형을 만듭니다. 16 마우스 오른쪽 버튼을 눌러 Make Clipping Mask 메뉴를 선택합니다. 테두리 장식이 사각형 사이즈에 맞게 잘라집니다. 17 테두리 장식을 복제하여(Ctrl + C , Ctrl + V) 왼쪽 아트보드에 위치시킵니다.

15

16

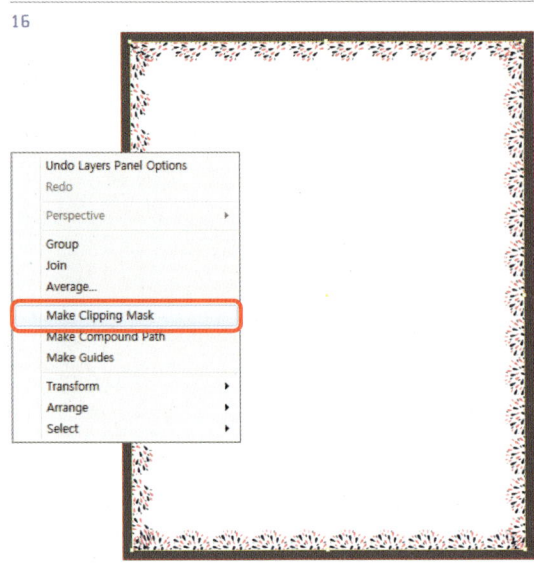

17

18

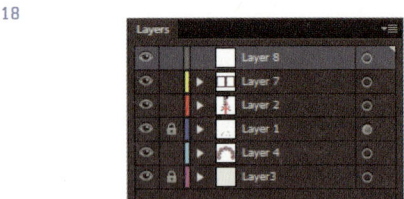

19

> **Note** / 다양한 테두리 장식 소스 이용하기
>
> 브러시 패널에서 브러시라이브러리 버튼을 눌러, Brush Library ▶ Borders ▶ Borders_Decorative 메뉴를 클릭하면 테두리를 장식해 주는 다양한 소스들을 볼 수 있습니다.
>
>
>
> 소스를 적용한 모습입니다.
>
>

18 레이어 패널에서 ■을 눌러 새 레이어를 추가합니다. [Layer 8]이 생성됩니다. **19** 여러 도형 툴과 브러시 툴을 이용하여 꽃 장식 요소들을 추가하여 그립니다.

STEP 4
글자와 선 넣기

01 편지지에 어울리는 느낌의 글자를 그리겠습니다. 브러시 패널에서 'Charcoal – Tapered' 브러시를 선택합니다. 옵션 바에서 굵기를 0.75pt로 설정합니다. 스케치 선을 참고하여 'Weddings' 글자를 완성시킵니다.

01

02 '3 pt. Oval' 브러시를 선택한 뒤 굵기를 1pt로 설정합니다. 'The' 글자를 그립니다. 'Charcoal–Tapered' 브러시로 'issue' 글자를 완성시키고 펜 툴 로 주변 장식 요소들을 그립니다. **03** 주변 장식 요소들을 복제하여(Ctrl + C , Ctrl + V) 오른쪽 아트보드에 위치시킵니다. 글자 툴 T. 로 웨딩 축하에 어울리는 문구를 적어줍니다. Ctrl + Shift + O 를 눌러 글자를 아웃라인 처리합니다.

02

03

04 'Basic' 브러시를 선택한 뒤 굵기를 0.3pt로 설정합니다. 상단에 가로 줄을 그립니다. **05** 하단에 같은 굵기의 가로 줄을 그립니다. 블렌드 툴 을 선택한 뒤 화면을 클릭합니다. Blend Options 창에서 다음과 설정한 뒤 OK합니다. 상단과 하단 사이에 여러 줄이 생겼습니다. **06** 장식이 있는 웨딩 편지지가 완성되었습니다. 완성된 파일을 EPS 형태로 저장한 뒤 인쇄 업체에 맡깁니다.

04

05

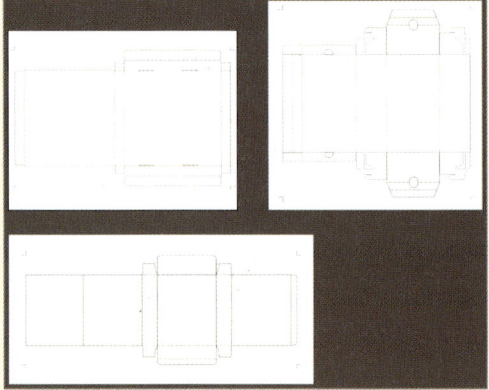

Note / 일러스트레이터에서 제공하는 디자인 템플릿

일러스트레이터에는 실무에서 유용하게 쓸 수 있는 다양한 템플릿이 포함되어 있습니다. 템플릿은 수정 또는 변형이 가능하며 재단선과 여백 표시가 잘 되어있어, 각종 디자인 서식에 따라 명함, 포스터, 엽서, 초청장, 전단지 등을 손쉽게 제작할 수 있습니다.
File ▶ New from Template 메뉴를 선택하면 6개의 디자인 템플릿 폴더가 보이는 창이 열립니다. 단축키는 Ctrl + Shift + N 입니다.

❶ **Blank Templates** : 각종 편집물에 응용할 수 있는 디자인 서식입니다. 가이드라인에 따라 자유롭게 디자인할 수 있습니다.

06

❷ **Club** : 클럽, 음악과 관련된 디자인 서식입니다. 초청장, 전단지, 웹 사이트 등에 활용할 수 있습니다.

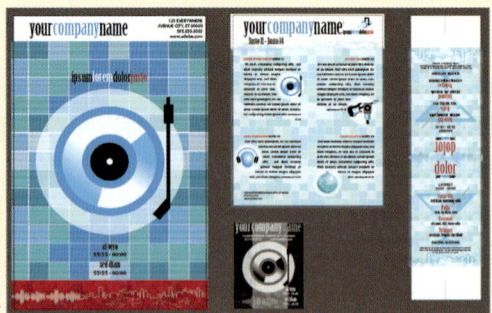

❸ **Film** : 영화, 영상에 관련된 디자인 서식입니다. 배너, DVD, 웹 사이트 등에 활용할 수 있습니다.

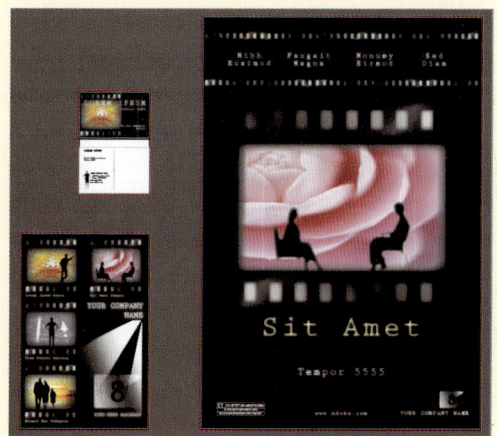

❹ **FlexSkins** : 웹 사이트, 웹 플레이어를 구성하는 요소들의 스킨에 사용되는 디자인 서식입니다. 버튼, 스크롤 바, 팝업 창, 목록 창 등에 활용할 수 있습니다.

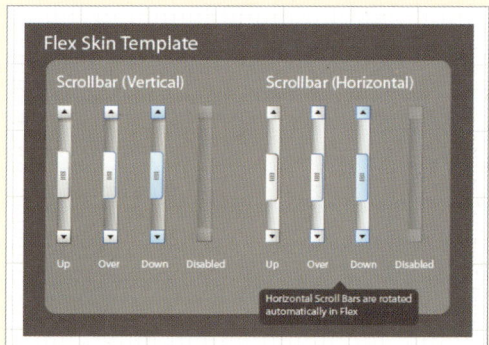

❺ **Japanese Templates** : 회사와 가정, 사업 등 사회 전반에 쓰이는 일본식 디자인 서식입니다. 마케팅, 레스토랑, 카드, 비즈니스 관련된 디자인 스타일을 제공받을 수 있습니다.

❻ **Tech** : 기술 업무 전반과 관련된 디자인 서식입니다.

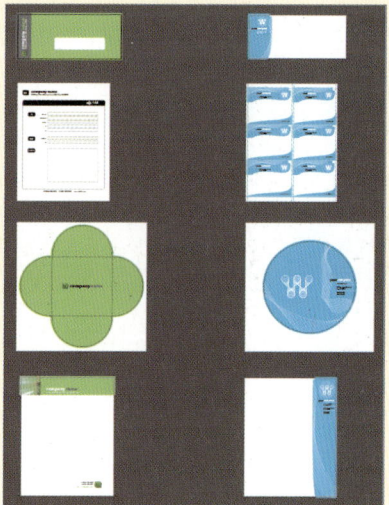

Illustrator Template (*.AIT) : File ▷ Save As 메뉴를 선택하여 파일 형식을 (*.AIT)로 설정하면 일러스트레이터 디자인 템플릿을 저장할 수 있습니다. 저장된 파일은 Templates 폴더에 저장되며 나중에 불러내어 사용할 수 있습니다.

Chapter 05

셀 애니메이션 스타일의
캐릭터 그리기

애니메이션에 등장하는 캐릭터는 외모에서부터 캐릭터의 성격을 짐작할 수 있게 합니다. 캐릭터는 영화의 주인공처럼 움직이고, 말하고, 걷고, 감정을 표출합니다. 디즈니에서는 캐릭터마다 특정 성격을 부여한 다음 이야기들을 그 성격들과 연관지어 제작하는 방법을 택했다고 합니다. 이와 같이 애니메이션에 등장하는 캐릭터를 그리기 위해서는 특징을 잘 찾아 표현하는 것이 중요합니다. 이번 예제에서는 굵기 변화가 있는 캐릭터 라인을 그리는 방법, 캐릭터를 채색하는 방법 및 명암을 표현하는 방법을 배워 보겠습니다. Chapter 3의 카툰체에서 배운 아트 브러시 제작 방법을 이번 예제에서도 활용합니다. 미리 Chapter 3의 카툰체를 공부하고 오셔도 좋습니다. 이제 할머니 캐릭터를 함께 그려 볼 텐데요. 온화한 미소와 넉넉한 풍체를 통해 할머니의 인자한 성격이 드러나도록 표현해 보도록 합시다.

◆ **POINT SKILL** / Art Brush • Live Paint
◆ **예 제 파 일** / 할머니시작.ai • 할머니완성.ai

STEP 1 / 아트 브러시 제작하기　　**STEP 2** / 캐릭터 라인 그리기　　**STEP 3** / 기본 채색하기　　**STEP 4** / 명암 넣어주기

STEP 1
아트 브러시 제작하기

01 Ctrl + O 를 눌러 '할머니시작.ai' 파일을 불러옵니다.
02 레이어 패널에서 🔲 버튼을 눌러 [스케치] 레이어 위에 [할머니] 레이어를 새로 만듭니다.

01

02

03

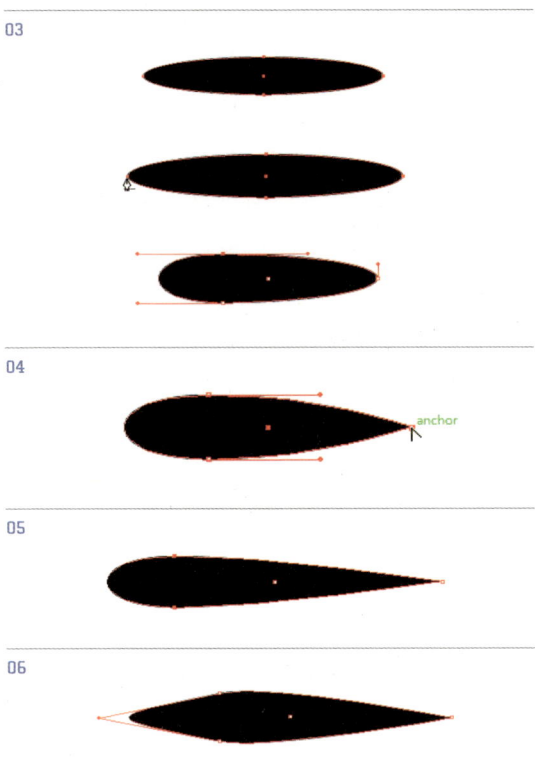

03 이제 캐릭터 라인을 그리기 위해 필요한 새로운 아트 브러시를 제작해 보겠습니다. 원형 툴 ⬤ 을 선택한 뒤 면 색을 검은색 #000000으로 설정하고 가로로 긴 원을 그립니다. 펜 툴 ✏️ 을 선택한 뒤 오른쪽 점을 클릭하면 기준점이 사라집니다. **04** 전환 툴 ▶️ 로 왼쪽 점을 클릭하여 곡선을 직선으로 바꿉니다. **05** 직접 선택 툴 ▶️ 을 선택하고 점을 드래그하여 Shift 를 누른 채 앞으로 쭈욱 빼 줍니다. **06** 위아래 기준점의 방향선을 각각 수평에 가깝게 이동시켜 모서리를 뾰족하게 만들어 줍니다.

07 이제 브러시를 등록하겠습니다. 앞서 그린 브러시를 브러시 패널에 드래그하여 New Brush 창을 띄웁니다. Art Brush를 선택한 뒤 OK합니다. **08** 옵션 창이 나타나면 Name을 sketch, Width를 50%, Method를 Tints로 설정하고 OK합니다. 브러시 패널에 브러시가 추가된 것을 확인할 수 있습니다.

07

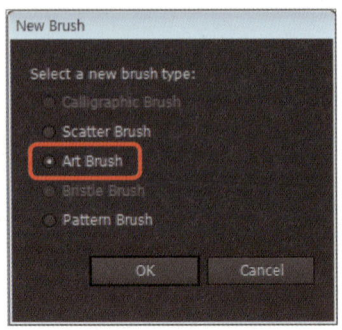

08

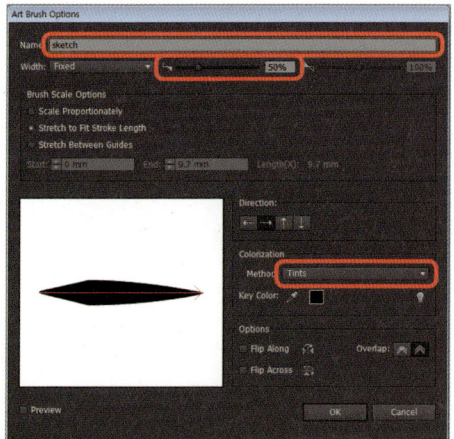

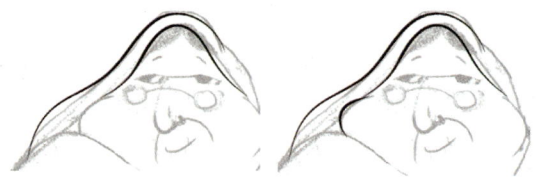

> **Note** 패스 선을 그릴 때 주의할 점
>
> 패스로 선을 그릴 때는 하나의 패스 선을 그린 후, 다른 패스 선이 서로 떨어지지 않고 이어지도록 그려 줍니다. 라인을 완성시키기까지는 시간이 좀 걸릴 것입니다. 하지만 깔끔하게 완성된 라인을 상상하며 노력해 보기로 해요. 방금 만든 패스가 마음에 들지 않으면 Ctrl + Z 를 눌러 전 단계로 돌아가 다시 작업할 수 있습니다.

02 할머니 머리에서 몸 전체로 이어지는 라인을 그려 할머니의 윤곽을 완성시킵니다. 눈은 원형 툴 ◉로 다리는 펜 툴 ✒︎을 선택하여 면 색은 검은색 #000000, 선 색은 투명으로 설정하여 그려 줍니다.

02

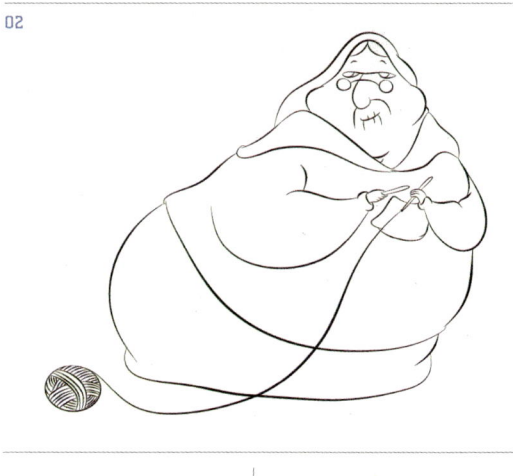

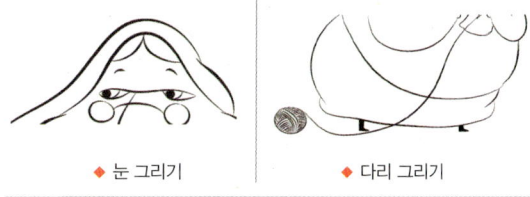

◆ 눈 그리기   ◆ 다리 그리기

STEP 2
캐릭터 라인 그리기

01 브러시 툴 ✏︎을 선택한 후 브러시 패널에서 'sketch' 브러시를 선택합니다. 면 색은 투명, 선 색은 검은색 #000000으로 설정합니다. 굵기를 0.75pt로 설정하여 스케치에 따라 패스 선을 그립니다.

01

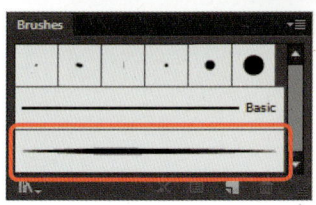

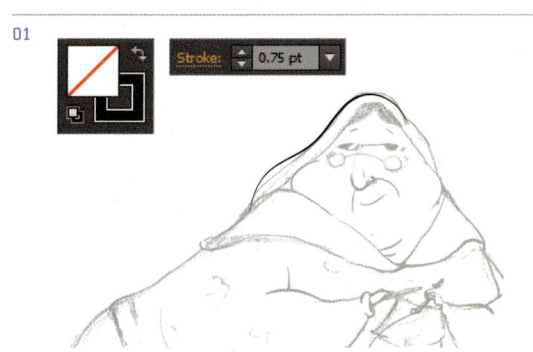

03 선택 툴로 드래그하여 전체 선택한 뒤, Object ▷ Expend Appearance 메뉴를 선택합니다. 패스 선이 일반 오브젝트로 변환됩니다. 04 Ctrl + G 를 눌러 오브젝트를 그룹화합니다. 〈Group〉을 〈아웃라인〉으로 변경합니다. 05 앞으로 캐릭터의 채색 작업에 앞서 갈색 라인 원본을 보존하기 위해 〈아웃라인〉을 복제하겠습니다. 〈아웃라인〉을 버튼에 드래그하면 같은 〈아웃라인〉 레이어가 생성됩니다. 아래의 〈아웃라인〉 이름을 〈기본색〉으로 변경합니다.

03

04

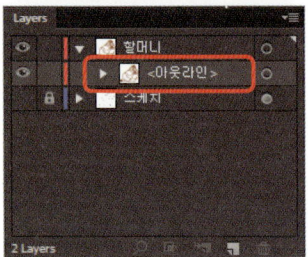

05
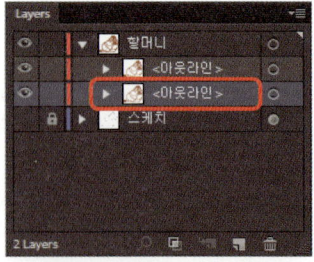

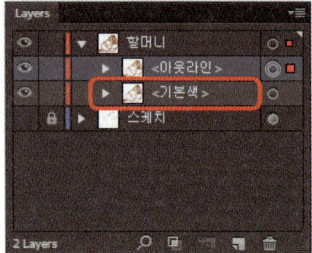

06 〈아웃라인〉의 Target 버튼을 눌러 라인이 전체 선택된 상태에서 선 색을 갈색 #A85E3C으로 설정합니다.

06

STEP 3
기본 채색하기

01 라인이 완성되면 캐릭터 채색에 들어갑니다. 클릭 한 번으로 채색 작업을 해결해 주는 라이브 페인트 버킷 툴이 있으니 쉽게 작업할 수 있습니다. 먼저 라이브 페인트 환경을 만들기 위해 Object ▷ Live Paint ▷ Make 메뉴를 선택합니다(Alt + Ctrl + X). **02** 〈기본색〉 레이어의 Target 버튼을 눌러 오브젝트를 전체 선택합니다.

03 면 색을 살색 #F1E4D0으로 설정하고 라이브 페인트 버킷 툴을 선택한 후 얼굴 영역을 클릭합니다. 얼굴에 색이 칠해집니다. **04** 같은 방법으로 원하는 색상을 설정한 뒤 색 칠할 부분을 클릭하여 색을 입혀줍니다.

01

02

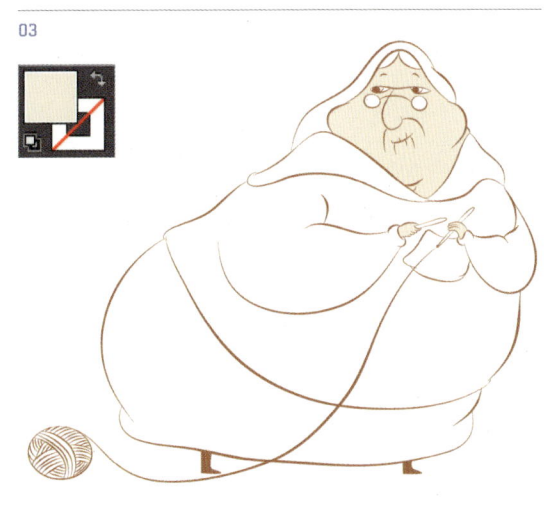

03

04

◆ 면사포와 옷

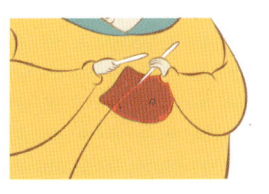 

◆ 뜨개질 천   ◆ 실

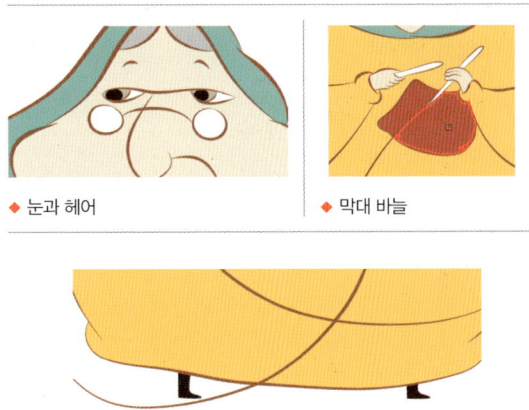

◆ 눈과 헤어   ◆ 막대 바늘

◆ 신발

05 모두 색칠된 모습입니다.

05

STEP 4
명암 넣어주기

01 색칠 원본을 보존하기 위해 〈기본색〉 레이어를 복제하겠습니다. 〈기본색〉 레이어를 🔲 버튼으로 드래그하면 같은 〈기본색〉 레이어가 생성됩니다. 아래의 〈기본색〉 레이어를 잠그고, 〈명암〉 레이어를 만듭니다.

01

02 〈명암〉 레이어에서 작업하겠습니다. 먼저, 두건의 명암부터 표현해 보겠습니다. 펜 툴 🖊을 선택하고 선 색을 검은색 #000000으로 설정한 뒤 명암이 들어갈 부분을 닫힌 패스로 그립니다.

02

> **Note** / 닫힌 패스
>
> 닫힌 패스는 패스의 시작점과 끝점이 일치하는 패스입니다. 열린 패스의 시작점과 끝점을 연결하면 닫힌 패스로 만들 수 있습니다.

03 면 색을 녹색 #5EAFA2으로, 선 색을 투명하게 설정해 준 뒤, 〈아웃라인〉 레이어의 Target ◉ 버튼과 02번 과정에서 그린 패스를 선택합니다. **04** 패스 파인더 패널의 버튼을 눌러 패스가 교차하는 부분을 면으로 분리시켜줍니다. 빈 화면을 클릭해서 선택을 해제하고 직접 선택 툴을 선택합니다. 바깥쪽으로 삐져나온 부분을 Delete 로 지워 다듬어 주면 두건 안쪽에만 명암이 남게 됩니다.

03

04

05 같은 방법으로 전체 명암을 완성시켜 주세요.

얼굴과 손

◆ 1단계 : 명암이 들어갈 부분을 닫힌 패스로 그리기

◆ 2단계 : 면 색 지정하기

◆ 3단계 : 패스 파인더를 이용해 필요 없는 면 지우기

옷

◆ 1단계 : 명암이 들어갈 부분을 닫힌 패스로 그리기

◆ 2단계 : 면 색 지정하기

◆ 3단계 : 패스 파인더를 이용해 필요 없는 면 지우기

06 연한 갈색 #CBB99E으로 그림자를 그려 줍니다. **07** Ctrl 을 누른 채 〈명암〉 레이어 안의 〈Group〉 레이어들의 Target 버튼을 모두 선택해 줍니다. Transparency 패널을 열어 Multiply, Opacity는 30%로 설정합니다. **08** 어두운 영역이 은은하게 표현됩니다.

06

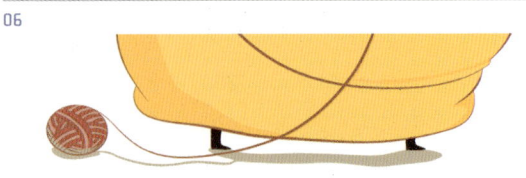

07

08

09 마지막으로 장식 요소 및 문양을 작업해 보겠습니다. 브러시 패널에서 '2 pt. Oval' 브러시를 선택합니다. 10 색상을 변경하여 할머니 얼굴의 볼과 얼굴, 뜨개질 천, 헤어에 무늬를 넣어 주세요. 셀 애니메이션 스타일의 할머니 캐릭터가 완성되었습니다.

같은 방법으로 셀 애니메이션 스타일의 다양한 캐릭터를 그려 보세요.

09
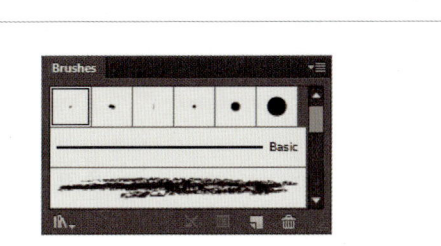

10

Chapter 06

먹음직스러운
토마토 파스타
그리기

이번 예제에서는 토마토 파스타를 그려 보겠습니다.
일일이 파스타 면을 그려 완성시킬 수도 있지만
시간이 많이 걸리겠죠. 이때 아트 브러시를 이용하면
많은 양의 면을 쉽고 간단하게 만들 수 있습니다.
아트 브러시는 하나의 오브젝트를
패스 선의 형태에 따라 부드럽게 변형되어
이어지게 해 줍니다. 패스의 방향에 따라 면이
그려지기 때문에 동일한 면을 다양하고
왜곡되게 표현할 수도 있습니다. 면의 색상에 변화를
주고, 면의 형태를 곱슬거리게 변화시키는 방법을
익혀 더 먹음직스럽고 실감나게 표현해 보겠습니다.
이번 예제를 공부하신 뒤, 다양한 면 음식에
도전해 보세요.

◆ POINT SKILL / Art Brush • 그레이디언트 • stylize effect

◆ 예 제 파 일 / 토마토파스타완성.ai

STEP 1 / 접시 그리기　　STEP 2 / 아트 브러시 제작하기　　STEP 3 / 파스타 그리기

STEP 1
접시 그리기

01 Ctrl + N 을 눌러 가로 20cm, 세로 24cm, '토마토파스타' 이름을 가진 도큐먼트를 만듭니다. 02 원형 툴을 선택하고 베이지색 #FFFEF4의 가로가 넓은 그릇 형태를 그립니다. 03 File ▷ Stylize ▷ Inner Glow 메뉴를 선택하여 mode를 multiply로 변경하고 색상을 좀 더 진한 베이지색 #F8F8F8으로 설정합니다. Opacity를 80%, Edge에 체크하면 면의 안쪽에 명암이 생겼습니다.

01
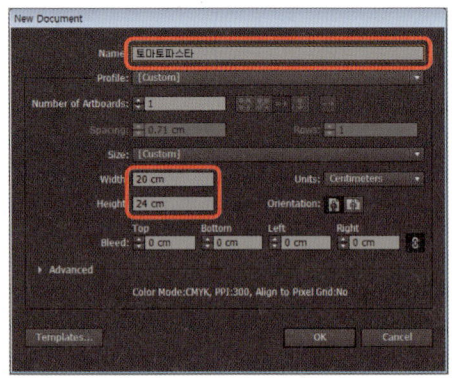

02
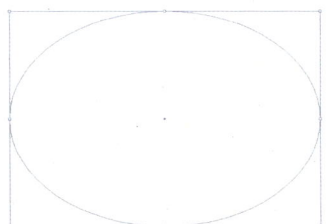

03
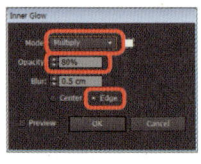

04 File ▷ Stylize ▷ Drop Shadow 메뉴를 선택하여 다음과 같이 설정합니다. 접시의 바깥쪽에 그림자가 생겨 입체감이 살아납니다.

04
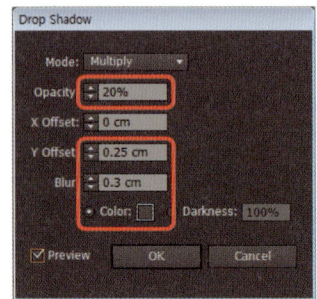

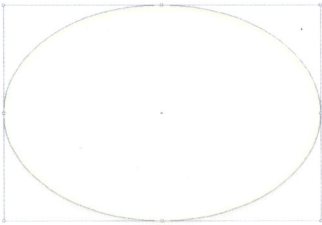

05 접시를 복제한 뒤(Ctrl + C, Ctrl + F), Alt 를 누른 채 선택 툴로 접시의 크기를 줄입니다. 어피어런스 패널에서 Drop Shadow를 선택해 휴지통에 버립니다. 06 그림자 효과가 사라집니다. 어피어런스 패널에서 Inner Glow를 더블 클릭하여 Inner Glow 창을 띄운 후 다음과 같이 설정합니다.

05
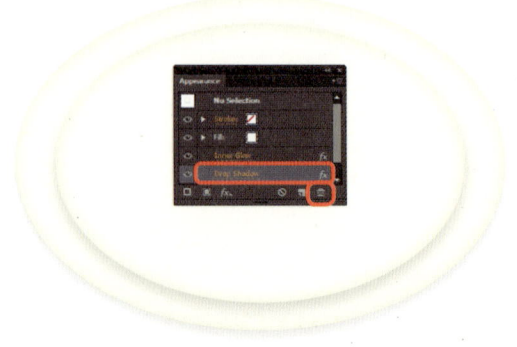

06

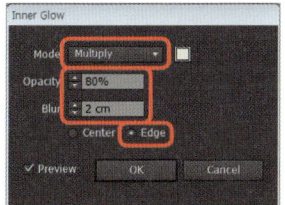

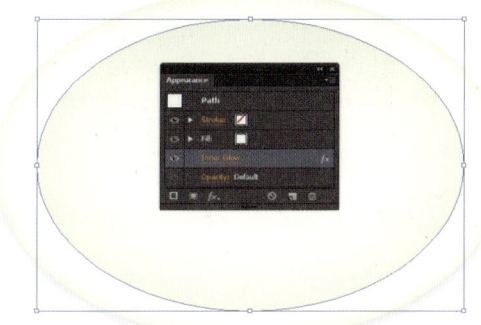

07 넓은 명암이 생겨 접시 가운데가 안으로 들어간 효과가 생겼습니다. 펜 툴 로 그릇 밑부분에 갈색#DACDBB 패스 면을 그려 두께감을 표시합니다. 08 레이어 패널에서 레이어의 이름을 '그릇'으로 변경한 뒤 을 눌러 [파스타면] 레이어를 생성합니다.

07

08

STEP 2
아트 브러시 제작하기

01 라운드 사각형 툴 을 선택하여 면발을 하나 그립니다. 02 두께를 얇게 만든 뒤 Effect ▷ Path ▷ Offset Path 메뉴를 선택하여 Offset 값을 0.03cm로 설정합니다. 면발이 설정한 값만큼 확대되었습니다. 03 면 색은 주황색 #E06E63, 선 색은 진한 주황색 #B1544B으로 설정한 후 선의 두께를 0.5pt로 설정합니다. 세 가지 색을 가진 면발이 됩니다. 04 베이지색#FEDFA6으로 얇은 선을 그려 면발의 하이라이트를 표현합니다.

01

02

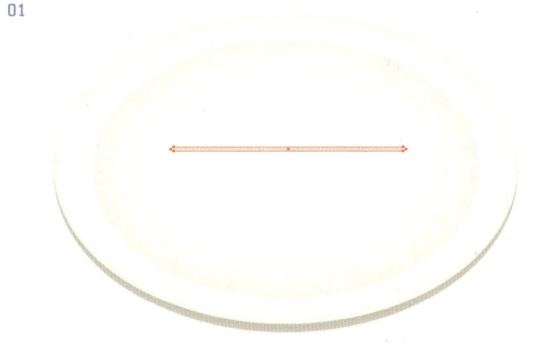

03

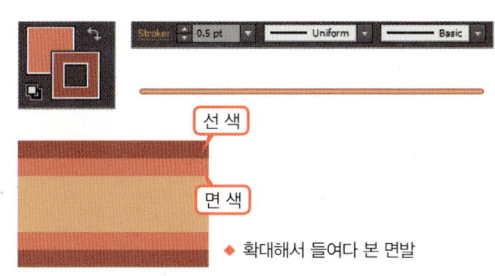

04

◆ 확대해서 들여다 본 면발 / 하이라이트

Note / Offset Path

Offset Path는 Offset의 값에 따라 원본 오브젝트를 일정한 간격으로 확대하거나 축소하는 기능입니다. 그러나 일반적인 확대, 축소의 개념과 달리 오브젝트의 외각 형태를 기준으로 입력한 값에 따라 크기가 비례적으로 정확히 변경됩니다.

◆ 원본

❶ **크기 조절 툴 로 확대, 축소한 개체**
복사한 사각형을 크기 조절 툴로 확대, 축소한 모습입니다. 가로세로의 비율이 어긋나는 것을 확인할 수 있습니다.

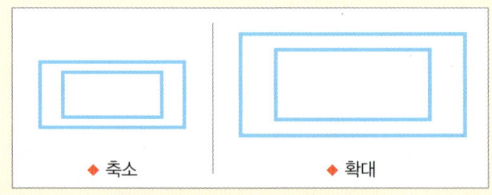

◆ 축소   ◆ 확대

❷ **Offset Path 값으로 확대, 축소한 개체** : 복사한 사각형을 Effect ▷ Path ▷ Offset Path 메뉴를 선택하여 Offset의 값을 입력한 모습입니다. 외각 형태로 비례적으로 크기가 변한 것을 확인할 수 있습니다.

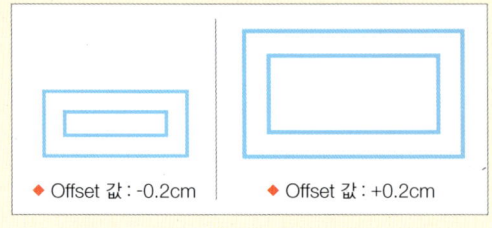

◆ Offset 값 : -0.2cm   ◆ Offset 값 : +0.2cm

05 면발을 구불거리게 만들겠습니다. Effect ▷ Warp ▷ Flag 메뉴를 선택하여 Bend를 100%로 설정한 뒤 OK합니다. 06 같은 기능을 두 번 더 반복합니다(Alt + Shift + Ctrl + E). 면발이 더욱 구부러진 형태가 되었습니다. 07 Object ▷ Expend Appearance 메뉴를 선택하여 모양을 확장시킵니다.

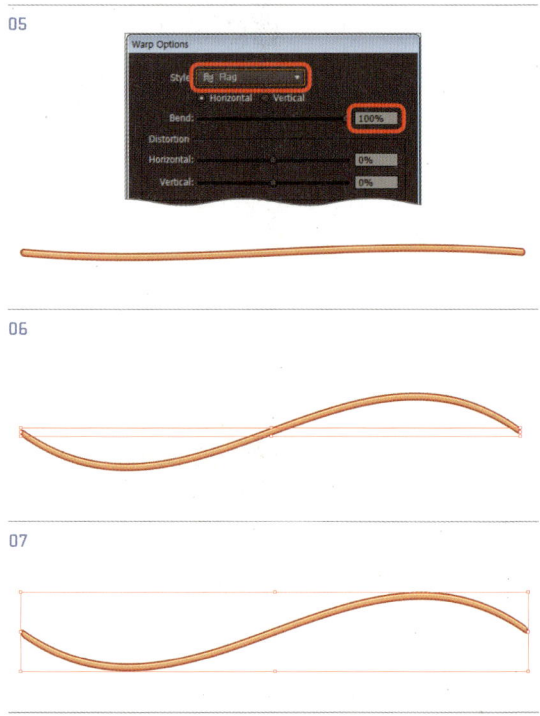

08 면발을 클릭합니다. Alt 를 누른 채 드래그하여 4개를 복제합니다. 09 두 개의 면발을 선택한 뒤, Edit ▷ Edit Colors ▷ Saturate 메뉴를 선택합니다. Intensity 값을 30%로 설정하고 OK합니다. 기존색보다 채도가 높아진 것을 확인할 수 있습니다.

08

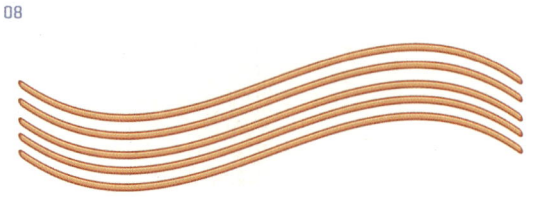

09

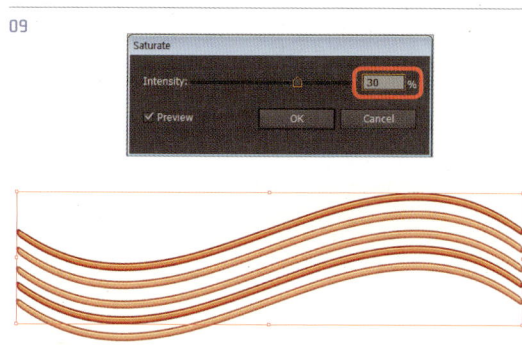

10 이번에는 색상 값을 변경해 보겠습니다. 면발 두 개를 선택한 뒤, Edit ▷ Edit Colors ▷ Adjust Color Balance 메뉴를 선택합니다. 다음과 같이 설정한 뒤 OK합니다. 노란색 면발이 되었습니다. 11 선택 툴로 면발을 잘 섞어 겹쳐줍니다.

10

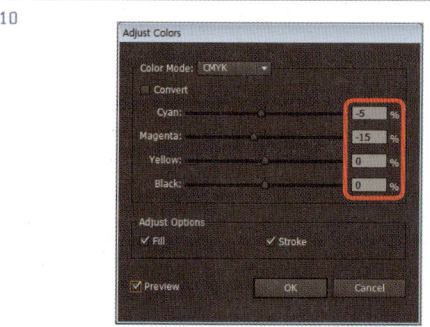

11

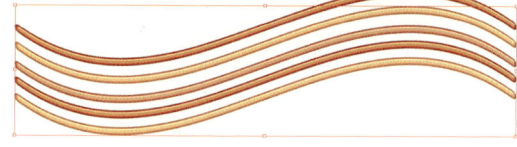

12 면발을 브러시로 등록하겠습니다. F5를 눌러 브러시 패널을 엽니다. 버튼을 눌러 New Brush 창을 띄우고 Art Brush를 선택한 뒤 OK합니다. 13 옵션 창이 나타나면 다음과 같이 설정하고 OK합니다. 브러시를 선택하여 반시계 방향으로 그려 봅니다. 시작점과 끝점을 기준으로 면발이 주욱 길게 그려지는 것을 확인할 수 있습니다.

12

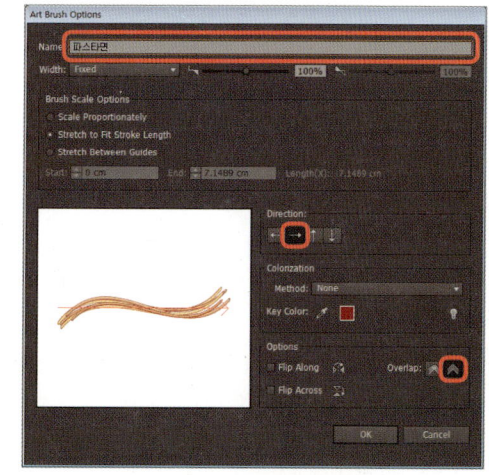

13

Note / Pattern Brush

패턴 브러시는 등록된 패턴을 패스 선의 형태에 따라 진행되는 부분을 나눠 그려집니다. 파스타 면을 패턴 브러시로 등록하여 사용한다면 아트 브러시와 달리 시작점과 끝점 사이에 면발이 여러 개 그려집니다. 면발이 패턴 무늬가 되어 반복되는 것과 같습니다.

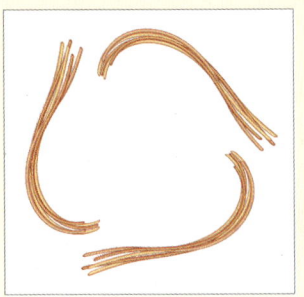

◆ 면발을 패턴 브러시로 등록했을 때

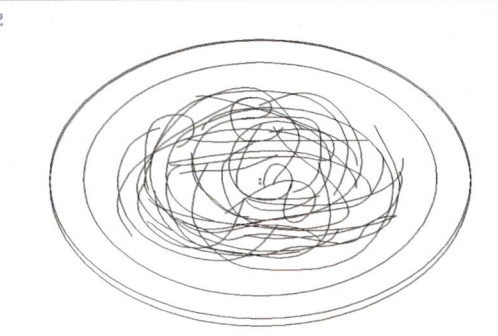

02

03

STEP 3
파스타 그리기

01 '파스타면' 브러시의 굵기를 2pt로 설정하고, 면을 드래그 그려하여 파스타처럼 차곡차곡 쌓아줍니다. **02** Ctrl + Y 를 눌러 아웃라인 패스를 살펴봅니다. 곡선의 패스가 중심을 기준으로 얽히고설켜있습니다. 패스의 길이를 조절하여 면으로 촘촘하게 채웁니다. **03** 빈 공간이 없는지 살펴보고 파스타면 브러시로 더 채워 주세요.

04 레이어 패널에서 ■ 버튼을 눌러 [토핑] 레이어를 생성합니다. 이제부터 토마토 파스타에 들어갈 토핑 재료들을 그려 보겠습니다. **05** 펜 툴 ✏로 선 색을 검은색 #000000으로 설정하여 새우를 그려 줍니다. **06** 그레이디언트 패널에서 슬라이더의 색상을 다음과 같이 설정하고 각도를 −82로 설정합니다. 2가지 색상 사이의 그레이디언트가 만들어집니다. 새우를 클릭하여 그레이디언트를 입힙니다.

01

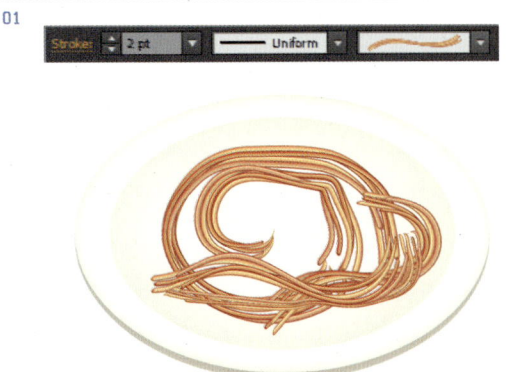

04

05

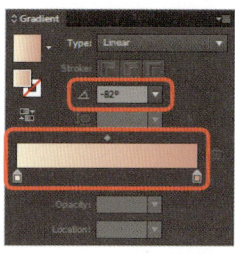

06

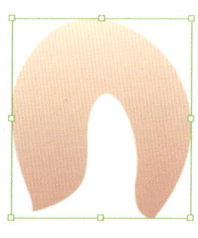

07 선 색을 갈색 #D67B69로 설정한 뒤, 새우의 마디를 그립니다. 패스 파인더 패널에서 버튼을 눌러 면을 분할합니다. 각각의 면에 그레이디언트를 입혀줍니다. 08 새우의 등에 흰색 #FFFFFF으로 하이라이트를 그리고 꼬리를 그려 완성합니다.

07

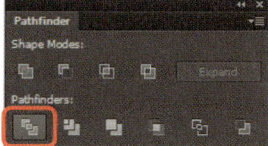

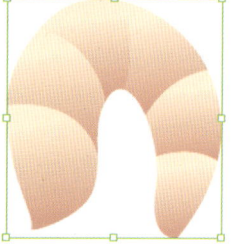

08

09 펜 툴 로 선 색을 검은색 #000000으로 설정하여 조개 형태를 그려 줍니다. 10 그레이디언트 패널에서 슬라이더의 색상을 다음과 같이 설정하고 각도를 42.6으로 설정합니다. 2가지 색상 사이의 그레이디언트가 만들어집니다. 조개를 클릭하여 그레이디언트를 입힙니다. 11 조개의 밑 부분에 얇은 두께의 검은색 #000000 패스 면을 그리고 회색 #949393으로 조개 결을 그립니다.

09

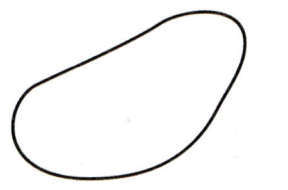

10

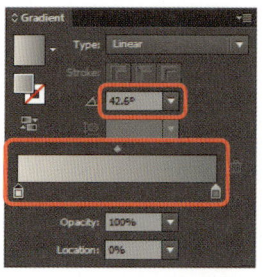
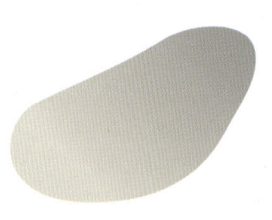

11

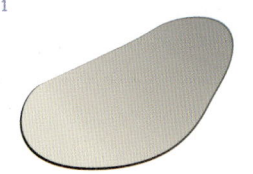
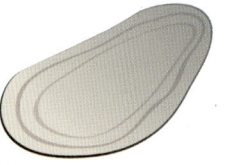

12 다시 펜 툴로 조갯살의 형태를 그린 뒤, 그레이디언트를 다음과 같이 설정하고, 각도를 0으로 설정합니다. 13 조갯살의 다른 부분도 패스로 그린 뒤 그레이디언트를 다음과 같이 설정하고 각도를 –55.5로 설정합니다. 14 점을 찍어 조개 껍질 표면을 장식하고 흰색 #FFFFFF 줄을 추가합니다.

15 완성한 새우와 조개를 Ctrl + G 를 눌러 그룹화시킨 뒤, 면발 위에 복제하여(Ctrl + C , Ctrl + F) 골고루 올립니다. 이때 크기와 각도를 조절하면 더 자연스러운 느낌을 줄 수 있습니다. 선택 툴로 새우와 조개 그룹을 선택한 뒤 File ▷ Stylize ▷ Drop Shadow 메뉴를 선택하여 다음과 같이 설정합니다. 색은 파스타 면의 색과 비슷한 계열의 짙은 빨강 #48302D을 선택합니다. 16 파스타 면에 얹은 새우와 조개 토핑에 그림자가 생겨 입체감이 살아납니다.

12
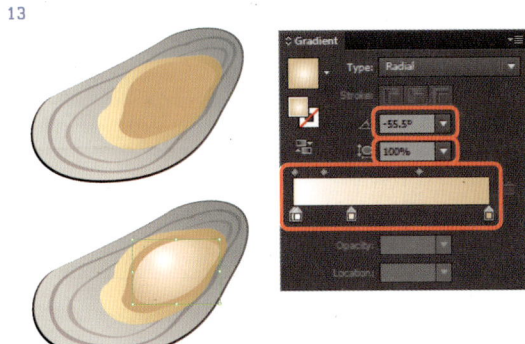

13

15
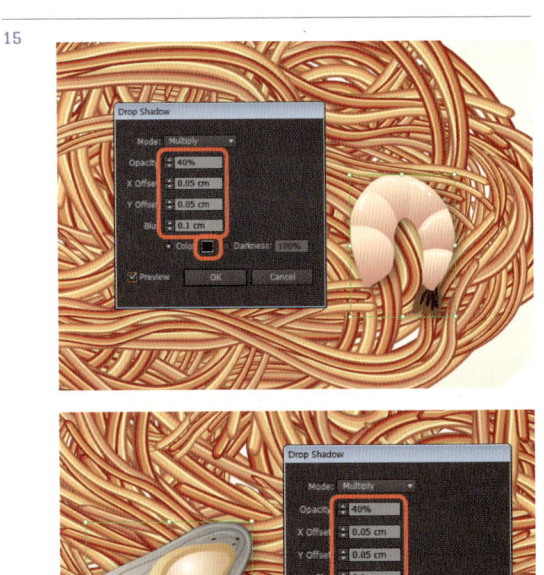

16
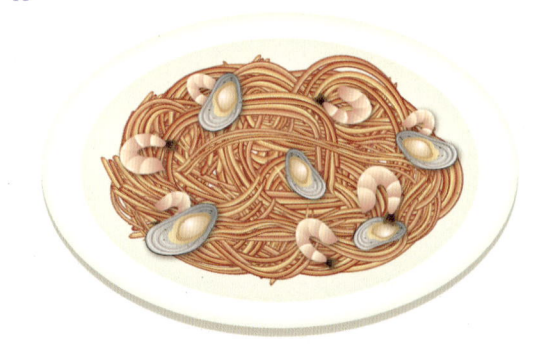

17 마지막으로 허브 잎을 그려 장식하겠습니다. 그레이디언트 패널에서 슬라이더를 추가하여 다음과 같이 색을 설정합니다. 펜 툴 로 녹색 #3C7A47 허브 잎을 그린 뒤 그레이디언트를 적용시킵니다. **18** 연한 녹색 #7FBA54으로 나뭇잎 줄기를 그린 뒤 입체감을 주기 위해 File ▷ Stylize ▷ Drop Shadow 메뉴를 선택하여 다음과 같이 설정합니다.

17

19

18

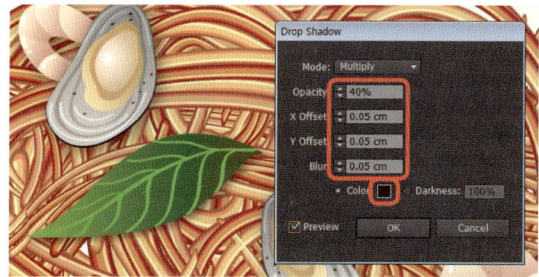

20

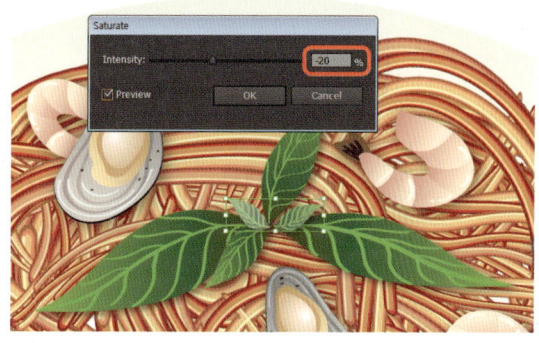

21 싱싱한 허브와 해산물을 얹은 먹음직스러운 토마토 파스타가 완성되었습니다.

21

19 허브 잎을 복제하여(Ctrl + C, Ctrl + F) 크기와 각도를 알맞게 조절합니다. 마치 꽃잎이 퍼지듯 방사 형태로 잎을 위치시킵니다. **20** 허브 잎의 색의 변화를 주기 위해 Edit ▷ Edit Colors ▷ Saturate 메뉴를 선택합니다. Intensity 값을 -20%로 설정하여 OK합니다. 선택된 허브 잎이 기존색에 비해 채도가 낮아졌습니다.

Chapter 07

손 맛 나는
사과 그리기

벡터 방식의 이미지는 손 맛을 느끼기 어렵다고
생각할지 모르겠지만 이번 예제를 따라 하신다면
손 맛이 느껴지는 사과를 그릴 수 있습니다.
일러스트레이터에서 채색하는 방법 중
가장 쉬운 방법은 선과 면에 색을 설정하는 것입니다.
또는 Calligraphic Brush, Scatter Brush, Art Brush,
Bristle Brush, Pattern Brush와 같은
브러시 타입을 등록하여 채색하는 방법도 있습니다.
이중에서 Bristle Brush는 자주 쓰이지는
않지만 잘만 활용하면 손 맛 나는
터치 느낌을 최대한 살려 채색할 수 있습니다.
단, 투명도를 조절하여 채색하고 꼼꼼하게 리터칭해야
손 맛을 살릴 수 있다는 것을 잊지 마세요.

◆ **POINT SKILL** / 도형 툴 • 변형 툴 • Bristle brush • Flatten Transparency
◆ **예 제 파 일** / apple_01.jpg • 사과시작.ai • 사과완성.ai

STEP 1 / 기본색 입히기   **STEP 2** / 채색하기   **STEP 3** / 채색하기

STEP 1
기본색 입히기

01 `Ctrl`+`O`를 눌러 '사과시작.ai' 파일을 엽니다. 사과 사진을 참고하여 사과의 형태를 그리겠습니다. **02** 먼저 원형 툴◉로 원을 그립니다. **03** 변형 툴 중 하나인 Warp 툴✎을 선택하고 선을 위로 드래그합니다. 곡선이 휘어져 볼록해집니다. **04** 같은 방법으로 선 이곳저곳을 드래그해서 당기거나 밀어 넣어 사과 라인을 정리합니다.

01

02

03

04

05 선택 툴▶로 사과 사진을 왼쪽으로 이동시킵니다. **06** 사과 라인이 선택된 상태에서 툴 박스 하단에 있는 Draw Inside ◉ 버튼을 누릅니다(`Shift`+`Z`). 사과 둘레에 점선이 생겼습니다. 이것은 사과 라인 안쪽 영역만 채색할 수 있다는 Draw Inside 채색 모드 표시입니다. **07** 사과의 면 색을 자주색 **#F0506E**으로 설정합니다.

05

06

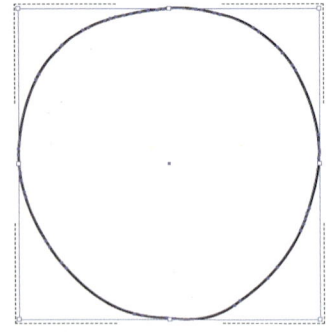

07

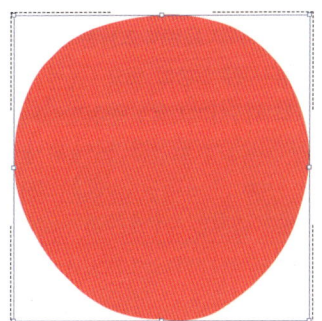

❸ 선택 툴로 사과 면과 터치한 부분을 전체 선택한 뒤, 마우스 오른쪽 버튼을 눌러 'Make Clipping Mask' 메뉴를 선택합니다.

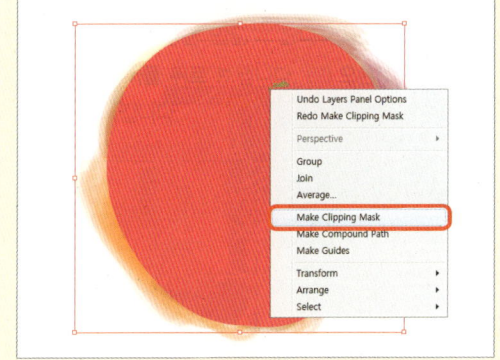

❹ 자주색 면으로 마스크가 씌워졌습니다. 이제 사과 라인 바깥에 있던 터치는 보이지 않게 됩니다.

> **Note / 채색 모드**
>
> 일러스트레이터 CS5 버전부터 제공되는 기능입니다.
>
> ❶ ▣ **Draw Normal** : 영역에 상관없이 채색할 수 있는 일반적인 채색 모드입니다.
> ❷ ▣ **Draw Behind** : 선택한 오브젝트의 바깥 영역만 채색할 수 있습니다.
> ❸ ▣ **Draw Inside** : 선택한 오브젝트의 안쪽 영역만 채색할 수 있습니다.

> **Note / 일러스트레이터 CS5 보다 낮은 버전에서 사과 라인 안쪽 영역에만 채색하는 방법은?**
>
> 클리핑 마스크를 씌우는 것입니다.
>
> ❶ 자주색 면 위에 브러시를 이용해서 명암 단계를 나눠 모두 채색합니다. 터치가 사과 라인 바깥 영역으로 삐져나와도 상관하지 말고 칠합니다.
>
>
>
> ❷ 채색이 끝나면 하단에 있던 자주색 면을 하나 복제하여 제일 위에 둡니다.
>
>

08 이제 손 느낌 나는 터치를 주기 위해 새로운 브러시를 만들어 사용하겠습니다. F5 를 눌러 브러시 패널을 엽니다. 버튼을 눌러 New Brush 창을 띄웁니다. Bristle Brush를 선택한 뒤 OK합니다. 09 옵션 창이 나타나면 Shape를 Round Fan으로 선택하고 Size를 6mm로 설정합니다. '수채화브러시1' 이름을 적은 뒤 OK합니다. 10 같은 방법으로 Size를 9mm, 1mm로 설정하여 '수채화브러시2', '수채화브러시3' 이름의 브러시를 각각 등록합니다.

08

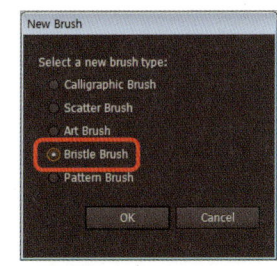

09

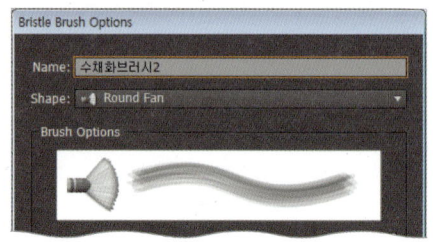

10

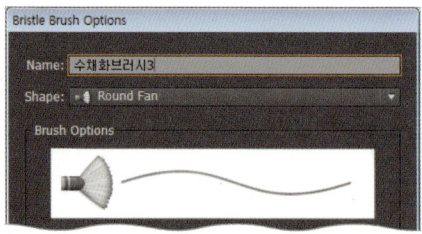

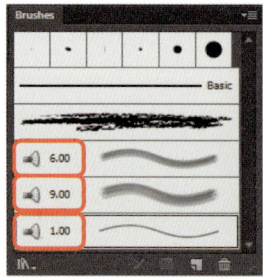

STEP 2
채색하기

01 이제 등록한 세 종류의 수채화 브러시를 사용하여 채색을 해 보겠습니다. 먼저 큰 면을 나눠 칠해야 하기 때문에 9mm, 6mm, 1mm 중에서 9mm의 브러시를 사용하는 것이 좋습니다. 빛의 방향을 오른쪽으로 정해 둔 뒤 명암 단계를 파악합니다. 노란색 #FFD233 계열로 사과의 밝은 부분인 오른쪽 윗면부터 아랫면까지 드래그하여 터치를 줍니다. 채색할 때 사과 라인 안쪽 영역에만 색이 칠해지는 것을 확인할 수 있습니다. **02** 노란색, 주황색 #F06B4F, 빨간색 #EF4345, 자주색 #D8455D 등 다양한 색으로 큰 면을 찾아 전체적으로 칠합니다.

01

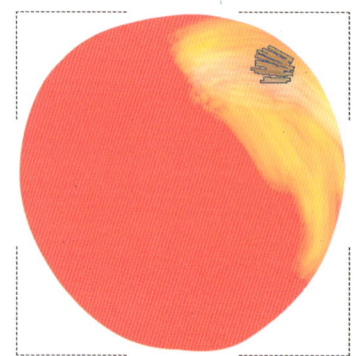

02

> **Note** / 사과를 칠할 때의 요령
>
> ❶ **명암 단계 나눠 칠하기** : 명암 단계는 가장 밝은 부분(하이라이트), 밝은 부분, 중간 부분, 어두운 부분, 반사광, 그림자까지 6영역으로 나눠 채색합니다.
>
> ❷ **표면의 질감과 결 살려 칠하기** : 사과는 곡면에 따라 결이 있습니다. 사과의 윗면에서 아랫면으로 흐르는 표면의 결을 살려주는 것이 좋습니다.

03 색이 다 칠해진 상태에서, 다시 한 번 리터칭을 해 주면 사과의 탄탄한 느낌을 살릴 수 있습니다. 이제 어피어런스 패널을 열어(Shift + F6), Opacity를 50% 이하로 설정하여 채색합니다.

03
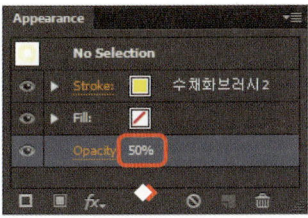

04 밝은 부분에 연두색 #E0E186 계열로 리터칭하고, 반사광 부분에 보라색 #B26E78 계열로 리터칭합니다. **05** 하이라이트 부분에 Opacity를 30% 이하로 설정하여 노란색 #F7ECA8 원을 그려 줍니다. 다음 그림과 같이 칠하는 과정에서는 선택한 색상의 투명도가 100% 상태로 보여지지만 칠을 끝내면 Opacity가 적용된 색상, 즉 은은하게 묻힌 색상이 나타납니다.

04

05

06 사과가 탄탄하게 느껴지도록 하기 위해 6mm의 수채화 브러시를 선택합니다. 사과의 윤곽선과 결의 방향을 따라 여러 번 리터칭합니다. 특히 사과의 윗면 중 안에서 바깥쪽으로 서서히 볼록해지는 부분은 사과의 결에 신경 써서 채색해야 합니다. 마치 분수가 퍼지듯 칠해주는 것이 좋습니다.

06

07 사과의 윗면 중 안으로 움푹 들어간 부분은 갈색 #C77450 계열로 어둡게 칠합니다.

07

02

03

04 사과 껍질에서 흔히 볼 수 있는 하얀 점 무늬를 그려줄 차례입니다. Opacity를 20%로 설정하여 노란 점을 전체적으로 찍어 줍니다. 05 Ctrl + Y 를 눌러 지금까지 터치를 준 아웃라인을 확인합니다. 다시 Ctrl + Y 를 눌러 이전 상태로 돌아옵니다.

04

STEP
마무리하기

01 사과 꼭지를 그리겠습니다. 1mm의 수채화 브러시를 선택합니다. 02 움푹 들어간 중앙 언저리에 갈색 꼭지를 그립니다. 03 명암 단계를 찾아 밝고 어두운 부분의 색을 달리하여 입체감을 살립니다.

01

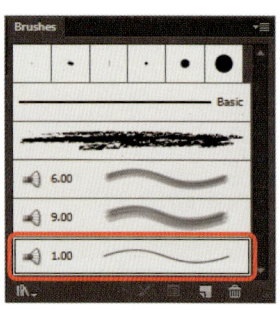

05

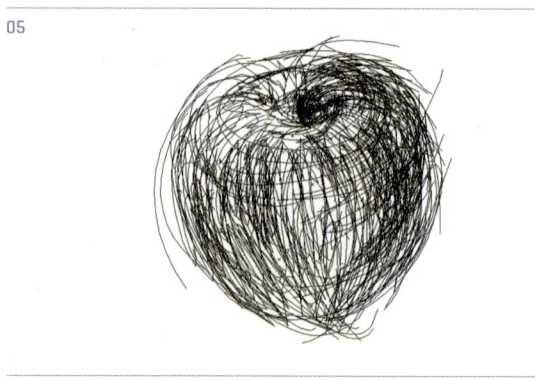

06 사과에 그림자를 만들겠습니다. 툴 박스 하단에 있는 Draw Normal 버튼을 누릅니다(Shift + D). Draw Inside 채색 모드에서 나와 Draw Normal 모드가 됩니다.
07 레이어 패널에서 레이어를 다음과 같이 정리한 뒤, 버튼을 눌러 [사과몸체] 레이어와 [사과사진] 레이어 사이에 [그림자] 레이어를 만듭니다.

06

07

09 사과는 완성되었지만 손 맛을 내기위한 터치로 인해 레이어 개수가 많아져 파일 용량이 어마어마해졌습니다. 이때에는 완성된 사과를 투명도에 따라 분리시키면 용량을 줄일 수 있습니다. Object ▷ Flatten Transparency 메뉴를 선택합니다. 아래와 같이 설정한 뒤 OK합니다.

09

08 그림자가 시작되는 부분을 어둡게 채색한 뒤 퍼지는 부분을 연하게 채색하여 그림자를 완성합니다. 사과가 완성되었습니다.

08

Note / Flatten Transparency

투명도가 적용된, 즉 Opacity가 적용된 모든 개체를 일반 오브젝트로 변환시켜줘 용량을 줄일 수 있습니다. 이 명령을 적용시키면 Transparency를 지원하지 않는 낮은 버전에서도 해당 파일을 열어볼 수 있습니다.

Chapter 08

불투명 수채화 느낌의
양념통 그리기

이번 예제에서는 비트맵 이미지를 벡터 이미지로 만들어 주는 Image Trace(Live Trace) 기능을 소개합니다. 또한 불투명 수채화의 느낌과 가깝게 표현하는 방법을 배웁니다.

Image Trace(Live Trace) 기능은 손으로 그린 그림을 벡터 이미지로 쉽게 변환해 주기 때문에 손으로 일일이 패스를 그리지 않아도 됩니다.

뿐만 아니라 사진이나 수작업으로 채색한 그림도 손쉽게 벡터 이미지로 만들 수 있기 때문에 다양한 디자인 스타일에 적용시킬 수 있습니다. Live Paint 기능과 라이브 페인트 버킷 툴을 사용하여 색을 입힙니다.

기본색이 칠해진 뒤, 불투명한 느낌을 내고 싶다면 Transparency 패널에서 Opacity와 Blend mode를 변경하여 브러시 터치감을 살리면 됩니다. 불투명 수채화는 투명 수채화에 비해 색이 진하고 불투명하기 때문에 터치를 가볍게 하는 것이 좋습니다. 자, 이제 손으로 그린 그림에 Image Trace (Live Trace), Live Paint, 브러시 툴을 활용하여 불투명한 느낌의 이미지로 연출해 보겠습니다.

◆ **POINT SKILL** / Live Trace • Live Paint • 브러시 툴

◆ 예 제 파 일 / 양념통스케치.ai • 양념통완성.ai

STEP 1 / 비트맵을 벡터화하기

STEP 2 / 라이브 페인트로 채색하기

STEP 3 / 터치 넣어주기

STEP 1
비트맵을 벡터화하기

01 Ctrl + O 를 눌러 '양념통스케치.jpg' 파일을 불러옵니다. 02 이미지를 선택한 후 Image Trace 버튼을 누릅니다. Image Trace Panel 버튼을 눌러 Image Trace 창을 띄웁니다. Threshold 값을 128, Noise 값을 10으로 설정합니다. 스케치 선이 깔끔한 검은색 벡터 선으로 바뀝니다. 상단의 Preset의 삼각보조 버튼을 눌러 이미지 트레이스의 다양한 스타일을 적용시켜도 됩니다.

> **Note** / 이미지 트레이스 스타일
> 이미지 트레이스 스타일에 대해 자세히 알고 싶다면 128P를 참고하세요.

> **Note** / Image Trace 버튼이 안 보여요
> Image Trace와 Live Trace는 같은 기능입니다. Live Trace는 일러스트레이터 CS6 버전부터 Image Trace라는 명칭으로 변경되었습니다. 일러스트레이터 CS6 이하 버전 사용자는 Image Trace 버튼 대신 Live Trace 버튼을 볼 수 있을 겁니다. Live Trace 버튼을 누르고 세부 옵션에서 Noise:10px 대신 Min Area:10px로 변경해 주세요. 'Threshold'로 라인의 두께를 설정하고, 'Noise'로 여백의 영역을 정해 줍니다.

01

02
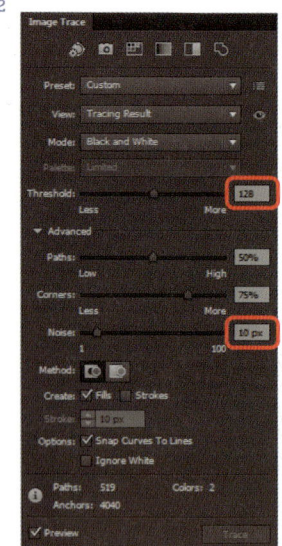

STEP 2
라이브 페인트로 채색하기

01 상단의 Expand 버튼을 눌러 이미지를 일반 오브젝트로 전환시킵니다. 이제 라이브 페인트 버킷 툴을 사용하여 양념통을 채색해 보겠습니다. 페인트 버킷 툴을 오브젝트 위로 가져가면 색이 칠해질 부분이 붉은 선으로 표시되며 해당 부분을 클릭하면 색이 채워집니다. 02 양념통의 몸통 부분을 노란색 #FCEF63 계열로 설정하고 라벨지의 잎을 녹색 #626D4E으로 설정합니다.

01

02

04

05

03 양념통의 윗부분을 갈색#724F4D으로 설정한 뒤 매워지지 않은 글씨 사이 부분을 찾아 꼼꼼하게 채색합니다. 검은색 글씨도 노란색#FCEF62으로 바꿔 줍니다. 04 가운데 라벨지 안에 그려진 나뭇잎을 녹색 계열로 색칠합니다. 05 꽃잎을 분홍색#F4B0B2 계열로 색칠합니다.

03

06 이제 가운데 라벨지의 색상을 붉은 갈색#643C4B 계열로 바꿔 줍니다.

06

07 가운데 라벨지의 빈 부분은 펜 툴 을 이용해 다음과 같이 패스를 만들어 매워 줍니다. **08** 이제 라벨지 위에 사라진 상표를 그리겠습니다. 브러시 패널에서 브러시 라이브러리 메뉴 버튼을 클릭하여 Artistic ▷ Artistic Calligraphic 메뉴를 선택해 새로운 라이브러리를 꺼냅니다. **09** '3 pt. Oval' 브러시를 선택한 뒤 옵션바에서 굵기를 0.5pt로 설정합니다. 'WITH' 글씨를 써 줍니다.

Note / 브러시 미리보기 형식 바꾸기

브러시의 미리보기는 'Thumbnail View'가 기본 설정입니다. 브러시의 이름을 알고 싶다면 라이브러리 상단의 버튼을 눌러 'List View' 메뉴를 선택합니다.

❶ 섬네일 보기(Thumbnail View)

❷ 리스트 보기(List View)

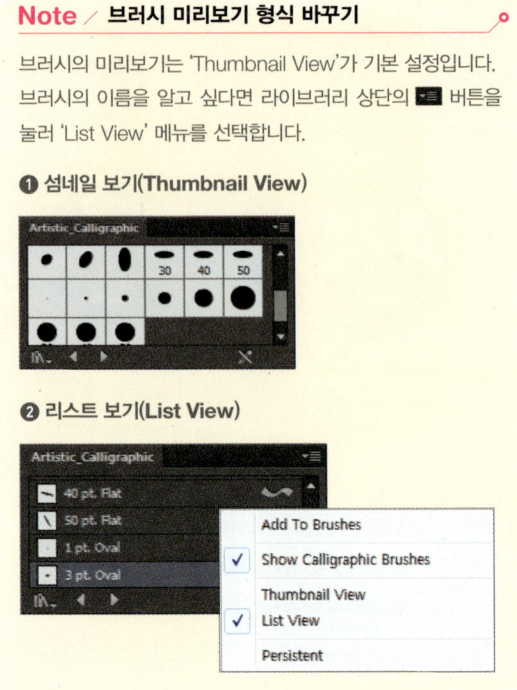

10 굵기를 0.75pt로 설정한 뒤 'GIMGER' 글씨를 씁니다.
11 상하좌우획이 다른 글씨를 만들기 위해 '1 pt. Flat' 브러시를 선택합니다. 흐르는 듯한 느낌으로 'Drelling' 글씨를 씁니다.

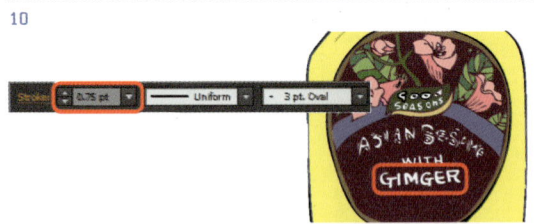

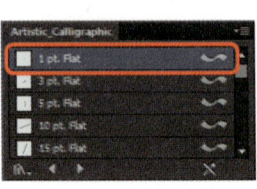

12 이제 양념통 몸통에 문양을 넣어 보겠습니다. 다시 '3 pt. Oval' 브러시를 선택한 뒤 옵션바에서 굵기를 0.25pt로 설정합니다. 갈색#D79663으로 가느다란 줄기와 나뭇잎을 그립니다. **13** 이어서 몸통 왼쪽의 윗부분에서 아랫부분까지 타고 내려 오도록 그린 뒤 직접 선택 툴■로 복제할 영역을 선택하여 Ctrl + C , Ctrl + V 를 차례대로 누릅니다.

12

13

14

15

14 반전 툴■을 선택하여 복제된 문양을 좌우대칭시키고 선택 툴■로 위치를 알맞게 조정합니다. **15** 양념통의 윗부분에도 같은 나뭇잎 문양을 그려 완성합니다.

STEP 3
터치 넣어주기

01 브러시 패널에서 브러시 라이브러리 메뉴 버튼■을 클릭하고 Artistic ▷ Artistic Paintbrush 메뉴를 선택하여 새로운 라이브러리를 꺼냅니다. 페인트 브러시를 다양하게 이용하여 양념통에 터치감을 주겠습니다. **02** 연한 갈색#BC9E61을 선택한 뒤 Transparency 패널에서 블렌드 모드를 Screen으로 설정하여 양념통의 왼쪽부분을 채색합니다.

01
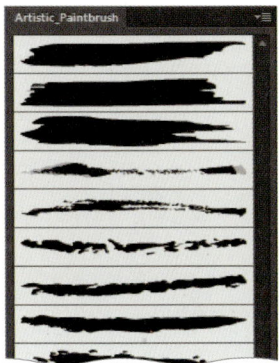

02

03 베이지색 #F0ECDB으로 라벨지 가운데에 터치를 넣어 준 뒤 Blend mode를 Overlay, Opacity를 50%로 설정합니다. 베이지색이 붉은 갈색으로 스며들어 투명해진 것을 확인할 수 있습니다.

03

04 진한 베이지색 #F2C28C으로 라벨지 아랫부분에 터치를 넣어 준 뒤 블렌드 모드를 Multiply, Opacity를 76%로 설정합니다. 진한 베이지색이 붉은 갈색으로 스며들어 투명해진 것을 확인할 수 있습니다.

04

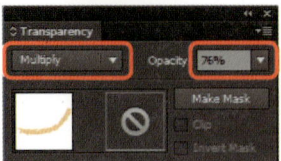

Note / Opacity & Blend mode

색을 겹쳐 칠할 때는 Transparency 패널에서 Opacity와 Blend mode 모드를 어떻게 설정하느냐가 중요합니다.

❶ **Opacity** : Opacity는 불투명도를 조절할 수 있습니다. 투명하게 표현하려면 Opacity의 수치를 10~20% 가량 낮춰 줍니다. 불투명하게 표현하려면 Opacity의 수치를 높여 90~100%로 설정해 주면 됩니다. 반투명하게 표현하려면 당연히 50%로 설정해 주면 되겠죠?

❷ **Blend mode** : Blend mode는 합성 스타일을 선택할 수 있습니다. 밝은 영역으로 만들어주기 위해서는 Screen, Lighten, Overlay 등으로 변경하여 채색하고 어두운 부분을 Multiply, Darken, Color Burn 등으로 변경하여 채색합니다.

05 어두운 부분에 터치를 해 명암 대비를 확실하게 해 주겠습니다. 짙은 자주색 #693669을 선택한 뒤 블렌드 모드를 Multiply, Opacity를 74%로 설정합니다. 라벨지 가운데의 오른쪽 영역에 터치를 주어 어둡게 만들어 줍니다. **06** 가장 밝은 하이라이트를 만들어 주겠습니다. 흰색 #FFFFFF을 선택한 뒤 블렌드 모드를 Screen, Opacity를 81%로 설정합니다. 왼쪽 영역에 짧고 얇은 터치를 주어 빛에 반짝거리게 해 줍니다. **07** 양념통이 완성되었습니다.

05

06

07

방금 완성한 양념통 이미지와 포토샵으로 그린 양념통 이미지를 비교해 보세요. 일러스트레이터에서도 터치의 느낌만 잘 살아난다면 수작업 느낌을 줄 수 있다는 사실! 놀랍지 않나요? 이처럼 다양한 브러시로 Opacity와 합성 모드를 달리하여 그리면 일러스트레이터도 포토샵 못지않게 수작업 느낌을 낼 수 있어요.

◆ 포토샵으로 그린 양념통   ◆ 일러스트레이터로 그린 양념통

스케치 선을 손쉽게 벡터 이미지로 바꿔주는 Image Trace(Live Trace)기능과 빠르게 채색할 수 있는 Live Paint 기능을 사용하여 다른 양념통도 도전해 보세요.

Chapter 09

질감이 살아 있는
캐릭터 그리기

면과 선으로만 이루어진 작품은 심플하고 매끈한 느낌을 주지만 자칫 차가워 보일 수 있습니다. 반면 질감이 살아있는 그림은 손 맛과 따뜻한 느낌이 더해져 그림 전체를 풍성하게 만듭니다. 이번 예제에서는 면으로 이루어진 오브젝트를 만들기 위해 닫힌 패스를 사용하는 방법과 완성된 오브젝트에 질감을 더해 아날로그적인 감성을 표현하는 방법을 배워보려고 합니다. 일러스트레이터에서 오브젝트에 질감을 입히는 것은 포토샵에서 작업하는 것보다 까다롭지만 마스크 기능을 이용한다면 쉽게 만들 수 있습니다. 하지만 디테일한 텍스쳐링을 위해서는 작업의 마지막 단계에서 일러스트레이터에서 작업한 파일을 포토샵으로 불러와 합성하는 방식으로 진행하는 것이 좋습니다. 텍스쳐는 물감으로 그린 얼룩을 포토샵에서 보정하여 사용하도록 하겠습니다.

◆ **POINT SKILL** / 펜 툴 • 도형 툴 • Clipping Mask
◆ **예 제 파 일** / texture.tifi • 음악가시작.ai • 음악가시작.ai

STEP 1 / 캐릭터 라인 그리기

STEP 2 / 기본 채색하기

STEP 3 / 개체별 꾸미기

STEP 4 / 명암 넣기

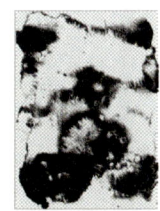
STEP 5 / 질감 제작하기

STEP6 / 질감 입히기

STEP 1
캐릭터 라인 그리기

01 `Ctrl`+`O`를 눌러 '음악가시작.ai' 파일을 불러옵니다. 스케치를 참고하여 캐릭터를 그리겠습니다. 02 먼저 레이어 패널에서 [Layer 1] 레이어를 움직이지 않도록 잠그고 버튼을 눌러 [Layer 1] 레이어 위에 [Layer 2] 레이어를 만듭니다. 03 펜 툴 을 선택하고 면 색은 투명, 선 색은 검은색 #000000으로 설정합니다. 선 굵기를 1pt로 설정한 후 모자를 그립니다.

04 같은 방법으로 스케치 선을 따라 얼굴을 그립니다. 이때 패스 시작점과 끝점을 이어 닫힌 패스로 완성시키는 것이 중요합니다.

04

Note / 열린 패스와 닫힌 패스

❶ **열린 패스** : 패스의 시작점과 끝점이 만나지 않고 따로 떨어져 있는 패스입니다. 열린 패스에서도 면 색과 선 색을 만들 수 있지만, 작업 중 왜곡되거나 문제가 생길 수 있습니다. 패스의 면을 만들어 색을 입힐 계획이라면 되도록이면 닫힌 패스로 작업하는 것이 좋습니다.

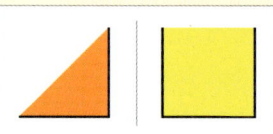

❷ **닫힌 패스** : 패스의 시작점과 끝점이 일치하는 패스입니다. 열린 패스의 시작점과 끝점을 연결하면 닫힌 패스로 만들 수 있습니다. 면(Fill)과 선(Stroke)을 가진 오브젝트를 만들 때 사용합니다.

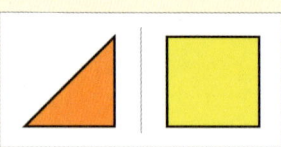

05 머리카락도 패스의 시작점과 끝점을 이어 각각 닫힌 패스로 완성시켜 줍니다. 06 사다리꼴 모양의 몸, 두 다리도 닫힌 패스로 만듭니다.

01

05

06

07 스케치를 참고하여 왼쪽 발에 맞는 구두를 그립니다. 선택 툴로 구두를 선택하고 [Alt]를 누른 채 오른쪽으로 이동시킵니다. 구두가 복제되었습니다. 반전 툴을 선택하고 구두를 클릭하여 좌우대칭시킵니다.

07

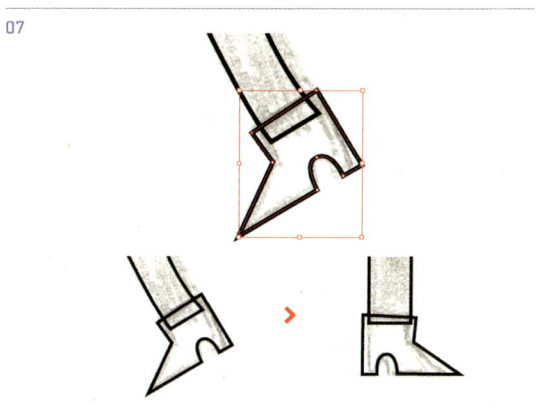

08 스케치를 참고하여 수염, 옷 장식, 스카프, 앞머리, 팔과 손, 악기를 닫힌 패스로 만들어 캐릭터 라인을 완성시킵니다.

08

STEP 2
기본 채색하기

01 이제 닫힌 패스의 선을 없애고 면에 색을 입히겠습니다. 먼저 직접 선택 툴로 뒤쪽머리의 패스를 선택한 뒤 면 색을 자주색 #B34D5B으로 설정합니다. 채색이 완성되면 [Ctrl] + [Shift] + [[ ]를 눌러 맨 뒤로 보냅니다.

01

02 같은 방법으로 앞머리 패스, 수염 패스의 검은색 선을 없애고 자주색 #B34D5B 면으로 바꿔 줍니다. 얼굴 패스, 손 패스는 살색 #E8BEA0으로 설정해 줍니다. **03** 옷은 연한 파란색 #A5C8CD으로 설정하고 Ctrl + [를 눌러 얼굴 뒤로 보냅니다.

02

04 다리는 진한 청색 #373D40으로 설정하고 Ctrl + [를 눌러 옷 뒤로 보냅니다. 이렇게 면에 색을 지정해 준 각각의 패스는 앞뒤 순서를 알맞게 배치하여 혼동되지 않게 합니다.

04

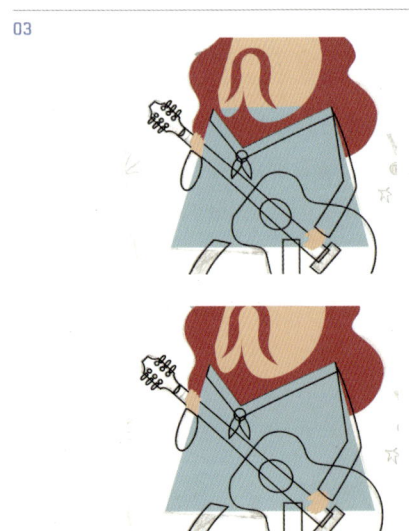

03

05 같은 방법으로 모자와 구두, 스카프를 완성합니다. **06** 악기의 손잡이 부분과 본체를 구성하는 요소도 다음과 같이 색을 지정해 줍니다.

05

> **Note** / 선 색과 면 색을 바꾸려면?
> Shift + X 를 누르세요. 선과 면의 색상이 교차됩니다.

06

02

03 이제 코와 입 패스를 선에서 면으로 바꾸어 굴곡이 있는 것처럼 표현해 보도록 하겠습니다. [Ctrl]을 누른 채 코와 입을 선택합니다. Object ▷ Path ▷ Outline Stroke 메뉴를 선택합니다([Shift] + [Ctrl] + [O]). 선이 면으로 바뀌었습니다. **04** 펜 툴 을 이용해서 모서리의 기준점을 삭제하여 끝을 뾰족하게 만들고 기준점을 옮겨 굴곡이 생기도록 만듭니다. 완성된 굴곡면은 진한 살색 #D49E7D으로 바꿔 줍니다.

03

STEP 3
개체별 꾸미기

01 직접 선택 툴 로 뒤쪽머리를 선택한 뒤 그레이디언트 툴 을 선택하고, 그레이디언트 패널에서 Type은 Linear로 설정합니다. 이때 좌우 슬라이더의 색상을 다음과 같이 변경하여 자연스러운 그레이디언트를 만들어 줍니다. **02** 면 색을 검은색 #000000으로 설정하고 펜 툴 로 코와 입을 그립니다. 다시 선 색을 갈색 #59342C으로 설정합니다. 스트로크 패널에서 굵기를 2pt로 설정하고 버튼을 눌러 모서리를 둥글게 설정니다. 이제 양쪽 눈을 그려 줍니다.

04

01

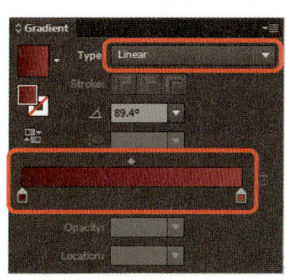

05 직접 선택 툴 을 선택하고 Ctrl 을 누른 채 얼굴과 코, 입과 수염을 선택한 뒤 패스 파인더 패널에서 버튼을 누릅니다. 코와 입을 덮고 있던 수염 부분을 Delete 로 삭제합니다. 06 이제 스카프를 장식하겠습니다. 다각형 툴 을 선택하고 작업 창 중 아무 곳을 더블 클릭합니다. Polygon 창이 뜨면 Sides를 3으로 설정한 뒤 OK합니다. 삼각형이 만들어집니다. 색상과 각도와 크기를 조절하여 스카프 라인에 맞춘 뒤 문양을 복제하여 다음과 같이 완성합니다.

05

07 원형 툴 로 베이지색 #FDF7E5 작은 원과 노란색 #EBC224 큰 원을 만들어 배지를 꾸며 줍니다. 직접 선택 툴 로 스카프 매듭을 선택한 뒤 Effect ▷ Stylize ▷ Drop Shadow 메뉴를 선택합니다. Mode를 Multiply, Opacity는 50%, 위치, 번짐 크기, 색상을 다음과 같이 설정한 후 OK합니다. 오브젝트 아래에 그림자가 생깁니다.

07

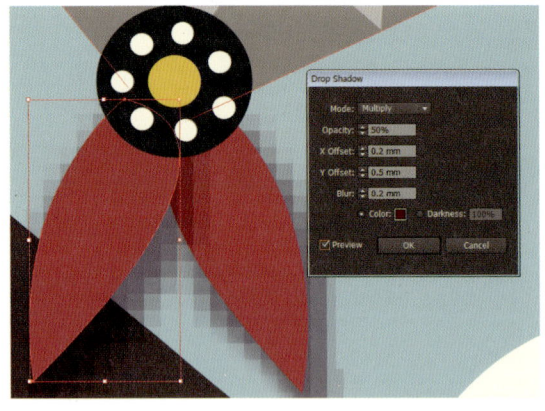

06

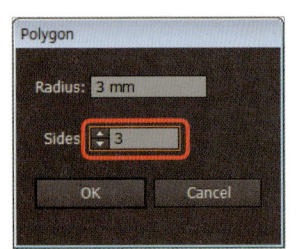
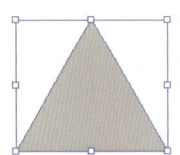

08 원형 툴 로 자주색 #B34D5B 원을 만들어 옷 밑단을 장식합니다. 09 반원을 만들기 위해 직접 선택 툴 로 Ctrl 을 누른 채 방금 만든 자주색 원들과 옷을 선택합니다. 패스 파인더 패널에서 버튼을 누르면 옷 밑단 라인에 따라 원이 반으로 잘립니다. 하단의 반원을 Delete 로 삭제합니다.

08

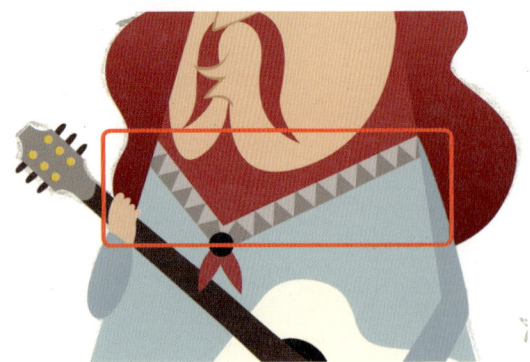

09

10 이제 악기의 줄을 만들겠습니다. 펜 툴 을 이용해 흰색 #FFFFFF 줄을 두 개 그립니다. 11 두 줄을 선택한 뒤, 블랜드 툴 을 더블 클릭하면 옵션을 설정합니다. Spacing은 Specified Steps로 설정하고 4를 입력한 뒤 OK합니다. 12 두 줄을 차례로 클릭하면 4개의 선이 더 만들어집니다.

10

11

12

13 사각형 툴 로 흰색 #FFFFFF 줄을 5개 그린 뒤, Ctrl + I 를 여러 번 눌러 스카프 매듭 뒤로 보냅니다. 14 펜 툴 로 파란색 #4675AC 줄을 두 개 그려 신발을 장식하고 사각형 툴 로 기타 위에 두 개의 메모지를 그려 줍니다.

13

14

15 레이어 패널에서 스케치가 담긴 [Layer 1] 레이어의 눈을 감겨 줍니다. 참고했던 스케치가 보이지 않습니다. 16 앞으로 캐릭터의 명암 작업을 위해 [Layer 2] 레이어를 복제하겠습니다. [Layer 2] 레이어를 버튼에 드래그하여 갖다 대면 [Layer 2 copy] 레이어가 생성됩니다. [Layer 2] 레이어의 눈을 감겨주고 잠금을 설정합니다. 이제 캐릭터의 전체적인 모습을 살펴보겠습니다.

15

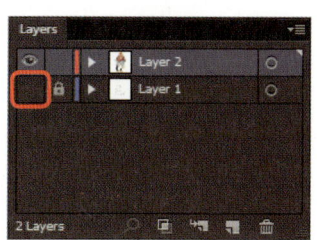

16

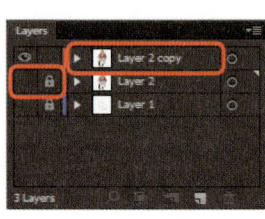

02

STEP 4
명암 넣기

01 이제 [Layer 2 copy] 레이어에서 작업을 하겠습니다. 직접 선택 툴로 얼굴을 선택한 상태에서 툴 박스 하단에 있는 Draw Inside 버튼을 누릅니다(Shift + D). 얼굴 둘레에 점선이 생겼습니다. 이것은 얼굴 라인 안쪽 영역에만 채색할 수 있다는 Draw Inside 채색 모드 표시입니다. **02** 브러시 툴을 선택한 뒤 기존의 얼굴 색보다 진한색 #E9AB8A으로 오른쪽 윗면부터 아랫면까지 드래그해서 채색합니다. 채색할 때 얼굴 라인 안쪽 영역에만 색이 칠해지는 것을 확인할 수 있습니다.

03 두 손에도 같은 방법으로 명암을 넣겠습니다. Draw Inside 버튼을 눌러 Draw Inside 채색 모드에서 나옵니다. 직접 선택 툴로 왼쪽 손을 선택한 상태에서 Draw Inside 버튼을 누릅니다. 브러시 툴로 드래그하여 안쪽에 명암을 그려 줍니다. **04** 같은 방법으로 오른쪽 손의 명암을 넣어 줍니다.

01

03

04

Note / 두 개 이상의 오브젝트를 동시에 Draw Inside 채색 모드로 바꿀 수 있나요?

아니요. Draw Inside 채색 모드를 설정할 수 있는 오브젝트는 하나입니다. 다른 오브젝트를 Draw Inside 채색 모드로 바꾸려면 기존에 Draw Inside 채색 모드를 사용하고 있던 오브젝트를 Draw Normal 채색 모드로 변경해 줘야 합니다. Draw Inside 채색 모드는 두 개의 오브젝트를 동시에 선택할 수 없거든요.

05 다른 오브젝트도 Draw Inside 채색 모드로 변경하여 명암을 넣어 줍니다. 이때 Transparency 패널을 열어 레이어 모드와 Opacity를 변경하면 더 자연스러운 명암으로 표현할 수 있습니다.

05

STEP 5
질감 제작하기

01 포토샵 프로그램을 실행하고 '물감번짐.jpg' 파일을 불러옵니다. **02** Image ▷ Adjustments ▷ Threshold 메뉴를 선택한 뒤 Level을 75로 입력합니다. 얼룩이 흑백으로 변했습니다.

01

02
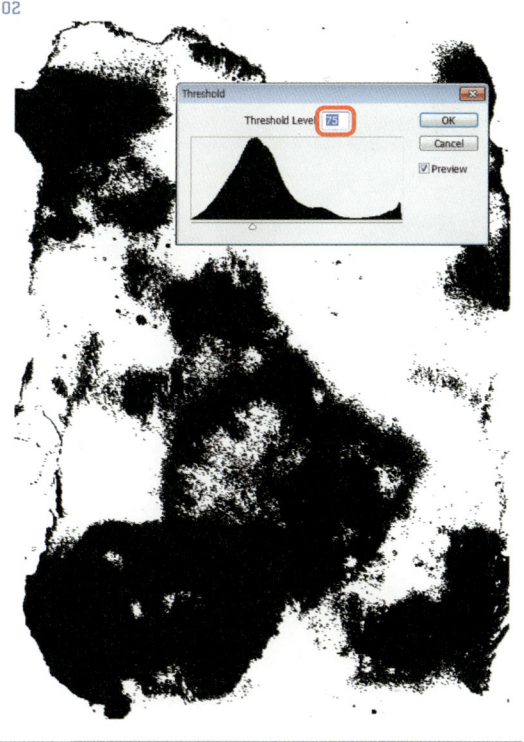

> **Note / Threshold**
> 이미지의 중간 톤을 없애고 색상을 흑백으로 단순화시키는 기능입니다. 명암이 극대화되어 밝거나 어두운 부분만 남게 되는 것이죠.

03 [background] 레이어를 두 번 클릭하여 자물쇠를 없애면 자동으로 [Layer 0]으로 이름이 바뀝니다. **04** 이제 마술봉 툴을 선택한 뒤 Tolerance를 35로 입력하고 Contiguous 박스의 체크를 없앱니다. 흰색 영역을 클릭하면 흰색을 가진 모든 부분이 선택 영역으로 만들어집니다.
05 Delete 를 눌러 흰색 영역을 지우세요.

03

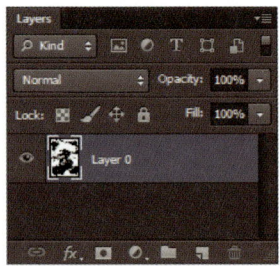

04

05

06 Ctrl + U 를 눌러 Hue/Saturation 창을 띄웁니다. Colorize에 체크한 뒤 아래와 같이 설정합니다. 검은색 얼룩이 연한 갈색으로 변했습니다.

06

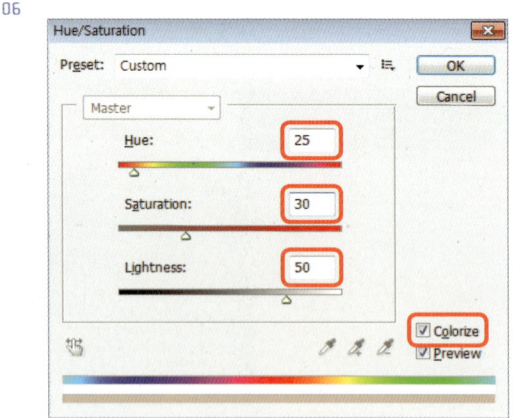

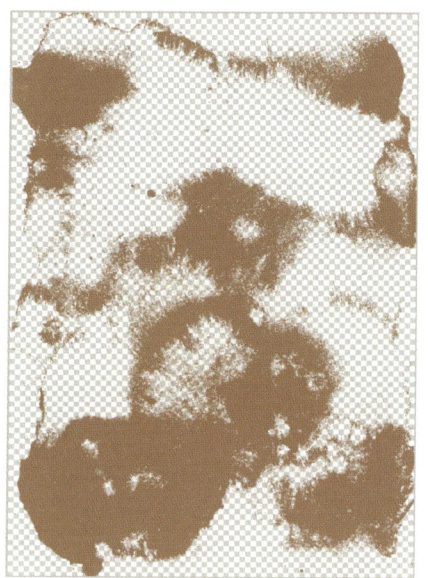

STEP 6
질감 입히기

01 마지막으로 캐릭터에 질감을 입혀 아날로그적인 느낌을 추가해 보도록 하겠습니다. 먼저 [Layer 2] 레이어의 잠금 설정을 풀고 눈을 켜준 뒤 최상위로 올립니다. [Layer 2 copy] 레이어는 잠급니다. **02** [Layer 2] 레이어에서 Ctrl + A 를 눌러 캐릭터를 전체 선택한 뒤 Shift + Ctrl + O 를 눌러 Outline Stroke 작업을 실행합니다. **03** 패스 파인더 패널에서 버튼을 누릅니다. 나눠져 있던 오브젝트들이 하나의 면을 가진 패스로 변경된 것을 확인할 수 있습니다.

01

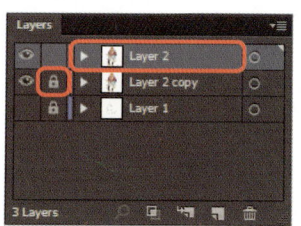

02

07 Shift + Ctrl + S 를 눌러 Save as 창을 띄웁니다. 파일 이름은 'Texture', 포맷은 '.tiff'로 선택한 뒤 저장 버튼을 누릅니다. Tiff Options 창이 뜨면 다음과 같이 설정하고 OK 합니다.

07

03

05

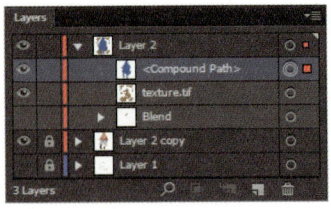

06 〈texture.tif〉와 〈Compound Path〉를 동시에 선택한 뒤, 작업 창에서 마우스 오른쪽 버튼을 눌러 Make Clipping Mask 메뉴를 선택합니다. 텍스쳐가 캐릭터 영역 안으로 마스크된 것을 확인할 수 있습니다.

06

04 File ▷ Place 메뉴를 선택하여 'texture.tif' 파일을 불러옵니다. 선택 툴을 선택하고 불러온 텍스쳐의 크기를 캐릭터의 크기에 맞게 조절합니다. 05 [Layer 2] 레이어를 열어 〈texture.tif〉를 〈Compound Path〉 순서 뒤로 보냅니다.

04

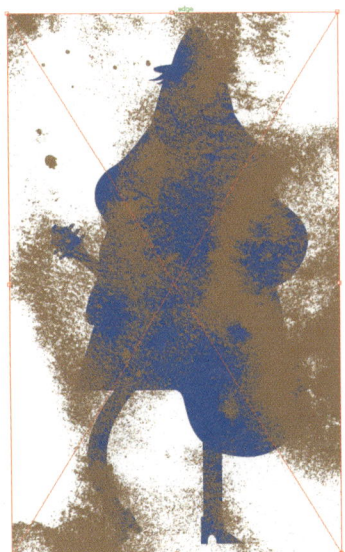

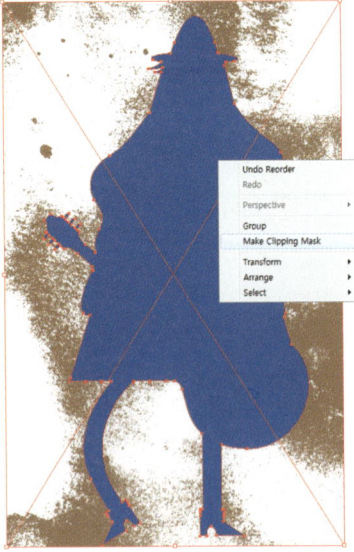

08

09

07 레이어패널에서 [Layer 2] 레이어를 열면 기존의 〈texture.tif〉와 〈Compound Path〉가 〈Clip Group〉으로 묶인 것을 확인할 수 있습니다. 텍스쳐는 〈texture.tif〉 레이어를 선택하여 조절할 수 있습니다.

07

08 Transparency 패널에서 레이어 모드를 Color Burn으로 바꾸고 Opacity를 40%로 변경하면 캐릭터와 텍스쳐가 보다 자연스럽게 합성됩니다. 이렇게 단색으로 이루어진 캐릭터에 질감을 합성시키면 풍성한 느낌을 연출할 수 있습니다. **09** 나머지 오브젝트들도 지금까지 공부한 방법으로 그려보세요.

Chapter 10

패턴을 이용한
팬시 일러스트 그리기

패턴은 점, 선, 면, 색 등의 구성이 질서 있게 반복되거나 연속되는 무늬입니다. 특히 패턴은 상품에 자주 적용되며 패키지 디자인에도 응용됩니다. 일상에서 볼 수 있는 우산, 커튼, 그릇, 옷, 쿠션에 들어간 무늬들을 살펴보면 규칙적으로 배열되어 있는 것을 확인할 수 있을 거예요. 이번 예제는 팬시 캐릭터를 그린 후 일러스트레이터에서 기본적으로 제공하는 패턴을 그대로 입히는 방법과 수정하는 방법을 공부해 보겠습니다.

◆ **POINT SKILL** / 펜 툴 • 도형 툴 • 패턴 라이브러리
◆ 예 제 파 일 / 비오는날시작.ai • 비오는날완성.ai

STEP 1 / 캐릭터 라인 그리기

STEP 2 / 기본 채색하기

STEP 3 / 개체별 패턴 입히기

STEP 1
캐릭터 라인 그리기

01 `Ctrl`+`O`를 눌러 '비오는날시작.ai' 파일을 불러옵니다. 스케치를 참고하여 캐릭터를 그리겠습니다. 02 먼저 레이어 패널에서 [스케치] 레이어를 잠그고 ▣ 버튼을 눌러 [스케치] 레이어 위에 [캐릭터라인] 레이어를 만듭니다. 03 펜 툴 ✏ 을 선택하고 면 색을 투명, 선 색을 검은색 #000000으로 설정합니다. 04 스트로크 패널에서 굵기를 1pt로 설정한 후 얼굴을 그립니다.

01

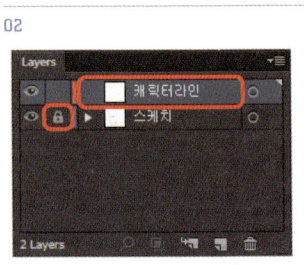

02 03

04

05 같은 방식으로 머리와 원피스, 팔과 다리를 그립니다.

05

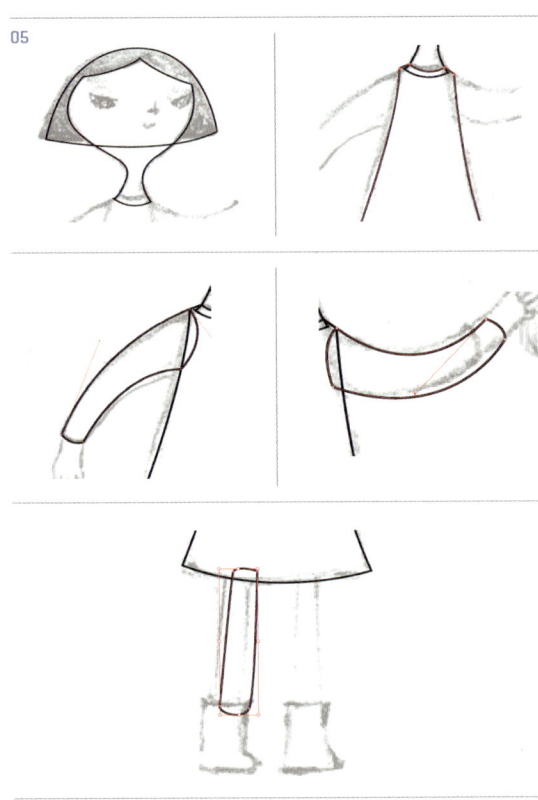

06 스트로크 패널에서 Weight를 1pt, Cap과 Corner를 다음과 같이 설정하여 손과 장화를 그립니다.

06

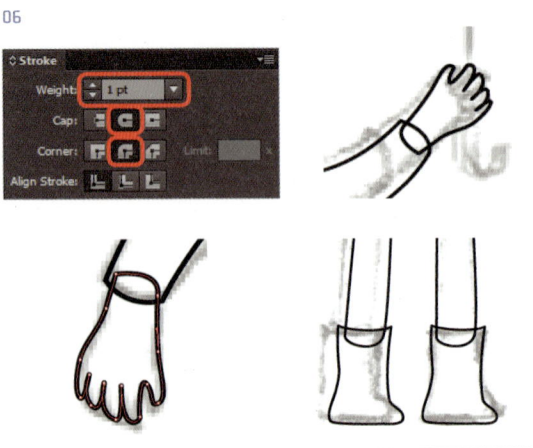

07 불독의 얼굴을 그립니다. 원형 툴로 귀 하나를 그린 후 `Alt` + `Shift`를 누른 채 마우스를 옆으로 드래그하여 복제합니다. 선택 툴로 귀 위치 및 각도를 조정해 줍니다. **08** 선택 툴로 불독의 얼굴과 귀를 함께 선택하고 패스 파인더 패널에서 버튼을 눌러 하나로 합칩니다. **09** 펜 툴로 불독의 몸통과 4개의 다리, 꼬리를 그립니다.

07
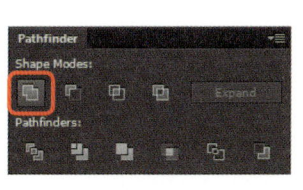

08
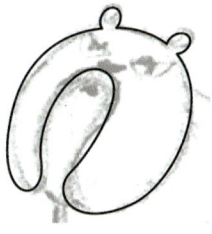

09
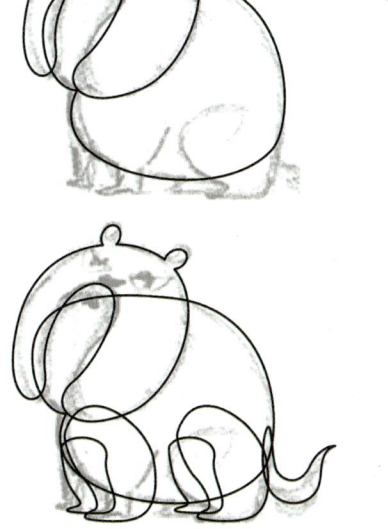

10 스트로크 패널에서 Weight를 7pt로 설정한 뒤, 우산 봉과 손잡이를 그립니다. **11** Weight를 2pt로 변경한 뒤, 우산 머리의 반쪽만 그립니다. `Alt` + `Shift`를 누른 채 마우스를 옆으로 드래그하여 복제하고 반전 툴로 반전시켜 반대쪽에 위치시킵니다. **12** 우산 머리 사이의 빈 공간은 직접 선택 툴로 이어줄 기준점을 클릭하여 선택한 뒤, `Ctrl` + `J`를 눌러 연결합니다. 우산 꼭지와 우산 머리에 앉은 새도 그려 주세요.

10

11
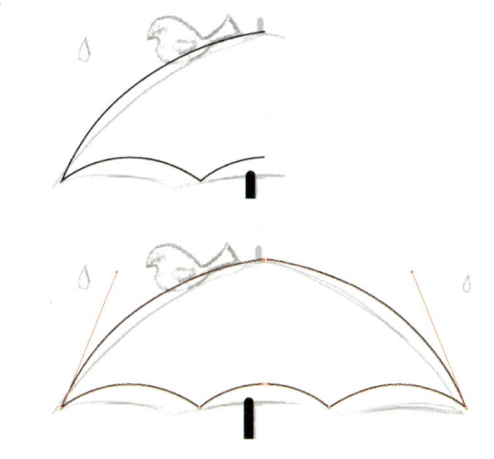

12

15

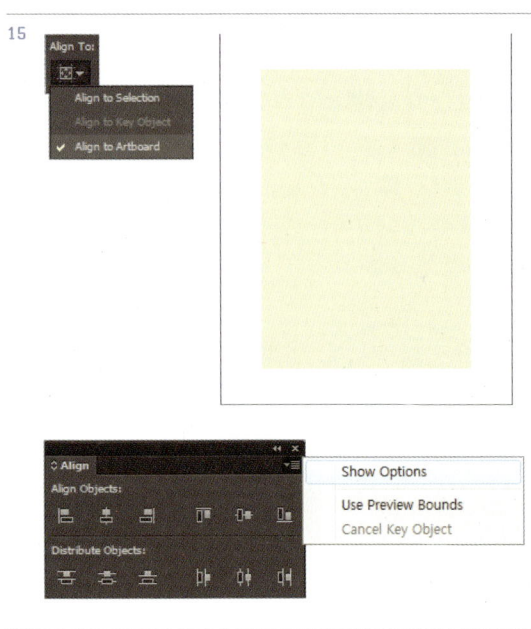

13 배경이 될 사각형을 만들겠습니다. 컬러 패널에서 면 색을 베이지색 #F4EDD4으로 지정해 주세요. 14 사각형 툴을 선택한 뒤 화면을 한 번 클릭하여 Rectangle 창을 띄웁니다. Width을 440pt, Height를 640pt로 설정합니다. 15 Align 패널에서 Align to버튼을 눌러 Align to Artboard 에 체크합니다. Align 패널의 버튼과 버튼을 눌러 가운데 정렬시킵니다. 사각형이 정 중앙에 위치되었습니다 (Align to 버튼이 보이지 않으면 버튼을 누른 후 Show options 메뉴를 선택합니다).

13

14

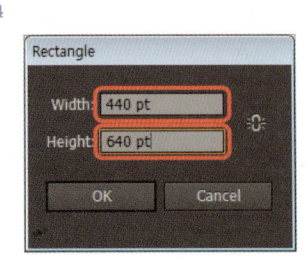

16 Ctrl + Shift + [를 눌러 사각형을 맨 뒤로 보냅니다. 보이지 않던 캐릭터 라인이 보입니다. 사각형이 움직이는 것을 방지하기 위해 Ctrl + 2 를 눌러 사각형을 잠가둡니다.

16

Note / 오브젝트 잠금 및 감추기

오브젝트를 잠그면 자물쇠 표시가 생기고 오브젝트를 감추면 눈 표시가 사라집니다.

- Ctrl + 2 : 선택한 오브젝트 잠금
- Ctrl + Alt + 2 : 선택한 오브젝트 잠금 해제
- Ctrl + 3 : 선택한 오브젝트 감추기
- Ctrl + Alt + 3 : 감춘 오브젝트 보이기
- Ctrl + Shift + Alt + 3 : 선택한 오브젝트만 남기고 모두 감추기

STEP 2 기본 채색하기

01 이제 기본 채색에 들어가겠습니다. 먼저 직접 선택 툴 을 선택하고 Ctrl 을 눌러 얼굴, 손, 다리를 선택한 뒤, 면 색을 흰색 #FFFFFF으로 설정합니다. **02** Ctrl +] 를 눌러 얼굴을 맨 앞으로 보냅니다.

01

02

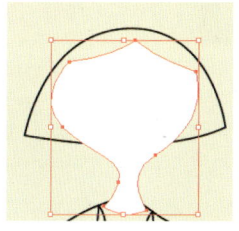

03 면 색을 부드러운 보라색 #AA97A2으로 설정하고 펜 툴로 눈꺼풀을 그립니다. **04** 선 색을 회색 #757171으로 설정하고 눈 라인을 그립니다. **05** 눈 라인을 Ctrl + [를 눌러 눈꺼풀 뒤로 보냅니다. **06** 원형 툴로 검은색 #000000 원을 그려 눈의 동공을 만들어 줍니다. **07** 동공을 Ctrl + [를 눌러 눈꺼풀 뒤로 보냅니다. **08** 오른쪽 눈도 같은 방법으로 완성시킵니다.

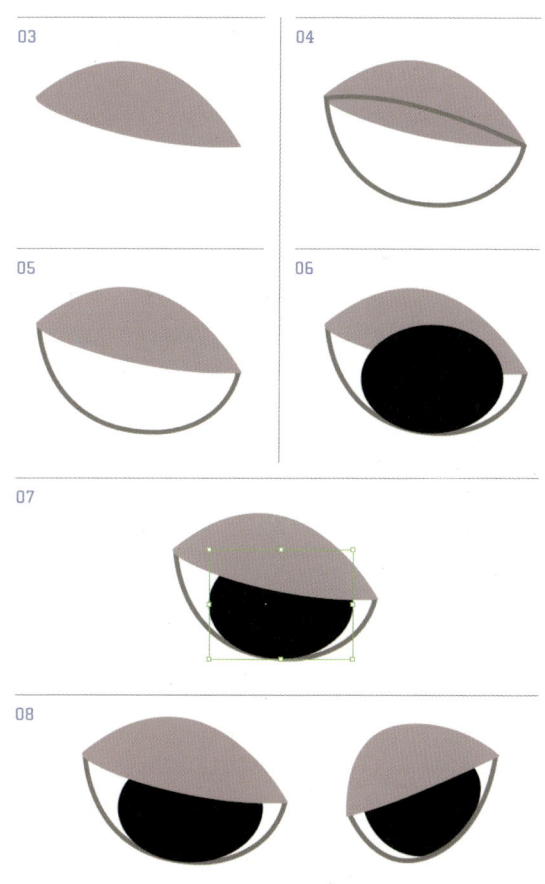

09 브러시 패널에서 브러시 라이브러리 메뉴 버튼을 클릭하여 Artistic ▷ Artistic Calligraphic 메뉴를 선택하여 새로운 라이브러리를 꺼냅니다. **10** '3 pt. Flat' 브러시를 선택하고 옵션바에서 굵기를 0.25pt로 설정하여 코를 그려 줍니다.

09

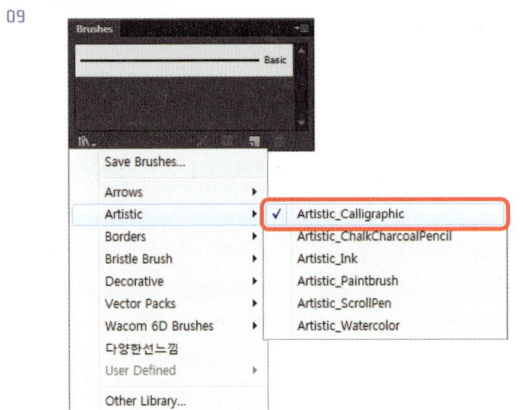

10

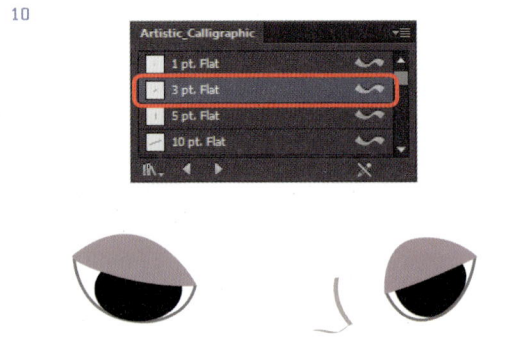

11 면 색과 선 색을 분홍색#E69BBD으로 설정한 뒤, 선의 굵기를 0.5pt로 설정하여 입을 그려 줍니다. 12 원형 툴로 자주색#EB0B72 원을 그려 볼터치를 만들어 줍니다. Effect ▷ Stylize ▷ Feather 메뉴를 선택합니다. Radius를 7pt로 설정한 후 OK합니다. 볼이 뿌옇게 흐려졌습니다.

11

12

13 원형 툴로 손가락을 그립니다. 14 다른 손도 손가락을 그려 완성하고 머리의 면 색을 짙은 회색#483D43으로, 원피스의 면 색을 분홍색#F2758F으로 지정합니다.

13 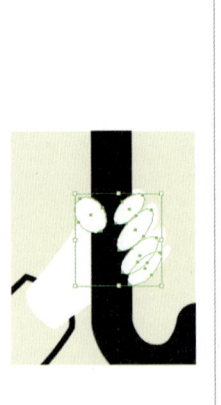 14

15 장화와 우산 봉, 손잡이, 새와 불독도 모두 채색합니다.
16 펜 툴로 불독의 눈, 코, 입과 새의 눈, 꼬리 장식을 그려 기본 채색을 완성시킵니다.

15

16

STEP 3
개체별 패턴 입히기

패턴 수정하여 사용하기

01 원피스에 흰색 도트 무늬를 입혀 보겠습니다. Window ▷ Swatch Libraries ▷ Patterns ▷ Basic Graphics ▷ Basic Graphics_Dots 메뉴를 선택하면 점이 찍힌 다양한 패턴 패널이 나타납니다. 패턴을 기본적으로 검은색 점이 찍혀 있기 때문에 색상을 바꿔 주는 작업이 필요합니다. 02 원하는 패턴을 화면에 드래그합니다. 03 직접 선택 툴을 선택하고 Shift 를 누른 채 검은색 점들을 하나하나 클릭하여 연한 분홍색 #FAEAF1으로 바꿔 줍니다. 스와치 패널로 드래그하면 새로운 패턴이 등록됩니다.

01

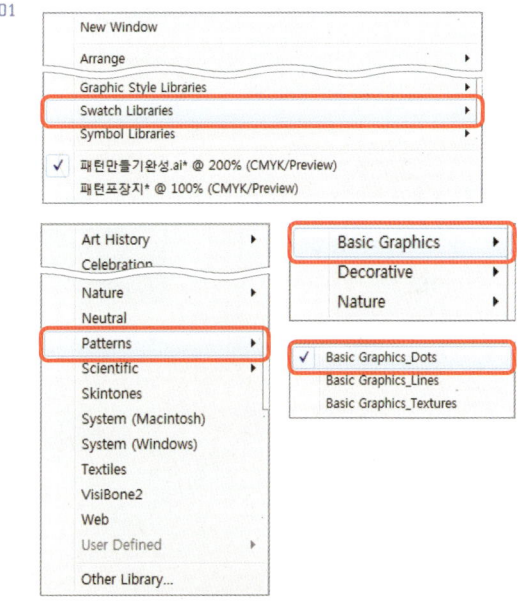

02

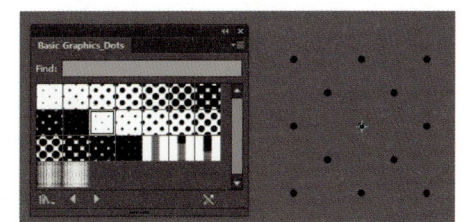

◆ 패턴의 배경은 회색이 아닙니다. 패턴을 수정하는 과정에서 색상 변화를 잘 보여주기 위해 회색 영역에서 작업했습니다.

03
 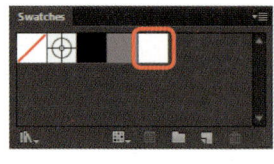

04 선택 툴로 원피스를 선택한 후 Ctrl + C, Ctrl + F를 차례대로 눌러 같은 위치에 원피스를 복제시킵니다. 만들어진 패턴을 클릭하면 연한 분홍색 도트가 입혀집니다.

05 패턴의 크기를 조절하겠습니다. 크기 조절 툴을 더블 클릭합니다. Horizontal를 107%, Vertical를 110%로 설정한 후 Transform Patterns 박스에 체크합니다. Preview에 체크하면 패턴이 변화되는 모습을 미리 볼 수 있습니다.

04

05

Note / 패턴 문양 수정하기

일러스트레이터에서 기본적으로 제공하는 패턴을 수정하고 싶다면 패턴을 작업 창으로 드래그하여 원하는 패턴으로 수정할 수 있습니다. 색상, 크기, 기울기 등에 변화를 주어 원하는 패턴이 나왔다면 다시 스와치 패널에 등록하는 과정을 거쳐야 합니다. 패턴을 입히려는 개체를 선택하고 스와치 패널에 새롭게 등록한 패턴을 클릭하면 패턴이 입혀집니다.

Note / 크기 조절 툴의 기능

크기 조절 툴을 이용하면 개체의 사이즈뿐만 아니라 패턴의 크기, 선 굵기, 이펙트의 범위 등을 설정할 수 있습니다. 패턴의 크기에 변화가 없다면 크기 조절 툴을 더블 클릭하여 Scale 창을 띄운 뒤 Options의 Transform Pattern 박스만 체크해 주세요. 이때 Transform Objects 박스의 체크를 해제해야 개체의 크기 변화 없이 패턴의 크기만 조절할 수 있습니다.

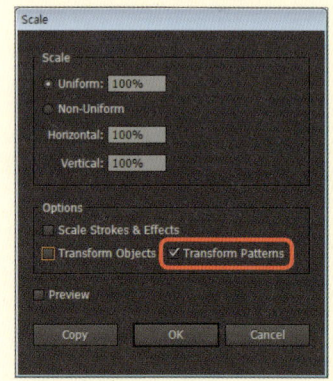

Note / 패턴 이동/회전/비틀기/크기 조절

❶ 패턴 이동 : 선택 툴, 직접 선택 툴을 이용합니다.
❷ 패턴 회전 : 회전 툴을 이용합니다.
❸ 패턴 비틀기 : 비틀기 툴을 이용합니다.
❹ 패턴 크기 조절 : 크기 조절 툴을 이용합니다.

패턴이 입혀진 면과 선을 선택한 뒤 툴을 각각 더블 클릭하여 옵션 창에서 직접 수치를 입력하거나 ~ 를 누르고 패턴 부분을 드래그하여 이동/회전/비틀기/크기 조절을 실행시킬 수 있습니다.

패턴 그대로 사용하기

01 우산에 패턴을 넣어 보겠습니다. Window ▷ Swatch Libraries ▷ Patterns ▷ Nature ▷ Nature_Foliage 메뉴를 선택합니다. 자연을 소재로 한 패턴 패널이 나타납니다. 선택 툴로 우산 머리를 선택한 후 Ctrl + C , Ctrl + F 를 차례대로 눌러 같은 위치에 우산 머리를 복제시킵니다. Floral Vines 패턴을 클릭하면 식물 패턴이 입혀집니다.

01

02 비틀기 툴을 더블 클릭하여 Shear 창을 띄운 후 각도를 10으로 조절합니다. 패턴이 약간 기울어진 것을 확인할 수 있습니다. **03** Transparency 패널에서 레이어 모드를 Overlay로 설정합니다. 패턴이 은은한 색으로 변합니다.

02

03

04 장화에 패턴을 넣어 보겠습니다. Window ▷ Swatch Libraries ▷ Patterns ▷ Decorative ▷ Decorative Legacy 메뉴를 선택하면 기하학적인 문양으로 패턴 패널이 나타납니다. 선택 툴로 장화를 선택한 후 Ctrl + C , Ctrl + F 를 눌러 같은 위치에 장화를 복제시킵니다. Diamond Harlequin Color 패턴을 클릭하면 마름모꼴의 얼룩 패턴이 입혀집니다. **05** 크기 조절 툴을 더블 클릭하여 Scale 창을 띄운 후 다음과 같이 설정하고 OK합니다. 패턴의 크기가 작아졌습니다.

04

05

> **Note / 패턴 라이브러리**
> 패턴에 대해 자세히 알고 싶다면 177P를 참고하세요.

06 이제 불독에 패턴을 입혀 보겠습니다. Window ▷ Swatch Libraries ▷ Patterns ▷ Nature ▷ Nature_Animal Skins 메뉴를 선택하면 동물 가죽 패턴 패널이 나타납니다. 선택 툴로 불독의 다리와 입 주변을 선택한 후 Ctrl + C , Ctrl + F 를 차례대로 눌러 같은 위치에 복제시킵니다. Zebra 패턴을 클릭하면 얼룩말 패턴이 입혀집니다.

08 Transparency 패널에서 레이어 모드를 Color Burn, Opacity를 40%로 설정합니다. 패턴이 옅어졌습니다. **09** 왼쪽 다리에 입혀진 패턴이 얼굴 앞으로 나와 있습니다. 직접 선택 툴로 패턴을 선택한 후 Ctrl + [를 여러 번 눌러 얼굴 뒤로 보냅니다.

06

08

07 크기 조절 툴을 더블 클릭하여 Scale 창을 띄운 후 Uniform을 30으로 설정하고 OK합니다.

07

09

10 배경을 꾸며 주겠습니다. 펜 툴 ✏️ 로 베이지색 #F4EDD4 사각형 범위 안에 물방울을 골고루 그립니다. **11** 배경에 패턴을 입히겠습니다. 그 전에 먼저 잠금을 해제해야 합니다. 선택 툴 ▶ 로 베이지색 사각형을 선택한 후 Ctrl + Alt + 2 를 눌러 자물쇠를 풀어 줍니다.

12 Ctrl + C, Ctrl + F 를 차례대로 눌러 사각형을 같은 위치에 복제시킵니다. Window ▷ Swatch Libraries ▷ Patterns ▷ Basic Graphics ▷ Basic Graphics_Textures 메뉴를 선택하면 다양한 문양의 패턴 패널이 나타납니다. Sandy Dry Lake 패턴을 선택하면 모래알과 비슷한 패턴이 입혀집니다. **13** Transparency 패널에서 Opacity를 40%로 설정합니다. 패턴을 이용한 팬시 일러스트가 완성되었습니다.

10

12

13

11

Note / 오브젝트 잠금

- Ctrl + 2 : 선택한 오브젝트 잠금
- Ctrl + Alt + 2 : 선택한 오브젝트 잠금 해제

Chapter 11

패턴을 이용한
포장지 만들기

패턴은 무늬가 연속적이고 규칙적으로 배열되어 있어서 포장지에 많이 활용됩니다. 이번 예제에서는 스케치를 토대로 마치 동화 속 숲속과 같은 패턴을 제작한 뒤 패턴을 포장지에 사용할 수 있도록 편집하는 방법을 공부해 보겠습니다. 주요 기능은 그리드(Grid)와 패턴 라이브러리입니다. 그리드(Grid)는 반복되는 패턴의 규칙과 배열을 수정하는데 중요한 가이드라인이 되며 패턴 라이브러리는 다양한 무늬를 선택해서 사용할 수 있도록 소스를 제공합니다. 패턴을 수정하여 이용하는 방법과 새로운 패턴을 제작하여 이용하는 방법을 통해 포장지 패턴을 완성시켜 보겠습니다. 반드시 Chapter 13 : 패턴을 이용한 팬시 일러스트 그리기를 먼저 공부하신 뒤에 이번 예제를 실습해 보시기 바랍니다.

◆ **POINT SKILL** ／ 펜 툴 • 그리드 • 패턴 라이브러리
◆ **예 제 파 일** ／ 지도스케치.jpg • 패턴만들기완성.ai • 패턴포장지이미지.ai

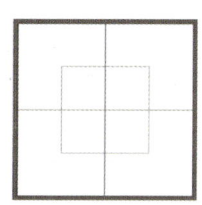

STEP 1 ／
그리드 만들기

STEP 2 ／
펜 툴로 그리기

STEP 3 ／
개체별 패턴 입히기

STEP 4 ／
그리드에 맞춰 패턴 반복하기

STEP 1
그리드 만들기

01 `Ctrl`+`N`을 눌러 새로운 도큐먼트를 만듭니다. Name은 패턴포장지, Width는 30cm, Height는 30cm로 설정하고 OK합니다. **02** `Ctrl`+`"`를 눌러 그리드를 켭니다. 화면에 바둑판 모양의 격자가 표시됩니다. Edit ▷ Preferences ▷ Guide & Grid 메뉴에서 Gridline every 값을 3으로 수정합니다.

> **Note / Show Grid & Snap to Grid**
>
> ❶ **Show Grid** : View ▷ Show grid 메뉴를 선택해 그리드를 표시합니다(`Ctrl`+`"`). 그리드는 바둑판의 눈금과 같은 안내선을 표시합니다. 모눈종이 표시와도 비슷한데요. 안내선을 통해 치수와 간격을 계산할 수 있기 때문에 정밀한 디자인 작업을 할 때 도움이 됩니다.
>
> ❷ **Snap to Grid** : View ▷ Snap to Grid 메뉴를 선택합니다(`Ctrl`+`Shift`+`"`). 미리 Snap to Grid를 설정해 놓으면 오브젝트를 그리거나 이동할 때나 크기를 조절할 때, 그리드 선에 자석처럼 딱 맞춰집니다.

01

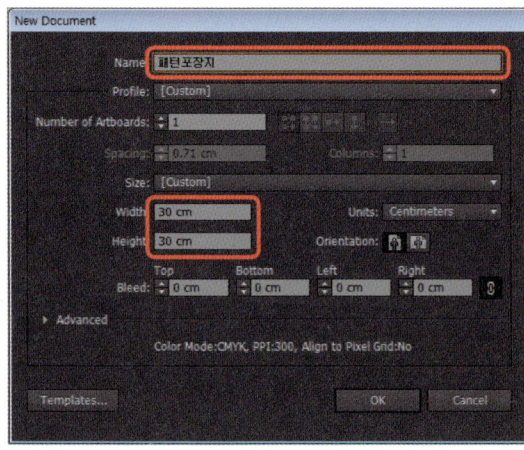

02

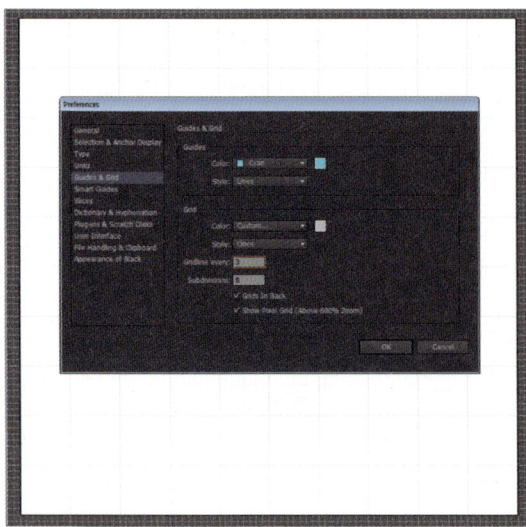

03 `Ctrl`+`Shift`+`"`를 눌러 앞으로 그리는 오브젝트가 눈금선에 맞춰질 수 있도록 설정합니다. 선 색을 검은색 #000000으로 설정한 후 사각형 툴■로 정사각형을 만들어 주세요. 정사각형이 그리드에 부착됩니다. **04** 같은 방법으로 3개의 사각형을 더 만든 후 마지막 사각형은 정 중앙에 위치시킵니다.

03

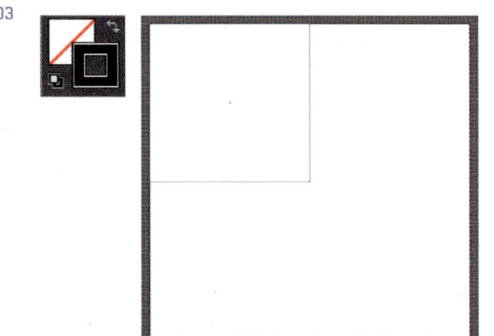

04

Note / Grid 간격 수정하기

Edit ▷ Preferences ▷ Guide & Grid 메뉴에서 Gridline every 값을 수정합니다. 값에 따른 Grid 변화를 눈으로 확인해 보세요.

❶ **Gridline every** : 1

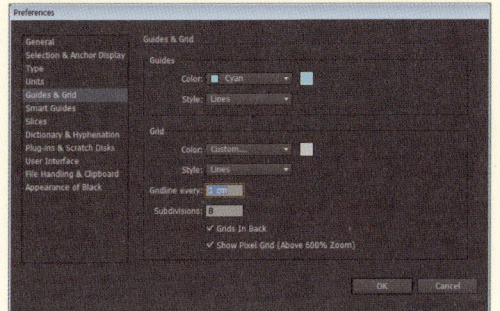

❷ **Gridline every** : 3

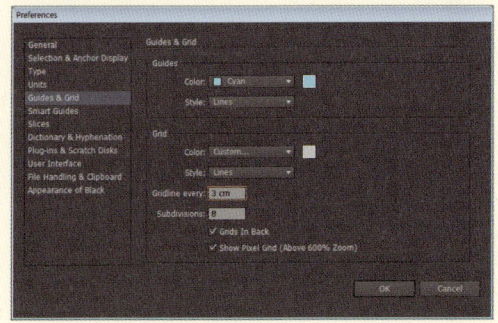

STEP 2
펜 툴로 그리기

01 새로운 도큐먼트를 열어 포장지에 쓰일 패턴 작업을 하겠습니다. Ctrl + N 을 눌러 새로운 도큐먼트를 만듭니다. Name은 패턴만들기, Width는 15cm, Height는 15cm를 입력하고 OK합니다.

01

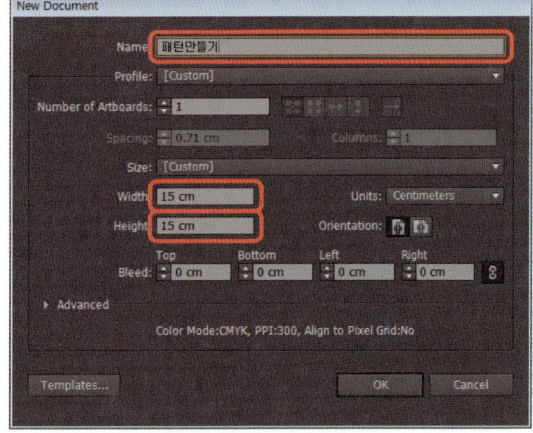

02 File ▷ Place 메뉴를 선택하여 '지도스케치.jpg' 파일을 불러옵니다. 03 Transparency 패널에서 Opacity를 50%로 낮춰 스케치를 흐릿하게 만듭니다. 레이어 패널에서 [Layer 1] 레이어에 자물쇠를 채웁니다. 버튼을 눌러 [Layer 1] 레이어 위에 새 레이어를 만듭니다.

02

03

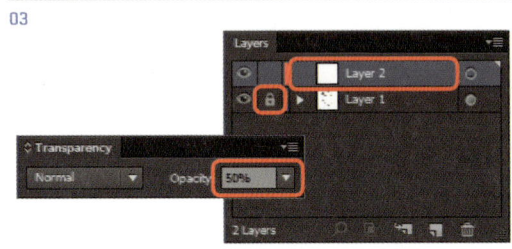

04 사각형 툴을 선택한 후 화면을 클릭하여 Rectangle 창을 띄웁니다. 가로세로 값에 15를 입력하고 OK합니다. 05 면 색을 연한 녹색 #D0E8CA으로 설정하고 레이어 모드를 Multiply로 설정합니다.

04

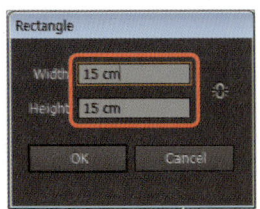

06 스케치선을 따라 개체들을 그리겠습니다. 펜 툴 을 선택하고 선 색을 흰색 #FFFFFF으로 설정합니다. 선 굵기를 14pt로 설정한 후 물줄기 선을 따라 곡선을 그립니다. 07 원형 툴 로 호수를 그리고 펜 툴 로 산과 움집을 그립니다.

06

07

08 특히 산을 그릴 때 앞산과 뒷산을 구분하기 위해 색상의 변화에 신경 씁니다. 새로 그리는 오브젝트가 항상 앞에 위치하기 때문에 Ctrl + [와 Ctrl + J 를 눌러 앞뒤 순서를 알맞게 조정해 줍니다.

08

09 집을 그리기 위해 다각형 툴 을 선택한 후 화면을 클릭하여 Polygon 창을 띄웁니다. Sides에 3을 입력하고 OK 합니다. 만들어진 삼각형은 집 지붕에 맞춰 사이즈를 조절합니다. 사각형 툴 로 집 앞쪽 벽면을 그립니다. 복제하여 집 옆쪽 벽면과 지붕에 붙이고 비틀기 툴 로 조절합니다.

09

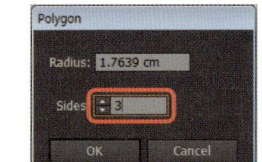

10 펜 툴 과 여러 가지 도형 툴을 이용하여 지도 안에 있는 다른 개체들도 그립니다. 11 개체가 모두 완성되면 스케치가 있는 [Layer 1] 레이어의 눈을 감겨 스케치가 보이지 않게 합니다.

10

11
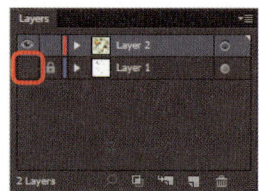

01
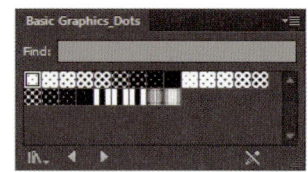

02

03

STEP 3
개체별 패턴 입히기

패턴 수정하여 사용하기

01 이제 개체별 패턴을 입히겠습니다. 패턴 라이브러리를 미리 꺼내 놓겠습니다. Window ▷ Swatch Libraries ▷ Patterns ▷ Basic Graphics ▷ Basic Graphics_Dots 메뉴를 선택하여 도트 패턴 패널을 꺼냅니다. **02** Window ▷ Swatch Libraries ▷ Patterns ▷ Basic Graphics ▷ Basic Graphics_Lines 메뉴를 선택하여 다양한 라인으로 구성된 패턴 패널을 꺼냅니다. **03** Window ▷ Swatch Libraries ▷ Patterns ▷ Decorative ▷ Decorative Legacy 메뉴를 선택하여 기하학적인 모양의 패턴 패널을 꺼냅니다.

04 Basic Graphics_Dots 패턴 패널에서 '10 dpi 10%' 패턴을 클릭한 채 화면에 드래그합니다. 패턴을 수정하여 사용하겠습니다. 직접 선택 툴 을 선택하고 [Shift]를 누른 채 검은색 점들을 하나하나 클릭하여 연한 녹색 #D0E8C4으로 바꿔 줍니다. 투명 사각형을 선택한 뒤 면을 흰 색으로 설정합니다. **05** 사각형과 점들을 모두 선택하고 패스 파인더 패널에서 버튼을 눌러 면을 분할합니다. **06** 직접 선택 툴 로 필요 없는 면을 선택하여 [Delete]를 눌러 지웁니다. 작업면을 클릭한 채 스와치 패널로 드래그하여 수정한 패턴을 등록합니다.

04
 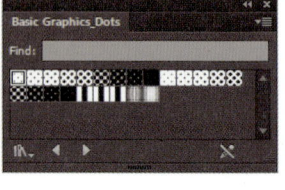

05

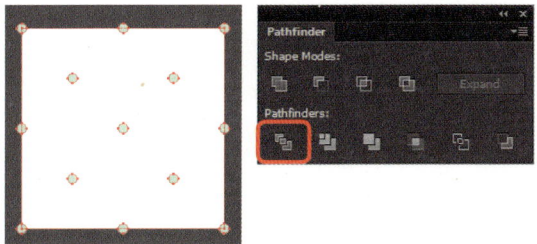

06

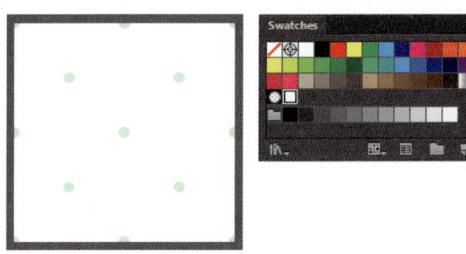

◆ 테두리처럼 보이는 회색 선은 스트로크 값을 적용시킨 것이 아닙니다. 패턴을 수정하는 과정에서 색상의 변화를 잘 보여주기 위해 회색 영역에서 작업했습니다.

07 호수를 선택하여 새로 만든 패턴을 적용시킵니다. 08 패턴의 사이즈를 조절하기 위해 크기 조절 툴을 더블 클릭합니다. Horizontal은 120%, Vertical은 120%로 설정한 후 Transform Patterns 박스에 체크합니다. Preview에 체크하면 패턴이 변화되는 모습을 미리 볼 수 있습니다. 패턴이 커진 것을 확인할 수 있습니다.

07

08

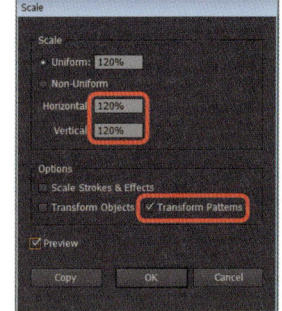

09 '10 dpi 20%' 패턴을 화면에 드래그하여 04~06번 과정과 같은 방법으로 패턴을 스와치 패널에 등록합니다. 산에 패턴을 입혀 줍니다.

09

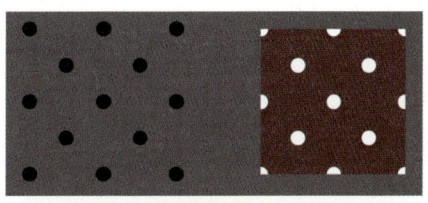

10 패턴의 점과 사각형의 색상만 간단하게 수정해도 다른 느낌의 패턴이 됩니다. 다음과 같이 만들어 스와치 패널에 등록해 주세요. 뒷산에 패턴을 입혀줍니다.

10

11 Basic Graphics_Lines 패턴 패널에서 '10 lpi 20%' 패턴도 화면에 드래그하여 앞서 배운 방법을 이용하여 주황색 #F69051배경을 가진 흰색 줄무늬 패턴으로 수정하여 스와치 패널에 새롭게 등록합니다. 집벽에 패턴을 입혀줍니다.

12 Decorative Legacy 패턴 패널에서 'Diamond Harlequin Color' 패턴을 화면에 드래그하여 앞서 배운 방법을 이용하여 다음과 같이 수정한 뒤 스와치 패널에 등록합니다. 지붕에 패턴을 입혀줍니다.

11

12

벽돌 패턴 제작하기

01 이제 새로운 벽돌 문양의 패턴을 제작해 보도록 하겠습니다. 면을 흰 색 #FFFFFF으로 설정한 뒤 사각형 툴▣을 이용해 가로로 긴 직사각형을 그립니다. 직사각형을 차례대로 그려 벽돌 형태를 만듭니다. **02** 패스 파인더 패널에서 ▣ 버튼을 눌러 한 덩어리로 만듭니다.

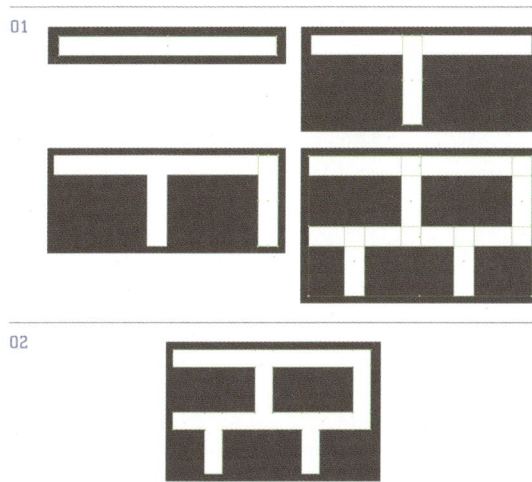

03 벽돌을 복제하여 각각 주황색 #F69051 사각형과 노란색 #F1EA33 사각형을 배경으로 입힙니다. 노란색 벽돌은 가로 사이즈를 더 늘려 줍니다. 완성된 주황색 벽돌과 노란색 벽돌을 스와치 패널에 등록합니다. 집의 벽면과 굴뚝에 벽돌 패턴을 입혀줍니다.

패턴 그대로 사용하기

01 큰 집의 벽면에 기존의 패턴을 그대로 입혀 보겠습니다. 선택 툴▣로 집 벽면을 선택한 뒤 Decorative Legacy 패턴 패널에서 'Stars Circle Color' 패턴을 클릭합니다. 벽면에 패턴이 입혀집니다. **02** 스케치를 참고하여 아직 그리지 못한 개체들을 그려 주세요. 완성되면 모든 개체들을 선택 툴▣로 클릭 드래그하여 선택한 뒤 Ctrl + G 를 눌러 그룹으로 만듭니다.

STEP 3
그리드에 맞춰 패턴 반복하기

01 그룹 패턴을 복사해서(Ctrl + C), 시작할 때 만들어 놓은 [패턴포장지] 도큐먼트에 붙입니다(Ctrl + V). 선택 툴 ▶ 로 첫 번째 사각형 그리드로 이동시키면 그리드에 정확하게 맞춰집니다. **02** 그룹 패턴을 복제하여 사각형 그리드에 각각 맞춰 줍니다.

01

02

03 중앙으로 화면을 확대합니다. 물줄기가 교차되는 부분이 어긋나있습니다. 펜 툴 ▶ 로 기준점과 방향점을 조절하여 물줄기 라인을 자연스럽게 다듬어 줍니다.

03

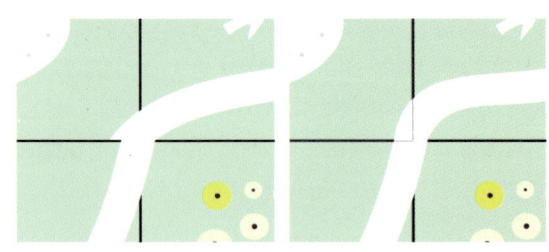

04 직접 선택 툴 ▶ 로 중앙의 사각형을 선택한 뒤, Object ▷ Arrange ▷ Bring to Front 메뉴를 선택합니다(Ctrl + Shift +]). 중앙의 사각형이 제일 위로 올라옵니다. **05** 이제 중앙의 사각형 안의 개체만 남기는 작업을 하겠습니다. 직접 선택 툴 ▶ 로 중앙의 사각형만 선택한 뒤, Object ▷ Path ▷ Divide Objects Below 메뉴를 선택하여 중앙의 사각형을 기준으로 면을 나눕니다.

04

05

06 이제 직접 선택 툴로 필요 없는 부분을 클릭하여 Delete 를 눌러 삭제합니다. 최대한 화면을 확대하여 사각형 모서리의 작은 부분까지도 세밀하게 지워 줘야 합니다.
07 완성된 패턴을 선택한 후 Objec ▷ Rasterize 메뉴를 선택하여 Rasterize 창을 띄웁니다. 다음과 같이 설정한 후 OK합니다. 08 벡터가 비트맵 모드로 바뀌었습니다.

09 완성된 패턴을 스와치 패널에 드래그하여 등록합니다.
10 도큐먼트 사이즈에 맞게 패턴을 입혀 잘 완성되었는지 확인해 보겠습니다. 사각형 툴을 선택한 후 화면을 클릭하여 Rectangle 창을 띄웁니다. 가로세로 값에 30을 입력하고 OK합니다. 11 완성된 패턴을 클릭해서 확인합니다. 패턴을 이용한 포장지가 완성되었습니다.

06

◆ 모서리의 필요 없는 면까지 깔끔하게 지워 주세요.

07

08

09
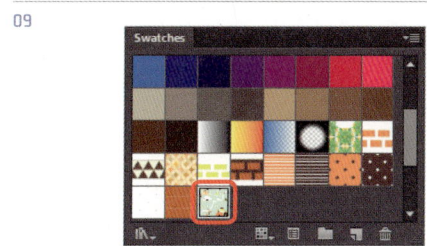

10
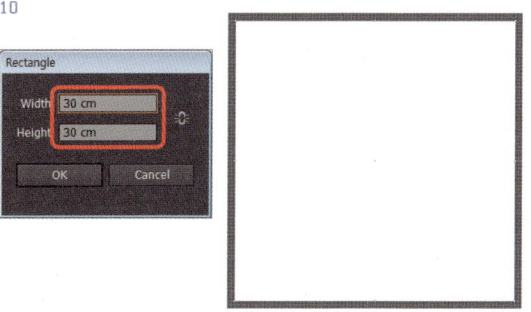

11

블럽 브러시를 이용한
풍경화 그리기

이번 예제는 블럽 브러시 툴을 이용하여 풍경화를 그려 보겠습니다. 페인팅을 할 때 블럽 브러시 툴을 이용하면 포토샵에서 Hard Round Brush로 채색하는 것과 같은 느낌을 받습니다. 블럽 브러시 툴은 면의 속성을 가진 그림을 그릴 수 있으며 그릴 때마다 생성된 면을 합칠 수 있기 때문에 하나의 완성된 형태를 만들어갈 수 있습니다. 펜 툴을 잘 다루시지 못한다면 블럽 브러시 툴로 그림을 그려 면으로 형태를 만드는 방법을 추천합니다. 블럽 브러시 툴과 태블릿은 불과분의 관계입니다. 태블릿을 사용하면 실제 붓으로 그리는 것처럼 필압에 따라 브러시 사이즈를 조절하여 얇고 굵은 선을 동시에 표현할 수 있습니다. 이제 사진 속에 등장하는 자작나무, 꽃, 풀잎의 형태를 관찰하여 화려하고 생동감 있는 색감으로 채색해 보도록 하겠습니다.

◆ POINT SKILL / 블럽 브러시 툴 • 지우개 툴 • 스무드 툴 • 그레이디언트

◆ 예 제 파 일 / 풍경화시작.ai • 풍경화완성.ai

STEP 1 / 잔디, 수풀 그리기

STEP 2 / 자작나무와 배경 그리기

STEP 3 / 나뭇잎, 꽃, 풀 그리기

STEP 1
잔디, 수풀 그리기

01 Ctrl + O 를 눌러 '풍경화시작.ai' 파일을 불러옵니다. 불러온 파일은 일러스트레이터에서 Place 기능을 통해 외부에서 링크된 사진이기 때문에 사진의 경로나 주소가 바뀌지 않게 조심하세요. 레이어 패널의 왼쪽 상단에 있는 ▣ 버튼을 눌러 Template 메뉴를 선택합니다. 사진이 흐릿해지고 레이어가 자물쇠로 잠긴 것을 확인할 수 있습니다. 02 ▣ 버튼을 눌러 [Layer 1] 위에 새 레이어를 만듭니다.

> **Note / Place**
>
> Place 기능은 Open 기능과는 달리 해당 이미지를 링크해서 보여주는 것이므로, Place할 당시 불러온 이미지의 경로나 주소가 바뀌면 경로를 재차 수정하거나 새로 불러와야 하는 일이 발생합니다. Place한 이미지가 있는 ai 파일을 인쇄소에 맡긴다면 Place된 이미지, 즉 링크된 이미지를 별도로 준비해 가야 하는 번거로움이 있습니다. 하지만 이미지 자체가 ai 파일에 포함되어 있지 않기 때문에 파일의 전체 용량을 줄일 수는 장점이 있습니다. 화면 상단의 Embed 버튼을 누르면 Place한 이미지를 파일에 포함시킬 수 있습니다.

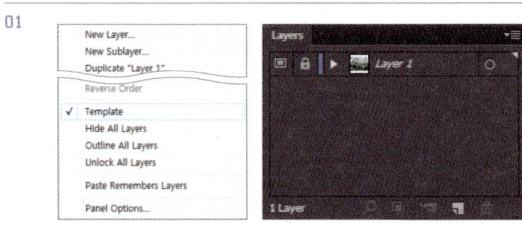

> **Note / Template**
>
> 레이어의 Template는 해당 이미지를 흐릿하게 만들어 바탕에 위치시키는 기능입니다. 밑그림을 토대로 작업할때 유용하게 쓰입니다.

03 블럽 브러시 툴 ▣ 을 선택하고 옵션바에서 '15 pt. Round' 브러시를 선택합니다. 블럽 브러시 툴을 더블 클릭하여 옵션 창을 띄운 뒤 다음과 같이 설정합니다.

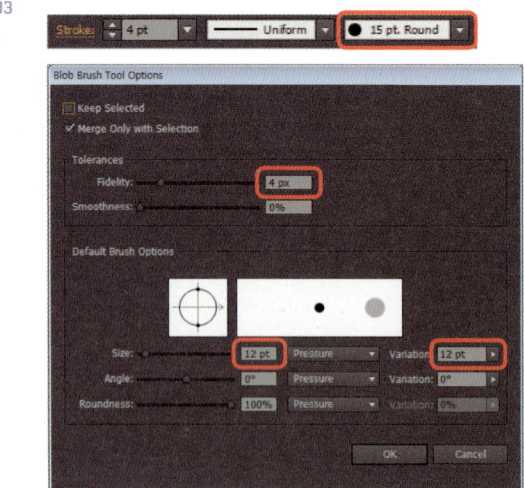

04 면을 녹색 #3F573A으로 설정한 뒤, 가로로 줄을 여러 번 그어 분리된 면을 만듭니다. **05** 그레이디언트 패널에서 다음과 같이 설정하여 두 색 사이에 자연스러운 그레이디언트를 만들어 줍니다. **06** 그레이디언트 툴을 선택한 뒤 각각의 면에 드래그하여 그레이디언트의 위치와 영역을 설정합니다. 잔디에 색이 은은하게 깔렸습니다.

04

05

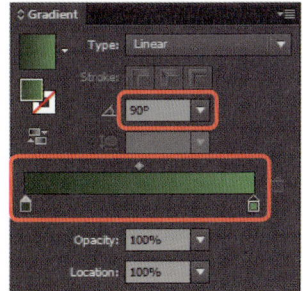

06

07 블럽 브러시 툴로 뭉게구름 모양의 수풀을 그려 줍니다. 그레이디언트 패널에서 색을 다음과 같이 설정합니다. **08** 같은 방법으로 수풀 면에 그레이디언트를 입혀준 뒤 위치와 영역을 조절해 줍니다.

07

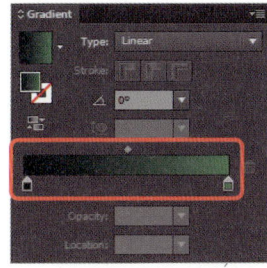 

12

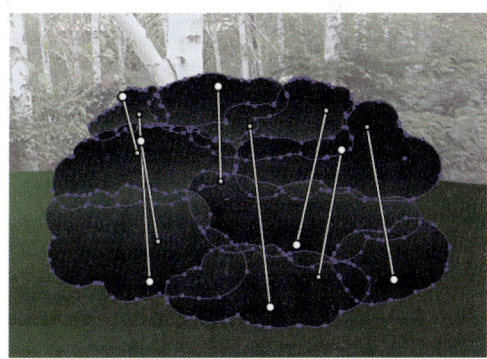

09 이제 긴 풀잎을 그려 보겠습니다. 그레이디언트를 새롭게 만든 뒤, 태블릿의 필압을 조절하여 아래로 갈수록 두꺼운 잎을 그립니다. 바람이 불어오듯 왼쪽으로 기울어진 잎을 표현합니다. **10** 그레이디언트를 다시 새롭게 만들어 뭉게모양의 수풀을 양쪽에 그립니다. **11** 왼쪽에 작은 수풀들을 두 개 더 그립니다.

09

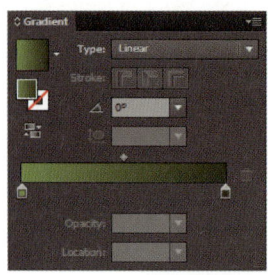

Note / 블럽 브러시 툴의 특징

- 블럽 브러시 툴은 면의 속성을 가진 오브젝트를 그릴 수 있습니다.
- 블럽 브러시 툴로 그린 면 위에 면을 새로 그렸을 때 두 면을 합쳐서 그릴 수 있으며, 각각 개별적인 면으로도 그릴 수 있습니다.
- 블럽 브러시 툴의 옵션 창에서 필압이 감지되도록 설정해 놓으면 태블릿 펜을 누르는 힘의 강약에 따라 브러시 사이즈를 조절하여 그릴 수 있습니다.

Note / 그레이디언트 패널

그레이디언트 패널에 대해 자세히 알고 싶다면 168P를 참고하세요.

10

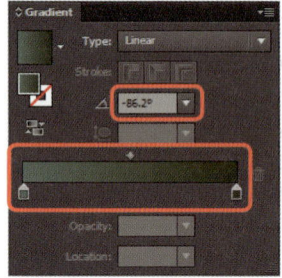

11

STEP 2
자작나무와 배경 그리기

01 레이어 패널에서 ![](버튼을 눌러 새 레이어를 만듭니다. 이제부터 자작나무를 그리겠습니다. **02** 블럽 브러시 툴 을 더블 클릭하여 옵션 창을 띄웁니다. Keep Selected에 체크하고 사이즈와 각도, 둥근 정도를 조절한 뒤 OK합니다. **03** 사진을 참고하여 흰색 #FFFFFF 나무줄기를 그립니다. 스무드 툴 을 선택하고 면의 패스 라인을 따라 다시 한 번 그려 선을 부드럽게 처리합니다. 기준점이 조금 사라진 것을 확인할 수 있습니다.

01

02

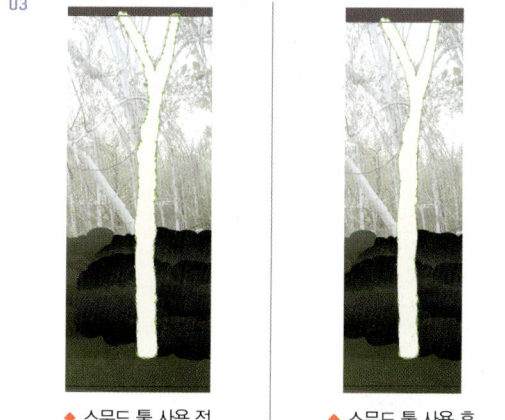

05

03

◆ 스무드 툴 사용 전   ◆ 스무드 툴 사용 후

06

04 나무줄기를 선택한 상태에서 왼쪽으로 뻗어나가는 줄기를 그립니다. 그려진 줄기 면이 합쳐져서 하나가 되었습니다. 05 굵기에 변화를 주어 줄기에 붙은 나뭇가지를 그립니다. 06 연한 회색#E2DCCF으로 자작나무가 가진 고유의 짧은 가로줄 무늬를 그립니다. 나무줄기와 가지가 모두 완성되면 패스 파인더 패널에서 ■버튼을 눌러 하나의 면으로 합칩니다.

04

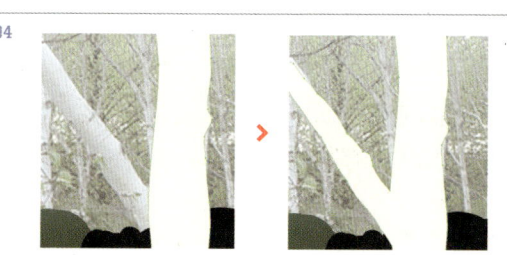

> **Note / 지우개 툴**
>
> 형태가 어긋나거나 마음에 들지 않는 부분은 지우개 툴로 지워 줍니다. 지우개 툴은 오브젝트의 선과 면에 상관없이 모두 지울 수 있습니다.

◆ 원본   ◆ 물고기 꼬리 지우는 과정

07 자작나무에 명암을 주어 입체감을 표현하겠습니다. 짙은 베이지색 #E3DCD3을 선택한 뒤, 툴 박스 하단에 있는 Draw Inside 버튼 을 누릅니다(Shift + D). 나무 둘레에 점선이 생겼습니다. 이것은 나무 영역 안쪽에만 채색할 수 있다는 Draw Inside 채색 모드 표시입니다. **08** 블럽 브러시 툴 로 나무의 어두운 면이 들어갈 부분을 찾아 채색합니다.

07

08

> **Note / 채색 모드**
>
> 채색 모드에 대해 자세히 알고 싶다면 361P를 참고하세요.

09 Draw Normal 버튼을 눌러 일반 채색 모드로 돌아옵니다. 갈색 #827972을 선택하여 가로줄 무늬와 점을 그리고 나뭇가지 사이에 얇은 나뭇가지를 추가로 그립니다. **10** 레이어 패널에서 버튼을 눌러 새 레이어를 만들어 [Layer 1] 레이어와 [Layer 2] 레이어 사이에 놓습니다.

09

10

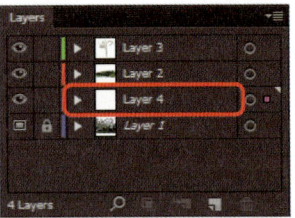

11 그레이디언트 패널에서 슬라이더를 추가하여 다음과 같이 파란색 #6C80BF 그레이디언트를 설정합니다. 사각형 툴 을 선택한 뒤 클릭 드래그하여 하늘색의 큰 사각형을 만듭니다. 그레이디언트 툴 로 그레이디언트의 위치와 영역을 설정하여 자연스럽고 은은한 하늘색 배경을 만들어 줍니다.

11

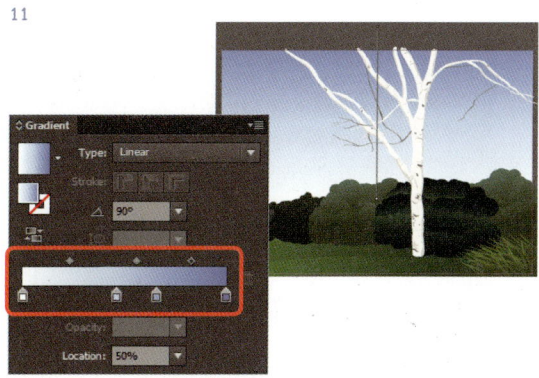

12 새로운 그레이디언트를 만든 뒤 블럽 브러시 툴로 하늘 배경의 아래 부분을 칠해 주세요. 13 Transparency 패널에서 레이어 모드를 Overlay로 바꾸고 Opacity를 20%로 변경하여 은은하게 합성시킵니다. 14 흰색을 선택한 뒤 Transparency 패널에서 레이어 모드를 Normal로 바꾸고 Opacity를 20%로 변경합니다. 하늘 전체에 크게 드리운 뭉게구름을 그립니다.

12

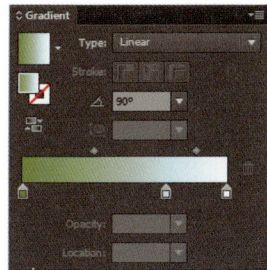

13

14

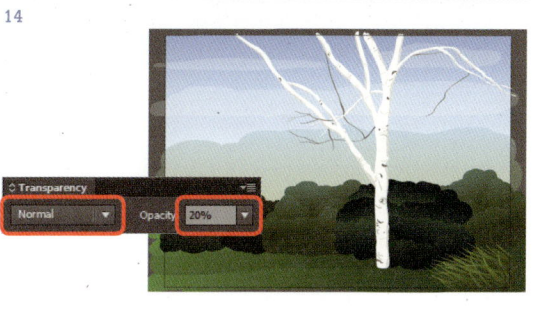

STEP 3
나뭇잎, 꽃, 풀 그리기

01 레이어 패널에서 버튼을 눌러 [Layer 4] 레이어 위에 새 레이어 [Layer 5] 레이어를 만듭니다. 02 블럽 브러시 툴로 수풀 뒤에 자작나무들을 그려 줍니다. 짙은 베이지색 #B0B1B2과 연한 회색 #8C8783을 사용하여 뒤쪽에 있는 것을 강조해 줍니다. 03 가로줄 무늬와 점들을 추가로 그려 나무를 완성시킵니다.

01

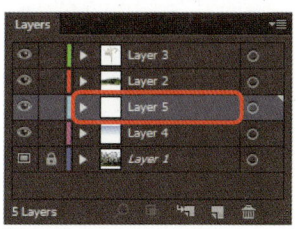

02

03

05

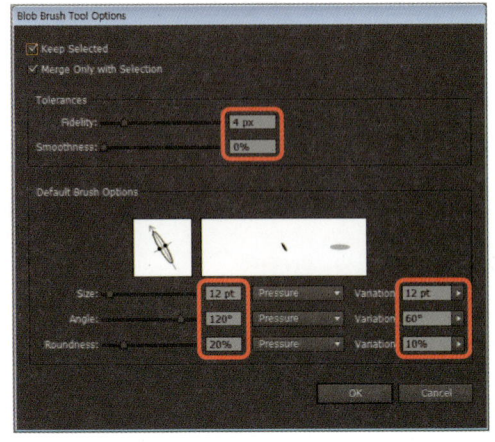

06 새로운 그레이디언트를 만든 뒤 블럽 브러시 툴 로 나뭇가지에 달린 나뭇잎을 그려 주세요. 나뭇잎의 모양과 사이즈에 변화를 주고 그레이디언트 효과를 여러 각도로 다양하게 적용시켜 나뭇가지 주변에 골고루 위치시킵니다. 울창한 자작나무 숲이 완성되었습니다.

04 레이어 패널에서 ■ 버튼을 눌러 상단에 새 레이어 [Layer 6] 레이어를 만듭니다. **05** 블럽 브러시 툴 을 더블클릭하여 옵션 창을 띄웁니다. 다음과 같이 사이즈와 각도, 둥근 정도를 조절한 뒤 OK합니다.

06

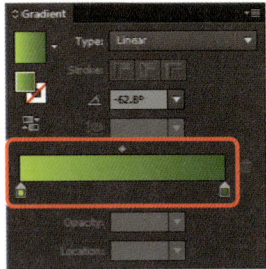

04

07 이제 수풀 위를 꽃으로 장식해 보겠습니다. 꽃 하나를 완성시켜 복제한 후 사용하도록 하겠습니다. 흰 꽃을 그린 뒤 주변에 잎들을 그립니다. 전체를 선택한 뒤 Ctrl + G 를 눌러 그룹으로 만듭니다. 08 그룹화 된 꽃을 Alt 를 누른 채 드래그하여 복제합니다. 같은 방법으로 꽃을 여러 개 복제하여 수풀 전체적으로 골고루 퍼지게 위치시킵니다.

07

08

09 다른 수풀들 위에도 각기 다른 모양을 가진 꽃과 나뭇잎을 그려 장식해 줍니다. 10 잔디 위에 그레이디언트가 입혀진 풀들을 그려 다양한 식물들이 자라는 풍성한 숲의 느낌을 한층 더해 줍니다. 11 자작나무가 우거진 풍경화가 완성되었습니다.

09

10

11

블럽 브러시 툴을 이용하여 다른 풍경화에도 도전해 보세요.

포토샵+일러스트레이터를 활용한 일러스트 드로잉

포토샵과 일러스트레이터가 가진 각각의 강점들을 함께 이용하면
표현할 수 있는 범위가 넓어집니다. 가령 3D 느낌의 실사체를 그리고 싶을 때,
표를 제작하거나 그래프를 만들고 싶을 때,
일러스트레이터와 포토샵 중 어느 프로그램을 사용해야 할까요?
질문에 대한 답은 함께 사용하는 것입니다.
Part 1과 2에서 두 프로그램의 기본 기능에 대해 학습하신 뒤,
이번 예제를 공부하시는 것을 권해드립니다.
또한 툴 기능을 익히는 것에 끝나지 않고 원리를 이해하고
응용하여 다양한 작품을 만들어 보시길 바랍니다.

펜 · 3D Revolve · 표 · Live Paint · Live Trace · 브러시 · Free Transform
블렌딩 모드 · Select Stroke · 패스 도형 · Adjustment · 블러 · Warp

Chapter 01

3D를 이용하여 실사 느낌의
커피 컵 만들기

이번 예제에서는 일러스트레이터의 3D 기능을 이용하여 3차원적인 컵 형태를 만든 뒤 포토샵에서 색감을 보정하고 장식적인 요소를 넣어 실사 느낌의 커피 컵을 만들어 보겠습니다. 일러스트레이터의 3D 기능 중 Revolve 효과를 이용하면 축을 기준으로 오브젝트를 회전시켜 입체 모형을 만들 수 있습니다. 단면을 선 패스로 그린 뒤 회전 각도와 축의 위치를 설정하면 빠르고 효과적인 입체 표현을 구사할 수 있습니다. 학습의 주요 포인트는 3D 회전체를 만드는 기능과 리터칭 기능입니다. 이를 학습한 뒤에 또 다른 실사 느낌의 오브젝트도 만들어 보세요.

- ◆ **ILLUSTRATOR POINT SKILL** / 펜 툴 • 3D Revolve
- ◆ **PHOTOSHOP POINT SKILL** / 패스 도형 툴 • Adjustment • 블러 필터 • Warp
- ◆ **사용한 브러시** / Soft Round 브러시
- ◆ **예 제 파 일** / 커피컵-시작.ai • 커피컵-완성.jpg • 라벨.jpg

STEP 1 /
3D 회전체 만들기

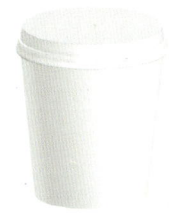

STEP 2 /
보정 및 채색하기

STEP 3 /
그림자와 라벨지 넣기

STEP 4 /
마무리하기

STEP 1
3D 회전체 만들기

01 일러스트레이터에서 선 색을 밝은 회색 #E6E7E7으로 지정한 뒤 펜 툴로 'ㄱ' 모양의 패스를 그립니다. **02** 컵의 옆면과 아랫면의 실루엣을 생각하여 다음과 같이 패스 라인을 그립니다. **03** 선택 툴로 패스를 전체 선택합니다.

01

04 Effect ▷ 3D ▷ Revolve메뉴를 선택합니다. **05** 3D Revolve 옵션 창에서 Angle을 360, from을 Left Edge로 설정한 뒤 OK합니다. **06** 360도 회전되어 3D 회전체가 완성됩니다.

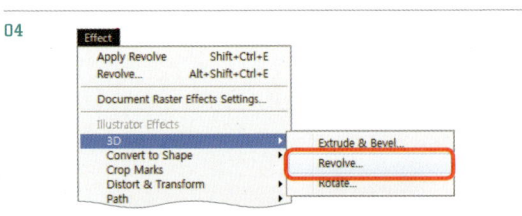

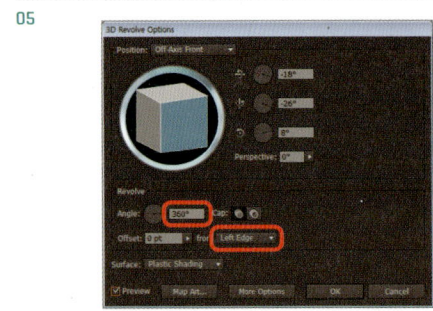

06

Note / 3D Revolve 옵션 창 살펴보기

Revolve 메뉴는 단면의 오브젝트를 가운데 축을 기준으로 회전시켜 동그란 형태로 만드는 3D 효과입니다.

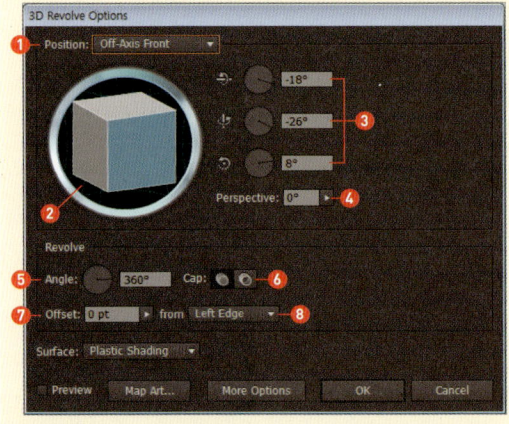

❶ **Position** : 오브젝트의 방향을 설정합니다.
❷ **Preview** : 미리보기를 통해 마우스를 좌우상하로 드래그하여 오브젝트의 위치를 설정합니다.
❸ **축 각도** : 수치를 입력해서 오브젝트의 위치를 설정합니다.
❹ **Perspective** : 오브젝트에 원근법을 적용합니다.
❺ **Angle** : 회전되는 각도를 설정합니다.
❻ **Cap** : 오브젝트의 면을 나타내거나 없앱니다.
❼ **Offset** : 수치 값만큼 회전 축에 공간을 둡니다.
❽ **From** : 회전 축의 방향을 왼쪽 또는 오른쪽으로 설정합니다.

Note / 패스 라인의 위치에 따른 회전체 모양

◆ 컬러가 다른 패스 라인을 회전했을 때

◆ 컬러가 같은 패스 라인을 회전했을 때

◆ 컬러가 다른 패스 라인을 연결하여 회전했을 때

◆ 컬러가 다른 패스 라인에 공간을 두고 회전했을 때

Note / Offset 설정에 따른 회전체 모양

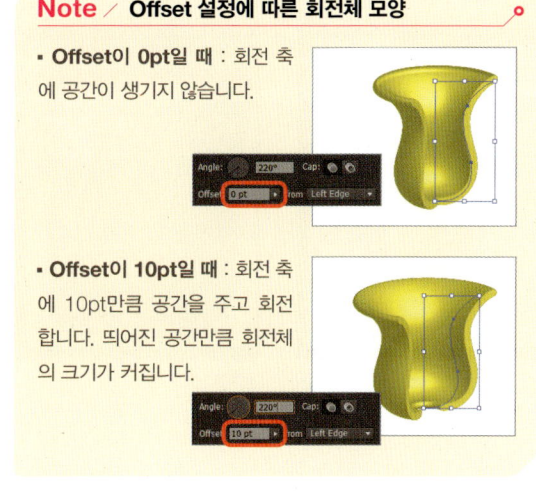

- **Offset이 0pt일 때** : 회전 축에 공간이 생기지 않습니다.

- **Offset이 10pt일 때** : 회전 축에 10pt만큼 공간을 주고 회전합니다. 띄어진 공간만큼 회전체의 크기가 커집니다.

Note / 회전 각도에 따른 회전체 모양

완전한 입체의 3D형태를 만듭니다.

220도 회전하여 오브젝트가 완성되지 않습니다.

오브젝트가 180도 회전하여 반쪽 형태가 됩니다.

STEP 2
보정 및 채색하기

01 포토샵에서 Ctrl + N 을 눌러 새 작업 창을 만듭니다. 가로를 435Pixels, 세로를 592Pixels로 설정한 뒤 OK합니다. **02** Ctrl + V 를 누르면 Paste 창이 뜹니다. Pixels 항목을 선택한 뒤 OK하면 **03** 일러스트에서 복사된 3D 회전체가 새 작업 창에 붙습니다. Enter 를 누르면 고정됩니다.

01

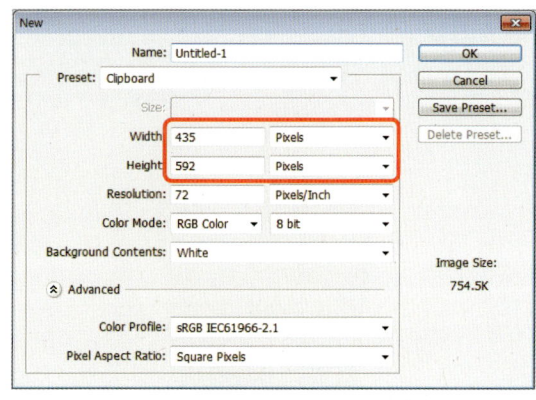

02
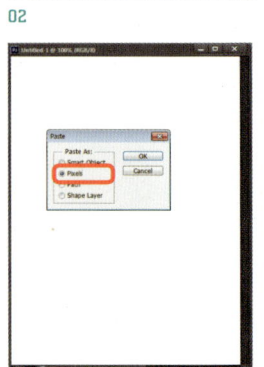

03
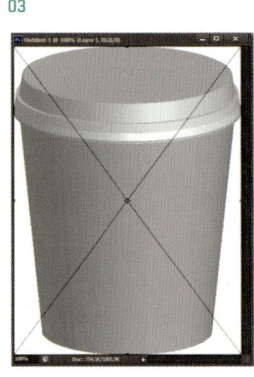

Note / Image Size & Cavas Size

- **Image Size** : Image ▷ Image Size를 선택합니다(Alt + Ctrl + K). 이미지 자체의 크기를 늘리거나 줄입니다. 가로세로 중 하나의 크기만 조절하는 경우 원본 이미지와 다르게 보일 수 있습니다.
- **Canvas Size** : Image ▷ Canvas Size를 선택합니다(Alt + Ctrl + C). 이미지는 그대로 유지되고 이미지 여백을 늘리거나 줄입니다.

◆ 원본 400×385

◆ Image Size 200×385 ◆ Canvas Size 591×591

04 Alt + Ctrl + C 를 눌러 Canvas Size 창을 띄웁니다. Width를 40Centimeters, Height를 55Centimeters로 설정한 뒤 OK합니다. **05** 이미지는 그대로 있고 작업 창의 여백만 늘어납니다.

04
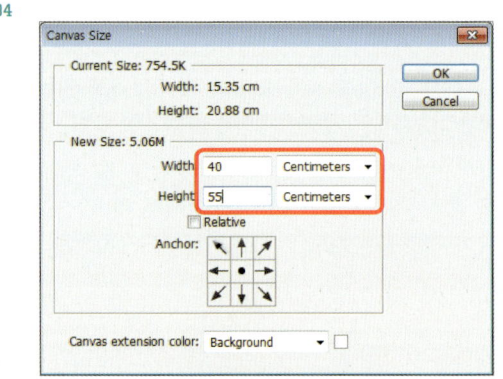

05

06 [Layer 1] 레이어를 선택한 뒤 **07** Image ▷ Adjustment ▷ Desaturate 메뉴를 선택합니다(Shift + Ctrl + U). 3D 회전체의 채도를 없애 흑백의 명암 단계로 표현합니다.

06
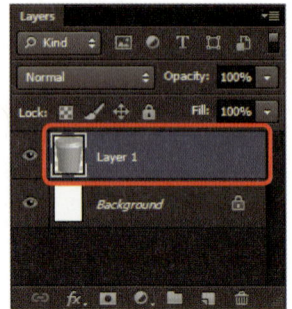

07

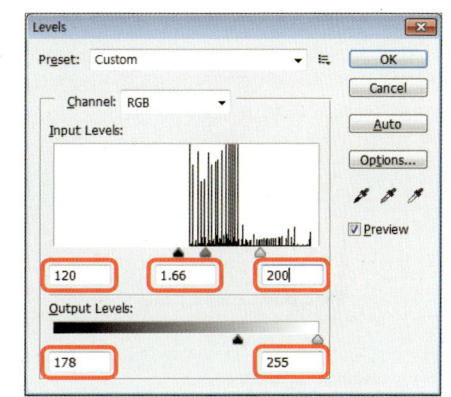

09

08 Ctrl + L 을 눌러 Levels 창을 띄운 뒤 Input Levels 칸에 0, 1.00, 255, Output Levels 칸에 80, 255를 입력하고 OK합니다. 09 다시 Ctrl + L 을 눌러 Levels 창을 띄운 뒤, Input Levels 칸에 120, 1.66, 200, Output Levels 칸에 178, 255를 입력하고 OK합니다. 10 명암 대비가 뚜렷해 지면서 밝은 3D회전체가 됩니다.

08

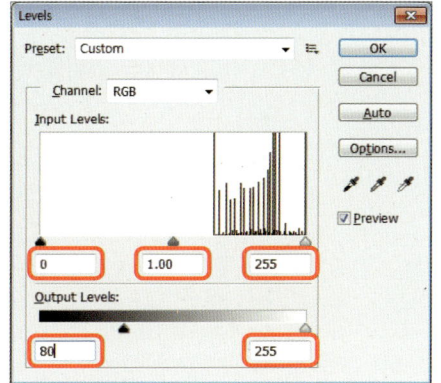

10

Note / Desaturate

Desaturate 메뉴를 이용하면 흑백의 명암 단계만 나타나는 채도가 없는 색을 만듭니다.

Note / Levels 창 살펴보기

Levels 창은 이미지 전체의 명도를 조절할 수 있습니다.

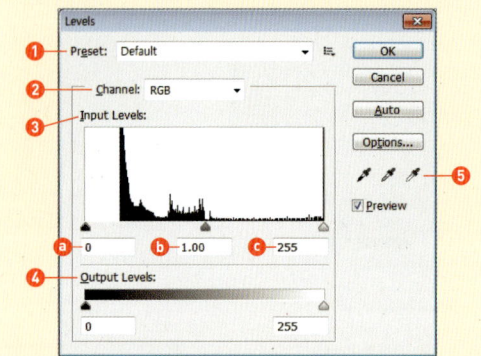

❶ **Preset** : 미리 설정해 놓은 Levels 설정 값을 선택하여 적용시킬 수 있습니다.

❷ **Channel** : R(빨강), G(초록), B(파랑) 채널별로 명암 분포도를 확인하고 조절 할 수 있습니다.

❸ **Input Level** : 이미지에 분포된 명암 대비를 조절합니다.
- a : 어두운 부분 (shadow)
- b : 중간 부분 (Midtones)
- c : 밝은 부분 (Highlight)

❹ **Output Levels** : 이미지의 색상 밝기를 조절합니다.

❺ **색상 스포이드** : 검은색 스포이드는 어두운 부분을, 회색 스포이드는 중간 부분을, 흰색 스포이드는 밝은 부분을 지정 할 수 있습니다. 지정된 영역별로 이미지를 보정합니다.

11 번 툴을 선택하여 상단의 옵션바에서 Range를 Highlights, Exposure를 10%로 설정합니다. 번 툴로 문질렀을 때 밝은 부분에 반응하여 그 부분을 어둡게 만들어 줍니다. 12 컵 뚜껑의 꺾이는 면들을 번 툴로 문질러 색상과 채도를 강하게 표현해 줍니다.

11

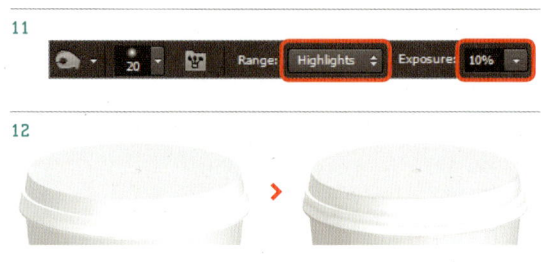

12

Note / 닷지 툴과 번 툴

닷지 툴은 명암을 어둡게 눌러줄 때 사용하며 번 툴은 명암을 밝게 만들어 줄 때 사용합니다.

- + Alt = : 번 툴이 선택된 상태에서 Alt 를 누르면 닷지 툴이 됩니다.
- + Alt = : 닷지 툴이 선택된 상태에서 Alt 를 누르면 번 툴이 됩니다.

13 올가미 툴로 드래그하여 다음과 같이 선택 영역을 지정합니다. Ctrl + J 를 눌러 선택 영역으로 지정한 컵의 부분을 복제합니다. 14 [Layer 2] 레이어가 생성됩니다.

13

14

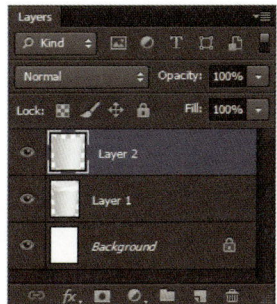

> **Note** / **그레이디언트 슬라이드 바 스펙트럼**
>
> 슬라이드 바에서 임의의 곳을 클릭하면 해당 영역에 집 모양의 스펙트럼이 만들어집니다. 불투명도를 조절할 수 있는 스펙트럼과 색상을 조절할 수 있는 스펙트럼이 있습니다.
> - ▯ : 불투명도 스펙트럼입니다. Opacity 값을 입력하여 불투명도를 조절합니다.
> - ▯ : 색상 스펙트럼입니다. 추가된 스펙트럼은 위치를 옮겨 색과 색 사이의 간격을 조절할 수 있으며, 더블 클릭하거나 하단의 Color 항목을 클릭하여 색을 변경할 수 있습니다.

> **Note** / **Layer Via copy (Ctrl + J)**
>
> 이 명령어를 수행하면 레이어의 선택 영역 부분만 복사됩니다. 레이어의 이미지 일부를 선택 영역으로 만들어 단축키(Ctrl + J)를 누르면 새 레이어가 생성되면서 선택 영역 부분이 복사됩니다. 원본 이미지는 그대로 있습니다.

17 레이어 패널 하단의 fx. 버튼을 눌러 Gradient Overlay 메뉴를 선택합니다. 세부 옵션에서 방금 만든 그레이디언트를 선택한 뒤 Angle을 5°로 하여 각도를 비슷하게 설정하고 OK합니다. **18** 컵의 면에 그레이디언트가 입혀집니다.

15 그레이디언트 툴 ▮을 선택한 뒤, 상단 옵션바에서 그레이디언트 바를 선택합니다. **16** Gradient Editor 창이 뜨면 집 모양의 스펙트럼을 추가하여 다음과 같은 그레이디언트를 만들어 줍니다.

15

17

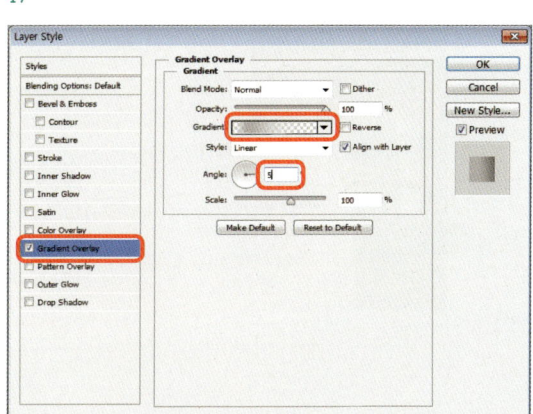

16

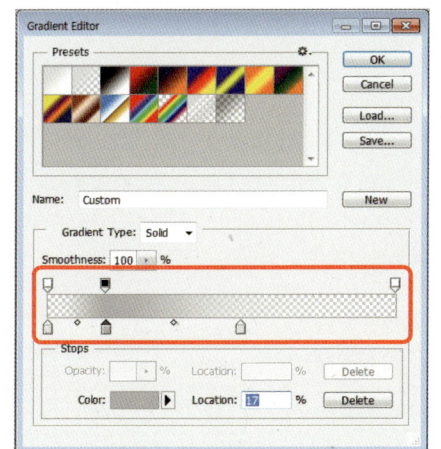

18

19 Ctrl + L 을 눌러 Levels 창이 열리면 다음과 같이 숫자를 입력하고 OK합니다. 20 [Layer 2] 레이어에서 마우스 오른쪽 버튼을 눌러 팝업 메뉴 창을 띄워 Rasterize Layer Style 메뉴를 선택합니다. 효과 아이콘이 사라지면서 일반 레이어가 됩니다. 21 컵 면이 더 밝아집니다.

STEP 3
그림자와 라벨지 넣기

01 원형 툴을 선택한 뒤 Shape 항목을 지정하고 Fill을 검은색 #000000으로 설정합니다. 02 컵 하단의 사이즈에 맞춰 클릭 드래그하여 가로로 긴 원을 만듭니다. 03 원이 만들어지는 동시에 레이어 패널에 [Ellipse 1]이 추가됩니다. [Layer 2] 레이어와 [Layer 1] 레이어 사이에 위치시킵니다.

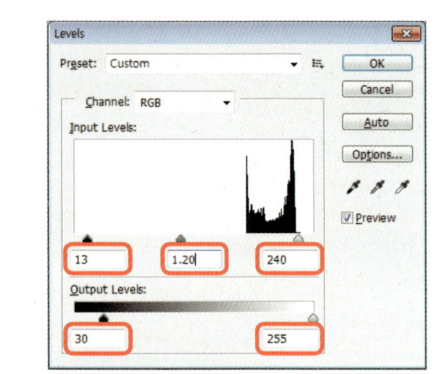

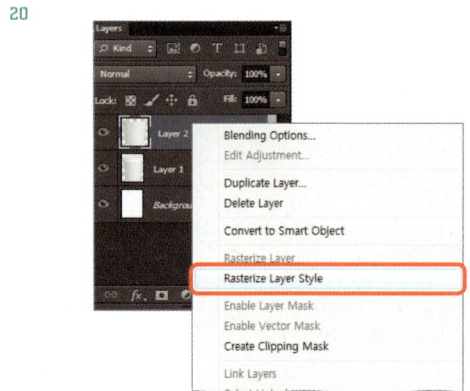

04 Filter ▷ Blur ▷ Motion Blur 메뉴를 선택합니다. 필터 효과를 적용하기 위해 [Ellipse 1]을 일반 레이어로 바꾸라는 내용의 경고 창이 뜨면 OK합니다. 자동으로 [Ellipse 1]이 일반 레이어로 변경됩니다. 05 Motion Blur 창이 열리면 Distance를 200으로 설정한 후 OK합니다.

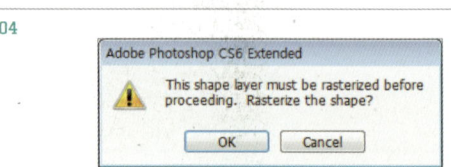

05

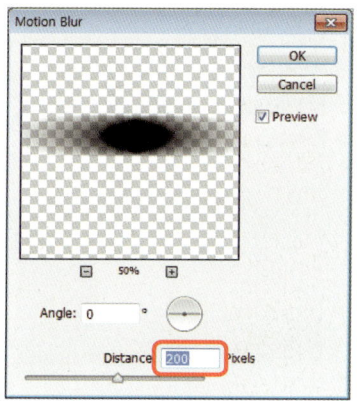

07

Note / Motion Blur

Blur 필터의 공통점은 이미지의 초점이 흐려져 이미지가 부드럽게 번지는 듯한 느낌입니다. Motion Blur는 이미지의 초점이 흐려지고 번지는 느낌은 같지만 바람이 불어와 개체가 날아가는 듯한 속도감 있는 연출이 가능합니다.

Note / Gaussian Blur

이미지를 흐리게 하거나 부드럽게 처리하는 필터입니다. Radius는 흐려지는 범위로 값이 커질수록 더욱 흐려집니다.

06 Filter ▷ Blur ▷ Gaussian Blur 메뉴를 선택하여 Radius를 15pixels로 설정한 뒤 OK합니다. 07 그림자가 만들어집니다.

08 Ctrl + T 를 눌러 자유 변형(Free Transform) 박스를 띄웁니다. 조절점을 안쪽으로 드래그하여 그림자 사이즈를 줄입니다. Enter 를 눌러 고정합니다. 09 [Ellipse 1] 레이어의 이름을 [그림자]로 변경하고 Opacity를 50%로 설정하여 그림자를 흐릿하게 만듭니다. [Layer 1] 레이어는 [컵원본]으로, [Layer 2] 레이어는 [컵몸체]로 이름을 변경합니다. 10 [Background] 레이어를 더블 클릭하여 자물쇠를 풉니다. 이름을 [Layer1]로 변경합니다.

06

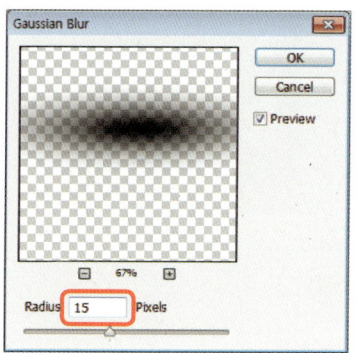

08

09

11

10

12

> **Note** / Background 자물쇠 풀기
>
> [Background] 레이어를 더블 클릭하여 New Layer 창을 띄운 뒤, OK하면 [Layer 0] 이름을 가진 레이어로 변경되고 자동으로 자물쇠가 풀립니다. 자물쇠가 채워져 있으면 포토샵의 다양한 효과와 기능을 사용하는데 제한이 있기에 필자는 보통 [Background] 레이어의 자물쇠를 풀어 사용합니다.

13

11 전경색을 진한 분홍색 #B38983으로 설정한 뒤 Alt + Delete 를 눌러 배경색을 입힙니다. 12 라벨지를 컵 몸체에 씌우겠습니다. Ctrl + O 를 눌러 '라벨.jpg' 파일을 불러옵니다. 13 이동 툴 로 '라벨.jpg' 파일을 작업 창으로 드래그하여 컵 가운데에 배치합니다.

> **Note** / 전경색과 후경색 입히기
>
> - 전경색으로 색 입히기 : Alt + Delete
> - 후경색으로 색 입히기 : Ctrl + Delete

14 `Ctrl`+`T`를 눌러 자유 변형(Free Transform) 박스를 띄운 뒤 마우스 오른쪽 버튼을 누릅니다. 팝업 메뉴가 뜨면 Warp을 선택합니다. **15** 라벨 이미지에 격자 모양의 그물망이 생깁니다. 상단과 하단의 조절점을 아래로 드래그하여 라벨지를 둥글게 만듭니다. **16** 하단과 중간에 있는 조절점을 컵 몸체에 맞게 위치를 조절합니다.

14
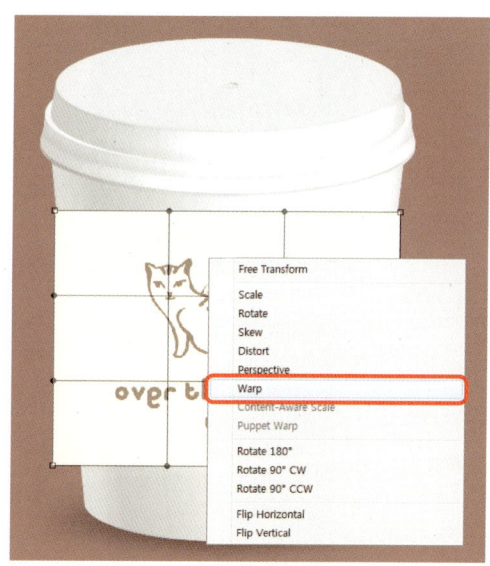

15

16

17
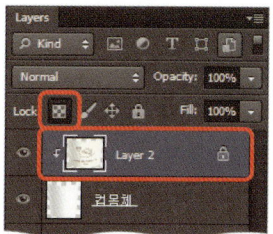

18

17 레이어 패널의 Lock 버튼 ▦을 눌러 [Layer 2] 레이어에 투명 잠금을 설정합니다. 이어 `Ctrl`+`Alt`+`G`를 눌러 클리핑 마스크를 씌웁니다. **18** 라벨지가 컵 몸체 영역에 한정됩니다.

> **Note / 잠금 기능**
> ❶ ▦ 투명 잠금입니다. 투명한 부분은 사용하지 못합니다. 색상을 가진 부분만 작업할 수 있습니다.
> ❷ ✔ 브러시 잠금입니다. 브러시를 사용하지 못합니다.
> ❸ ✥ 위치 잠금입니다. 위치를 조정할 수 없습니다.
> ❹ 🔒 모두 잠금입니다. 위의 세 가지 사항이 모두 적용된 잠금입니다.

> **Note / Clipping Mask**
> 클리핑 마스크는 하나의 레이어 이미지 영역에 다른 레이어 이미지 영역들을 한정시킬 때 사용합니다. Layer ▶ Layer Clipping Mask 메뉴를 선택하거나 `Alt`+`Ctrl`+`G`를 눌러 이용합니다. 또는 `Alt`를 누른 채 마스크를 적용할 레이어와 레이어 사이에 마우스 커서를 가져가면 클리핑 마스크 보조 아이콘이 나타납니다. 이때 마우스를 클릭해 주면 클리핑 마스크 효과가 적용됩니다. 마스크를 없애고 싶다면 다시 `Alt`+`Ctrl`+`G`를 누릅니다.

STEP 4
마무리하기

01 브러시 툴을 선택한 뒤 화면에서 마우스 오른쪽 버튼을 클릭하여 브러시 창을 띄웁니다. 'Soft Round' 브러시를 선택합니다. **02** 상단의 옵션바에서 레이어 모드를 Multiply, Opacity를 10%로 설정합니다. **03** 회색 #D1D1D2 계열로 라벨지의 왼쪽 부분을 칠해 어둡게 만듭니다.

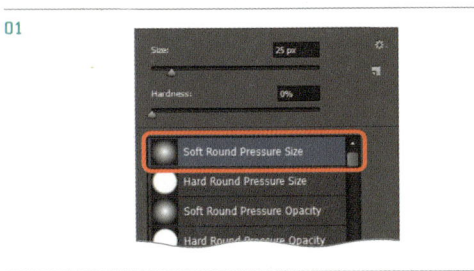

04 닷지 툴을 선택한 뒤 Exposure을 50%로 설정합니다. **05** 라벨지의 윗부분과 아랫부분을 문질러 가는 하이라이트 선을 만듭니다.

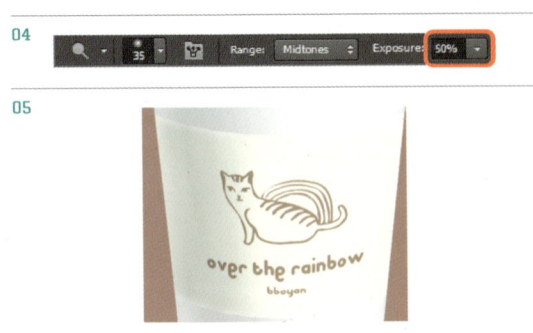

06 [컵몸체] 레이어를 선택한 뒤 **07** 닷지 툴과 번 툴로 컵 몸체를 문질러 밝고 어두운 부분의 대비를 확실히 만들어 줍니다.

08 [Layer 2]~[컵원본] 레이어를 Shift를 눌러 모두 선택합니다. **09** 이동 툴로 커피 컵의 위치를 하단으로 옮깁니다.

10 도형 툴을 선택한 뒤 Shape 항목에서 Fill을 에메랄드색 **#DAEDE2**로 설정합니다. Shape 항목에서 버튼을 눌러 도형 창을 띄웁니다. **11** 버튼을 눌러 Talk Bubbles 메뉴를 선택합니다. 알맞은 말풍선 패스를 선택합니다.

10

11

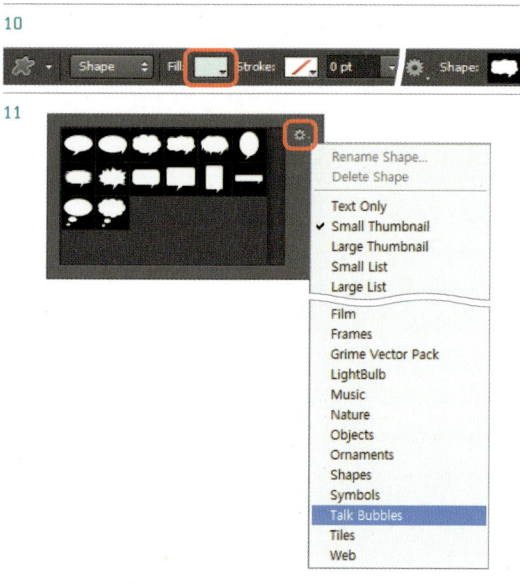

13

12 커피 컵 위쪽에서 클릭 드래그하여 말풍선을 만듭니다. **13** 텍스트 툴로 'Would you like some coffee?' 문구를 적습니다.

12

14 커피와 관련된 타이틀을 적은 뒤 1pixel 굵기의 가로 줄을 넣어 커피컵 소개 페이지를 완성합니다. 지금까지 배운 3D 회전체를 만든 기능과 리터칭 기능을 활용하여 다른 실사 느낌의 다른 오브젝트도 만들어 보세요.

14

Chapter 02

일주일이 즐거운 주간 스케줄 표 만들기

이번 예제에서는 표를 이용하여 나만의 주간 스케줄 표를 만들어 보겠습니다. 주간 계획표는 한주한주, 매일매일 행할 작업이나 약속 등을 기입할 수 있어 디테일한 시간을 관리하는데 도움이 됩니다. 표는 브로슈어나 팜플렛을 만들 때에도 자주 등장합니다. 일러스트레이터에서 표 툴을 이용하면 표를 쉽게 제작할 수 있습니다. 표를 만든 뒤, 라이브 페인트 버킷 툴을 이용하면 바탕 면에 색을 입힐 수도 있습니다. 완성된 스케줄 표를 프린트하여 책상 옆에 붙여놓고 필요한 것들을 메모해 두면 나만의 둘도 없는 똑똑한 매니저가 될 것입니다.

◆ **ILLUSTRATOR POINT SKILL** / 표 툴 • Live Paint
◆ **PHOTOSHOP POINT SKILL** / 브러시 툴 • 레이어 스타일 • 패스 도형 툴
◆ **사용한 브러시** / Hard Round 브러시
◆ **예 제 파 일** / 스케쥴러-시작.ai • 스케쥴러-완성.jpg • 스크래치종이.jpg

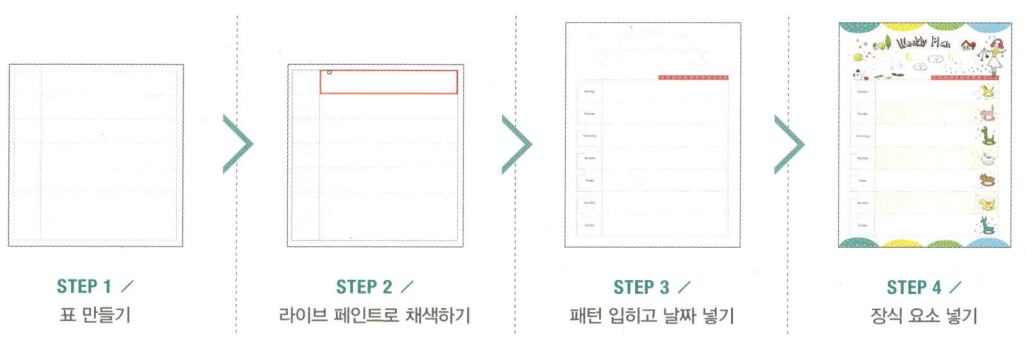

STEP 1 / 표 만들기
STEP 2 / 라이브 페인트로 채색하기
STEP 3 / 패턴 입히고 날짜 넣기
STEP 4 / 장식 요소 넣기

STEP 1
표 만들기

01 일러스트레이터에서 Ctrl + N을 눌러 New Document 창을 띄웁니다. Name은 스케쥴러, Width는 15cm, Height는 21cm으로 설정한 뒤 OK합니다. **02** 선 툴을 길게 누르고 있으면 숨겨진 툴들이 보입니다. **03** 표 툴을 더블 클릭하여 옵션 창을 띄웁니다. Horizontal Dividers의 Number를 6으로 설정하고 Vertical Dividers의 Number를 1로 설정합니다. **04** 2열 7행인 표가 만들어집니다.

> **Note / Horizontal Dividers & Vertical Dividers**
>
> 수치를 '칸' 수가 아니라 표를 나누어 주는 '선' 수로 입력합니다. 표를 7등분 하려면 선이 6개 있으면 되므로 생각한 칸 수보다 −1만큼을 입력한다고 생각하면 쉽습니다.
>
> - **Horizontal Dividers** : 표의 줄 수, 즉 행의 개수를 정합니다. 세로를 등분합니다.
> - **Vertical Dividers** : 표의 칸 수, 즉 열의 개수를 정합니다. 가로를 등분합니다.

05 직접 선택 툴로 중앙의 세로 줄을 선택한 뒤 왼쪽으로 드래그합니다. **06** 표 전체를 선택한 뒤 선 색을 분홍색 #E36482으로 선택하고 **07** 스트로크 패널에서 굵기를 0.5pt로 설정합니다. **08** 표가 분홍색 선으로 변경됩니다.

01

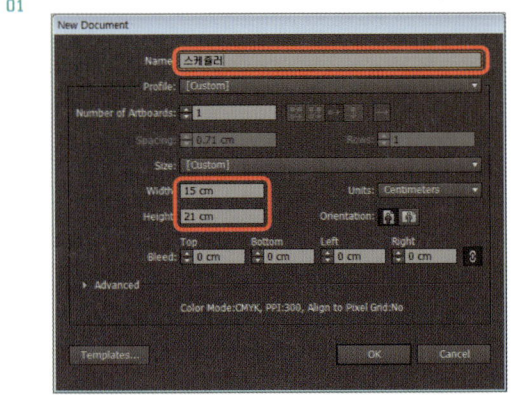

02 03

04

05

06 07

08

09 점선을 만들어 보겠습니다. 가로 줄을 선택한 뒤 **10** 스트로크 패널에서 Dashed Line에 체크한 뒤 dash를 2pt로 설정합니다. **11** 선이 점선으로 바뀝니다. **12** 같은 방법으로 표 안쪽에 있는 나머지 가로 줄도 점선으로 바꿔 줍니다.

> **Note / Dashed Line**
>
> dash와 gap에 원하는 값을 입력하여 다양한 점선을 만들 수 있습니다. dash는 선으로 표현될 길이이며 gap은 점과 점 사이의 공간 값입니다. 스트로크의 모양은 gap의 설정 값에 따라 더욱 다양하게 변경됩니다. 수치 값에 따라 점선을 만들 수 있는 Dashed Line 기능을 활용해 보세요.

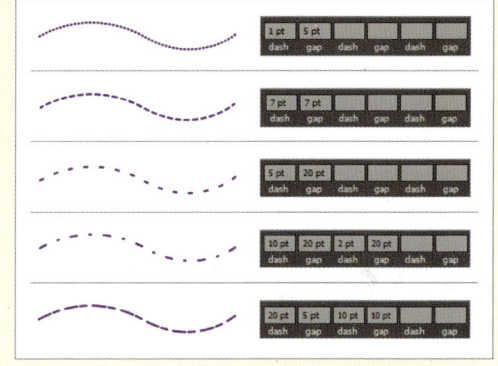

09

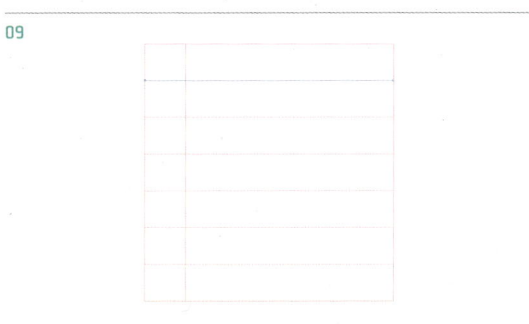

10

11

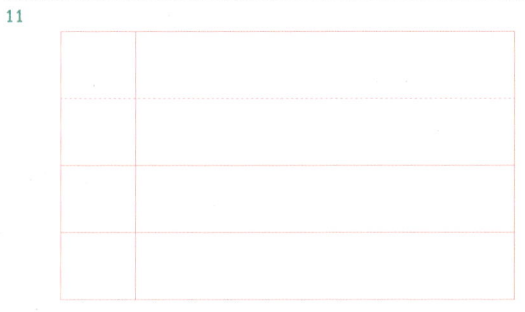

STEP 2
라이브 페인트로 채색하기

01 Ctrl + A 를 눌러 표 전체를 선택한 후 Object ▷ Live Paint ▷ Make 메뉴를 선택합니다(Alt + Ctrl + X). 라이브 페인트 툴을 사용할 수 있는 환경이 만들어집니다. 이제 라이브 페인트 버킷 툴을 사용하여 표를 채색해 보겠습니다.

01

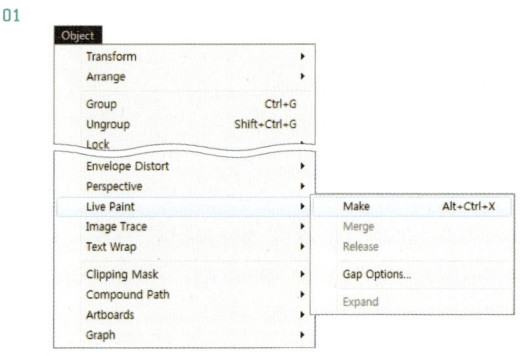

12

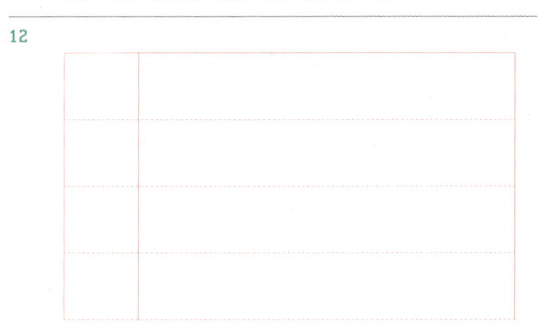

02 하늘색 #F0F9FD을 지정하고 왼쪽 칸을 클릭하여 색을 입힙니다. 라이브 페인트 버킷 툴을 오브젝트 위로 가져가면 색이 칠해질 부분이 붉은 선으로 표시되며 클릭하면 색이 채워집니다. 03 베이지 색 #FFFFFB을 지정하고 오른쪽 칸을 클릭하여 색을 입힙니다. 표 전체를 선택한 뒤 Ctrl + C를 누릅니다. 이제 복사한 이미지를 포토샵으로 옮기겠습니다.

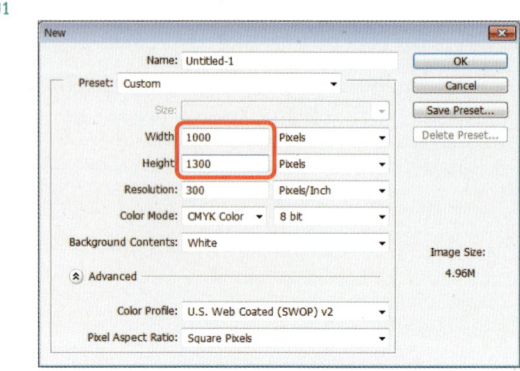

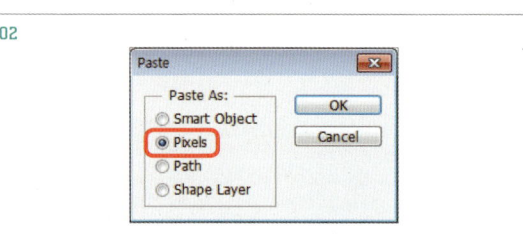

> **Note** / 라이브 페인트 버킷 툴
>
> 라이브 페인트 버킷 툴은 오브젝트에 지정한 색을 클릭하여 채워 넣는 툴입니다. 일러스트레이터에서는 오브젝트를 선택하여 지정된 색상을 넣으려면 반드시 닫힌 패스여야만 합니다. 이때 라이브 페인트 버킷 툴을 이용하면 닫힌 패스가 아니더라도 패스로 분할된 영역 안을 손쉽게 칠할 수 있습니다.

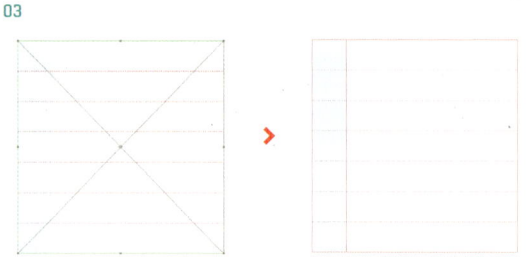

STEP 3
패턴 입히고 날짜 넣기

01 포토샵에서 Ctrl + N 을 눌러 새로운 작업 창을 만듭니다. Width는 1000Pixels, Height는 1300Pixels로 설정한 뒤 OK합니다. 02 Ctrl + V 를 누르면 Paste 창이 뜹니다. Pixels 항목을 선택한 뒤 OK버튼을 누르면 03 일러스트에서 작업한 이미지가 새 작업 창에 붙습니다. 사이드 조절점을 이용하여 상단에 약간의 여백을 주어 사이즈를 맞춥니다. Enter 를 누르면 고정됩니다.

04 레이어 하단의 ■ 버튼을 눌러 새 레이어를 만듭니다. 05 [Background] 레이어를 더블 클릭하여 [배경]으로 이름을 변경하고, 새로 생성한 레이어의 이름을 [표]로 변경합니다.

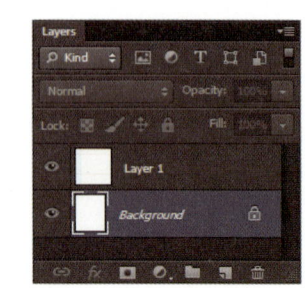

05

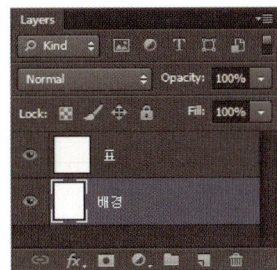

07

08

> **Note / Background 자물쇠 풀기**
>
> [Background] 레이어를 더블 클릭하여 New Layer 창을 띄운 뒤, OK하면 [Layer 0] 이름을 가진 레이어로 변경되며 자동으로 자물쇠가 풀립니다. 자물쇠가 채워져 있으면 포토샵의 다양한 효과와 기능을 사용하는데 제한이 있기에 필자는 보통 [Background] 레이어의 자물쇠를 풀어 사용합니다.

09 [Background] 레이어의 눈을 감겨 배경을 투명하게 만듭니다. 10 Edit ▷ Define Pattern 메뉴를 선택해 '사각패턴'으로 이름을 짓습니다.

06 새 작업 창을 띄워 패턴을 만들겠습니다. Ctrl + N 을 눌러 새 도큐먼트 창을 띄웁니다. Width, Height를 모두 20pixel로 설정한 뒤 OK합니다. 07 ▣ 버튼을 눌러 새 레이어를 만듭니다. 08 [Layer 1] 레이어에서 연필 툴 ✏ 을 선택한 뒤 다음과 같이 Shift 를 누른 채 드래그하여 가로 줄과 세로 줄을 그립니다.

09

10

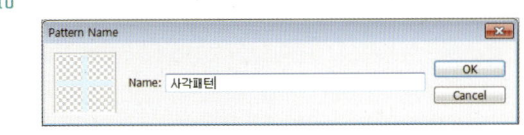

06

![New 대화상자: Width 20 Pixels, Height 20 Pixels]

11 Untitled-1.psd 작업 창의 [배경] 레이어를 선택한 뒤, 레이어 패널 하단의 fx 버튼을 눌러 Pattern Overlay 메뉴를 선택합니다. 12 Pattern 항목에서 ▼버튼을 눌러 방금 등록한 '사각패턴'을 선택합니다. 13 Scale을 50%로 설정한 뒤 OK합니다. 14 배경에 사각 패턴이 입혀집니다.

14

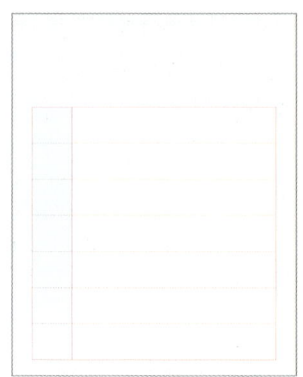

11

15 레이어 하단의 버튼을 눌러 [장식] 레이어를 만듭다. 16 사각형 툴 을 선택한 뒤 Shape 항목을 지정하고 Fill을 분홍색 #E26482으로 설정합니다. 17 표 오른쪽 상단의 테두리 경계에 맞춰 클릭 드래그하여 가로로 긴 사각형을 만듭니다.

15

16

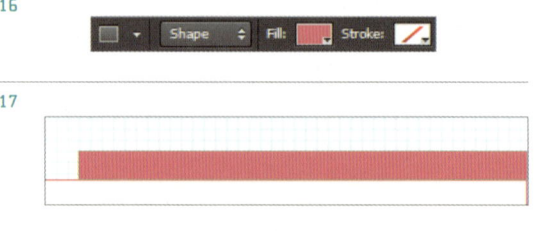

17

12 13

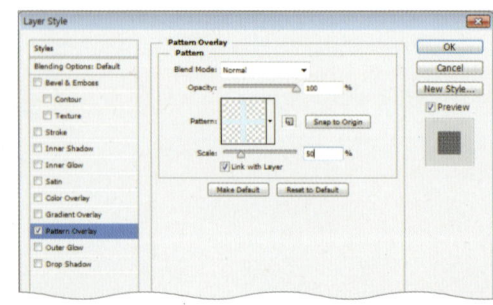

18 도형 툴■을 선택한 뒤, Shape 항목에서 Fill을 흰색 #FFFFFF으로, Stroke를 분홍색 #E26482으로 지정합니다. 굵기는 0.2pt로 설정한 뒤 ▌버튼을 눌러 도형 창을 띄웁니다. 19 ■버튼을 눌러 Banners and Award 메뉴를 선택하여 각종 배너와 배지 도형 패스를 불러옵니다 'Banner 2'를 선택합니다.

20 화면 상단 중앙에서 클릭 드래그하여 리본 배너를 만듭니다. 21 사각형 패스 툴■을 선택한 뒤 Fill은 흰색 #FFFFFF으로, Stroke는 분홍색 #E26482으로 설정합니다. 22 [Shift]를 누른 채 클릭 드래그하여 정사각형을 만듭니다. 표 왼쪽 칸의 위쪽 테두리 경계에 맞춰 줍니다.

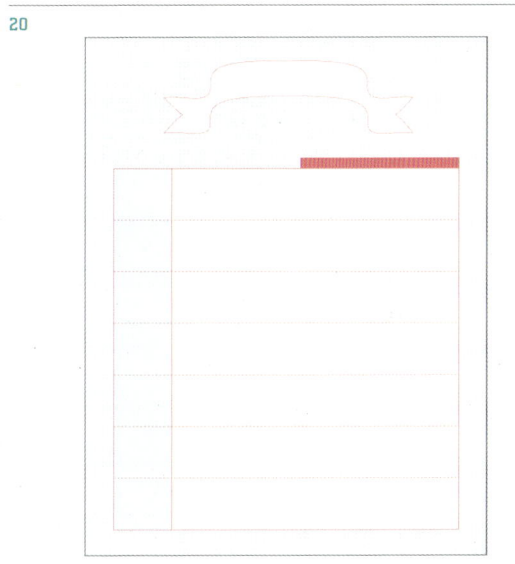

Note / 도형 패스 모두 보기

도형 툴 상단 옵션바에서 ▌버튼을 누르면 다음과 같이 도형 패스가 보입니다. ■을 누르면 도형 패스 목록이 나타납니다. All을 선택해 줍니다. 포토샵에서 기본적으로 제공하는 모든 도형 패스가 보입니다.

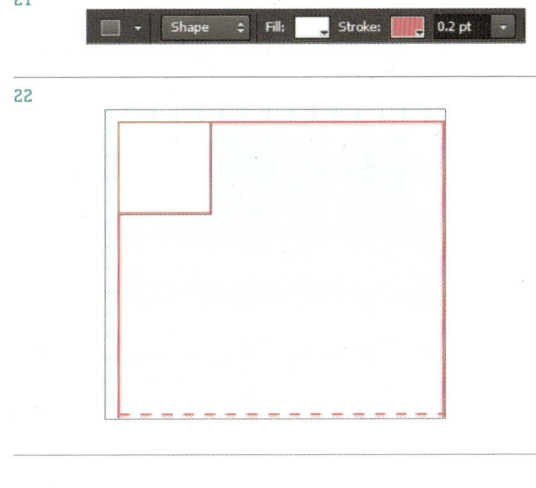

23 같은 방법으로 왼쪽 칸마다 정사각형의 체크 박스를 만듭니다. **24** 정사각형 도형 패스를 만들며 생긴 [Rectangle 2]~[Rectangle 2 copy 6] 레이어를 Shift 를 눌러 모두 선택합니다. **25** Ctrl + E 를 눌러 하나의 레이어로 합칩니다. 합친 레이어의 이름을 [체크박스]로 변경합니다.

> **Note / 레이어 합치기**
>
> 레이어 패널에서 삼각 보조 버튼 을 누르면 레이어 메뉴가 나타납니다.
>
> ❶ **Marge Down**(Ctrl + K) : 선택된 레이어와 아래에 있는 레이어를 합칩니다.
> ❷ **Merge Visible**(Shift + Ctrl + E) : 눈이 켜져 있는 레이어만 합칩니다.
> ❸ **Flatten Image** : 모든 레이어를 합쳐 'Background'의 이름을 가지고 자물쇠가 채워진 레이어로 만듭니다.
> ❹ **Marge Layers**(Ctrl + E) : 링크된 레이어, 혹은 선택된 레이어끼리 합칩니다. Merge Down과 같은 단축키를 사용합니다.

23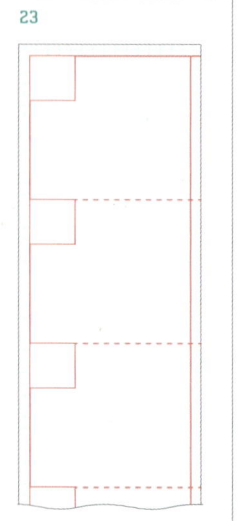

24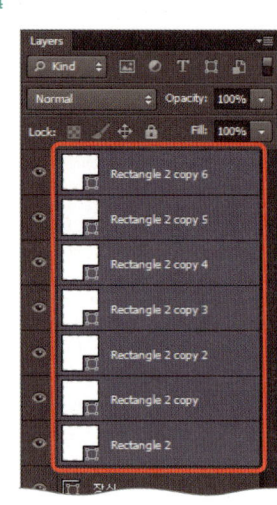

25

26 텍스트 툴 T 로 년도를 적습니다. **27** 왼쪽 칸에 요일을 영문으로 써 줍니다. **28** 텍스트를 적으며 생긴 레이어를 Shift 를 눌러 모두 선택합니다. **29** Ctrl + E 를 눌러 하나의 레이어로 합칩니다.

26

27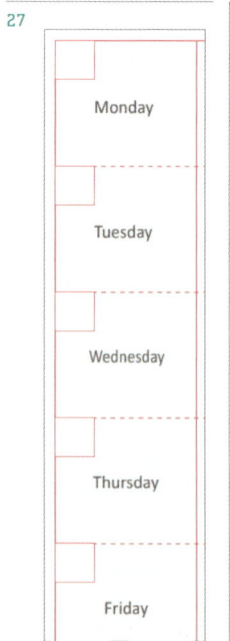

28

> **Note / Shift , Alt 살펴보기**
>
> ❶ 개체를 그릴 때
> - Shift : 정원, 정사각형, 직선 등을 그릴 수 있습니다.
> - Alt : 중앙을 기준으로 개체를 그릴 수 있습니다.
>
> ❷ 이동할 때
> - Shift : 개체를 선택하여 Shift 를 누른 채 클릭 드래그하면 직선상으로만 이동 가능합니다.
> - Alt : 개체를 선택하여 Alt 를 누른 채 클릭 드래그하면 복사가 됩니다.

29

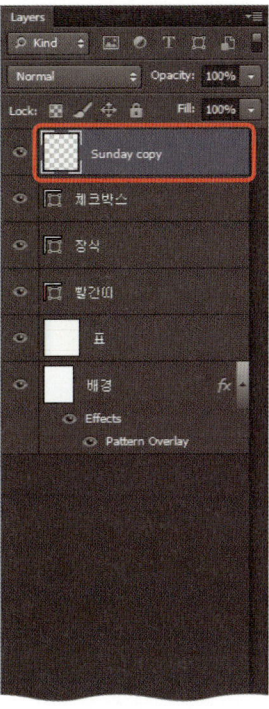

30 주간 스케줄 표에 기본적으로 필요한 요소들이 완성되었습니다.

30

STEP 4
장식 요소 넣기

01 레이어 패널 하단의 ■ 버튼을 눌러 [라인] 레이어를 만듭니다. 02 브러시 툴 ✎을 선택한 뒤 화면에서 마우스 오른쪽 버튼을 눌러 브러시 창을 띄웁니다. 'Hard Round' 브러시를 선택합니다. 03 'Weekly Plan'을 얇은 검은색 #000000 테두리가 있는 글씨로 그립니다.

01

02

03

04 글씨 오른쪽에서 빛이 비친다고 가정하고, 그 반대 방향인 왼쪽에 그림자를 그려 줍니다. 05 집과 나무, 구름과 해, 찻잔과 새싹, 소녀 등의 장식 요소를 그립니다. 06 요일별 칸의 오른쪽 부분에 동물 모양의 완구를 그립니다.

04

05

06
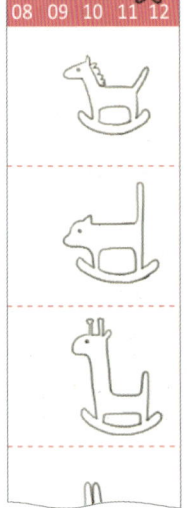

07
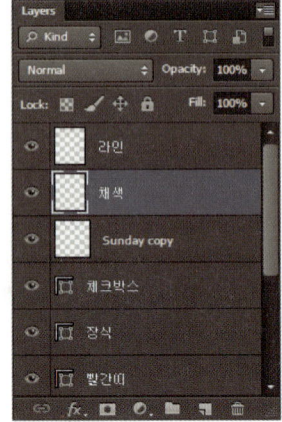

08

09

07 레이어 패널 하단의 ■ 버튼을 눌러 [라인] 레이어와 [Sunday copy] 레이어 사이에 [채색] 레이어를 만듭니다. 08 원하는 컬러로 라인의 경계를 벗어나지 않게 신경 써서 다음과 같이 색을 입힙니다. 달과 꽃과 빗방울 등의 요소도 배경 곳곳에 넣어 장식해 줍니다. 09 동그라미 점을 찍어 흰색 리본 배너 위를 꾸며 주세요.

10 브러시 사이즈를 키워 라운드 형의 커튼을 그립니다. 11 브러시 사이즈를 2px로 낮춰 커튼마다 다양한 무늬들을 그려 줍니다. 12 사각 선택 툴을 선택한 뒤 다음과 같이 커튼영역을 드래그하여 선택 영역으로 지정합니다.

10

11

12

> **Note** / 브러시 사이즈 조절하기
> - [ ] : 브러쉬 사이즈가 점차 작아집니다.
> - [ ] : 브러쉬 사이즈가 점차 커집니다.

13 Ctrl + J를 눌러 커튼 영역을 복제합니다. [채색] 레이어에 있던 커튼이 복제되면서 [Layer 2] 레이어가 새로 생성됩니다. Ctrl + D를 눌러 선택 영역을 해제합니다. **14** [Layer 2] 레이어를 선택한 뒤 Ctrl + T를 눌러 자유 변형(Free Transform) 박스를 띄웁니다. 마우스 오른쪽을 눌러 Flip Vertical 메뉴를 선택하여 커튼을 상하대칭시킵니다.

13

14

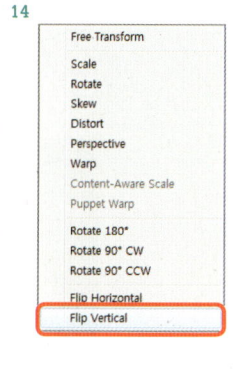

> **Note** / Via Copy & Via Cut
> 레이어를 합성하고 복사할 때 Via copy와 Via cut의 차이를 이해하고 활용하면 작업 속도를 높일 수 있습니다.
>
> ❶ **Layer Via copy**(Ctrl + J) : 이 명령어를 수행하면 레이어의 선택 영역 부분이 복사됩니다. 레이어의 이미지 일부를 선택 영역으로 만들어 Ctrl + J를 누르면 새 레이어가 생성되면서 선택 영역 부분이 복사됩니다. 원본 이미지는 그대로 있습니다.
>
>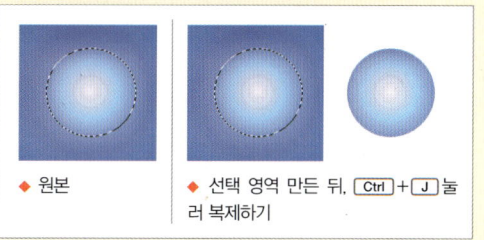
>
> ◆ 원본   ◆ 선택 영역 만든 뒤, Ctrl + J 눌러 복제하기
>
> ❷ **Layer Via cut**(Shift + Ctrl + J) : 이 명령어를 수행하면 레이어의 선택 영역 부분이 잘라집니다. 레이어의 이미지 일부를 선택 영역으로 만들어 Ctrl + J를 누르면 새 레이어가 생성되면서 선택 영역 부분이 잘라집니다. 원본 이미지는 잘려져 비어있게 됩니다.
>
>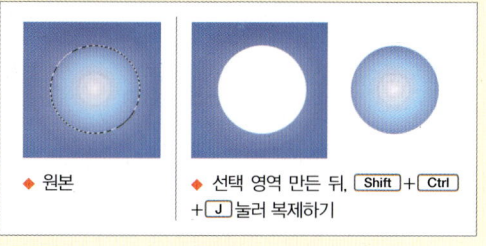
>
> ◆ 원본   ◆ 선택 영역 만든 뒤, Shift + Ctrl + J 눌러 복제하기

15 이동 툴로 커튼의 위치를 배경 하단 라인에 맞춥니다. **16** 꽃, 별, 나뭇잎 등을 이용하여 동물 모양의 완구 주변을 장식해 주세요. **17** 아기자기한 장식이 들어간 깜찍한 스케줄러가 되었습니다.

15

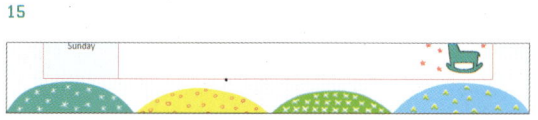

16 17

20

18 [Ctrl]+[O]를 눌러 '스크래치종이.jpg' 파일을 불러옵니다. [Ctrl]+[A]를 눌러 전체 선택한 뒤, [Ctrl]+[C]를 눌러 복사합니다. 19 Untitled-1.psd 작업 창에 [Ctrl]+[V]를 눌러 붙입니다. 20 스크래치 종이가 담긴 [Layer 3] 레이어를 [표] 레이어와 [빨간띠] 레이어 사이에 위치시킨 후 Opacity를 40%로 설정합니다.

18

19

21 표에서 화요일에 해당하는 오른쪽 칸을 사각 선택 툴로 드래그하여 선택 영역으로 지정합니다. 22 [Ctrl]+[J]를 눌러 선택 영역으로 지정된 스크래치 종이를 복제합니다. [Layer 4] 레이어가 새로 생성됩니다. 23 스크래치 종이가 담긴 [Layer 3] 레이어를 휴지통에 드래그하여 삭제합니다. 24 [Layer 4] 레이어를 선택한 뒤 [Ctrl]+[J]를 두 번 눌러 레이어를 복제합니다. [Layer 4 copy]와 [Layer 4 copy 2]가 생성됩니다.

21

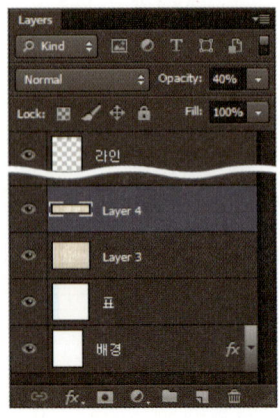

22

23

25 이동 툴 로 [Layer 4 copy]와 [Layer 4 copy 2]에 있는 복제된 스크래치 종이를 목요일과 토요일 칸에 맞게끔 이동시킵니다. 질감이 들어간 부분으로 요일 구분이 확실해 졌습니다. 나만의 주간 스케줄 표가 완성되었습니다.

25

24

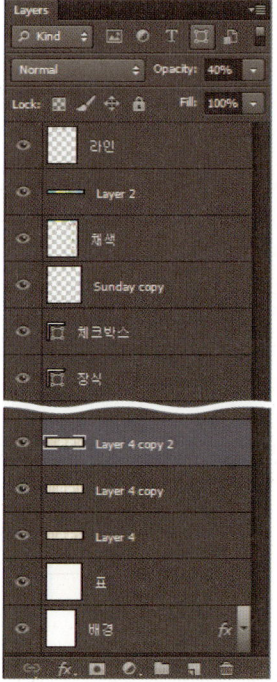

완성된 스케줄러를 프린트하여 중요한 날짜와 약속, 작업 내용들을 기록해 보세요. 꼼꼼히 메모하는 습관을 기르는데 도움이 됩니다.

Chapter 03

영화의 장면을 이용하여
포스터 만들기

이번 예제에서는 영화의 장면을 이용하여 포스터를 제작해 보겠습니다. 연필로 스케치한 비트맵 그림을 일러스트레이터의 Image Trace(Live Trace) 기능을 이용하여 벡터 이미지로 만든 뒤, 라이브 페인트 버킷 툴을 이용하여 색을 입힙니다.

Image Trace(Live Trace) 기능은 손으로 그린 그림을 벡터 이미지로 쉽게 변환해 주기 때문에 손으로 일일이 패스를 그리지 않아도 됩니다. 뿐만 아니라 사진이나 수작업으로 채색한 그림도 손쉽게 벡터 이미지로 만들 수 있기 때문에 다양한 디자인 스타일에 적용시킬 수 있습니다. 라이브 페인트 버킷 툴은 패스 라인이 이어진 안쪽 면을 한 번의 클릭만으로 색을 입힐 수 있는 기능입니다. 색을 모두 칠한 벡터 이미지는 포토샵으로 복사하여 붙인 뒤, 질감을 합성하여 완성시킵니다.

- ◆ **ILLUSTRATOR POINT SKILL** / Live Trace • Live Paint
- ◆ **PHOTOSHOP POINT SKILL** / 브러시 툴 • Free Transform • 블렌딩 모드 • Select Stroke
- ◆ **사용한 브러시** / 연필 브러시
- ◆ **예 제 파 일** / 영화포스터스케치.jpg • 영화포스터완성.jpg • 스크래치종이.jpg

 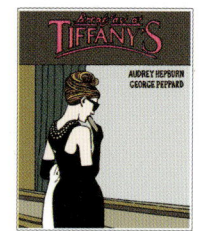 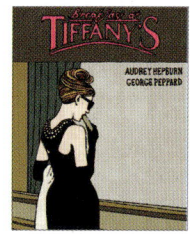 

STEP 1 / 비트맵을 벡터화하기
STEP 2 / 라이브 페인트로 채색하기
STEP 3 / 질감 합성하기
STEP 4 / 마무리하기

STEP 1

비트맵을 벡터화하기

01 일러스트레이터에서 Ctrl + O 를 눌러 '영화포스터스케치.jpg' 파일을 불러옵니다. **02** 선택 툴 로 이미지를 선택한 후 조절점을 드래그하여 도큐먼트 사이즈에 맞게 키웁니다. **03** 상단의 Image Trace 버튼을 누릅니다. **04** 스케치 선이 깔끔한 검은색 #000000 벡터 선으로 바뀌지만 형태가 깨져서 나타납니다.

01

04

05 상단의 Image Trace Panel 버튼 을 눌러 Image Trace 창을 띄웁니다. Advanced 보조 버튼 Advanced 을 클릭하여 세부 옵션이 더 보이게 합니다. Threshold 값을 210, Noise는 2로 설정합니다. **06** 벡터선이 스케치 선에 맞추어 자세하게 바뀝니다. 상단의 Preset의 버튼을 눌러 다른 스타일을 적용시킬 수 있습니다.

02

05

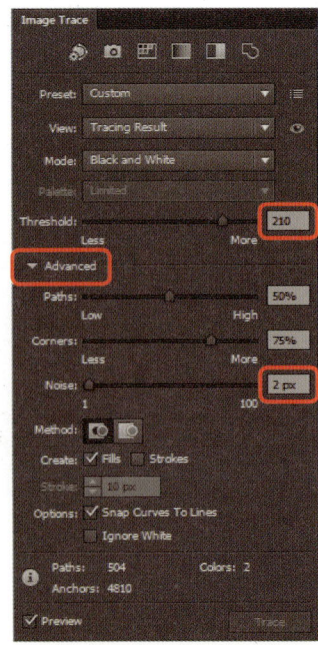

03

06

> **Note** / 이미지 트레이스 스타일
> 이미지 트레이스 스타일에 대해 자세히 알고 싶다면 128P를 참고하세요.

07 상단의 Expand 버튼을 눌러 이미지를 일반 오브젝트로 전환시킵니다. 이제 벡터 선이 끊어진 부분을 이어 주겠습니다. 직접 선택 툴을 선택한 뒤 기준점 하나를 선택합니다.

08 드래그하거나 방향키를 눌러 기준점을 아래로 옮겨 닫힌 패스로 만들어 줍니다.

07

08

09 벡터 선이 끊어진 부분을 찾아 같은 방법으로 선을 이어 줍니다.

09

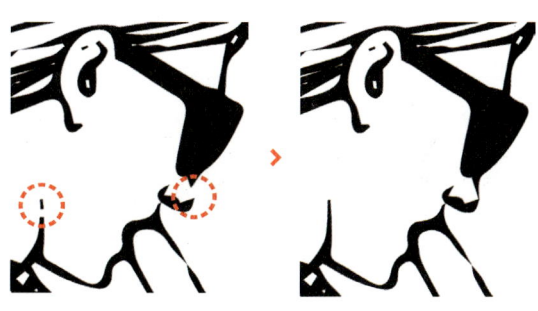

◆ 글자 선 이어주기

◆ 라운드형 프레임 이어주기

◆ 얼굴 선 이어주기

STEP 2
라이브 페인트로 채색하기

01 Object ▷ Live Paint ▷ Make 메뉴를 선택합니다(Alt + Ctrl + X). 라이브 페인트 툴을 사용할 수 있는 환경이 만들어집니다. 이제 라이브 페인트 버킷 툴을 사용하여 채색해 보겠습니다. **02** 면 색을 갈색 #635949으로 설정한 뒤 **03** 라이브 페인트 버킷 툴을 오브젝트 위로 가져가면 색이 칠해질 부분이 붉은 선으로 표시되고 클릭하면 색이 채워집니다.

01

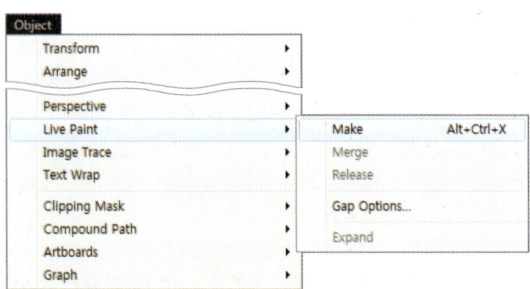

02

03

04 글자 사이사이 칠해지지 않은 부분을 클릭하여 색을 입힙니다. 'B'나 'A'와 같은 글자 안의 구멍도 빠트리지 않고 채색합니다. **05** 건물 외벽과 창문 프레임을 채색합니다.

04

05

06 커튼과 여인의 얼굴, 목과 팔에 색을 입히고 여인의 머리와 손에 들고 있는 아이스크림을 채색합니다. **07** 짙은 회색 #DBD9D9으로 창문을 채색합니다. **08** 칠해지지 않은 글자 사이의 공간과 글자 안의 구멍도 빠트리지 않고 채색합니다.

06

> **Note** / 라이브 페인트 버킷 툴
> 라이브 페인트 버킷 툴에 대해 자세히 알고 싶다면 128P를 참고하세요.

07

08

10

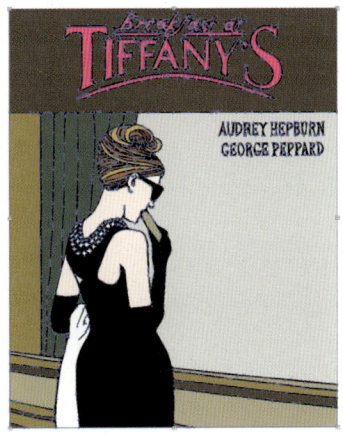

09 분홍색 #FF43A1으로 상단의 'Break Fast at TIFFANY' S' 글자를 클릭하여 색을 입혀 채색을 완성됩니다. 10 선택 툴로 이미지 전체를 선택한 뒤 Ctrl + C 를 누릅니다. 복사한 이미지를 포토샵에서 작업합니다.

09

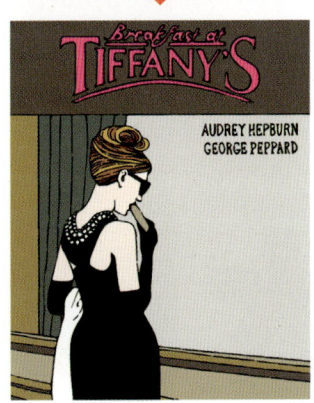

STEP 3
질감 합성하기

01 포토샵에서 Ctrl + N 을 눌러 새 작업 창을 만듭니다. Name은 영화포스터, Width는 2167Pixels, Height는 2785Pixels로 설정한 뒤 OK합니다. 02 Ctrl + V 를 누르면 Paste 창이 뜹니다. Pixels 항목을 선택한 뒤 OK하면 03 일러스트레이터에서 작업한 이미지가 새 작업 창에 붙습니다. 사이드 조절점을 이용하여 이미지를 작업 창 사이즈에 맞춘 뒤 Enter 를 누릅니다.

01

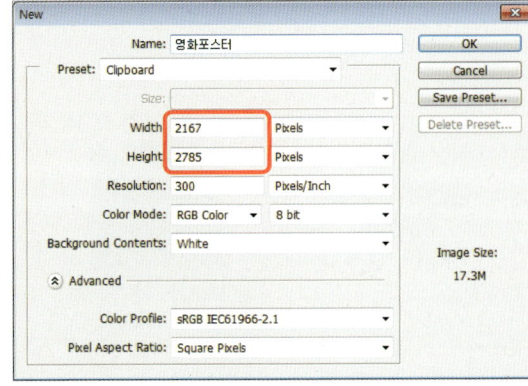

02

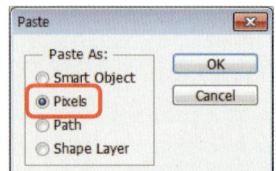

03

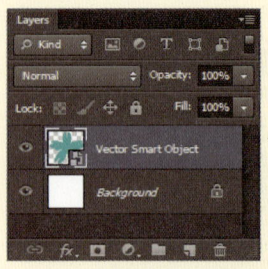

◆ 일반 레이어가 아닌 Smart Object 레이어로 붙음

❷ **Pixels** : 픽셀로 불러와 벡터 이미지를 비트맵화합니다. 사이즈를 조절할 때마다 픽셀이 깨집니다.

◆ 원본   ◆ 사이즈 늘리면 깨짐

◆ 일반 레이어로 붙음

❸ **Path** : 패스 선만 불러옵니다. 패스 패널에 붙습니다.

 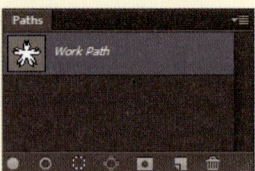

Note / Paste as

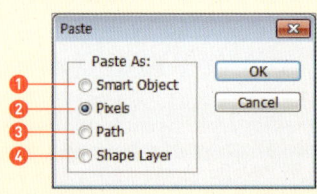

❶ **Smart Object** : 비트맵 이미지를 벡터 속성을 가진 오브젝트 또는 레이어로 전환하는 메뉴입니다. 일러스트레이터에서 가져온 이미지를 Smart Object 형태로 붙였을 때 사이즈를 늘렸다 줄였다해도 픽셀이 그대로 유지되어 깨지지 않습니다.

◆ 원본   ◆ 사이즈 늘려도 깨지지 않음

❹ **Shape Layer** : 일러스트레이터에서 만든 이미지 형태를 기준으로 패스 면과 선을 불러옵니다. 이때 면은 전경색으로 지정한 색으로 입혀집니다. 패스 패널에 붙습니다.

 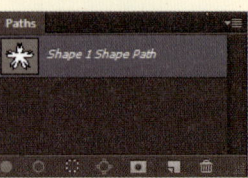

Note / Smart Object

Smart Object는 원본 레이어를 보호하는 기능과 동시에 사이즈를 늘렸다 줄였다해도 픽셀이 그대로 유지되어 깨지지 않습니다. 또한 여러 가지 효과들을 레이어에 바로 기록하여 효과를 준 시점으로 빠르게 이동할 수 있는 장점이 있습니다. Smart Object 기능은 CS3 버전부터 생긴 기능입니다.

❶ Smart Object 레이어에서는 적용한 필터를 그대로 기록합니다. ❷ 수정하고 싶은 필터를 더블 클릭하면 필터 창이 열립니다.

◆ Smart Object 레이어에 적용한 필터 효과

 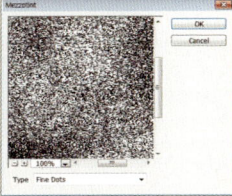
◆ Mezzotint 필터를 더블 클릭하여 열기

❸ 삭제하고 싶은 필터를 휴지통에 버려 적용된 효과를 사라지게 할 수 있습니다.

◆ Mezzotint 필터 삭제하기

04 Ctrl + O 를 눌러 '스크래치종이.jpg' 파일을 불러옵니다. Ctrl + A 를 눌러 전체 선택한 뒤 Ctrl + C 를 눌러 복사합니다. 05 영화포스터.psd 작업 창에 Ctrl + V 를 눌러 붙입니다. 06 Ctrl + T 를 눌러 자유 변형(Free Transform) 박스를 띄웁니다. 조절점을 드래그하여 작업 창에 맞춰 사이즈를 키웁니다.

04

05

06

> **Note** / 자유 변형(Free Transform) 박스
>
> 자유 변형(Free Transform) 박스는 선택한 오브젝트에 사이즈, 회전, 기울기, 대칭 등 다양한 변형을 적용시키는 기능입니다. `Ctrl` + `T` 를 눌러 박스를 띄울 수 있습니다.

07 스크래치종이.jpg를 붙이면서 새로 생성된 [Layer 2] 레이어의 레이어 모드를 Multiply로 변경하고 Opacity를 60%로 설정합니다. 08 스크래치 종이의 흰 부분이 투명해지면서 질감이 은은하게 합성되었습니다.

07

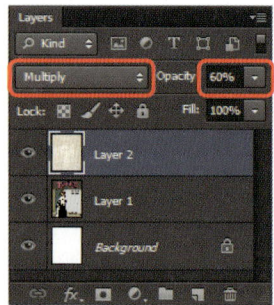

08

STEP 4
마무리하기

01 레이어 패널 하단의 ▢ 버튼을 눌러 새 레이어를 만듭니다. 02 브러시 툴 ✏️을 선택한 뒤 화면에서 마우스 오른쪽 버튼을 눌러 브러시 창을 띄웁니다. '연필' 브러시를 선택합니다.
03 흰색 #FFFFFF으로 창문에 비치는 의상들을 그립니다.

01

02

03

04 이미지에 검은색 테두리를 만들겠습니다. Ctrl + A 를 눌러 전체를 선택 영역으로 지정합니다. **05** 사각 선택 툴을 선택한 뒤 화면에서 마우스 오른쪽 버튼을 눌러 Stroke 메뉴를 선택합니다. Width를 10px, Color를 검은 색 #000000으로 설정한 뒤 OK합니다. **06** 이미지에 검은색 사각 테두리가 생겼습니다.

04

05

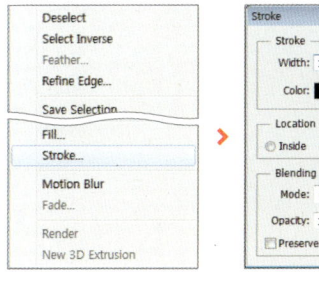 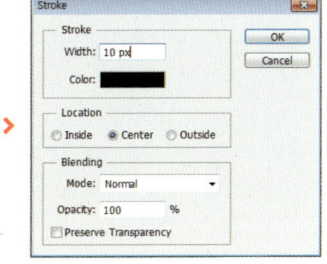

06

07 텍스트 툴 T로 영화제와 관련된 소식을 추가로 적은 뒤 오른쪽에 일렬로 배치합니다. 하단에 흰색 #FFFFFF 여백을 만들어 주최 기관과 후원 업체 로고를 삽입하여 완성합니다.

07

INDEX

ㄱ~ㅎ

강모 브러시	035
그레이디언트	091, 168
그레이디언트 라이브러리	182
그리드	402
닫힌 패스	103
도형 패스 툴	080
라이브 페인트	128
라이브 페인트 버킷	134
레이어 마스크	055
레이어 합치기	203
브러시	025
브러시 라이브러리	172
브러시 불러오기	277
브러시 정리하기	277
브러시 패널	026
블럽 브러시	124
블렌딩 모드	041
스와치 패널	150
심벌	161
심벌 라이브러리	180
아트 브러시 제작	318, 351
아트 히스토리 브러시	037, 039
어피어런스	144
열린 패스	103
이미지 트레이스	128, 368
채색 모드	361
컬러 가이드	150
컬러 가이드 패널	150
쿨러	066
클리핑 마스크	057
트랙 패널	302
패스 파인더	137
패턴 라이브러리	177
패턴 만들기	083
패턴 소스	164
펜 툴	100
혼합 브러시	036
히스토리 브러시	037

A~Z

Add Noise	239
Adjustment	047
Art Brush	118
Blob Brush	124
Bristle Brush	120, 175
Brush Libraries	172
Brush Presets	026
Calligraphic Brush	113
Cavas Size	428
Clipping Mask	435
Color Balance	050
Color Lookup	052
Content-Aware Fill	063
Content-Aware Move	214
Content-Aware Scale	063
Dashed Line	441
Flatten Transparency	365
Flow	040
Gradient	182
Grid	403
Halftone Pattern	210
Hue/Saturation	049
Image Size	428
Image Trace	128, 368
Kuler	066
kuler desktop	074
Layer Clipping Mask	057
Levels	048
Live Paint Bucket Tip	134
Live Trace	128
Modify	234
Offset Filter	084
Opacity	040
Paste as	458
Pattern Brush	121
Pattern Overlay	088
Patterns	177
Photo Filter	051
Place	414
Preset Manager	094
Pressure	127
Properties	047
Puppet Warp	064
Scatter Brush	115
Scribble Effects	307
Scribble Settings	307
Smart Object	459
Solid Color	215
Stroke	303
Symbol	161
Symbol Libraries	180
Variable Width Profile	110
Via Copy	449
Via Cut	449

Etc

3D Revolve	426
6D Art Brush	123

PHOTOSHOP 단축키

파일(File) 관련 `Alt` + `Z`
- `Ctrl` + `N` : 새 파일 만들기
- `Ctrl` + `O` : 파일 불러오기
- `Ctrl` + `W` : 파일 닫기
- `Ctrl` + `S` : 파일 저장하기
- `Shift` + `Ctrl` + `S` : 다른 이름으로 저장하기
- `Alt` + `Shift` + `Ctrl` + `S` : 웹용 파일로 저장하기
- `Ctrl` + `P` : 프린트하기
- `Ctrl` + `Q` : 포토샵 종료하기

편집(Edit) 관련 `Alt` + `E`
- `Ctrl` + `Z` : 실행 취소하거나 재실행하기
- `Shift` + `Ctrl` + `Z` : 계속 다음 단계로
- `Alt` + `Ctrl` + `Z` : 계속 이전 단계로
- `Ctrl` + `X` : 잘라내기
- `Ctrl` + `C` : 복사하기
- `Ctrl` + `V` : 붙여넣기

이미지(File) 관련 `Alt` + `I`
- `Ctrl` + `L` : Levels 값 조절할 때
- `Ctrl` + `M` : Curves 값 조절할 때
- `Ctrl` + `U` : Hue/Saturation 값 조절할 때
- `Ctrl` + `B` : Color Balance 값 조절할 때
- `Ctrl` + `I` : 이미지 색상을 반전시킬 때
- `Shift` + `Ctrl` + `U` : 흑백 이미지로 만들 때

레이어(File) 관련 `Alt` + `L`
- `Shift` + `Ctrl` + `N` : 새 레이어 만들기
- `Ctrl` + `J` : 레이어 복제하기
- `Alt` + `Ctrl` + `G` : 레이어 클리핑 마스크 씌우기
- `Ctrl` + `G` : 레이어 그룹화하기
- `Ctrl` + `E` : 아래 레이어와 합치기
- `Shift` + `Ctrl` + `E` : 보이는 레이어 모두 합치기
- `Alt` + `Ctrl` + `A` : 모든 레이어 선택하기

선택(File) 관련 `Alt` + `S`
- `Ctrl` + `A` : 전체 선택하기
- `Ctrl` + `D` : 선택 영역 해제하기
- `Shift` + `Ctrl` + `I` : 선택 영역 반전하기

보기(Edit) 관련 `Alt` + `V`
- `Ctrl` + `Space bar` + 마우스 왼쪽 Click,
  `Ctrl` + `+` : 화면 확대
- `Alt` + `Space bar` + 마우스 왼쪽 Click,
  `Ctrl` + `-` : 화면 축소
- `Ctrl` + `0` : 작업 창을 화면에 맞춰 보기
- `Alt` + `Ctrl` + `0` : 이미지를 100%에 맞춰 보기
- `Ctrl` + `H` : 선택 영역, 패스, 가이드, 슬라이스 보이기/감추기
- `Shift` + `Ctrl` + `H` : 패스만 보이기/감추기
- `Ctrl` + `;` : 가이드만 보이기/감추기
- `Ctrl` + `R` : 자 보이기/감추기

브러시(Brush) 관련
- `[` : 브러시 사이즈 줄이기
- `]` : 브러시 사이즈 늘리기
- `Shift` + `[` : HardRound 브러시가 점차 Soft해집니다.
- `Shift` + `]` : SoftRound 브러시가 점차 Hard해집니다.
- `<` : 브러시 리스트가 상위로 한 단계씩 이동합니다.
- `>` : 브러시 리스트가 하위로 한 단계씩 이동합니다.

기타(Etc) 꼭 알아 두어야 할 단축키
- `X` : 전경색, 배경색 위치 바꾸기
- `Alt` + `Delete` : 전경색으로 색 입히기
- `Ctrl` + `Delete` : 배경색으로 색 입히기
- `Tab` 키 : 툴, 모든 패널 보이기
- `Shift` + `Tab` 키 : 패널만 보이기/감추기
- `F` : 화면 모드 바꾸기
- `F5` : 브러시 패널 보이기/감추기
- `F6` : 색상 패널 보이기/감추기
- `F7` : 레이어 패널 보이기/감추기

ILLUSTRATOR 단축키

파일(File) 관련 `Alt` + `F`
- `Ctrl` + `N` : 새 파일 만들기
- `Ctrl` + `Shift` + `N` : 새 레이어 추가하기
- `Ctrl` + `O` : 파일 불러오기
- `Ctrl` + `W` : 파일 닫기
- `Ctrl` + `S` : 파일 저장하기
- `Shift` + `Ctrl` + `S` : 다른 이름으로 저장하기
- `Alt` + `Shift` + `Ctrl` + `S` : 웹용 파일로 저장하기
- `Ctrl` + `P` : 프린트하기
- `Ctrl` + `Q` : 일러스트레이터 종료하기

편집(Edit) 관련 `Alt` + `E`
- `Ctrl` + `Z` : 실행 취소하거나 재실행하기
- `Shift` + `Ctrl` + `Z` : 계속 다음 단계로
- `Alt` + `Ctrl` + `Z` : 계속 이전 단계로
- `Ctrl` + `X` : 잘라내기
- `Ctrl` + `C` : 복사하기
- `Ctrl` + `V` : 붙여넣기

오브젝트(Object) 관련 `Alt` + `O`
- `Ctrl` + `D` : 변형 작업 반복하기
- `Ctrl` + `G` : 그룹 만들기
- `Ctrl` + `Shift` + `G` : 그룹 해제하기
- `Ctrl` + `]` : 오브젝트를 앞으로
- `Ctrl` + `[` : 오브젝트를 뒤로
- `Ctrl` + `Shift` + `]` : 선택한 오브젝트를 앞으로
- `Ctrl` + `Shift` + `[` : 선택한 오브젝트를 뒤로

타입(Type) 관련
- `Ctrl` + `Shift` + `O` : 글자 속성을 없애고, 아웃라인 만들기
- `Ctrl` + `→` : 단어의 끝 부분으로 커서 이동
- `Ctrl` + `←` : 단어의 첫 부분으로 커서 이동
- `Ctrl` + `Shift` + `R` : 오른쪽 정렬
- `Ctrl` + `Shift` + `L` : 왼쪽 정렬
- `Ctrl` + `Shift` + `C` : 가운데 정렬
- `Ctrl` + `Shift` + `J` : 정렬 초기화

보기(View) 관련 `Alt` + `V`
- `Ctrl` + `+`, `Ctrl` + `Space bar` + 드래그 또는 클릭 : 도큐먼트 확대
- `Ctrl` + `-`, `Ctrl` + `Space bar` + `Alt` + 클릭 : 도큐먼트 축소
- `Ctrl` + `0` : 도큐먼트를 화면에 딱 맞게 보기
- `Ctrl` + `1` : 실사이즈(100%)로 보기
- `Ctrl` + `Y` : 아웃라인 보기/숨기기
- `Ctrl` + `H` : 패스 보기/숨기기
- `Ctrl` + `R` : 눈금자 보기/숨기기
- `Ctrl` + `;` : 안내선 보기/숨기기
- `Ctrl` + `Alt` + `;` : 안내선 잠그기/풀기
- `Ctrl` + `"` : 격자 (Grid) 보기 / 숨기기

패널(Panel) 관련
- `F5` : 브러시 패널 보기/숨기기
- `F6` : 컬러 패널 보기/숨기기
- `F7` : 레이어 패널 보기/숨기기
- `Ctrl` + `F8` : 인포 패널 보기/숨기기
- `Ctrl` + `F9` : 그레이디언트 패널 보기/숨기기
- `Ctrl` + `F10` : 스트로크 패널 보기/숨기기
- `Shift` + `F6` : 속성 패널 보기/숨기기
- `Shift` + `F7` : 정렬 패널 보기/숨기기
- `Shift` + `F8` : 변형 패널 보기/숨기기
- `Ctrl` + `Shift` + `F9` : 패스파인더 패널 보기/숨기기
- `Ctrl` + `Shift` + `F10` : 투명도 패널 보기/숨기기
- `Ctrl` + `Shift` + `F11` : 심벌 패널 보기/숨기기

기타(Etc) 알아 두면 좋은 단축키
- `Ctrl` + `K` : 환경 설정
- `F` : 화면 모드 바꾸기
- `Tab` : 툴 패널 숨기기/보이기
- `Shift` + `Tab` : 패널만 숨기기/보이기